Hegel

黑格爾 哲學導論
——自由精神的辯證思維

弗雷德里克・拜塞爾（Frederick Beiser）——著

王志宏、姜佑福——譯

五南圖書出版公司 印行

To my Hegel Students: past, present and future

獻給我過去、現在和未來的黑格爾學生

建構臺灣智識世界的思想溝通共同體
──「大家觀點」系列總序

　　我們正處在一個「後真相」（Post-truth）、「政治極化」（Political polarization）的數位時代中。透過入口網站，我們能取得的資訊與知識，早已經不是可以用車載與斗量來加以估算的巨大海量。透過社群媒體，我們的世界知覺與內在情感，則早已經被大數據的演算法控制，它牽引著我們走向它想要我們走去的地方。幾乎沒有在「谷歌大神」中搜尋不到的知識，但每一次輕輕的螢幕滑動，我們的「認知偏差」（Cognitive bias）就會再一次地被加強，因為演算法早已經悄悄把我們愛看的內容放在任何能點擊選擇的頁面上，透過延長我們在螢幕上點閱、瀏覽的時間，慢慢把我們的行為模式形塑成它們所需要的樣子。有了臉書，朋友們似乎近在眼前，我們不必再恐懼孤獨、害怕沒有朋友，但每一次在臉書上按讚，我們在群體認同的同溫層中所分享的共同情緒反應與價值觀偏好，卻正在為商品促銷所需要的廣告受眾分類，提供了足夠大量的數據，無論這時所要販售的到底是物質性的貨物或觀念性的政治立場。於是，不用字句推敲、再三思索，也毋需溝通討論、往返論辯，只要按讚數上看百千，評級都在五星以上，似乎就可以篤定地認為，我們已經掌握到多數人都會贊同的意見。真相或事實本身不再是我們關注的焦點，我們的實踐行動也毋需事實認知的校準。只要相信一個信念，那麼網路上就有無數與我們信念相符的說法，為我們提供各種足資證明的事證與看起來非常合理的論述。網路訊息無從查證並無所謂，只要這些訊息足以加強信念持有者的情緒強度，能夠「抱團取暖」，那麼它就足以促使大家願意一起行動快閃。

　　WWW（World Wide Web，全球資訊網）突破任何國境與文化的邊界限制，而觸控面板則能讓指尖的點閱與按讚在上面任意滑動，這些都讓我們相信，數位時代帶來的是個人自由的絕對解放。但我們絲毫沒有察覺到，在網路上任意可選的頁面，或被我們認為足以代表客觀真實的多數贊同，其實只是透過入口網站與社群媒體在點閱與按讚中所收集到的大數據，進行演算法操縱的結果。資本主義透過它所造就的理性化牢籠，對人的存在進行全面的監控。現在，在數位時代它終於完全成功，它不僅使人的勞動異化，人的情感、情緒與意識形態，現在也都可以加工成可出售的商品，而與人本身的存在相異化。人的存在現在真正取得物的形式，「物化」也已經不再只是一個形容詞，而是對每一個人都在進行中的商品製造過程，把人轉化成物一般可以買賣的商品。數位時代對於人的奴役式操縱，卻一點都不會讓人覺得不舒服。沒有病識感，就沒有治療的動機。完全沒有痛感地役於物，同時也就去除了人想尋求治療以恢復健康的解救動機。沒有痛苦，沒有反叛，批判與革命的動能也就止息了。那些想透過審議式民主的理念，使大眾能更多地參與政策與立法討論的理想主義者，看來仍完全不敵大眾傳播媒體的意識形態操縱。這致使當前多數的公共論壇，大都只剩下各執己見的眾聲喧嘩，而不復有理性討論的空間。想放棄大眾民主，走向政治精英主義的學者大有人在，而這正給予想重溫開明專制的極權統治者，有了更強大的底氣。

　　在數位時代中出現的後真相知識情境與政治極化的發展，顯然正在一點一滴地，侵蝕著我們的理性思考與民主政治的基礎。數位時代的資訊泛濫與知識爆炸，讓我們跳過在行動中「困而學之」，與在思考中「學而知之」的思索學習過程。現代人只要輕輕一滑手機，透過入口網站，就可以馬上升級到「生而知之」這種天縱英才才有的知識程度。然而沒有經過艱難的思考過程，我們就無法錘鍊

出自己的人生智慧。一旦我們可以隨時透過行動裝置連接到儲存在雲端的知識庫，那麼長此以往，我們的頭腦將可能會一直空置在一種「有知識的無知」（De docta ignorantia）之狀態中。我們幾乎擁有所有的知識，但我們卻也腦袋空空，沒有智識。臉書等社群媒體把世界連結為一家，我們以文會友，但對於大家的動態訊息，我們除了按讚，卻已經沒有任何的溝通。即使車廂再擁擠，我們人手一機，每個人都仍隻身處在各自的資訊孤島中。問題顯然在於，數位化的知識傳播媒體，不僅已經把自身打造成可以取代人類，以自行去思考與感受的人工智慧，它更能反過來，成為形塑我們在「美麗新世界」應當如何思考與感受的「老大哥」。在數位時代中，我們雖能獲取海量的知識，但我們透過不斷思考所累積、建構起來的智識世界，卻也正在流失與逐漸空洞化中。重新為人類的智識世界建構一個可以共同思考討論的溝通共同體，正是我們在數位時代中，面臨到的最大挑戰。

出路在哪裡？顯然不在科技，而在人文。自古以來，能使溝通討論的公共領域被建構出來的基礎，一直有賴於廣義的文學閱讀，特別是透過經典閱讀所形成的人文主義傳統。唯有堅持人文，才能對抗物化。在經典閱讀中，我們邀約各領域的大師，加入我們在思想中進行意義理解活動的溝通共同體。閱讀經典不是坐在安樂椅上滑手機，而是每一行每一頁都有理解的難題。在不懂的疑問中，我們向作者提出問題，再從他的書中找到他會給予的答案。如果單靠我們的閱讀不能理解，那麼我們就得就教師友，共同討論。於是每個人都能在閱讀與討論之後，形成自己獨特的理解，而這是他人都無法隨意左右的真正智慧。

透過經典閱讀為智識世界的建構提供思想的溝通共同體，這種人文主義的想法，其實最清楚地表達在中國儒家的思想傳統中。孟子就曾經對他的弟子萬章說：「一鄉之善士，斯友一鄉之善士；一

國之善士，斯友一國之善士；天下之善士，斯友天下之善士。以友天下之善士為未足，又尚論古之人。頌其詩，讀其書，不知其人，可乎？是以論其世也。是尚友也。」（《孟子‧萬章下》）透過閱讀大師的經典（頌其詩、讀其書），我們不僅能與全球的學者交流（友天下之善士），更能尚友古人，與那些在人類文明的歷史上，貢獻最為卓著的思想家對談。透過經典閱讀，我們將古往今來的大家都納入到我們思想的溝通共同體中。透過以大師、善士作為我們的溝通的夥伴，我們即能在「尚友」的經典閱讀中，走向「以友輔仁」、「里仁為美」的良序社會整合。

　　雖然在數位時代中，我們連以「束之高閣」來形容那些被棄置不顧的紙本書籍都已經是用詞不當了（因為它們更多地是已經被掃描儲存在「雲端」中）。跟隨報紙等平面媒體走向消亡的腳步，紙本書籍除了藉助文化工業所製造的通俗作品仍能一息尚存在外，紙本書籍（特別是學術性書籍）幾乎已經逐漸小眾到只能採用「隨需印刷」（Print on Demand）的地步。在如此不利的環境下，五南出版社繼出版「經典名著文庫」、「經典哲學名著導讀」與「大家身影」等系列後，持續規劃出版「大家觀點」系列。在我看來，這些系列，將足以提供臺灣讀者在數位時代，透過經典閱讀所形成的思想溝通共同體，來重建公眾的智識世界。每一本思想經典都對人類文明歷史的發展影響巨大，但經典所承載的知識量極為龐大，我們因而在「經典名著文庫」之外，需要「經典哲學名著導讀」來協助我們理解經典的內容。經典不是憑空出現的，正如黑格爾在《法哲學原理》序言中所說的：「就個體而言，每個人本來都是他時代的產兒；那麼，哲學也就是被把握在思想中的它的時代。」經典是重要思想家用學說概念來掌握他那個時代的創造性表現，我們因而需要對思想家的個人傳記（「大家身影」）與他的思想發展歷程（「大家觀點」）有所理解，才能更好地在我們的思想溝通共同體中，透

過經典閱讀，與這些思想大家展開更為深入的對話討論。這些系列，正好符合孟子要求經典閱讀，應達到「頌其詩，讀其書，不知其人，可乎？是以論其世也」之「知人論世」的要求。

　　臺灣在過去一、二十年來的教育改革中，受到美國哈佛大學通識教育的啟發，也非常重視在大學通識教育中的經典閱讀課程。只不過經典閱讀的難度相當大，它更經常要求進行跨領域的涉獵，以致我們發現，即使在學院中專設課程，經典閱讀仍常收效有限，更遑論透過經典閱讀，即能為廣大的公眾提供一個能建構智識世界的思想溝通共同體。但現今，五南出版社在經典名著之外，更出版了「經典導讀」、「大家身影」與「大家觀點」等系列叢書，這將可以大大減少我們與經典名著的距離，從而得以把思想家當成我們可以聚在一起共同討論的朋友。想像我們能透過《亞里斯多德哲學導論》的背景理解，來與亞里斯多德對談他的《形上學》與《尼各馬可倫理學》，或透過亞當・史密斯的傳記與思想導論，來理解他從《道德情感論》發展到《國富論》的思想觀點與歷程，這對我們理解我們置身所在的世界情境，將有多大的幫助。「大家觀點」系列的出版，因而完整了經典閱讀所需要的最後一塊拼圖。這對大學通識教育與公眾智識等人文素養的培養與深化，都將極有裨益。

　　在數位時代，人文素養更顯重要。臺灣的出版界能有此眼光與魄力，我非常樂見其成，因而不揣淺陋，特為之序。

林遠澤
國立政治大學哲學系特聘教授
台灣哲學學會會長
序於 2022 年 9 月

推薦序一

輔仁大學哲學系副教授　周明泉

當美國匹茲堡學派（Pittsburgh School）被冠上「匹茲堡新黑格爾主義」（Pittsburgh Neo-Hegelianism），以及 Robert B. Brandom 的《使之清晰》（*Making it Explicit*）或 John McDowell 的《心靈與世界》（*Mind and World*）被視為詮釋理解《精神現象學》的重要緒論時，應該沒有人會質疑黑格爾睿智、豐饒與充實的精神遺產在美國分析哲學與新實用主義的學圈再度復興的事實，我想更沒有人會懷疑黑格爾哲學在當代主流思潮之中重新位居要角的趨勢。在本書〈導論〉中，拜塞爾（Frederick Beiser）不僅回覆了「為何我們迄今仍需深入研讀黑格爾的哲學？」這個問題，同時也清楚點出「黃昏貓頭鷹的辯證智慧」在當代所具有的時代意義以及學術的研究價值。

史稱最後一位哲學家的黑格爾，終其一身以落實自由精神為其使命。自由精神是時代精神，是啟蒙運動以降所確立的最重要的人類現代性精神。自由精神透過現代性原則（主體性原則）顯露自身，也就是透過主體理性、自由與自主的自我立法的原則，以期達至自我實現。對黑格爾而言，宗教革命、啟蒙運動與法國大革命等歷史事件，正是自由精神的具體實踐，皆期許現代人能夠達至「在世界之中宛若在家一般」的真實自由之境界。可見，自由精神的辯證思維就是自我實現的辯證歷程。對於想要體驗上述黑格爾式的辯證思想，或者想要初步認識黑格爾哲學的人，我想拜塞爾所著的《黑格爾哲學導論》（*Hegel*）一書，是一本值得推薦的入門書籍。拜塞爾透過清晰流暢的易讀文字，不賣弄專門術語的書寫風格，四

平八穩地鋪陳黑格爾的哲學論點，不僅沒有削減黑格爾思想的廣度與深度，同時精闢地處理學界爭議性的關鍵論點，針對黑格爾備受質疑的哲學論述，他不僅沒有迴避，反而透過廣泛的著作與文獻分析，提出具有說服力與令人激賞的見解。

具體來說，本書具有其他導論性書籍所欠缺的三大特色，也是本人極力引薦的主因。其一，在本書〈前言〉中，拜塞爾重樹黑格爾邏輯學的重要地位：在耶拿時期，黑格爾完成其哲學體系的前導性著作《精神現象學》（1806 年），主要闡釋人類意識發展史的全部歷程。在 1817 年所出版的《哲學百科全書》一書的第一部分就是邏輯學，作為黑格爾辯證哲學系統或思辨哲學體系的理論基礎。在這個基礎上，黑格爾建構了自然哲學與精神哲學這兩部分，以完構一種純粹概念的哲學體系：在《精神現象學》中，精神贏得純粹概念，《邏輯學》則以研究抽象的純粹概念為出發，《自然哲學》則是純粹概念外化的理念，《精神哲學》則是純粹概念內化為精神的自我認識與自我實現的最終階段，並作為《邏輯學》與《自然哲學》統合成的最具體、最高位階的在己為己的理念，是《邏輯學》與《自然哲學》的根據與真理。

然而，後世對黑格爾哲學的研究嚴重輕忽邏輯學的地位，訕笑自然哲學的所處理關於力學、物理學與有機物理學等基礎概念，僅承認精神哲學的重要性。但是，拜塞爾並不認同輕忽《邏輯學》在黑格爾體系中所扮演的不可或缺的基礎性與重要性地位的研究趨勢。對他而言，邏輯學應該被理解為一門存有學的邏輯。因為在黑格爾哲學思想脈絡之中，思想與存有是同一與一致的。存有被意識為純粹概念，而純粹概念被認知理解為真實存有。也就是說，我們思維的方式就是世界實在的真實顯露的狀況。與康德不同的是，黑格爾不是透過先驗範疇（a priori categories）來理解與認識世界，因此不會導致現象與物自身（Ding an sich）的分離問題或無限者與有

限者之間的對立。對他而言，概念範疇結構就是世界結構的自身，因此我們的思維是從無預設的直接性，也就是從純粹存有概念出發，隨後我們形成的概念範疇或思維框架都是文化的建構物，都具有時間性、區域性、民族性與歷史性，而不是永恆不變的形式，藉此我們才能逐步揭示世界存有的結構，才能藉此理解、認識與掌握世界自身。很明顯的，黑格爾的辯證性邏輯學不是一種形式邏輯，而是一種具體與存有的實質邏輯，是考察純粹概念自身的存有學邏輯，更是黑格爾哲學體系的核心與根基。誠如拜塞爾所言：「邏輯學本質上是一門形上學的學科，其任務是確定自在的存有的本性，而不僅是推理的諸形式法則」，（第 53 頁）① 簡言之，黑格爾的邏輯學體現出思想與存有的同一性與一致性，並不是抽象形式與僵化固定的論證法則而已，而是存有具體與鮮活的真實開顯，更是自然哲學與精神哲學的形上學基礎，其重要性實在不該被輕意抹殺。

　　第二，在本書第二部分，拜塞爾透過愛的形上學非常精闢地詮釋黑格爾的精神哲學：於文中拜塞爾強調，迄今我們理解黑格爾愛的概念欠缺形上學向度。在《基督教的精神及其命運》一書中，黑格爾早將耶穌的精神視為愛的精神，如此一來，三位一體或道成肉身就是愛的關係存有的自我顯露與開展。在黑格爾的思想脈絡中，絕對精神是主觀精神與客觀精神的更高層次的綜合統一，是絕對者自我認識的精神，不過無限者僅能夠過有限者認識與開展自己，只能在有限者之中存在。可見，絕對精神的自我顯露，可說是無限者的自我返回，自我認識、自我揭示或自我實現為「自我思想其思想」的過程。在《法權哲學的基本原理》一書中，黑格爾更將國家描述成「神在世界上的行走的樣子」。可見在黑格爾眼中的愛的關

---

① 指原書頁碼，亦即本書邊碼。後同。

係，絕對不能僅被視為兩個有限者之間愛的經驗。對他來說，「只有在有限的自我意識到他們自身是無限的時候，以及在無限透過有限的自我意識到其自身的時候，精神才存在」。（第 116 頁）

　　此外，拜塞爾非常精準地指出，黑格爾早期與晚期對愛的論述的基本差異。早期的黑格爾將愛的倫理視為耶穌的福音，成熟的黑格爾不再賦予愛的核心地位，取而代之的是倫理實體之中的抽象法權與道德，最終由「相互肯認」（mutual recognition）取代了愛。黑格爾聲明：「主客同一之實現，不是在愛之中，而是在共同體中公民之間的相互肯認之中」，因此愛的真諦就在於在倫理實體之中，自我與他者的相互肯認。換言之，「只有倫理實體的道德的和法律的關聯才賦予某人作為理性的或者普遍的存有者的自我意識」，因此對黑格爾來說，自我能夠真正的獨立和自由不是逃離這個世界，而是能夠與他者共同生活在愛的倫理實體之中，如此一來「自我（主體）在他者（客體）之中發現了自身，正如他者在自我之中發現了它自身」。（第 113 頁）

　　第三，拜塞爾透過社會存有學觀點闡釋黑格爾的實踐哲學：儘管拜塞爾在第三部分關於「辯證法的神話和傳說」與「主奴辯證」，以及在第四部分針對「自由主義和社群主義的批判」，還有在第五部分關於「理性詭計」或「美學悖論」都提出相當獨到且具學術討論價值的見解，不過對我而言，拜塞爾透過社會存有學的角度，闡釋黑格爾的實踐哲學更令我欣賞，誠如蔣年豐 1986 年在美國普渡大學所提交的博士論文《黑格爾的社會存有論》（*Hegel's social ontology*）所揭示的「從社會存有論的角度來研究黑格爾的社會與政治哲學，是接觸黑格爾核心的最佳方式」。[2] 當代大多數

---

② 蔣年豐。《黑格爾的社會存有論》，臺北市：臺灣學生書局，2008 年 12 月，頁 XVIII。

的學者採取非形上學的學思理路梳理黑格爾的社會與政治哲學，然而，欠缺形上學基礎的社會與政治哲學，不僅會淪為專橫武斷與矯揉造作，也無法正確體現黑格爾的實踐哲學之精髓。

在本書中，我們可以體察到，拜塞爾詳盡證成黑格爾的權利概念建立在亞里斯多德式的形上學的基礎之上，他的自由概念則是建基於精神概念之上，他的歷史中的理性的理論則是建基在絕對觀念論之上等等，（第 196 頁）並為當代社會與政治思想提供了不可忽視的另類的可替代性方案，進一步促使我們在多元主義思潮當中，重新思考與定位「市民社會」（bürgerliche Gesellschaft）、「職業團體」（Korporation）、社會存在「等級」（Stand）與「倫理實體」（Sittlichkeit）等關鍵性概念，在黑格爾哲學中所扮演的理論性角色與實踐性功能，使現代性國家結構得以達至兼容普遍與特殊的「差異的統一」。然而，拜塞爾認為，「最終，黑格爾宏大的綜合以失敗告終，並非因為他為共同體做得太少，為自由做得不夠，而是因為他為自由做得太多，為共同體做得不夠。」（第 258 頁）黑格爾之後，青年黑格爾學派（黑格爾左派）承繼方法學上的無神論思想，主張政治公共論域應該保持自由、開放與民主。與之對比的是老年黑格爾學派（黑格爾右派），擁護福音正統，政治立場偏向保守主義，因此不像青年黑格學派採取激進革命的手段，對社會進行改革。無論如何，在後形上學時代之中，黑格爾哲學思想的復興方興未艾，其改造世界的進路，仍舊是不可被取代的方案之一，其中奧妙寓意，值得讀者透過本書細細品味。

最後，關於王志宏與姜佑福兩位先生戮力完成的信達雅譯本，基於兩岸專業術語使用習慣的不同，因此我建議出版社做了些許的更動：「唯心論」或「唯心主義」改譯為「觀念論」（idealism）；「語境」改為「脈絡」（context）；「存在者」改成「存有者」（beings）；「存在論」改成「存有論」

（ontology）；「解釋學」改為「詮釋學」（hermeneutics）；「神祕主義」改成「密契主義」（mysticism）；「主體間性」改為「互為主體性」（intersubjectivity）；「理性的狡計」改成較為通用的「理性的詭計」（cunning of reason）。其中，「相互承認」之所以改成「相互肯認」（mutual recognition），主要想與一般性的承認作出區別，因為那是主奴之間或自我與他者之間經過理性反思彼此相互肯定與確認過的關係；「法哲學」之所以改譯為「法權哲學」（Rechtsphilosophie），最主要的是德文「Recht」一詞，不僅具有法律的意思，也具有權利的意涵，因此建議使用「法權」比較恰當；「同業公會」之所以改譯成「職業團體」（Corporation 或 Korporation），主要是因為無論我們使用「工會」或「公會」都無法完全表達出這個術語是指：一群具有共同職業的人自由聚集形成或組成的團體組織。

　　關於德國哲學家「H.-G. Gadamer」，我建議譯為「伽達瑪」，而不是臺灣常用的「高達美」，主要原因是：字首「Ga」讀音類似中文的「嘎」，而非「高」；字尾「mer」應該讀成「ma（ㄇㄚ）」，而非偏南德口音的「美」。值得一提的是，讀「Ga」的中文字，除了「嘎」之外似乎沒有其他可替換使用的字，不過此字筆畫甚多，當人名也不太恰當，因此有些學者建議使用「伽」字取代「嘎」，也就是當「伽」作為人名使用時，將此字讀成「ㄍㄚ」，而不是「ㄑㄧㄝ」，如義大利天文學家「伽利略」不應該讀成「ㄑㄧㄝ利略」正確讀法應該是「ㄍㄚ利略」。由此，「Gadamer」應該譯為「伽（ㄍㄚ）達瑪」。

　　除此，拜塞爾將德文「Sittlichkeit」一詞理解與翻譯成「倫理生活」（ethical life），不過我認為，「Sittlichkeit」在黑格爾哲學中，不應該被理解成「倫理生活」，而應該如加拿大哲學家泰勒（Charles Taylor）所理解，翻譯為「倫理實體」（ethical substance）。另外，我建議將「a priori」翻譯成「先驗」（先於經驗）而不是「先天」，將「a posteriori」翻譯成「後驗」（後於經驗）而不是「後天」；除此，建議將「transcendent」翻譯成「超越」而不是「超驗」，康德自創的「transcendental」一詞應該翻譯成「超驗」（超出經驗），而不是「先驗」，所以康德的哲學應該被理解為「超驗哲學」（Transcendentale Philosophie），而不是「先驗哲學」。如果我們將康德哲學理解為「先驗哲學」，一方面，無法與「理性主義」強調理性的先驗性主張與訴求作出區分，也無法突顯出其哲學具有融合「經驗主義」與「理性主義」的哲學史地位；另一方面，也違背康德在其《純粹理性批判》的〈導論〉中所說：「我們的知識從經驗開始，這是無庸置疑的」，不過「當我們的知識一切都始於經驗，但是這不是說一切知識都出自於經驗」，換言之，康德強調知識一切始於經驗，但不僅止於經驗，而是具有超出經驗的部分，所以他的「超驗哲學」致力於先驗證成，如他自己所述：「我稱所有的認識都是超驗的（transzendental），它並不致力於研究對象，而是我們認識對象的方式，因此這些應該都是先驗的（a priori）。這類似的概念系統將被稱之為超驗哲學（transzendentale Philosophie）」。

推薦序二

國立臺灣大學哲學系副教授　楊植勝

　　正如這本書——《黑格爾哲學導論》的〈導論〉開頭所述，黑格爾哲學素以艱澀難解著稱，因此，對於入門者，一本合適的導論書籍就很必要。我在臺大哲學系教授「黑格爾哲學」多年，一直找不到一本稱手的教科書，以致一換再換。一般介紹黑格爾哲學的書籍最大的問題，就是寫得太難。這似乎很合理，因為黑格爾哲學很難，所以介紹它的「導論」，如果不是把它的思想過度簡化，當然只能寫得很難——以易還易，以難還難，順理成章。問題在於，導論的目的在引導讀者進入某一哲學思想，如果導論都難以閱讀，如何盡其引導之功？讀者與其閱讀這樣的導論，不如直接閱讀黑格爾的原典！由美國學者拜塞爾（Frederick Beiser）所寫的這本書首要的優點，就是它能夠在不過度簡化黑格爾哲學的情況下，讓讀者比較容易地進入他的哲學思想中。

　　然而，以易還難，面對黑格爾兼容並包、包羅萬象、包山包海，簡直無所不包的哲學內容，不可免地需要做出相當程度的割捨。拜塞爾本人在這本書的〈前言〉承認：「（我）沒有考慮黑格爾學術研究中的某些老問題，比如辯證法的各個過渡的細節或者體系不同部分之間的相互連繫等。」以及：「由於我的主要目的是導引性的，所以我的焦點是論題性（thematic）而非文本性（textual）的。」不僅如此，我們可以看到，這本書雖然用完整的篇幅專章介紹黑格爾的「歷史哲學」與「美學」，但是他的宗教哲學論題卻散見於〈形上學〉與〈歷史哲學〉等不同篇章裡，而他的哲學史則完全付諸闕如。就此而言，若如本書的〈譯者前言〉所言：「一本導

論性著作首先要在內容上大體上再現它的研究對象的完整性與內在邏輯。」這本書實際上並未再現黑格爾哲學的完整性。

論題性的介紹，雖然減損這本書的完整性，卻也使它得以聚焦在黑格爾哲學的某些主要論題上，「辯證法」（dialetic）就是其中的犖犖大者。這本書告訴讀者三個辯證法的「神話」（myths）與「傳說」（legends）：（一）辯證法採取「正—反—合」的圖式（schema of 'thesis-antithesis-synthesis'）；（二）辯證法的邏輯與傳統的邏輯相抗衡；（三）辯證法否定一般的思想律，如：「同一律與矛盾律」（laws of identity and contradiction）。澄清這些誤解，對於初學者大有俾益。我曾寫過一篇論文：〈辯證法與現象學——黑格爾《精神現象學》的方法論問題〉（刊載於《國立臺灣大學哲學論評》第四十五期，第 61-106 頁），批評這一類的誤解。在那篇論文裡，我主張，究竟而言，辯證法不是《精神現象學》的方法；或者更好說，不是一種所謂的「方法」（method）。這一點，拜塞爾有相同的看法：「如果黑格爾根本上有任何方法論的話，它似乎是某種反方法論，懸置一切方法的方法。」以及：「斷言辯證法是一種可以應用於任何題材（subject matter）的先驗方法論，或者實際上是某種邏輯，這和黑格爾的意圖截然相反。辯證法是正好與此相反的東西：它是題材的內在運動，從題材之中發展而來的東西，非哲學家們應用於題材的東西。」

然而，這本書又對極端的論斷抱持保留的態度，而允許辯證法作為某種意義下的方法：「某個題材的恰當的方法論並不能在探索伊始就可以先驗地決定，但是他仍然堅持認為，它可以後驗地在它的目的（終端）被決定。如果他的題材的辯證法抵達終點，那麼他就能夠從他當中抽象出一個普遍的結構，儘管這種總結只具有事後諸葛（post facto）的有效性。」這是拜塞爾對於辯證法的一個站在中道的立場。

　　這本書的第三個特點，是它雖然作為一本導論性的書籍，但是內容自始至終都不乏獨到的見解，從而顯露大膽直白的特性。在一般的情況下，獨到的見解多半藉由學術專論才能做出充分的闡述；導論性的書籍由於難以詳細論證，往往迴避過於具有爭議性的論點。但是本書直率地提出這些爭點，並且表明作者有時幾乎是力排眾議的立場——雖然礙於篇幅，在這本書中多半無法做出充分的論證。不論如何，讀者可以在本書的行文當中一窺當代黑格爾哲學討論的諸多爭議，以及拜塞爾在其中獨到的見解。例如：在〈黑格爾的國家理論〉一章裡：「黑格爾通常被看作是社群主義偉大的當代代言人，以及批判自由主義的先驅。有些歷史學家把他的政治哲學看作是自由主義傳統思想上最重要的替代者，他們也正是從這樣的角度來解釋它的歷史的重要性。」拜塞爾反駁這樣的看法：「為了社群主義的理由而拒絕自由主義，這從來都不是黑格爾的目的。」並且提出另一個站在中道的說法：「黑格爾作為政治思想家的意義，與其說是在於他捍衛了社群主義，或者他批判了自由主義，不如說是，他努力要在一個一以貫之的現代國家的觀念之中把社群主義和自由主義綜合在一起。」又如在〈歷史哲學〉一章裡：「某些學者甚至把歷史主義看作是黑格爾對於哲學的主要貢獻。極有可能是由黑格爾第一次把理性歷史化了，他把發展的觀念引入到歷史自身之中。」拜塞爾也反駁這樣的看法：「黑格爾作為一個歷史主義哲學家的名聲需要審慎地評估。」並且提出幾乎是針鋒相對的說法：「重要的是看到，在這種意義上，黑格爾不是一個歷史主義者，事實上他是反對這個學派的中堅人物。」讀到這樣紛至沓來、絡繹不絕的爭議與反駁，任何了解當代國際黑格爾哲學研究的學者，在閱讀本書的過程中，隨時會有波濤洶湧、高潮迭起的感覺。

　　這本書最讓我感到驚豔的，是〈精神的領域〉一章竟用多達三節的篇幅討論黑格爾哲學的「愛」的概念。我曾寫過一篇論文：〈愛

的理性化──黑格爾哲學的理性與基督宗教的博愛〉（刊載於《國
立臺灣大學哲學論評》第五十期，第 103-140 頁），說明黑格爾如
何把他早年熟悉的基督宗教博愛概念轉化為成熟哲學思想的理性概
念。本書則說明黑格爾早期關於愛與宗教的殘篇如何發展為「愛的
形上學」，最終轉變為精神的概念：「黑格爾的精神概念出自於他
早年闡述愛的意義和結構的嘗試。他受到觸動去反思愛的概念，因
為在席勒和賀德林的影響下，他開始把愛看作是宗教和道德的真正
核心。實際上，這些早期的反思是開啟黑格爾成熟體系中精神概念
之祕密的鑰匙。」拜塞爾認為，黑格爾成熟哲學思想的精神概念，
與他早期愛的概念有相同的形式與辯證運動：「後期的概念仍然顯
示出和愛自身一樣的結構和發展：其中存在著自我發現和自我破壞
的環節、外在化和內在化的環節，以及存在著同樣的有機的發展模
式：從統一體到差異，再到差異中的統一。所有這些愛所獨具的特
徵都被整合進了相互承認的主題，而現在黑格爾將之看作是精神的
定義。只不過愛的互為主體性的層面被轉換成了理性自身的定義特
徵。」他最後的結論是：「理性的反思因此就不是愛的破壞，而是
它的最高程度的組織和發展。那麼，最終，黑格爾成熟的哲學中的
精神就無非是他在法蘭克福時期一度頌揚過的那種愛的理性化和制
度化。」拜塞爾毫無懸念地把黑格爾早期愛的概念與成熟哲學的精
神連結成為辯證的一體。

　　這本書能夠在不過度簡化黑格爾哲學的情況下，讓讀者比較容
易地進入他的哲學思想中；使用論題性的聚焦方式來安排對於黑格
爾哲學的介紹；以及充滿導論作者個人獨到的見解，是我所看到的
三大特點，以此將這本書推薦給讀者。

譯者前言

　　無論是寫作還是翻譯一本關於黑格爾哲學的導論性著作，都是一件費力不討好的事情。這幾乎是一個不言自明的道理。黑格爾哲學特有的複雜與深刻，在絕大多數研究黑格爾哲學的學者中造成了一種奇怪的現象：要麼他變成了它的某一部分的專家，比如，雖然可以對黑格爾哲學中的「現象學」部分推崇備至，但是對於它的「邏輯學」部分卻不屑一顧，或者把黑格爾的政治哲學看作人類有史以來最深刻的政治思考，卻把黑格爾的自然哲學貶得一無是處；要麼他站在某一種意識形態的立場上，以一種僵化甚至偏執的眼光來評判它，譽之者將黑格爾視為全部西方思想史上最深刻的哲學家，毀之者則滿懷厭惡地將他看作江湖騙子、專制政府的極力支持者、謝林哲學的剽竊者等等，不一而足。在對黑格爾的研究與評價上產生如此巨大的分歧，黑格爾的效果史如此具有戲劇性，這本身就是一件值得深思的事情，最起碼，它意味著，我們對於黑格爾的理解還極為欠缺，我們對於黑格爾的真實意義仍舊處於一種猜度之中。但是也正是因為如此，我們需要一本黑格爾的導論性著作，它既能廣泛而充分地介紹黑格爾哲學的基本輪廓，又能夠揭示出它的主要思想的真實意義，而不是停留在外在的紹述上。在這個意義上，我們可以說，弗雷德里克‧拜塞爾的《黑格爾哲學導論》一書作為一種嘗試應運而生。

　　一本導論性著作首先要在內容上大體上再現它的研究對象的完整性與內在邏輯。雖然黑格爾生前僅出版了 4 本書，其中有兩本還不是嚴格意義上的著作，而只是講義，所以在書名上都還保留了「綱要」的字樣（即《哲學百科全書綱要》和《法權哲學綱要》），但是黑格爾哲學卻無所不包。黑格爾是西方哲學史最後一個寫作哲

學百科全書的人，也就是說，他是最後一個試圖把人類世界──歷史的全部內容哲學化的哲學家。黑格爾思想的這種複雜性與廣闊性就要求它的研究者具有相應的廣博學識，並且能夠理解他的思想內容之間的本質關聯。與此相應，一本黑格爾的導論就不能像柯耶夫的《黑格爾釋讀導論》或者彼得・辛格的《黑格爾》那樣，只是重點討論黑格爾的某一方面的思想，雖然在他們所討論的那一點上不無創見，但是這種攻其一點不及其餘的做法最容易導致對於黑格爾的歪曲，因為沒有誰比黑格爾更強調「真理是全體」這一命題。

　　在這一點上，拜塞爾深知「導論性著作」必須加以剪裁，既不能從心所欲，寫起來恣肆汪洋而在篇幅上過於龐大，又不能任意挑揀，只在幾個題目上大做文章，而讓人見樹不見林。從橫的角度上，他把黑格爾的哲學體系分為四個部分──形上學、知識論基礎、社會和政治哲學，以及文化哲學──加以討論，幾乎含括了黑格爾哲學的所有內容；從縱的角度上，他不僅討論了成熟時期的黑格爾的哲學體系，而且並不因此就遺忘了黑格爾早期思想這一重要的階段與其身後的重大影響和迅速衰落。從狄爾泰和盧卡奇關注青年黑格爾的思想以來，早期黑格爾思想的發展歷程成為黑格爾研究的一個重要組成部分，在這一方面，拜塞爾比任何人都更加強調黑格爾早期和浪漫派的關係，在他看來，唯有了解了這一點，我們才能理解，一方面，黑格爾哲學有在沉思之外的實踐目的，「他之成為一個哲學家，是服務於道德、政治和宗教目的的」（本書第56頁），另一方面，「黑格爾的絕對觀念論、他的有機自然概念、他對自由主義的批判、他提倡社群主義的理想、他對斯賓諾莎主義的重新啟動、他的辯證法概念、他綜合社群主義和自由主義的努力──所有這些理念有時被視為黑格爾獨具的；但它們其實是浪漫主義的共同遺產的一部分」（本書第58頁）。在解釋黑格爾哲學很快就衰落下去的時候，拜塞爾強調了黑格爾哲學的實踐特徵和

歷史特徵所帶來的致命一擊，歷史形勢的變化需要新的意識形態為之進行證明，由於黑格爾哲學被斷定和普魯士政府之間存在某種本質的關聯，它之被拋棄就不可避免了。但是，在筆者看來，歸根結柢，無論是黑格爾生前被欽定為「官方哲學家」，還是死後被當作死狗對待，都只能證明，儘管黑格爾比任何人都更深刻地認識到「哲學是被把握在它的思想中的時代」，但是，黑格爾哲學是一種在任何時代都不合時宜的思想。因為黑格爾到底是一個「沉思世界」的哲學家還是「改造世界」的哲學家，這並不是一個已經一勞永逸地解決了的問題。

當然，一本導論性的著作不僅要給初學者指明研究對象的大致內容，更為重要的是讓他們獲得一把理解研究對象的鑰匙，換言之，真正的導論提供的是洞見。這種洞見是在雙重意義上來理解的：一方面，它能夠比較精當而又不加歪曲地敘述研究對象的真實面目；另一方面，它能夠比較公正地對它的研究對象加以判斷，理解並表彰它的真實意義。黑格爾應該是哲學史上被汙名化最多的思想家了吧！在侮辱和歪曲黑格爾這一點上，叔本華和女性主義者、自由主義和實證主義能夠以一種非常奇怪的方式結盟。拜塞爾的《黑格爾哲學導論》在引導我們走向真正的黑格爾這方面堪稱典型。他獨樹一幟地在正式討論黑格爾哲學的主要內容之前先討論「方法問題」。我們在面對黑格爾時到底是在把他當作一個歷史人物，還是我們的同時代人，這是我們無法迴避的問題。在他看來，我們研究黑格爾既不是由於我們好古成癖，以求原汁原味地重構黑格爾的思想框架，也不是由於我們需要從黑格爾那裡引經據典，以應對我們在現實中所遇到的困境；毋寧說，展示黑格爾的獨特性，「確定他和他的同時代人之間的精確連繫，是今天黑格爾學者最緊迫的需要」（本書第 22 頁）。

拜塞爾在此舉一個非常重要的目標是近幾十年來在英美學術界出現的對於黑格爾哲學的非形上學的闡釋。這種闡釋的根本錯誤在於，他們把黑格爾的形上學視為完全過時的東西，「事實上，黑格爾已然被解讀為形上學之外的任何東西：作為一種範疇理論、作為社會知識論、作為新康德主義的觀念論、作為文化史學，以及作為最初的詮釋學。所有這些研究的共同之處在於，相信黑格爾哲學就其根本的主旨或精神而言是非形上學的」（本書第23頁）。拜塞爾強調，「在黑格爾看來，形上學是哲學的基礎，是他體系的每一部分的根基。為了在其個體性和整全性中理解黑格爾，首先和首要的是恢復形上學在他的思想中的核心作用。出於這一原因，實際上本書的每個章節都將強調形上學對於黑格爾體系的各個部分是多麼根本」（本書第23頁）。

拜塞爾沒有花太多篇幅敘述黑格爾邏輯學的基本內容，一本以黑格爾思想整體為對象的導論性著作恐怕難堪此任，但是他力求講清楚黑格爾形上學的主要特徵。黑格爾是在最古老、最純正的亞里斯多德的意義上使用形上學一詞的，他把形上學看作自己哲學的基礎，有些令人費解的是，黑格爾認為邏輯學本質上就是一門形上學的學科，它的任務就是要規定自在的存在的本性，而不僅僅是各種推理形式的法則。黑格爾認為康德對於無條件者的認識甚至還不如舊理性主義，因為他把無條件者和特殊物徹底區隔開來了，而實際上，作為普遍物的目的或理性，並不在特殊物之外存在，而是僅僅透過事物，亦即，透過事物的完整而充分的發展來將自己具體化。拜塞爾認為，黑格爾的絕對觀念論學說是這樣一種學說，任何事物都是「普遍而神聖的理念」的顯現，黑格爾的理念概念帶有根本的亞里斯多德式的目的論意味，也就是說，每一個事物都在努力實現絕對理念，或者說，每一個事物都趨向於作為絕對理念的目的。

這種觀念論的目的論層面既體現在黑格爾的歷史哲學中，也體現在他的自然哲學中。「理性統治世界」是黑格爾歷史哲學中最基本的命題，但是它的意思並不是說，理念是某種心靈的內容或意圖，某種具有自我意識的主體或精神統治世界，統治世界的目的只是世界的形式或者結構，它並不必然意味著某些行動者的意圖。黑格爾的自然哲學一向受到最大的奚落，尤其在我們習慣了以自然科學的方式理解自然的時代。卡爾·波普就說過，他在黑格爾自然哲學中看到的只是「誇誇其談的、迷惑人的黑話」，劉創馥也認為，「無可否認，自然哲學是黑格爾哲學系統中最弱和最被輕視的部分，因為當中包括的不少論述，從今天的科學知識看來非常可笑，這點筆者沒有異議」（劉創馥，《黑格爾新釋》）。實際上，黑格爾並不否認現代科學中的機械主義，而只是認為，主張自然只有依據機械發展的自然主義對於理解自然的本性來說是不夠的。黑格爾的自然觀來自他的形上學，亦即他的邏輯學中所確立的一種理解生命的基本方式，把生命理解為自我生成和自我組織的一個不可分割的整體。黑格爾據此拒斥了主觀—客觀、實在論—觀念論的簡單對立，它們本質上來源於同一個東西。

在「社會和政治哲學」部分，拜塞爾說：「儘管《法權哲學》的建築術結構──它按部就班地劃分為普遍性、特殊性和個體性的辯證法環節──反映了黑格爾的思辨邏輯，但是這種結構總有些說不清道不明的矯揉造作與專橫武斷，這與其說源自它的題材，不如說是強加於其上的。的確在黑格爾把他的形上學放置於一旁而僅僅探討它的題材時，他總是處於最佳狀態」（本書第 245 頁），但是，他還是不得不加上一句：「無論現象學方法的精神是什麼，事實仍舊是，黑格爾政治哲學的某些核心概念預設了他的形上學，而且只有在他的形上學的脈絡中才是完全可理解的」。不把黑格爾的社會政治學說奠立在他的形上學的基礎之上，必然導致對於黑格

爾政治哲學的誤解，甚至輕率地把它看作國家社會主義的先驅。有時甚至連黑格爾思想的辯護者也持這種觀點，例如：阿倫・伍德在《黑格爾的倫理思想》中專列一節「思辨邏輯已死，但是黑格爾的思想不死」以表明他的立場，並說，「那個仍然活著並且對我們說話的黑格爾不是一位思辨邏輯學家或者觀念論的形上學家，而是一位哲學歷史學家，一位政治和社會理論家，一位研究我們的倫理關切和文化身分危機的哲學家」（*Hegel's Ethical Thought*, p.5-6.）。如此理解黑格爾已經形成了一個長久的傳統，拜塞爾的正本清源工作有利於澄清這種誤解的根源。

　　和霍爾蓋特一樣，拜塞爾突顯了自由概念在黑格爾政治哲學中的核心地位。但是他並不是藉此向自由主義投降，而是——尤其是透過比較康德和黑格爾的自由概念——要說明黑格爾自由概念的複雜性和深刻性，其核心要點有 4：1. 黑格爾的自由是質料性的和具體的，它首先關涉特定共同體的倫理（ethos）和生活方式，而非形式的和抽象的自我；2. 自由的主體是精神，是互為主體性的自我，而非獨立的自我；3. 自我是理性與感性的結合，而非純粹的理性，也包括人的欲望與情感；4. 康德所設想的自我的獨立性是一種幻相，自由的自我必須依照自己的本性和作為整體的宇宙的必然性而行動。

　　在拜塞爾看來，如果不能理解形上學對於黑格爾哲學的基礎意義，我們甚至不能正確地理解黑格爾最為生動最為流行的美學思想。只有從藝術的概念出發，我們才能理解為什麼黑格爾認為藝術儘管低於宗教和哲學，但是藝術作品不應該服務於任何外在的目的，每一種藝術的形式或者媒介有它自身的特質，藝術屬於一種獨立的認識形式，藝術作品「意味著精神之自我意識的一個階段；不僅藝術家透過其作品意識到自己，而且全部歷史和自然的精神也透過他意識到自己」（本書第 359 頁）。黑格爾之所以強調哲學高於

藝術，可以從兩個方面得到解釋。首先，他反對浪漫派把藝術置於哲學之上的做法，因為雖然浪漫派正確認識到感性的作用和現象的地位，但是他們犯了一個致命的錯誤，把哲學認識侷限於知性的抽象概念之內。其次，黑格爾認為，我們身處其中的反思文化，不利於藝術，因為藝術表達了我們的感性，而我們現代人更想要用抽象的形式來表達真理。

　　由於強調黑格爾哲學中邏輯學或形上學的基礎性地位，它滲透在全部黑格爾的哲學思考中，所以拜塞爾為我們呈現出來的黑格爾形象令人耳目一新，不僅和那些只從某種意識形態出發的黑格爾研究者提出的形象不同，也和那些據守一方只從部門哲學的角度出發的黑格爾研究者提出的形象不同。這尤其表現在本書第四、第五部分之中。比如，在拜塞爾看來，黑格爾不僅不是自由的背叛者，或者只是積極自由的支持者，而且簡直就是消極自由的最早發現者之一，「重要的是要承認，黑格爾對消極自由的辯護並非他晚期思想的發展，而是他思想生涯中一以貫之的事，是所有他的政治著述的始終如一的標誌」（本書第 254 頁）；黑格爾根本不是如梅涅克等人指責的馬基維利主義者，實在政治的擁護者，黑格爾既說過「人應該把他的存在歸功於國家，他只有在國家中才擁有他的生命。無論他擁有什麼樣的價值和精神實在，都是他單單憑藉國家取得的」，又說過「對於政府而言，真正神聖不可侵犯之事應該是像保證和保護公民的自由行動這樣的事情，而非這一點（組織和維持權威機構）」，必須從概念出發，把這二者有機地連繫在一起，才能理解黑格爾的國家觀；拜塞爾還讓人跌破眼鏡，提出黑格爾根本不是一個歷史主義者，「黑格爾不是一個歷史主義者，事實上他是反對這個學派的中堅人物。黑格爾哲學的一個核心目標是支持理性的權威，以反對歷史主義的相對主義。因此，他的知識論想方設法要恢復理性的批判，而他的法哲學則是面臨歷史主義時再次嘗試自

然法的重新建構」（本書第 320 頁）。這些論點絕非拜塞爾刻意標新立異，故作驚人之語，而是他深入而細緻地解讀黑格爾的著作文本，並且堅持形上學的基礎地位得出的真實結論。

在某種意義上，寫一本黑格爾哲學的導論意味著首先必須對於黑格爾學術史諳熟於胸，對於學術史上關於黑格爾的最重要的論爭瞭若指掌。從黑格爾去世之日起，他的思想就成了學術爭論的淵藪，越往後，這種爭論就越深入、盛大，閱讀和思考黑格爾的著作不得不面對那些歧義紛呈的討論，唯有「上窮碧落下黃泉」，把它們搜羅殆盡並「自作主張」才可能真正進入黑格爾的思想世界。我們不得不佩服拜塞爾學識之淵博，裁斷之精審，從他對每一個問題的討論可以看出，無論是黑格爾本人思想之來龍去脈，還是學術史上關於黑格爾的諸種爭論，他都不僅知其然而且知其所以然。以第四章「有機世界觀」為例說明這一點。在這一章中，拜塞爾不僅從邏輯學的角度闡述了黑格爾自然哲學的本性，而且結合了近代自然科學的發展說明黑格爾重提它的重要意義；不僅追溯了黑格爾這一觀點和亞里斯多德的關聯，也指出了黑格爾有機自然概念和黑格爾基督教研究之間的直接關係；不僅探討了有機世界觀的一元論基礎是如何透過斯賓諾莎中經謝林的媒介，最終在黑格爾的《差異論文》中透過生命的概念表現出來，並且考察了黑格爾如何受惠於康德第三批判與謝林《自然哲學》中的自然觀，最後還極力講清楚，黑格爾並不是無視現代自然科學的自然觀，而是要從根本上重建人可以在其中生活並透過它而獲得對於自己本性的真正理解的自然。

由於上述理由，我們認為，把拜塞爾的《黑格爾哲學導論》介紹到中文學界雖然有些吃力不討好，但仍有必要。

本書譯事本來是姜佑福君承接下來的，但是由於他諸事纏身，遂在譯了一部分之後，邀我加盟，約定各譯一半，後來，他職務變動，更是日不暇給，無心顧及翻譯一事，又和我商定，接下來

由我單獨負責譯完。具體地說，本書導論、第一部分和第二部分第
三章前二節由姜佑福翻譯，經我校訂，剩下所有部分都由我翻譯。
感謝我的學生姜超，通讀了譯稿，並在行文上提出許多有益的意
見。由於我們對於黑格爾的理解、我們的外語能力以及翻譯過程頗
多曲折，譯文容有錯誤，還請專家、讀者不吝賜教！

王志宏

2019/3/10

CONTENTS

CONTENTS

CONTENTS

CONTENTS

CONTENTS

前　言

xi 　　本書的主要目的是對黑格爾哲學提供一個綜合性的導論，盡可能在有限的篇幅內覆蓋其思想的每個主要方面。儘管我希望它對於研究黑格爾的學者來說也能開卷有益，但在寫作過程中，我的重心主要是初學者，因此，沒有考慮黑格爾學術研究中的某些老問題，比如辯證法的各個過渡的細節或者體系不同部分之間的相互連繫等。儘管這些都是重要的議題，但它們在基本目標是提供一個關於黑格爾哲學概觀的導論中並非首要之事。

　　由於我的主要目的是導引性的，所以我的焦點是論題性而非文本性的。我想讓學生了解的是黑格爾哲學的主要論題，而非具體文本的內容。除了第七章之外，我不曾致力於持續的評釋或評注。關於黑格爾的《精神現象學》、《邏輯學》和《法權哲學》，有一些很好的評注本，讀者可以在參考文獻中找到它們。第七章突然出現了評注式的討論，其主要原因對於每一位黑格爾的研究者和學生來說都是非常容易理解與掌握的。《精神現象學》中「主人與奴隸」的章節是黑格爾整個規劃的核心，然而它的含義也引起了廣泛的爭論。有可能每一個學生遲早都必須閱讀這個著名的章節。因此即便是對於一個導論來說，細讀它也是必要的。亞歷山大・科耶夫（Alexandre Kojève）將他關於這個章節的著名評論命名為《黑格爾釋讀導論》，是完全恰當的。

xii 　　儘管我力爭達到全面覆蓋，但篇幅的限制使我不可能處理黑格爾哲學的某些重要方面。關於黑格爾的《邏輯學》必須要多說幾句，不僅僅是因為它在黑格爾體系中的基礎性作用。我不接受現在流行的對於黑格爾邏輯學的批評，而認為應當恢復它在黑格爾體系中的核心地位；但是，由於篇幅的原因，我不得不讓自己僅限於駁斥一些誤解和概述它的辯證方法（第 163-169 頁[①]）。我對黑格爾

━━━━━━━━━━

① 指原書頁碼，亦即本書邊碼。後同。——中譯者注

《自然哲學》的處理也有失公允。《自然哲學》對於黑格爾的整個
哲學，尤其是對於他證成一種有機的世界概念的努力，是至關重要
的。最後，黑格爾的知識論值得更多的關注；然而，這個導論已經
夠長了，而如果要做到完全公正，將會使這個導論過於冗贅。由於
這個原因，前面本有一章論述黑格爾對 1790 年代基本原理的批判
（Grundsatzkritik）和後設批判（meta-critical）之爭所作的反應，
現在也只好割愛了。

　　本書是筆者 30 年來反思黑格爾及其同時代人的產物。1970 年
代早期，我在牛津開始研究黑格爾，正值英語世界黑格爾復興之
際。我的黑格爾研究最早來自一種對於馬克思主義思想淵源的興
趣，但逐漸演變為對德國近代哲學的極度痴迷。我在查爾斯·泰勒
（Charles Taylor）的指導下撰寫我的牛津大學哲學博士論文，論述
黑格爾《精神現象學》的起源。查爾斯·泰勒是指導教授的典範，
我從他那裡受益良多。我曾計畫寫作一部詳盡的《精神現象學》評
注，當我首次了解到亨利·哈里斯（Henry Harris）同樣的規劃時，
我將此計畫束之高閣；而在《黑格爾的階梯》（Hegel's Ladder）一
書中，哈里斯的規劃最終結出了豐碩的成果。

　　本書中的所有資料都是新的，特別為這個系列而準備的。第七
章的一個早期版本曾經是我 1980 年的博士論文《現象學的精神》
（The Spirit of the Phenomenology）中的一部分，但自那以後已經做
了極大的改寫。第一章和第三章的某些內容曾經出現在我的《浪
漫的訓令：德國早期浪漫主義的概念》（The Romantic Imperative:
The Concept of Early German Romanticism; Cambridge, MA: Harvard
University Press, 2003）一書中。第八和第九章以及結語的部分工
作，開始是作為一篇論述黑格爾政治哲學的文章，預定 1994 年刊
載於《劍橋十九世紀政治思想史》（Cambridge History of Nineteenth-
Century Political Thought）中，但是該書至今仍未出版。本書的大部

xiii

分內容是 2002 年春季在哈佛開設的黑格爾講座課程的內容。

　　目前我已經在 6 所大學講授過黑格爾——雪城（Syracuse）、印第安那（Indiana）、哈佛（Harvard）、耶魯（Yale）、賓夕法尼亞（Penn）和威斯康辛（Wisconsin），仍然在與教學上令人畏懼的挑戰對抗。我的學生，包括研究生和大學生，作為登山夥伴，一直帶著經久不衰的熱情、勤勉和堅韌，試圖去征服黑格爾哲學的馬特洪峰（Matterhorn）[2]。多年來，我從他們的異議、建議、懷疑和質疑中獲益良多。因此，這本書是獻給他們的。

　　最後，我要特別感謝羅伯特・斯特恩（Robert Stern），他詳細閱讀了整部手稿。

弗雷德里克・拜塞爾

紐約，雪城

2003 年 7 月 10 日

---

② 馬特洪峰（Matterhorn），位於瑞士與義大利之間的本寧阿爾卑斯山（Pennine Alps），接近瑞士小鎮策馬特（Zermatt）和義大利小鎮布勒伊—切爾維尼亞（Breuil-Cervinia），海拔 4,481.1 公尺（14,692 英尺），是阿爾卑斯山最美麗的山峰。——中譯者注

縮略語

黑格爾之外的哲學家

哈登貝格（Hardenberg）

HKA 批評考證版《諾瓦利斯文集》【*Novalis Schriften, Kritische Ausgabe*, ed. Richard Samuel, Hans Joachim Mahl and Gerhard Schulz (Stuttgart: Kohl Hammer, 1960-1988), 5 vols.】。

康德（Kant）

除非另有說明，康德的所有引文均出自科學院版的全集【the Akademie edition, *Gesammelte Schriften*, ed. Preußischen Akademie der Wissenschaften (Berlin: de Gruyter, 1902 et seq.)】。這一版本的頁碼在大多數英文譯本中作為邊碼出現。

GMS 《道德形上學基礎》【*Foundations of the Metaphysics of Morals (Grundlegung zur Metaphysik der Sitten)*.】

KpV 《實踐理性批判》【*Critique of Practical Reason (Kritik der praktischen Vernunft)*.】

KrV 《純粹理性批判》【*Critique of Pure Reason (Kritik der reinen Vernunft)*.】引用時分別以「A」和「B」標示第 1 版和第 2 版。

KU 《判斷力批判》【*Critique of Judgment (Kritik der Urteilskraft)*.】

TP 《論一個常見的說法：這在理論上或許是真實的但不能運用於實踐中》【'On the Common Saying: This May Be True in Theory but It Does Not Applyin Practice' (*'Ueber den Gemeinspruch: Das mag in der Theorie richtig sein, taugt aber nicht für die Praxis'*).】

馬克思、恩格斯（Marx-Engels）

MEGA 《馬克思恩格斯全集》【*Marx-Engels Gesamtausgabe*, ed. Institut für Marxismus-Leninismus (Berlin: Dietz, 1982).】

席勒（**Schiller**）

NA　國家版《著作集》【*Werke, Nationalausgabe*, ed. Benno von Wiese *et al.* (Weimar: Böhlau, 1943).】

施萊格爾（**Schlegel**）

KA　批評考證版《弗里德里希‧施萊格爾著作集》【*Kritische Friedrich Schlegel Ausgabe*, ed. E. Behler (Paderborn: Schöningh, 1958 et seq.).】

施萊爾馬赫（**Schleiermacher**）

KGA　批評考證版《全集》【*Kritische Gesamtausgabe*, ed. H. Birkner *et al.* (Berlin: de Gruyter, 1980 et seq.).】

黑格爾（Hegel）

BF　《伯恩殘篇》【*Berner Fragmente, in Werke* I, pp.9-104. *The Berne Fragments in Three Essays* 1793-1795, ed. and trans. Peter Fuss and John Dobbins (Notre Dame, IN: University of Notre Dame Press, 1984), pp. 59-103.】引用時依照諾爾分頁邊碼（the marginal Nohl pagination）標明。

Briefe　《黑格爾往來書信》【*Briefe von und an Hegel*, ed. Johannes Hoffmeister (Hamburg: Meiner, 1969), 5 vols.】

BS　《黑格爾書信集》【*Hegel: The Letters*, trans. Clark Butler and Christiane Seiler (Bloomington: Indiana University Press, 1984).】

D　《費希特與謝林哲學體系的差別》【*Differenzschrift, or Differenz des Fichteschen und Schellingschen Systems der Philosophie*, in *Werke* II, pp.9-140. *The Difference between Fichte's and Schelling's System of Philosophy*, trans. H. S. Harris and Walter Cerf (Albany: SUNY Press, 1977).】

EPW 《哲學科學百科全書》【*Enzyklopädie der philosophischen Wissenschaften* in *Werke* (1830), vols 8-10.】對應的英譯本分別為：*The Encyclopedia Logic, Part I of the Encyclopedia of Philosophical Sciences*, trans. T. F. Geraets, W. A. Suchting and H. S. Harris (Indianapolis: Hackett, 1991).

Hegel's Philosophy of Nature, Part Two of the Encyclopedia of Philosophical Sciences (1830), trans. A.V. Miller (Oxford: Oxford University Press, 1970).

Hegel's Philosophy of Mind, Part Three of the Encyclopedia of Philosophical Sciences (1830), trans. A.V. Miller (Oxford: Oxford University Press, 1971).

ER 《論英國改革法案》【*Über die englische Reformbill,* in *Werkausgabe* XI, 83-130. 'The English Reform Bill', in *Hegel's Political Writings*, ed. Z. A. Pelczynski, trans. T. M. Knox (Oxford: Clarendon Press, 1964), pp. 295-330.】

GC 《基督教的精神及其命運》【*Der Geist des Christentums und sein Schicksal,* in *Werke* I, 274-418. *The Spirit of Christianity and its Fate*, trans. T. M. Knox, in *Hegel's Early Theological Writings* (Philadelphia: University of Pennsylvania Press, 1948).】引用時依照諾爾分頁標明。

GP 《哲學史講演錄》【*Vorlesungen über die Geschichte der Philosophie*, in *Werke* XVIII, XIX and XX. *Lectures on the History of Philosophy*, trans. E. S. Haldane (Lincoln: University of Nebraska Press, 1995), 3 vols.】

GuW　《信仰與知識》【*Glauben und Wissen oder Reflexionsphilosophie der Subjekitvtiät in der Volständigkeit ihrer Formen als Kantische, Jacobische und Fichtesche Philosophie*, in *Werke* II, 287-434. *Faith and Knowledg*e, trans. Walter Cerf and H. S. Harris (Albany: SUNY Press, 1977).】

GW　《著作全集》【*Gesammelte Werke*, ed. Rheinisch-Westfälischen Akademie der Wissenschaften (Hamburg: Meiner, 1989 *et seq.*).】

H　《法權哲學──1819/20 的大學講座》【*Philosophie des Rechts. Die Vorlesung von* 1819/20 *in einer Nachschrift*, ed. Dieter Henrich (Frankfurt: Suhrkamp, 1983).】引用時標明頁碼。

N　《黑格爾早期神學著作集》【*Hegels theologische Jugendschrifte*n, ed. Herman Nohl (Tübingen: Mohr, 1907).】

P　《基督教的實證性》【*Die Positivität der christlichen Religion* (1795/1796), in *Werke* I, 190-229. *The Positivity of the Christian Religion,* in *Early Theological Writings* (Philadelphia: University of Pennsylvania Press, 1971), trans. T.M. Knox.】引用時依照諾爾分頁標明。

PG　《精神現象學》【*Phänomenologie des Geistes*, ed. Johannes Hoffmeister (Hamburg: Meiner, 1952) *Phenomenology of Spirit*, trans. A.V. Miller (Oxford: Oxford University Press, 1977).】

PR　《法權哲學的基本原理》【*Grundlinien der Philosophie des Rechts* (1821), in *Werke* VII. *Elements of the Philosophy of Right*, ed. Allen Wood, trans. H. B. Nisbet (Cambridge: Cambridge University Press, 1992).】

TE　《宗教是……　》【'Religion ist eine...', in *Werk*e I, 9-44. *The Tübingen Essay in Three Essays* 1793-1795, ed. and trans. Peter Fuss and John Dobbins (Notre Dame: University of Notre Dame Press, 1984), pp. 30-59.】引用時依照諾爾分頁標明。

VBG　《上帝存在證明講演錄》【*Vorlesungen über die Beweise vom Dasein Gottes*, ed. Georg Lasson (Hamburg: Meiner, 1966).】

VG　《歷史中的理性》【*Die Vernunft in der Geschichte*, ed. J. Hoffmeister (Hamburg: Meiner, 1955). *Lectures on the Philosophy of World History: Introduction*, trans. H. B. Nisbet (Cambridge: Cambridge University Press, 1975).】

VD　《德國憲法》【*Die Verfassung Deutschlands*, in *Werke* I. 'The German Constitution', in *Hegel's Political Writings*, trans. T. M. Knox (Oxford: Clarendon Press, 1964).】

VNS　《自然法和國家學講演錄》【*Vorlesungen über Naturrecht und Staatswissenschaft. Heidelberg* 1817/18. *Nachgeschrieben von P. Wannenmann*, ed. C. Becker *et al.* (Hamburg: Meiner, 1983).】

VPR　《宗教哲學講演錄》【*Vorlesungen über die Philosophie der Religion*, ed. Walter Jaeschke (Hamburg: Meiner, 1983). Volumes 3-5 of *Ausgewählte Nachschriften und Manuskripte.* 引用時標明卷數和頁碼。*Lectures on the Philosophy of Religion*, ed. Peter C. Hodgson (Berkeley: University of California Press, 1984-5), 3 vols.】

xviii

VRP　《法權哲學講演錄》【*Vorlesungen über Rechtsphilosophie*, ed. K.-H. Ilting (Stuttgart: Frommann, 1974), 3 vols. Student lecture notes from Hegel's lectures 1818-19 (C. G. Homeyer), 1821-2, 1822-3 (K. G. von Griesheim), 1831 (D. F. Strauss).】引用時標明卷數和頁碼。

VSP　《懷疑論與哲學的關係》【*Verhaltnis des Skeptizismus zur Philosophie* in *Werke* II, pp. 213-72. 'Relation of Skepticism to Philosophy', in *Between Kant and Hegel*, ed. George di Giovanni and H. S. Harris (Albany: SUNY Press, 1985).】

VVL　《評 1815 年和 1816 符騰堡王國邦等級議會的討論》
【*Verhandlungen in der Versammlung der Landstände des Königsreichs Württemberg im Jahr 1815 und 1816.* W IV, pp. 462-597. *Proceedings of the Estates Assembly in the Kingdom of Württemberg,* in *Hegel's Political Writings,* ed. Z.A. Pelczynski, trans. T. M. Knox (Oxford: Clarendon Press, 1964), pp. 246-94.】

W　20 卷本《著作集》【*Werke in zwanzig Bänden. Werkausgabe,* ed. Eva Moldenhauer and Karl Michel (Frankfurt: Suhrkamp, 1970).】

WBN　《自然法的科學探討方式》【*Wissenschaftliche Behandlungsarten des Naturrechts,* in *Werke* II, pp. 434-532.】

WL　《邏輯學》【*Wissenschaft der Logik,* ed. Georg Lasson (Hamburg: Meiner, 1971).】

年　表

1805	黑格爾擔任編外教授（Extraordinary Professor）。
1806	黑格爾完成《精神現象學》；拿破崙在耶拿戰役中擊敗普魯士軍隊。
1807	黑格爾遷居班堡（Bamberg），擔任地方報紙的編輯。
1808	黑格爾遷居紐倫堡（Nürnberg），任文科中學校長。
1811	黑格爾與瑪麗‧馮‧圖赫爾（Marie von Tucher）結婚。
1812	《邏輯學》第 1 卷出版。
1813	《邏輯學》第 2 卷出版。
1815	拿破崙於滑鐵盧戰敗。
1816	《邏輯學》第 3 卷出版；黑格爾成為海德堡（Heidelberg）大學哲學教授。
1817	《哲學科學百科全書》第 1 版出版。
1818	黑格爾成為柏林大學哲學教授。
1819	卡爾斯巴德法令（Karlsbad Decrees）頒布，加強了對大學的審查和監視。
1821	《法權哲學的基本原理》出版；黑格爾首次開設「宗教哲學」講座。
1822	黑格爾去萊茵省（Rhineland）和低地國家（the Low Countries）旅行。
1824	黑格爾去布拉格（Prague）和維也納（Vienna）旅行。
1827	黑格爾去巴黎旅行，在回家途中拜訪了歌德（Goethe）；《哲學科學百科全書》第 2 版出版。
1830	擔任柏林大學校長；《哲學科學百科全書》第 3 版出版。
1831	12 月 24 日，黑格爾因霍亂於柏林逝世。

導　論

一、相關性問題

1   為什麼要讀黑格爾？這是一個好問題，一個所有黑格爾學者都不應逃避的問題。畢竟，證明的擔子沉重地壓在他的肩上，因為黑格爾的文本恰好並不令人興奮或令人著迷。眾所周知，它們是以哲學史上某些最糟糕的散文寫成的，其語言文約義豐、含混不清、令人費解。閱讀黑格爾通常是一種令人厭煩和精疲力竭的經驗，類同於在思想中咀嚼碎石。「那為什麼要讀它呢？」將來的學生可能會這樣問。為了避免這種煎熬，每當對一本令人厭倦的書籍失去耐心時，他可能會被誘惑去援引黑格爾一位宿敵的箴言：「生命是短暫的！」①

當我們問在後現代的今天黑格爾對我們有什麼可說時，這個問題會變得更加緊迫。上個世紀初，弗朗茲‧羅森茲威格（Franz Rosenzweig），最偉大的黑格爾學者之一，宣稱他生活在後黑格爾屍骸的（post Hegel mortuum）時代。②今天看來，羅森茲威格的說法和那時同樣真實。看起來黑格爾已經不適用於我們的時代了，我們已經喪失那種宗教感，「對絕對的體味」──而這正是黑格爾形上學的靈感之所在。經歷過兩次世界大戰，經歷過古拉格群島事件和種族大屠殺（the gulags and the Holocaust），我們已經喪失了對進步的信仰，然而這一信仰正是黑格爾歷史哲學的基石。我們生活在一個如此專業化和多元性的時代，以至於沒人期望看到全部恢復，以及我們、他人和自然的統一性的恢復；但這些恰恰是黑格爾

2   哲學背後的宏偉理想。如果考慮到所有這些要素，我們似乎別無選

① 叔本華《附錄與補遺》第 295 節，載《全集》第 5 卷，第 635 頁。
② 法肯海姆（Fackenheim，1989 年）在第 72 頁上把這個說法歸之於羅森茲威格。

擇，只能同意羅森茲威格的判斷。看起來，黑格爾對於我們的時代所說甚少，時代已經超越了他。因此，愈益迫切的問題是：為什麼要讀黑格爾？

當然，問題的答案部分在於，雖然黑格爾已經過世，但是他仍然有著巨大影響，以至於今天他與我們的文化深深纏繞在一起。如果要理解這種文化，我們必須了解它的各個源頭，這意味著，我們最終不可避免地要與黑格爾取得和解。一個引人注目的事實是，20世紀每一種主要的哲學運動——存在主義、馬克思主義、實用主義、現象學和分析哲學——實際上都脫胎於對黑格爾理論的抗拒。對我們來說，這些運動中的概念、論證和問題將始終是外在和神祕的，直到我們理解它們脫胎於什麼和對什麼作出回應。因此，我們至少有了一個很好的理由去閱讀黑格爾：為了理解我們自己文化的根基。

然而，我們也完全可以問，黑格爾究竟是否真的死去了。從某些方面來說，他比過去任何時候都更加鮮活。自從 1970 年代黑格爾復興以來，他已經成為哲學史上一位地位穩固的人物。自那以後，關於黑格爾哲學各個方面的博士論文、著作和論文成倍地增長。一個驚人的事實是，正當他的最直言不諱的批評者之星（如：波普和羅素）地位不斷下沉的時候，黑格爾這顆星星似乎在冉冉上升。在某種程度上，黑格爾復興的原因在於對黑格爾歷史重要性的姍姍來遲的承認。許多黑格爾研究者這麼做是為了揭示馬克思主義的根源，這種做法在 1960 年代繁盛一時。但是，對黑格爾的復興來說，那時和今天一樣，有更多的哲學上的原因。1970 和 1980 年代，至少在英語世界，黑格爾成為一個反駁分析哲學的號召性人物。研究黑格爾就是抗議分析哲學狹隘的煩瑣哲學（Scholasticism）和擁抱「大陸哲學」。具有諷刺意味的是，黑格爾對於 1970 和 1980 年代的哲學反文化，對 19 世紀晚期英美的文化主流一樣重要。

　　如今，大陸哲學和分析哲學之間文化戰爭的許多原初意義已經喪失殆盡。但引人注目的是，對黑格爾的興趣依然強勁。黑格爾現在也為分析哲學傳統中一些傑出的哲學家所吸收，他們出於哲學而非歷史的原因研究黑格爾。③他們意識到自己和黑格爾分享同樣一些問題，並且黑格爾就這些問題有一些有趣的論述。是否可能避免知識論上傳統主義和基礎主義的極端？是否可能將實在論和社會知識論結合起來？是否可能把自由主義的自由和共同體的觀念綜合起來？是否可能吸收歷史主義的洞見而又不陷入相對主義？是否可能避免心靈哲學中的二元論和唯物主義？所有這些問題都和當代議程極為相關，而它們對黑格爾來說也是至關重要的議題。絕非偶然的是，現在許多哲學家都把黑格爾視為很多陳腐的和成問題的立場的首要解毒劑與替代物，這些立場包括笛卡兒主觀主義、素樸實在論、極端自由主義和身心二元論，或者化約論的唯物主義等。因此，在這裡，有了閱讀黑格爾的另一個理由：撇開他討厭的晦澀難懂，黑格爾對當代哲學討論而言仍然是一個有趣的對話夥伴。

二、方法問題

　　假定我們應當閱讀黑格爾，那麼剩下的問題是我們應當如何去閱讀。這裡存在兩種可能的路徑。我們可以把他當作一個虛擬的同時代人物、一個當前對話的參與者來對待。在這種情況下，我們能夠分析他的論證和澄清他的觀念，以表明它們如何與我們的當代關切相關聯。或者，我們可以把他當作一個歷史人物、一個過去對話的貢獻者來對待。在這種情況下，我們在其歷史脈絡中研究他，追蹤他的學說的發展，並努力在其歷史的完整性和個體性方面重構

4

---

③ 我主要記得麥克道威爾（McDowell，1996 年）和布蘭頓（Brandom，2002 年）的著作。

他。最近許多對黑格爾的分析性闡釋帶有第一條路徑的特點；更早的許多詮釋學的研究，特別是魯道夫‧海姆（Rudolf Haym）、威廉‧狄爾泰（Wilhelm Dilthey）和西奧多‧海林（Theodor Haering）等人的著作，帶有第二條路徑的特點。

　　兩種路徑都有得有失。分析的路徑的危險是時代錯置（anachronism）。我們讓黑格爾變得鮮活和有相關性，變成一個對我們的關切有益的貢獻者；但那僅僅是因為我們借他之口說出了我們自己的觀點。因而，我們從黑格爾那學到的僅僅是我們讀進去的東西。這種路徑已經被人以充分的理由漫畫化為「腹語者的哲學史思想」（the ventriloquist's conception of the history of philosophy）表現出來。④另一方面，詮釋學路徑的困難是好古成癖（antiquarianism）。儘管更有可能的是，我們關心的是作為一種真正的歷史存在的哲學，但是我們對它興味索然，而它與我們的相關性也程度更低，因為他的觀念和問題是如此特殊，只屬於他的時代。看起來我們能夠得到的，就像是博物館裡的一幅歷史肖像畫。

　　那麼，我們如何能既避免時代錯置又避免好古成癖呢？這是所有哲學史的永恆困境，我們可以嘗試一種折衷的策略。我們可以採用分析的路徑，而小心不要將我們的當代重構與歷史實在混淆在一起；或者，我們可以採用詮釋學的路徑，而選取歷史的黑格爾中那些與我們的當代關切相關的方面。但是，無論如何，我們似乎承諾了每一種路徑都有其價值。因為很遺憾，在真正歷史的黑格爾和與當代相關的黑格爾之間有差異。我們越是讓黑格爾與我們的當代關切有相關性，他與真正歷史的思想家的距離就越遠；我們越是在其歷史的個體性中重建黑格爾，他與我們的當代關切的相關性就越

---

④ 這個說法來源於晚期保羅‧克里斯特勒（Paul Kristeller）和邦妮‧肯特（Bonnie Kent）的一場對話。

少。不管怎樣，折衷的路徑是想想容易做起來難。由於分析的闡釋者對黑格爾具有精確的歷史知識，因此他知道如何避免時代錯置？而詮釋學的闡釋者對當代哲學有很好的了解，因此他能夠避免好古癖？唉，其實我們對黑格爾的所知不過是我們方法的結果；而並非好像我們可以在已有知識的基礎上選擇正確的方法似的。

　　面對這一困境，哲學史家必須做出他的選擇。可能會有一些供做決定的實用理由，但當每一種方法都各有長短時就無所謂對錯。與流行的對分析路徑的偏好不同，當前的研究採取更早的詮釋學的方法。這麼做有兩個理由。首先，最近對黑格爾的許多分析性研究已經失足於時代錯置，並且確實到了非常過分的程度，以至於他們重構的相關的黑格爾實際上已經與歷史上真實的黑格爾毫無相似之處。事實上，他們把這兩種黑格爾混淆在一起，而不肯坦率承認二者之間的差距，彷彿真正的黑格爾本來就是他們理想中的分析的思想家。其次，當代的黑格爾學者，尤其是英語傳統中的那些人，已經無法將黑格爾個性化。他們假定某些理念是黑格爾特有的，而實際上不過是整個時代的老生常談。他們告訴我們，絕對觀念論是黑格爾的原創和獨一無二之處，他試圖嫁接社群主義和自由主義，試圖綜合斯賓諾莎的自然主義和費希特的觀念論；但這些規劃實際上是早期浪漫主義遺產的一部分。然而，如果我們不能個性化黑格爾 —— 如果我們不能精確地陳述他的觀點如何不同於他主要的同時代人物 —— 我們能稱得上理解他了嗎？尤其是當這些不同對他來說通常是如此至關重要之時。

　　個性化黑格爾，確定他和他的同時代人之間的精確連繫，是今天黑格爾學者最緊迫的需要。如果學者們認識到晚近有關早期浪漫主義研究的充分意義，這種需要會變得更為明顯。迪特・亨利希（Dieter Henrich）、曼弗雷德・法蘭克（Manfred Frank）、維奧萊塔・魏貝爾（Violetta Waibel）、麥可・弗朗茲（Michael Franz）、

馬塞洛・斯塔姆（Marcelo Stamm）以及其他許多德國人承擔的這　6
一研究，已經極大地闡明了早期浪漫主義的哲學道路。直到我們能
夠在這一運動中定位黑格爾──精確地展示他從中繼承了什麼，以
及在什麼地方又持有異議──我們才能宣稱對他的哲學有一種充分
的理解。

　　分析研究的時代錯置，特別明顯地體現在最近許多對黑格爾
的非形上學的闡釋中。這些研究試圖改造黑格爾──依據當代關切
使他變得切實可行──透過將形上學讀出他的哲學。這些學者主
張，如果黑格爾是個形上學家，那麼他的哲學就註定是過時的。因
此，事實上，黑格爾哲學已然被解讀為形上學之外的任何東西：作
為一種範疇理論、作為社會知識論、作為新康德主義的觀念論、作
為文化史學，以及作為最初的詮釋學。所有這些研究的共同之處
在於，相信黑格爾哲學就其根本的主旨或精神而言是非形上學的。
這可能意味著兩種情況中的一種：或者，黑格爾的形上學是不可簡
化但不重要的，因此撇開它，黑格爾哲學的其他方面可以得到充分
的理解；或者，黑格爾的形上學在得到恰當的理解時，可以被簡化
為一種範疇理論、社會知識論、新康德主義的觀念論，如此等等。
然而，沒有人會比黑格爾自己更尖聲地抗議這種闡釋。在黑格爾看
來，形上學是哲學的基礎，是他體系的每一部分的地基。為了在其
個體性和完整性中理解黑格爾，首先和首要的是恢復形上學在他的
思想中的核心作用。出於這一原因，實際上本書的每個章節都將強
調形上學對黑格爾體系的各個部分是多麼根本。我們將發現，形上
學在黑格爾的社會和政治哲學、他的歷史哲學和美學中發揮著中樞
性的作用。

　　倡導非形上學闡釋的人們可能會抗議說，將形上學讀回進黑格
爾就是使他對我們自己的非形上學時代來說變得過時。然而，正是　7
在這裡，黑格爾對我們提出了重新思考我們自己的哲學預設和價值

的挑戰。必須要說的是，黑格爾形上學的大多數當代反對者，僅僅是想當然地從黑格爾已經質疑過的觀點來反對他。在黑格爾看來，關於形上學的任何形式的實證主義絕對是壞哲學，因為它牽涉一種關於自身的形上學卻無能對之加以反思。當代的黑格爾學術不是幫助和這種實證主義作戰，而簡直是向它卑躬屈膝，背叛了黑格爾遺產中最有價值的方面之一。

三、略傳

　　黑格爾第一個傳記作家——卡爾・羅森克蘭茲（Karl Rosenkranz），在 1844 年寫道：「哲學家的歷史就是他的思想的歷史，就是其體系形成的歷史。」[5]羅森克蘭茲宣稱這一格言尤其適合於黑格爾。他的生平就是他學術生涯的故事。黑格爾沒有阿伯拉爾（Abelard）式的戀愛事件，沒有培根（Bacon）式的政治陰謀，沒有斯賓諾莎（Spinoza）式的宗教戲劇。有些傳記作家大概會質疑羅森克蘭茲的格言，它似乎是徹底化約主義的。對黑格爾生活的進一步考察表明，黑格爾也有自己的私人插曲和醜聞，諸如憂鬱的侵襲、與女傭（Putzfrau）的私生子，以及為賺取生活費所做的絕望抵抗等等。然而，羅森克蘭茲還是有道理的。因為黑格爾本人很少看重他自己的個體性，而是透過對哲學的獻身來定義自己。毋庸置疑，他的激情和困擾也能填滿盧梭《懺悔錄》那樣大小的一卷。但問題是黑格爾本人認為它們不值一提。忠實於羅森克蘭茲的格言，除了少數失誤和畸變之外，黑格爾的生活可以相當整齊地劃分為整個學術生涯的各個階段。

---

[5] 羅森克蘭茲（Rosenkranz，1844 年），第 21 頁。

1. 斯圖加特（1770 年 8 月至 1788 年 9 月）

1770 年 8 月 27 日，黑格爾出生於斯圖加特，是一個中產階級的長子。父親是符騰堡公國的一位小公務員。這個公國是被天主教領土包圍著的一塊新教飛地。黑格爾家幾代人都做過新教教堂的牧師，黑格爾的母親——在他年僅 11 歲時過世——可能也設想過他兒子擔任神職人員。黑格爾早年就產生了一種強烈的宗教認同感。儘管他在信仰和習性上沒有成為正統的路德教徒，但他所承繼的新教遺產仍舊是理解他思想的基礎。他擁抱新教的某些基本價值，並從其知識傳統中吸取養分。⑥

從他母親那裡接受了最初的拉丁文教育之後，黑格爾在 5 到 7 歲時進入了一所拉丁語學校。然後，他被送到著名的斯圖加特文科學校，在那裡接受了 11 年（1777-1788 年）的教育。羅森克蘭茲以下面的話機敏地概括了黑格爾的這段教育經歷：它「就原則而言完全屬於啟蒙，就課程設置而言完全屬於古典」。⑦黑格爾的老師們灌輸給他啟蒙的價值觀；而課程設置主要包括希臘文和拉丁文的經典。他所受的教育是在這樣一種信念的支配下展開的：古希臘和羅馬是文明的最高典範。⑧這一信念有時可能與黑格爾的新教教育相衝突，使他像他之前的許多人一樣，面對長期以來在基督教與古代異教信仰之間取得和解的問題。

2. 圖賓根（1788 年 10 月至 1793 年 10 月）

從文科中學畢業之後，黑格爾進入了圖賓根神學院，一個為符

⑥ 關於符騰堡清教（Württemberg Protestantism）對於黑格爾的影響，參見迪基（Dickey，1987 年）和馬基（Magee，2001 年）第 51-83 頁上有趣的研究。

⑦ 羅森克蘭茲（Rosenkranz，1844 年），第 10 頁。

⑧ 參見哈里斯（Harris，1972 年），第 35 頁。

騰堡公國培養新教牧師的神學院。通常認為黑格爾在神學院接受的訓練使他偏向於宗教並成為一個潛在的神學家；但上述看法缺乏證據支持：黑格爾從來沒有打算成為一名牧師，並且對學習正統神學懷有很深的厭惡。[⑨]他進入神學院很可能僅僅是因為可以讓他接受公費的教育。和他的許多同學一樣，黑格爾對神學院的基本價值觀十分反感，它似乎代表了舊制度（the ancien régime）的所有罪惡：宗教正統、王權專制，貴族裙帶關係。[⑩]他尖銳批判了他的某些教授的反動神學，他們試圖運用康德關於實踐信仰的學說來支持傳統信條。

9

　　儘管黑格爾在神學院並不開心，但在那裡他與兩個人建立了友誼。這一點對他自己，並且實際上對德國哲學史都極為重要。1788年秋，他遇見了弗里德里希·賀德林（Friedrich Hölderlin），此人日後成為德國最偉大的抒情詩人之一；1790年秋，他遇見了謝林（Schelling），此人日後成為德國最傑出的哲學家之一，後來成了黑格爾的競爭對手。在神學院，他們三個人成為密友，有段時間甚至共處一室。謝林和賀德林在哲學教育方面領先於黑格爾，很快對他產生了重要影響。

---

⑨ 哈里斯（Harris，1972年），第58、64頁。

⑩ 海林（Haering，1929年）在第1卷，第49-51頁上爭辯說，黑格爾在神學院並沒有那麼不快活，神學院比它的名聲所允許的要自由得多。儘管海林有一個說法，不去誇大黑格爾在那裡的生活的否定性方面是很重要的，但是哈里斯（Harris，1972年），第57-95頁，福爾曼斯（Fuhrmanns，1962年），第1卷，第9-40頁和平卡德（Pinkard，2000年），第19-44頁上援引的證據以絕對優勢表明，黑格爾不喜歡那種制度。令人信服的是，黑格爾試圖離開那裡，他的病情和休假也可以被理解為試圖逃避它。參見哈里斯（Harris，1972年），第69-70頁。

　　在神學院的頭兩年，黑格爾攻讀碩士（Magister）學位。所修學位課程主要是哲學的，其中包括邏輯學、形上學、道德哲學、自然法、存有論和宇宙論等。[11]在第二學期，亦即1789年夏季學期，黑格爾選了一門經驗心理學的課程，從中首次學習了康德的《純粹理性批判》。[12]接下來的3年，黑格爾必須取得擔任牧師的資格，因此他的課程安排變成以神學為核心了。他必須選擇一些有關教會史、教義學、道德神學和福音書的課程。[13]除了正式的課程之外，黑格爾獨自或與朋友一道閱讀了一些最新的哲學文獻。他讀過柏拉圖（Plato）、席勒（Schiller）、F. H. 雅可比（F. H. Jacobi）、盧梭（Rousseau）和伏爾泰（Voltaire）。他最喜歡的作家是盧梭。儘管黑格爾已經讀過康德，但值得一提的是，他並沒有參加任何一個討論康德思想的讀書會。他後來充分理解康德哲學的重要，或許是由於謝林和賀德林的影響。[14]

　　在圖賓根時期，發生的最重要的事件是法國大革命。這一事件傳到萊茵，黑格爾、謝林和賀德林把它當作新時代的曙光來慶賀。他們讀法文報紙，唱馬賽曲（the Marseillaise），還組織了一個政治俱樂部討論這一事件和閱讀革命文獻。據傳1790年一個晴朗的星期天早晨，黑格爾、謝林和賀德林來到圖賓根城外草地種下了一棵自由樹。儘管這個故事可能是杜撰的，但它至少反映出這三個人本來願意去做的事情。黑格爾作為自由、和平等理想最為熱烈的代

10

---

⑪ 關於課程的細節，參見哈里斯（Harris，1972年），第73-74頁。

⑫ 同上，第83頁。

⑬ 同上，第89頁。

⑭ 關於黑格爾在神學院期間的康德研究，參見平卡德（Pinkard，2000年），第33-38頁。

言人之一而聞名於神學院。[15]對革命的同情貫穿了黑格爾的一生。甚至在晚年，他還為攻占巴士底監獄紀念日乾杯，尊崇拿破崙，而譴責復辟。

　　黑格爾圖賓根時期倖存下來的著作，僅僅是四份布道文和若干簡短的殘篇。[16]殘篇中篇幅最大和最重要的是所謂《圖賓根論文》（*Tübingen Essay*），亦即殘篇〈宗教是頭等大事……〉。[17]這份殘篇為黑格爾早期發展的許多方面設定了範圍。黑格爾忠實於其共和政治理想，主要關心的是勾勒出公民宗教的輪廓。從馬基維利（Machiavelli）、孟德斯鳩（Montesquieu）與盧梭的共和政治傳統出發，黑格爾相信共和政體的美德與愛國精神的首要源泉來自宗教。

3. 伯恩（1793 年 10 月至 1796 年 12 月）

　　1793 年 9 月通過教會考試（Konsistorialexamen）之後，黑格爾在伯恩找到一份工作——在霍普特曼·弗里德里希·馮·施泰格爾（Hauptmann Friedrich von Steiger）這個貴族家庭當私人教師（Hofmeister）。儘管這份工作給了他從事自己的研究的空餘時間，但黑格爾在伯恩感到孤獨和寂寞。他希望與賀德林和謝林待在一起，離正在發生令人興奮的思想活動的威瑪和耶拿更近一些。

　　在伯恩，黑格爾勤於閱讀，勤於寫作，但什麼著作也沒出版。他還對文學生涯充滿期待。像 1790 年代許多懷抱文學雄心的青年一樣，黑格爾依照德國的啟蒙（Aufkälrung）傳統把自己看作是「人民導師」（Volkslehrer）。他的目標是啟迪民眾，與迷信、

---

⑮ 羅森克蘭茲（Rosenkranz，1844 年），第 29 頁。

⑯ GW，第 1 卷，第 1、57-72 頁；以及 Studien, Texts nos. 2-16；GW，第 1 卷，第 114 頁。

⑰ GW，第 1 卷，第 1、83-115 頁。

壓迫和專制對抗。民眾教育背後的政治目標是：教民眾為建立一個
共和國的遠大公民理想做準備。忠於「人民教師」的理想，黑格爾　11
明確和自覺地放棄了在大學裡成為一位職業哲學家、一位世界智慧
博士（Doktorder Weltweisheit）的目標。他想推廣和運用康德哲學
的各種原則，而不是去審查它們的基礎。

　　忠於他的理想，黑格爾繼續投身於他公民宗教的規劃。這一關
切最明顯地表現在以《伯恩殘篇》聞名的系列草稿中。[18]這些殘篇
之所以引人注目，是因為其中包含對正統基督教的許多尖銳批評。
黑格爾對公民宗教的探尋，最終引導他寫下了早年一部較為完整的
殘篇，1795 的《耶穌傳》（*Life of Jesus*）。

　　黑格爾在伯恩時期的主要著作是他的所謂《實證性論文》
（*Positviity Essay*）[19]，一部不斷改寫卻從未完成的著作。這篇論文
的主要目的是，說明其福音存在於道德自律之中的基督教，如何墮
落為一種實證性的宗教——亦即一種由民間權威所掌控的宗教。為
了回答這個問題，黑格爾深入研究了異化這一基礎性論題，研究人
們為什麼會放棄他們自己的自由。黑格爾關於異化的分析，預見了
費爾巴哈和馬克思（Marx），也預見了他後來在《精神現象學》
中關於「苦惱意識」的敘述。

---

[18] Studien, Texts nos. 17-26；GW，第 1 卷，第 1、115-164 頁。

[19] Positiviät（Positivity）或譯權威性、成文性、天啟性等，我們這裡依
　　從王玖興先生的譯法。所謂「實證性」宗教，與自然宗教相對而言，
　　在青年黑格爾看來，「實證的基督教是專制和壓迫的一種支柱，而
　　非實證的古代宗教則是自由與人類尊嚴的宗教」（參看王玖興先生
　　節譯的盧卡奇《青年黑格爾》第 1 章第 2 節「青年黑格爾的『實證性』
　　是什麼意思？」，商務印書館，1963 年）。——中譯者注

　　伯恩時期對黑格爾政治思想的形成有特殊的意義。他閱讀了蘇格蘭政治經濟學家的著作；對伯恩貴族政治的事務進行了近距離的第一手研究，貴族之間的裙帶關係讓他大吃一驚。黑格爾忠誠於他的共和信念以及他身為「人民導師」的使命，他決定透過翻譯卡特（J. J. Cart）的小冊子《密信》（*Lettres confidentielles*）來揭露伯恩的專制。這本小冊子攻擊伯恩貴族政治剝奪了瓦特州地區（pays de Vaud）人民的天賦自由，並附以黑格爾的注釋和導論匿名出版，是他的第一份公開出版物。⑳伯恩時期的黑格爾政治觀點更重要的發展，是《實證性論文》某些章節中關於一種自由主義政治哲學的草圖。在這裡，黑格爾主張國家有責任保護個人的權利，其中既包括個人與財產的安全，也包括言論和內心的自由。這種自由主義和黑格爾公民宗教的理想並不完全一致。這一張力引發了一個對黑格爾成熟的政治哲學具有核心重要性的更為廣泛的論題：實現社群主義理想與自由主義原則的和解如何可能？㉑

4. 法蘭克福（1797 年 1 月至 1800 年 1 月）

　　1796 年底，由於賀德林的努力，黑格爾在法蘭克福獲得了一個職位，給富裕的葡萄酒商約翰・戈格爾（Johann Gogel）家當家庭教師。1796 初，賀德林就已經來到法蘭克福。黑格爾想到可以和他待在一起，內心就充滿喜悅。在法蘭克福，黑格爾的精神狀態

---

⑳ 它以《關於瓦特州對伯恩城舊國法關係的密信》（*Vertrauliche Briefe über das Vormalige staatrechtliche Verhältnis des Wadtslandes* [*Paus de Vaud*] *zur Stadt Bern* [Frankfurt: Jäger, 1798] 發表。）至於黑格爾的注釋和導論的詳情，參見佩爾辛斯基（Pelczynski，1964 年），第 9-12 頁；羅森茲威格（Rosenzweig，1920 年），第 1 卷，第 47-54 頁。

㉑ 關於黑格爾早期政治哲學中的張力，參見羅森茲威格（Rosenzweig，1920 年），第 1 卷，第 29、34、45 頁。

得到恢復，對自己的環境也更加滿意。他變得與他的世界更協調一致，不再試圖作為人民教師（Volkserzieher）去拯救人類。他融入社會生活，參加舞會、聽音樂會和看歌劇。由於和賀德林住得很近，他們經常討論哲學、政治和詩歌。

法蘭克福期間，黑格爾的宗教和政治思想經歷了一個戲劇性的逆轉。在伯恩時期，黑格爾從啟蒙的立場闡釋和批判宗教；然而，在法蘭克福時期，他對抗這種批判而為宗教辯護，並透過一些更神祕的字眼來重新闡釋宗教。在伯恩時，黑格爾相信他能夠按照理性的原則改造世界；在法蘭克福時，他批評這種觀念論，並鼓吹與歷史的和解。

法蘭克福時期的第一份手稿《論宗教和愛的草稿》（*Sketches on Religion and love*），可能是黑格爾在 1797 年夏天寫下的，揭示了黑格爾思想的根本變革。這些草稿試圖定義宗教區別於形上學和道德的獨特性質。不再像伯恩時期那樣把宗教等同於道德，黑格爾現在發現宗教的本質在於愛的神祕經驗，這種經驗中主體和客體完美融合在一起。法蘭克福時期主要的著作是黑格爾的大部頭手稿《基督教的精神及其命運》（*The Spirit of Christianity and its Fate*）。從許多方面來說，這部手稿是黑格爾成熟哲學的誕生地。簡單來說（in nuce），正是在這裡，黑格爾首次制訂了他的精神理念、他的辯證法概念、他的和解主題，以及他的有機世界觀。

在法蘭克福時期的逆轉在很大程度上是黑格爾挪用早期耶拿浪漫主義的結果，賀德林是這一浪漫主義的重要參與者和貢獻者。黑格爾的思想在許多基礎性的方面吸取了早期浪漫主義的實質內容：有機的自然概念，愛的倫理學，對宗教密契主義的激賞。最重要的是，他甚至駁斥了理性統治的啟蒙原則，質疑了理性批判宗教信仰的權力。黑格爾將永不背離浪漫主義遺產的內容或實質；他主要的背離將僅僅是形式，就如何證明這一實質而言的。

5. 耶拿（1801 年 1 月至 1807 年 3 月）

由於父親過世而獲得一份微薄的遺產之後，黑格爾決定去嘗試實現他過學院生活的願望。1801 年 1 月，去耶拿加入了他的朋友謝林的行列。當黑格爾到來時，耶拿的「文學熱」已經平息，大多數領軍人物（萊因霍爾德〔Reinhold〕，費希特〔Fichte〕）多年前就已經離開。黑格爾成為一名編外講師，其收入完全依靠學生的學費。在那裡，他從未實現成為一名帶薪教授的抱負。

黑格爾決心成為一名大學教授，這標誌著他智識抱負上的一個重要轉變。他不再把自己視為可以簡單地將哲學原則運用於世界的「人民教師」；他現在視哲學為自己的本職工作，專心致志於發展他自己的體系。導致這一轉變的原因似乎是雙重的。首先，作為政治發展的結果，黑格爾已經失去了他早年的理想主義（參見第 214-216 頁 ㉒）。其次，他也認識到他打算應用的康德哲學的原則是成問題或可疑的。

黑格爾在耶拿的首次亮相是他第一份哲學出版物，亦即他所謂的《差異論文》（*Differenzschrift*）。誠如標題所示，這本小冊子對費希特與謝林體系之間的基本差別進行解說；它也為這一論點做了辯護，即謝林的哲學優越於費希特。透過這一論斷，黑格爾立刻終止了費希特與謝林之間的舊聯盟，而鍛造了一個他與謝林之間的新聯盟。《差異》是黑格爾絕對觀念論或「客觀觀念論」的宣言，是對康德和費希特「主觀觀念論」的批判。

謝林－黑格爾聯盟的形成，引導他們共同編輯了一份同仁刊物——《哲學評論雜誌》。黑格爾最重要的一些早期著作都是刊載於這份雜誌上的論文，其中包括《信仰與知識》（*Faith and*

14

㉒ 指原書頁碼，亦即本書邊碼。後同。——中譯者注

Knowledge）、《自然法的科學探討方式》（*Scientific Treatment of Natural Right*），以及《懷疑論與哲學的關係》（*the Relation of Skepticism to Philosophy*）等。自 1802 年 1 月開始到 1803 年春末，雜誌僅僅維持了為數不多的幾期。到了 1803 年春天謝林離開耶拿時，謝林—黑格爾聯盟就解體了。有一種誤解，認為黑格爾僅僅是謝林的信徒，是他「勇敢的先鋒」或「跑龍套的人」。這種觀點忽視了太多的基本事實：黑格爾在到達耶拿之前已經發展出了他的形上學的綱要；由於黑格爾的影響，謝林自己的形上學從 1801 年到 1803 經歷了至關重要的變化；甚至在《差異》和《評論雜誌》中，黑格爾已經毫不猶豫地表達了與謝林不一致的觀點。

整個耶拿時期，黑格爾都在為制訂他自己的哲學體系而奮鬥，但並不成功。他的講演經常是對其體系中某些部分的初步敘述。[23]這些講演包括邏輯學和形上學、自然哲學，以及精神哲學。這些講演的草稿有許多倖存下來，亦即所謂的 1803/4，1804/5 和 1805/6《體系草稿》（*Systementwürfe*）。[24]

在謝林離開耶拿以後，黑格爾對他的舊同事變得更具批判性了。在 1804/5 冬季學期的講演中，他開始公開批評謝林的觀點，並重新思考他的形上學的基礎。他拒絕謝林把絕對觀念論奠基於理智直觀（an intellectual intuition）之上的嘗試，而替代性地發展了一種引導日常意識上升到哲學立場的科學理念。這一思想路線最終在《精神現象學》（黑格爾自稱其為「自我發現的旅程」、黑格爾成熟哲學的開端）中達到其頂峰。

15

---

[23] 關於黑格爾在耶拿時期的講座，參見基默爾（Kimmerle，1967年），第 53-59、第 76-81 頁。

[24] 這些講演現在叫做《耶拿體系草稿》1、2、3 卷（*Jenaer Systementwürfe* I, II and III），它們（分別）構成了黑格爾 GW 的第 6、7 和 8 卷。

6. 班堡（1807 年 3 月至 1808 年 11 月）

在耶拿尋找一份帶薪的教授職位失敗之後，1807 年 3 月黑格爾成為了一份小城報紙《班堡日報》的編輯。黑格爾的工作做得十分出色，這使他薪資豐厚，社會地位大大提高。他的報紙支持拿破崙對巴伐利亞政府的改革，隨後支持與法國的結盟。儘管這一工作不能滿足黑格爾的學術志向，但更符合他的政治理想。黑格爾認為，只要在人民中間找到基礎廣泛的支持，拿破崙的改革便能夠成功——報紙就是創造這一支持的完美手段。

7. 紐倫堡（1808 年 11 月至 1816 年 10 月）

1808 年 11 月，透過朋友尼特哈默爾（I. H. Niethammer）——巴伐利亞文教大臣的介紹，黑格爾成了紐倫堡阿吉迪恩文科中學（Ägidien-Gymnasium）的校長。在這裡，無論是當管理者，還是當教師，黑格爾獲得了巨大的成功。然而，值得注意的是，他判定把哲學引入文科中學的嘗試是一種失敗。1811 年 9 月，黑格爾娶了瑪麗·馮·圖赫爾，紐倫堡一個貴族家庭的女兒。儘管擔任校長很忙碌，黑格爾還是設法擠出時間完成了他在耶拿時期已經動筆的《邏輯學》：第 1 卷出版於 1812 年，第 2 卷出版於 1813 年，第 3 卷出版於 1816 年。

8. 海德堡（1816 年 10 月至 1818 年 10 月）

1816 年 10 月，黑格爾終於實現了他的學術理想，成為海德堡大學的一名哲學教授。然而，就像在耶拿發生的情況那樣，當黑格爾到達海德堡時，文壇已經消失；一些教授對哲學的敵視，以及學生對待學問的純粹職業態度，讓他感到失望。在海德堡，黑格爾首次講授了美學；而他 1817/18 年度的政治哲學講演則成為後來《法權哲學》的基礎。海德堡時期，黑格爾最重要的出版物是《哲學科學百科全書》，一部 3 卷本的著作，首次闡明了一個完整的體系。

9. 柏林（1818 年 10 月至 1831 年 11 月）

1817 年 12 月，普魯士文教大臣，卡爾・阿爾滕斯坦（Karl Altenstein）寫信給黑格爾，在新柏林大學，提供給他一個費希特曾經執教過的哲學教授席位。阿爾滕斯坦想要黑格爾主要是因為他知道黑格爾同情普魯士改革運動的目標，這一運動是在馮・斯坦男爵（Baron von Stein）的領導下於 1807 年開始的。該運動希望透過自上而下的漸進式改革，來實現法國大革命的理想，亦即透過一部新的憲法來確保所有公民的基本權利、貿易自由、廢除封建特權，以及更進一步的地方自治。柏林對黑格爾的巨大吸引力主要在於他分享著這一改革運動的理想。普魯士對它的新大學在更新普魯士文化生活方面寄以厚望。黑格爾知道，在柏林，他終將進入鮮活文化舞臺的中心，並贏得一個可以對普魯士的文化和政治事務產生一定影響的位置。

然而，在黑格爾抵達柏林後不久，改革運動遭受到嚴重的挫折。1819 年，腓特烈・威廉三世（Friedrich Wilhelm III）領導下的普魯士政府，出於對激進陰謀的恐懼，撤銷了採用一部新憲法的計畫。隨後，政府簽署了鎮壓性的卡爾斯巴德法令，該法令針對「煽動者」引入了審查制度和各種嚴厲措施。黑格爾的一些學生由於被懷疑參與顛覆性活動，而遭到流放或監禁；黑格爾自己有一段時間也處於警察的監視之下。儘管黑格爾贊同改革運動的目標，儘管他在普魯士的法庭上被反動階層所輕視，許多自由主義的同時代人依然懷疑他和反動政府沆瀣一氣。在很多人看來，黑格爾似乎贊同反動政治，因為他很樂於得到阿爾滕斯坦的支持，也因為他支持解僱兩名持自由主義思想的教授，並曾在《法權哲學》的〈序言〉中惡意地攻擊過他們。這是關於黑格爾的一個老掉牙的傳說的開端：黑格爾是普魯士復辟的代言人。

17

　　正是在柏林，黑格爾獲得了知名度和影響力。儘管據大家所說，黑格爾是一位拙劣的大學講演者——他說話結巴，舉止生硬，氣喘吁吁，不厭其煩地重複「因此」（Also）——但是，他的許多講演贏得了廣泛的追隨者。他的美學、哲學史、宗教哲學和歷史哲學講演，都舉辦過好多次。儘管黑格爾自己從未出版過這些講演稿，但是他的學生把講演內容記錄下來，並收進了黑格爾著作集的第 1 版中。

　　由於他的地位和成功，黑格爾終於有了時間和條件去旅行。身為一個狂熱的旅行者，他去了布拉格、維也納、布魯塞爾和巴黎。儘管黑格爾做了許多講演，但在柏林期間他出版的著作很少。1826 年黑格爾創辦了一份居領銜地位的雜誌《科學批評年鑑》（*Jahrbücher für wissenschaftliche Kritik*），為它寫了幾篇評論文章；出版了《百科全書》的兩個新版本（1827、1830 年）；並開始重寫他的《邏輯學》，其第 1 卷出版於 1832 年。

　　1831 年 11 月 14 日，黑格爾於柏林猝世，據說是由於霍亂，但可能是由於胃病或腸胃道疾病。葬禮上，柏林的知名人士和他的學生排成長龍。依據他的遺願，黑格爾被安葬在柏林多羅特婭（Dorothea）公墓，緊臨著費希特的墓。

第一部分

早期觀念與脈絡

Chapter **①**

文化脈絡

一、啟蒙的黃昏

21　　德國的 1790 年代是一個思想上超乎尋常的動盪和發酵的時期。在這 10 年間，黑格爾與浪漫的一代成年了。這已經是多數歷史學家的共識了，但即便是同時代人也有同樣的觀感。於此，萊因霍爾德（K. L. Reinhold）──一位傑出的哲人和時代精神（Zeitgeist）的敏銳觀察者，在 1790 年寫道：

> 我們時代最顯著和最獨特的特徵是：迄今爲止所有熟悉的體系、理論和思維方式發生了動盪，動盪的廣度和深度在人類精神史上是史無前例的。①

　　這一文化巨變的主要源頭是德國啟蒙運動（Aufkälrung）的危機。18 世紀的大部分時間裡，啟蒙運動支配著德國的智識生活；但現在它的時日屈指可數了。世紀之初看來如此確定的東西，如今，在世紀末看起來疑竇叢生。危機不可能不影響到黑格爾和年輕的浪漫主義者，他們是在德國啟蒙運動的監護下成長的。儘管他們後來將反抗它，但還是深受其惠。可以說，他們都是德國啟蒙運動的孩子。

　　德國啟蒙運動的危機對黑格爾的影響比任何人都深。因為將黑格爾和浪漫的一代其他思想家如此深刻地區分開來的，是他始於耶拿中期（1803-1806 年）的，對抗同時代其他批評者以保護德國啟
22　蒙運動遺產的嘗試。黑格爾對啟蒙運動也是極力批判的，在其《精神現象學》的一個著名章節中對它進行了幾乎是輕蔑的處理。②然

---

① 萊茵霍爾德（Reinhold，1923 年），第 1 卷，第 24 頁。
② 第 6 卷，「精神」部分；B，第 2 卷，「啟蒙」；PG，第 383-413、328-355 頁。

而，有一些啟蒙運動的遺產是他絕不會拋棄的，它們越是陷入危險，他對它們的激賞就越是增長。其中首要的，啟蒙運動對理性權威的信仰。在經歷過 1790 年代對德國啟蒙運動的所有批判之後，黑格爾的成熟哲學首先和主要是一種營救和修復理性權威的嘗試。其目標是既容納又超越這些批判，既保存它們的正當要求，又取消它們的過度自負。黑格爾的重大成就是把德國啟蒙運動和一些浪漫主義的潮流綜合起來，創造了一種浪漫化的理性主義或理性化的浪漫主義。

因此，為了理解黑格爾哲學，我們首先需要對 1790 年代德國啟蒙運動的危機有所了解。正是這一危機——德國啟蒙運動的批評者對理性權威施加的攻擊——為黑格爾哲學設置了基礎性的挑戰。

我們如何精簡地來描述啟蒙運動的特徵呢？啟蒙運動過去經常被恰當地稱為「理性的時代」或「批判的時代」，不僅歷史學家如是說，啟蒙運動的同時代人也同樣如此。下面是康德在其《純粹理性批判》第 1 版序言中給他的時代所下的定義：

> 我們的時代作為一個批判的時代達到了如此突出的程度，一切都必須服從於批判。宗教憑藉其神聖性，而國家憑藉其威嚴，或許會尋求免除批判。但這樣一來，它們就激起了對它們自身的懷疑，而不能要求誠摯的敬意，理性僅僅會把這種敬意給予那經受住自由而公開的檢驗所測試過的事物。（A xii）[3]

啟蒙運動是理性的時代，因為它在所有的智識問題上，賦予理性以最高的權威，將理性作為上訴的終審法庭。其核心和特有的原 23

---

[3] 這段話的中文譯文參看康德《純粹理性批判》，鄧曉芒譯，人民出版社 2004 年第 1 版，〈第一版序〉第 3 頁注釋①。——中譯者注

則，我們或許可以稱之為理性的統治（sovereignty of reason）。這一原則意味著沒有比理性更高的智識權威的來源。《聖經》經文也好，神聖的靈感也罷，抑或是基督教會和民間的傳統，都不具有理性的權威。當理性對所有這些權威性來源的合法性做出裁決時，它們沒有誰能夠經受得起這種裁決。

　　吊詭的是，啟蒙運動的危機是從內部產生的，事實上來自它最珍視的原則。問題在於這個原則是自反性的。如果理性必須把所有的信念都列為批判的對象，那麼它也必須把自己的法庭列為批判的對象。讓它自己的法庭免於仔細審查就將是不折不扣的「獨斷論」，亦即接受對權威的信仰，這恰恰是理性的對立面。因此，理性的批判必然變成理性的後設批判（meta-criticism）。如果啟蒙運動是批判的時代，1790 年代則是後設批判的時代。所有關於理性自身權威的懷疑，這一經常被稱之為我們「後現代」時代特徵的東西，在 18 世紀晚期的德國已經出現。

　　當德國啟蒙運動的危機開始考察理性自身的法庭時，他們發現理性的合法性是以幾個成問題的假設為根據的。所有這些假設在 1790 年代都被置於嚴格的審查之下。反基礎主義、泛神論論爭、虛無主義、歷史主義的興起，以及理論—實踐之爭——這些都是破壞理性信仰和激起啟蒙運動危機的至關重要的進展。黑格爾的哲學直接從對這些進展的回應中成長起來。因此，每一個方面都值得做更進一步的考察。

二、反基礎主義

　　啟蒙運動對理性權威的信仰首先和主要地建基於為知識提供堅實基礎的可能性之上。堅實基礎的替代物似乎是懷疑主義的深淵。基礎的尋求同時出現在啟蒙運動的經驗主義和理性主義傳統中。當經驗主義傳統在經驗的簡單觀念中發現這一基礎時，理性主義傳統

則在自明的第一原理中尋找這一基礎。且不論它們的觀點在關於基礎應該放在何處上的對立，二者都分享對某種基礎的可能性及其必要性的信念。

發端於 1790 年代早期的耶拿，一大群年輕的思想家開始批判基礎主義，更確切地說是批判萊茵霍爾德（Reinhold）和費希特將康德的批判哲學奠基於自明性的第一原理之上的努力。因為基礎主義聚焦於這些第一原理或基本原則（Grundsätze）的可能性，所以，他們對基礎主義的批判有時也被稱為基本原則批判（Grundsatzkritik）。處於這一批判前沿的是萊茵霍爾德與費希特的一些領頭的學生，其中包括約翰・班傑明・艾哈德（Johann Benjamin Erhard）、伊曼紐爾・尼特哈默爾（Immanuel Niethammer）、卡爾・伊曼紐爾・狄茲（Carl Immanuel Diez）、弗里德里希・卡爾・弗爾貝格（Friedrich Carl Forberg）、卡爾・克利斯汀・施密德（Carl Christian Schmid）、雷伯格（A. W. Rehberg）、弗里德里希・亨利希・魏斯休恩（Friedrich Heinrich Weßhuhn），以及保羅・約翰・費爾巴哈（Paul Johann Feuerbach）。對這一批判來說同樣重要的，是一些年輕的浪漫主義者，賀德林、弗里德里希・施萊格爾和諾瓦利斯（Novalis）。④

儘管黑格爾 1800 年才到耶拿，在基本原則批判偃旗息鼓之後，但他很清楚它的核心原則和基本的批評，這些對黑格爾自己方法論的發展具有重要而沒有得到足夠重視的影響。⑤黑格爾對第一原理的拒斥、對系統性的強調，以及對哲學中運用數學方法的不信任，只不過是公理批判的一些更為明顯的效果。然而，黑格爾受到

④ 關於這場運動，參見弗蘭克（Frank，1997 年）。
⑤ 恕我不能同意福斯特（Forster，1989 年），他過於狹隘，不能把黑格爾的知識論主要看作對於古代懷疑論的回應。

公理批判的挑戰和受到它的影響一樣多。他不能接受它的根本的反基礎主義的結論：第一哲學僅僅是一個理想，一個可供無限努力探尋的目標。

原理批判的發展進程持續了近 10 年，包括了許多思想家在內，要概述出它的豐富性和複雜性實非易事。這裡我們只能提示這一批判的某些主線，它質疑哲學以自明的第一原理開端的某些基本理由。(1) 第一原理必將是分析的（其形式為「A 是 A」）或者綜合的（其形式為「A 是 B」）。如果是分析的，它將是瑣碎而無結果的；如果是綜合的，它將是可拒絕的，因而易受懷疑論的質疑。(2) 不可能透過訴諸直接經驗、某些自明的智性直觀來證明第一原理，因為對另一些人而言，總是可能訴諸相反的直觀。(3) 第一原理不能僅僅是形式的，邏輯的法則，因為那不足以確定實質的真理性（material truth）；但如果它包含某些內容，它就必須十分普遍（general）以容納許許多多從屬於它的真理；而這種普遍性（generality）是不足以推導出經驗的具體真理的。(4) 甚至即使第一原理足以推導出整個體系，也並不等於說它是真的；我們只能透過向經驗自身求教以確定其質料的真理性。但經驗也不是最後的權威：我們能夠以互不相容的方式概念化、系統化或解釋相同的事實。(5) 萊茵霍爾德和費希特混淆了康德對數學方法和哲學方法的區分。數學方法是綜合的，它從自明的原理出發並在直觀中建構其對象；哲學的方法是分析的，它從日常會話提供的概念出發，並只有這樣才能達到它的普遍原理（general principles）。

作為這些批判的結果，尼特哈默爾、諾瓦利斯、施密德、萊格爾和費爾巴哈等思想家試圖返回更為康德化的立場。他們堅持認為，第一原理和理性的體系，必將僅僅被構想為調節性的理想，被構想為我們能夠接近但絕不能透過無限的努力來達到的目標。因此

之故，公理批判的主要結果被稱為知識論的「再康德化」。⑥

三、泛神論論爭

對啟蒙運動的理性權威信仰至關重要的，是它關於自然宗教和道德的信念。啟蒙者和哲學家認為，自然理性單獨——不依賴於啟示——就有能力證明我們所有基本的道德和宗教信念。自然宗教或道德將僅僅依據理性而建立，因此它為每一個單純作為智力存有者的人所同樣享有。只有當理性具有這種能力的時候，它才可能排除與其他形式的理智權威（例如：《聖經》、教會傳統和靈感等）之間的競爭。

1780 年代晚期，啟蒙運動對自然宗教和道德的信仰，在雅可比（F. H. Jacobi）和孟德爾頌（Mendelssohn）之間著名的「泛神論論爭」中，以一種最富戲劇性和壯觀的方式遭到抨擊。⑦雅可比在他 1786 年的《關於斯賓諾莎學說的書信》（*Letters on the Doctrine of Spinoza*）中認為，理性如果真正徹底、誠實和一貫的話，非但不能支撐反而會暗中破壞道德和宗教。公正地說，雅可比對理性的聳人聽聞的攻擊，比起康德在「第一批判」中有節制的批評，對他的時代發揮了更強有力的影響。

雅可比對理性的抨擊，其核心在於將理性主義等同於一種徹底的科學自然主義，更確切地說，等同於一種機械論的解釋典型。雅可比將斯賓諾莎視為這種新興科學的自然主義的典型，因為斯賓諾莎廢黜了終極原因，並認為自然萬物都是按照機械法則發生的。雅可比認為，斯賓諾莎哲學的根本原則就是充足理由的原則。斯賓諾莎值得稱讚是因為他和萊布尼茲與沃爾夫不同，他有勇氣將這個原

---

⑥ 因此，弗蘭克（Frank，1997 年），第 502、617、715 頁。

⑦ 關於這場爭論的背景，參見拜塞爾（Beiser，1987 年），第 44-75 頁。

則貫徹到底：一種徹底的科學的自然主義。這一原則意味著每一事件的發生一定有充足理由，因此，有了這一原因，事件必然發生，否則不能發生。雅可比推論說，如果這一原則沒有例外，那麼：(1) 不可能有宇宙的第一因，亦即自由地創造宇宙的上帝。(2) 不可能有自由，亦即以其他方式行動的能力。對雅可比來說，第一個結果意味著斯賓諾莎主義導向了無神論，第二個結果意味著它終止於宿命論。透過將斯賓諾莎的理性主義等同於他的自然主義而不是他的幾何學方法，雅可比立刻成功地恢復了斯賓諾莎主義的相關性及其危險。如果說斯賓諾莎的幾何學方法已經淪為康德批判的犧牲品，他的自然主義看起來卻被自然科學的進展證實了。

　　雅可比的抨擊所造成的根本效果，是對啟蒙運動提出了一個戲劇性的兩難困境的挑戰：或者是理性的無神論和宿命論，或者是信仰的非理性跳躍、致命的跳躍（a salto mortale）。沒有這樣一條中間道路：理性地證明我們最重要的道德和宗教信念。總之，雅可比的意思是說，對自然道德和宗教的探索是徒勞無益的。

　　像許多同時代的思想家一樣，黑格爾也由於雅可比對啟蒙運動的挑戰而深感不安。在好些場合，他投入了許多篇幅和精力來討論雅可比對理性的批判。[8]事實上，黑格爾認為雅可比的批判比康德的批判更重要（EPW，第 62 節評論）。黑格爾哲學的主要目的是

---

⑧ 首先在他的《信仰與知識》（*Glauben und Wissen*）中，載於 W，第 2 卷，第 333-393 頁；其次在他 1817 年關於雅可比的《著作集》的評論中，載 W，第 4 卷，第 429-461 頁；第三，在《哲學科學百科全書》（*Enzyklopädie der philosophischen Wissenschaften*）的「序言」中，載 W，第 8 卷，第 148-167 頁，在這裡，雅可比是「客觀性思想的態度」的主要代表之一；最後，在他的《哲學史》中，載 W，第 20 卷，第 315-329 頁。在所有版本的《宗教哲學講演錄》中，黑格爾都考察了雅可比，儘管通常沒有提到他的名字。

在雅可比左右為難的處境之間尋找中間道路。黑格爾想要重建理性
主義，並以之為手段來證明我們最重要的道德和宗教信念；但他希
望這樣做的同時，不會陷入過去那種成問題的理性主義，無論是斯
賓諾莎的自然主義，康德—費希特的觀念論，還是舊的萊布尼茲—
沃爾夫的獨斷論。

四、虛無主義的誕生

　　當虛無主義這個「最可怕的客人」[9]前來敲門時，間已經是 19
世紀初期。而這一幽靈首次抬起它醜陋的頭顱，是在 1780 年代
後期關於康德哲學的討論中。1787 年，費希特、歌德和謝林的朋
友，神祕隱士奧伯賴特（J. H. Obereit）在一系列挑釁性的著作中，
含沙射影地說康德哲學以及事實上所有的理性主義都犯了「虛無
主義」的罪過。[10]奧伯賴特認為，康德哲學是理性主義的化身，因
為它把批判發揮到了極限；然而它又將所有的知識限制於現象，
事實上這些現象僅僅是我們的表象。奧伯賴特用「虛無主義」這
個術語指這樣一種學說：超出意識之外，我們不能對任何事物有
知識，因此，我們的終極價值和信念並沒有理性的基礎。對虛無
主義的憎惡，沒有什麼地方比《守夜人 —— 波拿文圖拉所作》
（*Nightwatches-By Bonaventura*，1804 年）這部非凡的匿名著作表
達得更有力和更富激情的了。它的主角，一位精神病院的患者，
傳播「虛無」的「福音」，把他陰鬱的情緒和精神病的狂言奠基於
最近的哲學教義之上：「萬物只存在於我們之中，我們之外無物實

28

---

⑨ 尼采，《遺著殘篇》，載《尼采全集》，第 7 卷，第 125 頁。
⑩ 關於這些著述，參見參考文獻。

在。」⑪他的絕望在其以下的信念中達到頂峰：所有的價值和信念最終都崩潰為虛無的深淵。

正是雅可比於 19 世紀初把虛無主義變成了一個對德國哲學來說十分頭疼的問題。於 1780 年代晚期對理性進行首次攻擊之後，雅可比在 1790 年代以康德和費希特的哲學作為主要目標，把他的攻擊發揮到了極致。在其 1799 年的《致費希特的書信》（*Letter to Fichte*）中，他認為理性主義必然終結於完全的「利己主義」（egoism）或者唯我論（solipsism），者他所說的「虛無主義」（Nihilismus）。按照雅可比的理解，虛無主義者懷疑一切存在：外部世界，他者之心，神，甚至懷疑者自己。虛無主義者放任他的理性去追逐痛苦的懷疑論的目標，質疑除了他自己心靈的直接內容之外任何事物的存在。雅可比認為，康德和費希特的超驗觀念論就終結於這一深淵之中，因為這種觀念論的知識範疇就是：我們認識的僅僅是根據我們自己的活動法則所創造或製作的。由此我們被迫承認：要麼是認識自己，要麼是一無所知。

再者，結果表明，雅可比的論辯在困擾他的同時代人方面是極為成功的。他使得虛無主義成為康德哲學不可避免的結果，並且實際上成為現代哲學整個的「思想方式」。在雅可比的用法中，「虛無主義」已經包含著後來在 19 世紀才與這個詞關聯起來的內涵：基督徒的絕望——生活是無意義的，因為沒有了上帝、天意和不朽。但雅可比為這個問題提供了一個更深的層面，透過把它和懷疑主義的經典挑戰，和懷疑論的以下論題連接起來：我們沒有理由

29 相信超乎我們自己不斷消逝的印象之外的任何事物的存在。他把休謨（Hume）《人性論》（*Treatise of Human Nature*）第 1 卷的結語

⑪ 參見匿名（Anonymous，1971 年），第 206 頁。其著作權都是屬誰，多有爭論。關於其內容的有益的介紹，參見布萊卡爾（Blackall，1983 年），第 209-220 頁。

讀作是虛無主義者的自白。於是，對雅可比來說，虛無主義的問題就不僅是一個基督徒信仰缺失的道德危機，它還包含著對我們所有信念的基礎性的懷疑論挑戰。黑格爾正是在這一形式中遭遇虛無主義問題的。我們將在第六章中看到，《精神現象學》關於「主奴關係」的著名篇章是如何處理它的。

五、歷史主義的興起

對理性的普遍性和公正性的啟蒙信仰，被 1770 年代後期和 1780 年代興起的歷史主義嚴重動搖了。德國歷史主義成長背後的領銜思想家，是 J. G. 哈曼（J. G. Hamann）、尤斯圖斯·莫澤（Justus Möser）和 J. G. 赫爾德（J. G. Herder）。[12]他們關於歷史的見解，脫胎於對啟蒙運動史料編纂學的反動，更具體地說，脫胎於對啟蒙者以其當代道德標準評判過去這一趨向的反動。他們對這種歷史編纂學提出了兩種主要批評：首先，它脫離脈絡進行抽象；其次，它以自己為標準評判過去的文化。

更精確地說，什麼是歷史主義呢？儘管「歷史主義」一詞已經具有多種不同的含義，但我們這裡需要關注的僅僅是它在 1790 年代後期和 19 世紀初的含義。我們可以把這一含義最好地概括為三種具有方法論意義的要點：(1) 歷史。社會政治世界的所有事物都有一部歷史；所有的法律、制度、信念和慣例既易於變化，又都是特殊的歷史發展的結果。(2) 背景。我們應當在其歷史背景中檢查所有人類信念、慣例和制度，展示它們是如何興起於它們特殊的經濟、社會、法律、文化和地理等條件的必然性的；我們應當把它們視為更大整體的部分和產物。(3) 機體論。社會是一個有機體、一

---

⑫ 關於赫爾德和莫澤在歷史主義過程中的作用，參見梅涅克（Meinecke，1965 年）第 303-444 頁上的經典論述。

個不可分割的整體，其政治、宗教、道德和法律體系密不可分地交

30 織在一起。像所有的有機體一樣，它經歷著一個包括出生、童年、
成熟和衰老在內的發展過程。

　　為了體會歷史主義的這一挑戰，我們只需考慮一下這些方法論
原則之於啟蒙理性信仰的後果。哲學家和啟蒙者認為理性的原則是
普遍和公正的，是所有時間和地點的，身為智性存有者的人所共同
具有的。但歷史主義者警告我們說，這些原則僅僅表面上是普遍而
永恆的。一旦我們把它們放到它們的背景中來看它們是如何在歷史
上興起的，它們就將表明自身是特殊時期特殊文化的產物；它們僅
僅表達它們時代的自我意識。由於對某些原則之普遍性的信仰，哲
學家和啟蒙者得了健忘症。他們看不到這些原則的起源，以及它們
興起背後的條件，並由此將他們時代的觀念一般化，彷彿它們是全
人類的觀念一樣。

　　因此，對於啟蒙運動來說，歷史主義的危險來自它所隱含的相
對主義。歷史主義者平等看待所有價值的正當性，認為它們都是某
個民族對特殊環境的必要回應。由於回應是必要的，我們就不應當
擅自以為可以對此做出評判，因為這種判斷恰恰錯誤地預設了「我們
能夠在相同的環境下把事情做得更好」這一前提。所有推定的普遍價
值歸根到底都是種族中心的，超越於我們自己特殊時空的無效的一
般化。沒有什麼適合一切民族和對所有時空都有效的、理想的法律
體系；對某個民族來說，合適的憲法取決於它特殊的環境和歷史。

　　黑格爾既受到歷史主義影響，也面臨著歷史主義的挑戰。部分
早期著作表明他是如何吸收歷史主義的基礎原則的；將歷史主義引
入哲學，使之成為知識論不可或缺的一部分，這一點經常被歸功於
黑格爾。[13]然而，非常重要的是，要看到不管黑格爾有多麼「歷史

---

[13] 參見拜塞爾（Beiser，1993 年），第 270-300 頁。

主義」，但他拒絕接受其相對主義的後果。正如我們即將看到的那
樣，黑格爾政治哲學的主要目標之一，是在公正對待歷史主義的同
時，重建自然法傳統（第 208-209 頁）。

31

六、「理論—實踐」之爭

　　沒有什麼比 1789 年 7 月 14 日發生的那場巨大的災難性事件及
其餘波——法國大革命——更能撼動啟蒙對理性的信仰了。對很多
人來說，法國大革命似乎就是啟蒙運動的典型。社會和國家的一切
都要根據理性的原則進行改造，一切歷史制度和法律如果不能承受
理性的考驗都要被廢黜。啟蒙的偉大承諾是，如果我們在社會和政
治生活中遵循理性，那麼就會出現地上的天國。

　　出現的並非天堂，而是地獄。哲學家（the philosophes）越是
試圖把理性的憲法強加給法國，它就越是陷入流血、混亂和恐怖之
中。理性憲法與指券（assginats）是如此相似：其價值只在紙面上。
到底出什麼錯了呢？有些批評家認為，理性內在地是無政府主義
的。如果每個人遵循自己的理性，總是質疑他們的上司，就根本不
會有什麼權威存在。每個個體將做出不同的判斷。社會和國家將處
於類似法國大革命初始時期軍隊的狀況，其時現役軍人有權質疑他
們長官的命令。另一些批評家強調在理論與實踐之間存在不可逾越
的鴻溝。即便理性可以決定國家的根本原則，人們也仍然不能遵照
執行。他們過於受激情（9 月大屠殺）、私利（投機者）和傳統（旺
代叛亂）的影響。

　　關於啟蒙運動的這些批評中的部分觀點，是在德國 1790 年代
發生那場著名的「理論—實踐」之爭中表達出來的，爭論的焦點是
康德的道德和政治哲學。這一哲學惹惱了保守的批評家們，因為它
似乎為法國雅各賓派的政策提供了基本原理。康德似乎與雅各賓派
一樣對理性的實踐能力抱有無限的信任。康德在《實踐理性批判》

32

中論證說，理性在兩種意義上是實踐的：首先，它為我們的行為原則提供充足的理由；其次，它為道德行為提供充分的動力或動機。在其著名的有關「理論－實踐」的文章中，康德進一步推進了他的論證，主張理性在政治領域也是實踐的。他認為理性不僅有能力確定道德的一般原則，而且有能力確定國家的特殊原則。從他的「無上訓令／定言訓令」（categorical imperative），康德推衍出一部由自由和平等原則構成的憲法，很像在革命中的法國建立起來的那些東西。和霍布斯（Hobbes）和馬基維利相反，康德認為這些道德原則和政治也是綁定在一起的。

　　有幾種針對康德文章的回應，其中最重要的是尤斯圖斯・莫澤、弗里德里希・根茲以及A. W.雷伯格等人的觀點。[14]他們論證了3個要點：(1) 即使理性是我們道德義務的充分根據，它也仍然不能為國家提供一個基礎。道德的原則簡直是太過一般化了，能夠和各種不同的社會和政治安排相容。確定一個國家的特殊原則，確定特定民族的恰當憲法，其唯一途徑是去深入思考它的歷史和傳統。(2) 即使理性能夠提供國家的特殊原則，它也仍然不能提供行動的充足動機或動力。人類行為的主要動力不是理性，而是傳統、想像力和激情。(3) 如果一位政治家一直掌權並且維護法律和秩序，那麼對他而言，按照理性原則去行動就是不可能的；因為當他這麼做的時候，只會使其自身易於受到其他那些不循規蹈矩的人的傷害。

　　圍繞理性在政治中的作用，「理論－實踐」之爭揭示了兩個正

---

⑭ 這些重要的著作還沒有英文譯本。其中有些是亨利希（Henrich，1968 年）蒐集出版的。關於在這次爭論中雷伯格、根茲和莫澤的立場，參見拜塞爾（Beiser，1992 年），第 288-309 和 317-326 頁。關於雷伯格和莫澤的更一般的討論，參見愛普斯坦（Epstein，1966 年），第 297-340 頁和第 547-594 頁。

相反對的立場。康德和費希特站在左派理性主義一邊。他們主張，在政治領域，實踐應當追隨理論，因為由純粹理性確定的道德原則，也是和政治綁定在一起的。他們的批評家代表了一種右翼經驗主義。他們堅持認為在政治領域，理論應該追隨實踐，因為理性的 33 原則太過形式而不能對憲法或政策施加影響，並且認為，為了確定在政治中去做什麼，我們需要求教的是經驗，「祖祖輩輩世代相傳的智慧」。

後面我們將看到，黑格爾自己的政治哲學，是如何從他試圖在「理論—實踐」之爭的理性主義者和經驗主義者之間尋找一條中間道路的努力中生長出來的。

Chapter ②

早期觀念

一、浪漫主義的遺產

34　　對介紹黑格爾而言，僅僅考慮他所面對的那些問題是不夠的；還必須了解他想要去達成的那些理想。黑格爾的基本價值有哪些？他是如何設想哲學能夠幫助我們實現這些價值的？這些是我們可以詢問任何哲學家的最重要的問題，尤其是黑格爾。如果我們僅僅從術語的角度去解釋黑格爾哲學，是不能理解它的，好像它僅僅是一套論證，一系列推論，或者一個體系性的結構；我們還需要問一些更基本的問題：所有這些論證、推論和體系究竟是為了什麼？儘管黑格爾有時候寫道，彷彿哲學就是目的本身，不再服務於比沉思更高的目標，但細想一下他的思想發展歷程就可以顯示，他之成為一個哲學家，是服務於道德、政治和宗教目的的。

　　黑格爾的早期理想產生於早期德國浪漫主義，這個階段有時候被稱作 Frühromantik（早期浪漫派）。[①]這場思想運動自 1797 年到 1802 在耶拿與柏林蓬勃發展。它的中流砥柱（leading lights）有弗里德里希·施萊格爾（Friedrich Schlegel）、弗里德里希·馮·哈登貝格（諾瓦利斯）（Friedrich von Hardenberg〔Novalis〕）、弗里德里希·威廉·約瑟夫·謝林（Friedrich Wilhelm Joseph Schelling）、弗里德里希·丹尼爾·施萊爾馬赫（Friedrich Daniel Schleiermacher）、路德維希·蒂克（Ludwig Tieck），以及雖然有些邊緣的賀德林（Hölderlin）。浪漫派的圈子會在柏林拉赫爾·萊溫（Rahel Levin）和亨列特·赫茲（Henriette Herz）的文學沙龍，以及在耶拿 A. W. 施萊格爾家裡舉行聚會。儘管黑格爾從未出席此類聚會，並且儘管他只是在其「文學狂飆運動」消退之後才去的耶

35

---

① 關於德國浪漫派的分期，參見克魯克霍恩（Kluckhohn，1953 年），第 8-9 頁和貝勒（Behler，1992 年），第 9-29 頁。

拿，但他還是受到了浪漫主義者的極大影響。影響他的至關重要
的通道，是他最親近的朋友——謝林和賀德林。黑格爾法蘭克福
時期的部分著作，尤其是 1797-1798 年的《論宗教與愛的殘篇》和
1797-1799 年的《基督教精神》，都充滿了典型的浪漫主義精神。

　　儘管浪漫主義遺產的重要性看起來是顯而易見的，但是，甚
至是將黑格爾和浪漫主義連繫起來不久前也變得不流行了。舉例
來說，瓦爾特・考夫曼（Walter Kaufman）、所羅門・阿維納瑞
（Shlomo Avineri）和喬治・盧卡奇（Georg Lukács），已經強烈反
對任何把黑格爾和浪漫主義者糅合在一起的做法，即便是黑格爾早
期也是如此。[2]就這一點而言，有一些重要的真理要素。黑格爾僅
僅是在他的耶拿晚期（1804-1807 年），反叛了浪漫派圈子的某些
核心理念之後，才成為他自己的。《精神現象學》序言就是他的分
手信（Abschiedsbrief），是他和浪漫派之間的清理帳戶。甚至是在
早期殘篇中，我們也能看到這些批判的某些傾向，因此，即便把法
蘭克福時期的黑格爾視為純正的浪漫派，也會是一個錯誤。

　　然而，把黑格爾當作一個孤立的人物，好像我們可以離開浪漫
派來理解他，或者彷彿他和浪漫派在根本是相互對立的，這也是一
個錯誤。這對早期黑格爾來說將是一個時代錯誤；它對於後期黑格
爾來說也是不準確的，他從未完全擺脫浪漫主義的影響。他的獨特
特徵也還是在一個共同的類別之內的。看起來是質上的差異，經常

---

② 參見盧卡奇（Lukács，1973 年），第 1 卷，第 34-35、37 頁；考夫
曼（Kaufmann，1972 年），第 64-65、77 頁；和阿維納瑞（Avineri，
1972 年），第 21-22、33、239 頁等。這一傳統延續到了平卡德
（Pinkard，2000 年）這裡，第 77 頁，他主張黑格爾在法蘭克福時
期只是「短暫而有意識地調戲了」浪漫主義，一到耶拿，他旋即永
遠地清除了浪漫主義的每一個痕跡。

不過是一種量的差異或著重點上的不同。把那些事實上是整個浪漫主義的一代人共同具有的理想認作黑格爾獨有的，這的確是黑格爾的研究者一個非常常見的錯誤。黑格爾的絕對觀念論、他的有機自然概念、他對自由主義的批判、他提倡社群主義的理想、他對斯賓諾莎主義的重新啟動、他的辯證法概念、他綜合社群主義和自由主義的努力——所有這些理念有時被視為黑格爾獨具的；但它們其實是浪漫主義共同遺產的一部分。

黑格爾的研究者經常被黑格爾自己的論戰所誤導。他們接受這些論戰，認為它們是絕對可靠的，彷彿黑格爾就他和浪漫主義者的區別所言必定是真的——很簡單，因為黑格爾最了解他自己。但有時候，論戰使黑格爾與浪漫主義者拉開的距離，不過是以模糊或掩飾他自己與他們的親緣性為代價的。比如，當黑格爾在《精神現象學》序言中陳述他自己的觀點「絕對不僅是實體而且是主體」時，黑格爾的研究者把這當作是黑格爾哲學超越了謝林哲學和浪漫主義者的一個顯著特徵。但是，黑格爾宣稱的他自己的規劃——嘗試著把實體與主體、斯賓諾莎與費希特連接在一起——也是浪漫主義那代人共同的事業。③

許多學者將黑格爾和浪漫主義那代人分開來的原因，是他們對早期浪漫派（Frühromantik）抱有一種時代錯誤的觀念，實際上將它與後來更具保守傾向的晚期浪漫派（Spätromantik）等同起來了。他們關於黑格爾思想背景的觀念，是建立在對於早期浪漫主義的哲學著作的忽略的基礎之上的，施萊爾馬赫、諾瓦利斯、弗里德里希·施萊格爾和賀德林等人的未出版的殘篇，大多數只是在近 50 年間才因為收入了歷史考證版而可以利用。對這些殘篇進行細緻的

③ 關於這項事業，參看拜塞爾（Beiser，2003 年），第 131-152 頁。

分析，是黑格爾研究中一項根本性的迫切需要；唯有這樣，我們才能在歷史上給黑格爾定位並確定他的個體性。

二、至善

為了了解黑格爾有哪些基礎性的價值，有必要回到倫理學的一個經典但為人忽略的問題：什麼是至善？這個問題關注的是生命的終極價值，實際上關注的是生活本身的目的。亞里斯多德在《尼各馬可倫理學》第 1 卷中對這個概念下過明確的定義。④他認為至善有兩個基本成分：終極和完滿。就其總是目的而從不是手段的意義而言，至善是終極的；就其不能經由任何其他善的添加而得到改進的意義而言，至善是完滿的。儘管亞里斯多德的問題在古代和中世紀的倫理學裡居於中心地位，但在現代早期，它的重要性已經大大喪失了。洛克（Lock）和霍布斯輕視它，聲稱「什麼是善」僅僅與行動者的欲望（the desires of the agent）相關。⑤但這一問題從未在德國哲學中消失。它一直以「何為人的規定」（die Bestimmung des Menschen）這一問題形式暗含在新教傳統當中。隨著古典學術在 18 世紀德國的復興，這一問題完全重獲新生。對於早期浪漫派，尤其是對於弗里德里希·施萊格爾、施萊爾馬赫和黑格爾本人來說，這是一個重要的問題。⑥

37

---

④ 亞里斯多德，《尼各馬可倫理學》，第 1 卷，第 1 和第 5 章，1094a 和 1997b。康德在他自己的概念分析中做了一個類似的區分，參見 KpV，第 5 卷，第 110-113 頁。

⑤ 參見洛克，《論文》，第 2 卷，第 21 章，第 41、53 節；霍布斯，《利維坦》（1968 年），第 120、160、490-491 頁。

⑥ 例如：參見施萊爾馬赫，《論至善》（*Über das höchste Gut*），和《論生命的價值》（*Über den Wert des Lebens*），載 KGA，第 1 卷，第 1、81-125 頁和第 1 卷，第 1、391-471 頁。和施萊格爾，《超驗

　　我們可以用一個詞，一個他們經常使用或不斷暗示的詞，來明確概括黑格爾和青年浪漫派的至善觀點：生活的統一性（Einheit des Lebens）。至善、生活的目的，在於統一性、整體性，或者我們存在的所有方面的和諧一致。這種統一性一以貫之地體現在三個層面：與自己、與他人，以及與自然。對這種統一性的主要威脅在於二元分裂（Entzweiung）和異化（Entfremdung）。儘管自我應當生活在與自我、他人和自然的統一中，但它又常常發現自己被迫和自己、他人和自然分裂開來。它的目標就是克服這些分裂以達成統一，由此重新獲得「在世界之中宛若在家」（in die Welt zu Hause）的狀態。

　　這種有關生活統一性的觀念，其最終淵源是古典時代，尤其是柏拉圖和亞里斯多德的著作。⑦有關黑格爾、賀德林、謝林、弗里

哲學》（*Transcendentalphilosophie*），「第二部分：人的理論」，參見 KA，第 12 卷，第 44-90 頁。「第二部分」是致力於描述「人的規定」（die Bestimmung des Menschen）（第 45 頁：亦可參見第 47 頁）。黑格爾對這一問題的關心明顯體現在在《伯恩殘篇》（*Berne Fragment*），〈現在需要人群……〉（'*Jetzt braucht die Menge...*'），載 W，第 1 卷，第 99-101、第 70-71 頁；以及法蘭克福時期殘篇，「每個民族都有它自己的對象」（Jedes Volk hatte ihm eigene Gegenstände...），載 W，第 1 卷，第 202-215、219-229 頁。1831 年的宗教哲學演講中明確討論了這個問題，載 W，第 17 卷，第 251-299 頁。

⑦ 泰勒（Taylor，1975 年）第 13-29 頁和 1979 年第 1-14 頁在赫爾德那裡，更具體地說在他的「表現主義」概念中發現了這個理想的根源。但是赫爾德只是這一理想的傳播者，它最終起源於希臘。儘管有間接的證據證明赫爾德的影響，但是直接的有證據證明是希臘的影響，它來自於對於柏拉圖和亞里斯多德的原文的閱讀。泰勒本人也在 1975 年第 15 頁注明，表現主義的概念受惠於亞里斯多德對於人的行動的分析。

德里希・施萊格爾和施萊爾馬赫的一個至關重要的事實是，從很早的時候開始，他們就是熱衷於古希臘經典的學生，所有這些著作他們都是用原文閱讀的。在圖賓根神學院，黑格爾、賀德林和謝林組織了一個讀書會，經常閱讀柏拉圖。羅森克蘭茲告訴我們，黑格爾18歲的時候對亞里斯多德的《尼各馬可倫理學》已經精熟到何種程度。⑧

統一性的觀念，在柏拉圖和亞里斯多德的著作中有多種呈現方式。首先，柏拉圖和亞里斯多德關於卓越人性的觀念，要求自我是一個整體，是理性與激情的和諧一致。其次，柏拉圖和亞里斯多德主張，城邦（polis）是一個有機體。在城邦中，整體關心每一個部分，而每一部分為整體而活著。儘管關於國家中應當在多大程度上保留多樣性的問題，他們發生了眾所周知的分歧，但是他們都認為，理想的國家應當是一個有機整體，所有公民有著唯一的宗教、藝術、道德、教育和語言。再者，柏拉圖和亞里斯多德以有機的方式，把自然理解為「一個單一的、可見的活物」⑨。在所有這些方面，柏拉圖和亞里斯多德與現代世界觀之間形成鮮明的對照：現代世界觀的自我被劃分為靈魂和肉體，其國家是各個自私自利的政黨之間的契約關係，而其自然的概念是機械論的。重新肯定古典的統一性理想以反對現代的世界觀，是黑格爾和浪漫一代的偉大成就。

青年黑格爾和浪漫主義者，對古代希臘的生活持有一種十分觀念論的概念。他們關於生活統一性的典型，是西元前5世紀的雅典。關於古代希臘人，他們有著自己的一套理論，認為他生活在與自己、與他人，以及與自然的和諧一致中。我們幾乎用不著去操心這種想像出來的理論的歷史準確性：它是一種神話——這種神話的

38

---

⑧ 羅森克蘭茲（Rosenkranz，1844年），第11頁。

⑨ 柏拉圖，《蒂邁歐篇》，30d-31a（N. D. P. Lee 的譯文）。

價值，全在於他們向我們講述的有關德國人而非古希臘人的那些東西。關於希臘生活的浪漫主義概念，有幾個來源：盧梭、維蘭德（Wieland）、赫爾德和席勒。但它的最終根源是講述德國神話的「荷馬」——「聖」溫克爾曼（J. J. Winckelmann）。正是溫克爾曼教導德國人說，希臘文化是一個審美的整體。溫克爾曼反覆吟誦的是，希臘人的生活是從其政治確信中「自然」產生的：他們確信希臘人是一個能夠表達他們人性的自由民族。溫克爾曼古典主義背後的政治訊息是，絕不要迷失在一種對專制主義的社會厭倦中：只要我們是自由的，我們都能成為希臘人。

只有當我們考慮到黑格爾至善觀念的各個方面時 —— 與自己、他人和自然的統一，我們才能對黑格爾的早期理念有一種更加確定的觀念。這需要我們對浪漫主義的倫理、政治和宗教理念有基本的了解。

39　三、倫理觀念

浪漫派的倫理學，在自我實現或自我卓越這一傳統觀念中有其淵源。浪漫主義的觀念是由弗里德里希・施萊格爾、諾瓦利斯、施萊爾馬赫和賀德林等人系統闡述出來的。但在他們之前，這一觀念有一段很長的歷史，是德國人文主義遺產的一部分。在席勒、赫爾德、維蘭德、歌德和威廉・馮・洪堡那裡，我們也可以發現它。

浪漫主義關於卓越，關於與自我相統一的觀念，包含三個基本的方面：(1) 整體性（totality），也就是說，一個人應當發展他所有的獨具特色的人類能力；(2) 統一性（unity），也就是說，這些能力組成一個整體或統一體；(3) 個體性（individuality），也就是說，能力的整體或統一體，應當是個體性的或獨一無二的，是這個人所單獨特有的。

　　整體性的要求意味著，我們應當克服所有的片面性，我們不應當忽視我們存在的任何方面，因為我們既是憑藉感性也是憑藉理性而作為人存在的。統一性的要求意味著，我們應當將所有這些能力塑造成一個有機的整體。浪漫主義者有時以美學的方式來明確表達這種統一性的要求。他們堅稱，我們應當把我們自己的生活變成小說。像所有的藝術作品一樣，生活應當展示出一種多樣性的統一，此處的統一性必須是自發的，起源於內而非從外部強加於其上的。個體性的要求意味著，每一個人不僅應當發展人性一般所特有的那些能力，而且應當發展那些使他的個體性得以彰顯的那些能力；每一件藝術品都應當是獨一無二的，是獨特個體的表達。

　　浪漫主義自我實現的倫理，應當放到與它的兩個主要替代選項的對照中來加以理解：一個是邊沁（Bentham）和愛爾維修（Helvetius）的效益主義，他們以幸福定義至善，又根據快樂來理解幸福；另一個是康德和費希特的義務倫理學，他們把履行道德義務作為人生的最高目的。浪漫主義者拒絕效益主義，因為它把人類視為快樂的被動消費者，而忽略人所獨具的能力之積極發展。他們反對康德—費希特主義的倫理學，因為它將人的存在區分為理性和感性，並以犧牲感性為代價來發展理性。

40

　　為了實現與自我的統一，浪漫主義者名副其實地賦予了愛的經驗以最大的重要性。他們受到柏拉圖《斐德羅篇》（*Phaedrus*）和《會飲篇》（*Symposium*）的極大啟發，在這些篇章中，愛把靈魂的兩個方面——理性與需要——結合在一起。他們認為愛的倫理學比義務倫理學的確要略勝一籌。愛取代了責任，因為在以愛為取向的行為中，我們在履行我們的義務之時，是順從而不是違逆我們的天性。儘管在愛中，我們是按照一己的利益而行動，但這個自我不再把它的根本利益與其他人區分開來；相反，這個自我在其他人中發現他自己；唯有透過那些他視為平等和獨立於自己的那些他者，他才能成為他自己。

　　這種愛的倫理，在弗里德里希・施萊格爾、施爾馬赫、諾瓦利斯和賀德林那裡都出現過。它的父親是席勒，席勒在他的《哲學書簡》（*Philosophical Letters*）與《秀美與尊嚴》（*Grace and Dignity*）中都提及過。⑩或許，這一倫理最激情滿懷的闡釋者是黑格爾本人。在《基督教精神》（*Spirit of Christianity*）中，黑格爾論證了，愛應當是倫理學的基礎性原則，並且唯有愛才可能克服康德倫理學的二元論。在某些早期的法蘭克福殘篇中，黑格爾發展了一整套愛的形上學，斷言唯有透過愛的經驗，才能達到主客之間的統一，達到自我與宇宙的同一。

　　儘管黑格爾極大地受惠於浪漫派倫理學，但他本人後來在兩個方面與它保持了距離。首先，黑格爾不再賦予個體性以同樣高的價值。對黑格爾來說，成為一個個體，就意味著在社會和國家中占據一個特殊的位置或扮演一個特殊的角色。⑪黑格爾後來對弗里德里希・施萊格爾的「神聖利己主義」（divine egoism）提出了批評，因為它剛愎自用、自以為是，將個體與社會世界分離開來。其次，儘管他早先滿腔熱情，黑格爾後來放棄了愛的倫理。他開始意識到，愛的情感和天性，不足以充當道德和政治生活的普遍基礎。我愛我的父母、我的兄弟姊妹，以及我的朋友，但是我愛的不是我的同胞（同國人），更不用說一般意義上的人了。在法蘭克福時期，黑格爾已經認識到這一點；但只是到耶拿時期，他才從中推斷出整

41

---

⑩ 席勒，《哲學書簡》（*Philosophische Briefe*），NA，第 20 卷，第 119-122 頁；《秀美與尊嚴》（*Anmut und Würde*），NA，第 20 卷，第 302-304 頁。

⑪ 參見，例如：PR，第 207 節附釋、252 節評論。關於黑格爾論個體性，參見伍德（Wood，1990 年），第 200-202 頁。

個的後果；到了寫作《法權哲學》的時候，他已經把愛限定在家庭倫理實體的範圍之中了。⑫

四、政治觀念

體現浪漫主義與他者合一的觀念的，是他們的有機國家概念，他們的有機國家的模型是希臘和羅馬的古代共和國。浪漫主義的共和國有這樣一些內涵：(1) 參與公共事務、選舉統治者和決定公共政策的權利；(2) 共和國個體成員的自由，亦即平等保護他們財產的權利、言論和出版的自由；(3)關心國家對公民的教育與培養。

在某種程度上，浪漫主義的共和國是對啟蒙專制主義「機械國家」的一種反抗；在「機械國家」中，君主的命令讓所有的車輪轉動起來。如果說在啟蒙專制主義中所有的事情都是「為」人民而做的，那麼，它從來都不是「由」人民來做的。與機械國家相反，有機國家將透過它的公民們的參與而得到發展。浪漫主義的共和國，也是對自由主義原子主義國家的一種反抗；這種原子主義國家，是透過自私自利的個人彼此之間訂立契約而連結起來的。浪漫主義者拒絕這種國家，因為它是一種圓鑿方枘的嘗試：如果行為主體總是依照他們自己的利益行事，那麼只要能夠避開懲罰他們就會不遵從法律。因此，作為唯一的補救之道，就將是全面的暴政。

1790 年代末和 19 紀初作為法國大革命進程的後果，浪漫主義的有機國家理想經歷了一些變形。為了回應法國的無政府主義和長期的不穩定，黑格爾和浪漫主義者著手對他們初始的古典觀念進

---

⑫ 在《基督教的精神》中，他已經聲明，愛與其說是一個國家的倫理，不如說是一個教派的倫理（W，第 1 卷，第 410、336 頁）。在他1802/3 年的《倫理實體的體系》中，他強調統一性不是在愛中，而是在政治共同體的相互肯認中實現（GW，第 5 卷，第 289 頁）。

行限制。他們強調歷史連續性的重要性，強調國家內部獨立團體的作用，強調混合憲政的價值，強調核心統治者（君主）的重要性。有機國家，變得更為歷史化、更為多元化和更為中央集權化。在所有這些方面，它都喪失了其古典的靈感。因此，如果我們發現，19世紀初黑格爾、施萊格爾和諾瓦利斯把眼光投向了中世紀而不是傳統古代，這是毫不足奇的。然而，如果說有機國家從未喪失它的民主因素、它的立憲主義，及其對基本權利的信念，這倒是公正的。對諾瓦利斯、施萊格爾、施萊爾馬赫來說，至少到 1801 年，這一點是真實的；而對黑格爾來說，終其一生都是如此。

　　儘管浪漫主義者的理想國家受到古典希臘羅馬的啟發，但這個觀念自始就包含一個現代性的面向。這便是浪漫主義者自始至終主張個體自由。浪漫主義者不僅想要民主參與意義上的古典自由，還想要人權意義上的現代自由。不過，傳統共和國並不認可寬容和個體自由的價值，對此他們也非常了解，因此他們已經意識到，開歷史倒車，復興古代的共和國或者中世紀的憲法，是絕無可能的，他們的理念是實現古代共同體觀念和現代自由之間的一種綜合。這一點，不是黑格爾主義獨有的雄心，而是所有浪漫主義政治思想的共同目標。

五、宗教觀念

　　如果我們把浪漫主義的至善觀念放到普遍歷史的視野之下，那麼下面這一點立即變得顯而易見：它是完全內在的或此世的。浪漫主義者認為，應當在此生而非彼岸來達成至善。如果我們在此生實現了與我們自己、他人以及自然之間的統一，那麼我們就實現了人生目的，而這種人生目的並不為一個超越此生的目標服務。因此，浪漫主義的至善概念是對古典基督教至善概念的一種否定，按照後者，至善在於永恆的救贖。奧古斯丁在《上帝之城》（*City of*

God）第 19 卷中提出，亞里斯多德主義的古典至善觀念並不能在此生實現，此生不過是一條由死亡、疾病和不幸匯成的溪流。奧古斯丁有一個著名的見解，把地上的生活看作一場通向永恆終點的朝聖之旅和死亡之旅。黑格爾和浪漫主義者自覺地、堅定地和滿懷激情地與奧古斯丁的傳統決裂。十分值得注意的是，黑格爾沿著賀德林和施萊爾馬赫的道路，明確否認了個人的不朽，嚴厲斥責了建基於這種不朽之上的一整套救贖倫理。從其早期的伯恩手稿到 1831 年的宗教哲學講演，黑格爾都對救贖倫理進行了抨擊，抨擊它以自我為中心對靈魂命運的關切。⑬

　　忠實於其內在的至善觀念，黑格爾相信，生活的意義能夠並且應當只是在共同體中才能實現。他論證說，當我們像古代羅馬和希臘人那樣，為「共同善」作出貢獻和創立其法則的時候，我們就在我們的生活中獲得滿足和發現了目的。古希臘人透過為城邦而活，建立他們的不朽和人生意義。城邦是比他們自己更偉大的整體，並且他們知道城邦比他們能存活得更長久；他們不關心他們自己的個體救贖，不關心他們死後靈魂的命運。在黑格爾看來，基督教個人救贖的倫理，不過是失去共同體之後的一種絕望的哭喊，一種微不足道的補償（Ersatz）。這種倫理的興起，首先僅只是因為古代共和國的沒落。當人們失去了支配自己的自由時，他們就不再能夠透過參與公共生活來發現意義；因此，出於絕望，他們在超世間中尋找意義的源泉。

　　黑格爾和浪漫主義者堅持不懈地反對的，僅是基督教的至善觀念，而且還有基督教神學的傳統形式。他們既痛恨一神論，也痛恨自然神論。他們對一神論產生敵意的根源本質上是政治的：一神

---

⑬ 參見注腳⑥中引用的資料。

43

論曾經是「舊制度」（ancien régime）意識形態的一部分，是王座和祭壇之間古老聯盟的支柱。由於啟蒙運動批判的遺產，他們也幾乎不信仰《聖經》這根一神論的中流砥柱。他們反感自然神論的根源更多地是文化的：自然神論曾經是造就自我與自然異化的強大力量。因為自然神論者緊抱著「超自然的靈魂」這一古老教條不放，他把自我置於自然之外，而自然在他看來不過是一部黯淡無光的機器。既然上帝存在於超自然的王國，並且由於上帝創造自然之後就拋棄了它，自然王國也就因此失去了它神聖的意義。

　　儘管他們的至善理想是完全內在的，儘管他們反對神學的傳統形式，但黑格爾和浪漫主義者的思想仍然是宗教性的。他們關於神聖的概念，如同他們關於至善的概念一樣，是完全內在的。他們堅持傳統的無限概念——最實在的存有者（ens realis-simum），不能設想任何比它更偉大的事物——但他們按照內在的方式將它們解釋成為一個整體的宇宙。他們相信，唯有這一內在的神聖概念，才能克服自我與自然之間的異化。唯有當自我是宇宙整體的一個部分，是那個唯一無限的實體的一種樣式的時候，才能將自己與自然等同起來。

　　當然，這種內在的無限的思想最重要的先驅和典型是斯賓諾莎。作為泛神論論辯的結果，斯賓諾莎的學說在德國遭遇了一種戲劇性的復興。1790 年代成長起來的青年浪漫派，不可避免地捲入了這場爭論的漩渦當中。他們的筆記充分表明，他們不僅研究斯賓諾莎，而且同情斯賓諾莎。對他們來說，斯賓諾莎是「der Gott betrunkene Mensch」（沉醉於上帝之中的人）。⑭在留言冊（Stammbücher）中寫上「Hen kai pan」——「Eins und Alles」（一

---

⑭ 這句著名的箴言出自諾瓦利斯，《殘稿與研究》（*Fragmente und Studien*），第 2 卷，no. 562；HKA，第 3 卷，第 651 頁。

與一切）——成為了某種時尚。施萊爾馬赫在他的《宗教演講錄》中，發出一個著名的號召，要求我們獻祭於「一位聖潔的、被拒絕的斯賓諾莎」。[15]

黑格爾和青年浪漫派從斯賓諾莎那裡獲得了什麼呢？他們在他身上看到的，首先和主要是他將宗教理性化的意圖。斯賓諾莎的著名格言 deus sive natura（神即自然），將上帝等同於自然之無限性，似乎解決了那曾經傾注了整個啟蒙運動時期所有哲學家和神學家心力的理性與信仰之間的矛盾。斯賓諾莎的格言，在將自然神聖化的同時也將神聖自然化，因而它似乎創造了一種出自科學的宗教和一種出自宗教的科學。如果上帝無異於「一與一切」——如果神聖者就是自然的創造性力量，就是它所有法則背後的動力——那麼，就沒有理由去把理性與信仰對立起來。取而代之的是，宗教和科學的對象將是同一回事。對於斯賓諾莎主義的支持彷彿僅僅是由於其傳統對手（一神論與自然神論）的弱點而得到增強，到了 18 世紀末，一神論和自然神論已經到了崩潰的邊緣。一神論不僅不能把它的基礎建立在神跡之上，因為神跡已經很難與科學調和，並且它也遭到了新聖經批判的極大挑戰。另一方面，在休謨和康德對上帝存在的傳統證明毫不留情的密集炮轟的抨擊之下，自然神論也徹底土崩瓦解。唯有斯賓諾莎的泛神論似乎可以免於這種陳舊過時的危險。斯賓諾莎的上帝的實在性，就像自然本身一樣可感知。不是像傳統一神論的上帝那樣作為神祕的精神，也不是像自然神論的上帝那樣作為一種不相干的抽象，斯賓諾莎的上帝是自然之整體，並且同樣如此平等地呈現在每一個人之中。既然我們都是唯一無限實體的不同樣式，那麼我們只需反思我們自身就可以發現在我們之中的神聖者。

45

---

[15] 施萊爾馬赫，《論宗教》（*Über die Religion*），KGA，第 2 卷，第 1、213 頁。

　　重要的是，我們要看到，斯賓諾莎對浪漫主義的吸引不僅限於宗教方面，也包括政治方面。為了理解這些政治的因素，我們有必要花一點時間來回顧一下亨利希・海涅（Heinrich Heine）一段著名的評論：泛神論一直以來就是德國的祕密宗教，德國文化背景中的信仰。⑯海涅知道自己說的是怎麼回事。在德國，從 17 世紀末以來，斯賓諾莎就已經變成激進新教徒，以及那些心懷不滿的改革者的保護神。他們控訴路德投靠了君主，背棄了他自己的兩個偉大理想：宗教自由和所有信仰者都是神職人員。這些激進者出於各種原因擁抱斯賓諾莎，所有這些人全都是新教徒。他們視斯賓諾莎把教會和國家相分離為宗教自由的保障；他們擁抱他對聖經的批判，因為這一批判將路德主義從它的聖經主義、從麻木地強調福音書是信仰的規則中解放出來；他們喜歡斯賓諾莎的泛神論，還因為它似乎為平等和每一位信仰者的祭司身分提供了辯護。畢竟，如果上帝是同樣無限地呈現在每一個人之中的，那麼我們所有人就是平等的；因此，也就不需要一位牧師或者一個精神的權威來充當我們與上帝關聯的媒介。當然，斯賓諾莎是一位猶太人，至少從出身背景來說是如此；但是這些激進的新教徒是徹底普世化的，這就是擁抱他的最好的理由。還有什麼東西（比斯賓諾莎的學說）能夠更好地為他們的普救說提供憑證呢？並且，不管怎樣，斯賓諾莎不是和萊因斯堡（Rijnsburg）的同胞們生活在一起嗎？難道教義上的親緣關係只是一個意外？

　　儘管迫害不斷，但德國宗教激進主義的火苗從未熄滅；《倫理學》（*Ethica*）和《神學政治論》（*Tractatus*）的祕密版本也從未停止過流通。這些激進理想鮮活地進入了 18 世紀，並在諸如戈

---

⑯ 海涅，《作品集》，第 5 卷，第 571 頁。

特弗里德·阿諾德（Gottfried Arnold）、康拉德·迪佩爾（Conrad Dippel）、約翰·埃德爾曼（Johann Edelmann），以及最後在萊辛（Lessing）和赫爾德（Herder）等作家中間找到它們最重要的倡導者。當浪漫主義者在 1790 年代末擁抱斯賓諾莎主義的時候，他們在某種意義上是不知不覺地繼承了激進改革者的傳統。斯賓諾莎在 1790 年代的復活完全是激進改革的最後一場偉大的示威。它最出色的文學和哲學表達，就是施萊爾馬赫的《講演錄》。

最後，黑格爾也被這股對斯賓諾莎的熱情浪潮所感染。在伯恩時期（1793-1796 年）的作品中，黑格爾看起來對此還幾乎完全免疫。他崇尚的是康德道德信仰的理念，按照這一理念，對超自然的上帝的信仰，可以在道德的地基上被證成。但在法蘭克福時期，黑格爾放棄了這一學說，並發展了一種內在的上帝的思想。在 1801 年撰寫的《費希特與謝林哲學體系的差別》中，黑格爾為謝林的斯賓諾莎主義做了辯護（參看第 58-59 頁）。儘管黑格爾恰當地抵制了任何將他的絕對觀念論和斯賓諾莎主義歸併起來的做法，但他從未停止認為斯賓諾莎哲學是現代哲學與宗教的基礎。在《哲學史講演錄》中，黑格爾這樣來描寫斯賓諾莎的實體：「誰要開始研究哲學，誰就必須首先做一個斯賓諾莎主義者。靈魂必須在唯一實體的太初之中浸潤，人們所珍視的一切都浸沒在這唯一的實體之中。」[17]

47

六、分裂的挑戰

儘管生活統一性這一浪漫派的觀念是美好的，它似乎也是難以企及的。「浪漫派」一詞就其通俗意義而言，似乎是一種不切實際的夢想。黑格爾和浪漫主義那一代人的古典理想與現代的實在之間

---

[17] W，第 20 卷，第 165 頁；第 3 卷，第 257 頁，參考 VPR，W，第 16 卷，第 109 頁。

形成了一種尖銳的衝突。在古典觀念需要統一性的地方，在現代社會中的所有層面上似乎也都創造了分裂：自我之內的分裂、與他人的分裂和與自然的分裂。對黑格爾和青年浪漫派來說，基礎性的挑戰是，面對現代生活不斷增長的分裂，如何使他們有關生活統一性的理想具有正當性。正如黑格爾的一句名言所指出的那樣：對哲學的需求起源於分裂（Entzweiung）（D，第 2 卷，第 20、89 頁）。

每一種統一性的觀念，似乎都遭到了現代生活某些方面的暗中破壞。不斷增長的勞動分工，每個個體將自身專門化以便獻身於一個狹隘任務的需要，威脅著人與自身統一的觀念。生產越是變得理性化和高效，人們也就越是不得不去培養專門的技藝和才能。並非人們的所有能力都得到實現，而是他們只能發展其中某些狹隘的方面。由於清醒地意識到這個問題，浪漫主義者贊同謝林著名的悲嘆：

> 人由於總是被束縛在整體的一個小小片段上，於是也將他自己僅僅發展成爲碎片；由於耳朵裡總是他所轉動的齒輪的單調聲音，所以他從未發展出他的和諧的生命；他沒有給他的自然蓋上人性的圖章，而是僅僅變成所從事的商業和科學的印記。[18]（NA，第 20 卷，第 323 頁）

當然，在古典文化中，勞動分工並不構成這種威脅。這不僅是因為技術的匱乏，而且是因為奴隸制的根深蒂固。由於從經濟必然性的王國解放出來了，希臘羅馬共和國的公民可以把更多的時間和精力放在公共事務上。但現代世界是不接受奴隸制的；因此，經濟

---

[18] 席勒，《審美教育書簡》（*Aesthetische Briefe*），第 20 卷，第 323 頁。

世界的各種要求就變得無法逃避了。黑格爾和青年浪漫派要面對的問題是，在沒有古典奴隸制的情況下，如何達成「（人性）卓越」這一古典觀念。當現代生產和交換的形式似乎不過是使每一個人都奴隸化時，這一理想看起來的確是高不可攀了。

與他人之間的統一性理想，在現代世界同樣面臨著重大危險。現代市民社會的根本趨勢似乎朝向原子論和無序狀態發展，社會與國家的分裂造就了大量只追求私利的分離的個體。這些個體被迫在市場中相互競爭，而不是為了共同善聯合在一起。由於現代國家的絕對大小和規模，它的不斷增長的集中化和官僚化，共和國層面的共同體參與是無法指望的。現代個體視國家為敵對的和異化的存在，國家的目的是控制和支配它。在 18 世紀末的德國，可以清楚地察覺到市民社會的原子化趨勢。作家們抱怨村落社區和教區在不斷增長的城市化進程中的衰落，他們為城市中的失業大眾發出哀嘆。⑲

最後，與自然之間的統一性觀念看起來也是難以達到的。古人之所以會把他們和自然等同起來，是因為他們把自然看作是一個活生生的整體，而他們自己是其中的一個部分。但是，隨著現代科學技術的成長，對整個自然領域感到幻滅。技術專家不再把自然看作是一個沉思的對象，一個優美、神祕和魔幻的王國，相反，他們給予自然的僅僅是一種工具的價值。他捲入對抗自然的競爭之中，試圖用機器控制和支配自然。既然自然僅僅是一部機器，它就可能被控制以用來為我們服務。

然而，如果現代社會創造的只是這些分裂，那麼又如何可能獲取生活的統一性呢？對黑格爾和青年浪漫派來說，這是至關重要 49

⑲ 參見希恩（Sheehan，1989 年），第 120-123 頁。

的時代議題。彷彿浪漫主義的宏偉理想一經制定就被廢棄了，而這些理想看起來不過是對不可避免的「進步力量」的一種抗議性的哭喊。儘管現代生活存在種種分裂，但是，顯示這些觀念的正當性，建立整全的可能性，實際上是必要性，這就是哲學的任務。首先必須向反思哲學（Reflexionsphilosophie）開戰，這種哲學似乎賦予了所有現代生活的分裂以正當性。與笛卡兒、康德和費希特相反，必須表明世界不能分裂為主體與客體、心靈與肉體、自我與他人。青年黑格爾相信，向二元論開戰和展現整全的可能性，是哲學的一個特殊門類亦即形上學的任務。[20]我們即將要談到的就是這種形上學。

---

[20] 參見殘篇「這個越來越大的矛盾……」（Der immer sich vergrößernde Widerspruch...），載 W，第 1 卷，第 457-460 頁。這個殘篇可能寫於 1799 年底和 1800 年初法蘭克福時期。首次出版這份手稿的是羅森克蘭茲（Rosenkranz，1844 年），第 88-90 頁；海姆（Haym，1857 年），第 79-83 頁第一次充分考察了它的意義；哈里斯（Harris，1972 年）在第 440-445 頁上細緻地評述了它的內容。本書第四章（第 87-90 頁）將會討論這個殘篇。

第二部分

形上學

Chapter ③

絕對觀念論

一、形上學問題

53 　　對黑格爾哲學的任何闡釋，都必須從他的形上學開始。黑格爾接受了把形上學當作哲學基礎學科的傳統解釋。像笛卡兒與亞里斯多德一樣，他把形上學視為知識之樹的樹根，它的汁液滋養著每一枝葉。黑格爾認為，我們不能妄自給予諸具體學科以一種獨立於形上學的基礎，因為它們預設了對形上學基礎性問題的各種回答。他警告說，如果我們試圖避開這些問題，那麼我們事實上就是迴避了問題的實質。①由此，黑格爾把形上學作為他自己哲學的基礎。他以邏輯學為開端展開其體系的成熟論述；不過，在他看來，邏輯學本質上是一門形上學的學科，其任務是確定自在的存在的本性，而不僅是推理的諸形式法則（EPW，第 24 節）。

　　但是，如果說黑格爾的形上學是重要的，它也是富有爭議的。或許，在關於黑格爾的學術研究中，最具爭議性的問題就和他的形上學的身分有關。許多傳統研究對黑格爾的思想提出了一種直截了當的形上學的解釋，強調宗教在其中扮演的核心角色。根據這種解釋，黑格爾的哲學乃是一種透過理性來為某些基督教的基礎性信條——諸如上帝存在、天意和三位一體等——做正當性辯護的努力。②然而，近年來，許多學者倡導一種通達黑格爾哲學的非—形上學的路徑。他們把黑格爾哲學解讀為一種範疇理論、一種新康德

---

① 這是黑格爾對於經驗主義的批判，無論是在物理學還是在倫理學中的一個最基本的方面。經驗主義迴避形上學，卻完全獨立地預設了一種它自己無能對之進行考察的形上學。參見 EPW，第 38 節評論、270 節；WBN，第 2 卷，第 434-440 頁。

② 海姆（Haym，1857 年）、狄爾泰（Dilthey，1921 年）、海林（Haering，1929 年）、芬德利（Findlay，1958 年）和泰勒（Taylor，1975 年）等人的闡釋就屬於這一類。

主義的知識論、一種原型詮釋學、一種社會知識論，或者一種反基　54
督教的人文主義。③激發所有這些非形上學解讀的是這樣一種信念：
既然康德和其他許多人已經表明形上學是一項破產了的事業，如果
黑格爾哲學是一種形上學的話，它也註定被廢棄。

　　我們怎麼來理解這一爭論呢？當然，切都取決於「形上學」
這個多義詞的確切含義。我們這裡所討論的含義，康德在《純粹理
性批判》中對其有過定義：形上學是透過純粹理性來獲取關於無條
件者的知識的努力（KrV，B7，第 378-388、395 頁）。康德把無
條件者理解為任何意義上的條件系列的完成：終極原因、最後的分
析單位、述詞的最終主詞。他解釋說，與無條件者的 3 個基本概念
相對應，有 3 個基礎性的形上學理念：上帝、自由和不朽（B，第
395 頁）。正是在這一意義上，康德已經在《純粹理性批判》中對
形上學提出責難。他論證說，如果理性試圖超越經驗的限制去認識
無條件者，它將必然陷入各種各樣的謬誤之中：超驗辯證論中所無
情暴露的「謬誤推理」、「模稜兩可」和「二律背反」。康德由此
宣稱，形上學如果被理解為透過純粹理性來認識無條件者的嘗試，
是不可能的。

　　如果從這個意義上來理解形上學，那麼，我們可以從兩個方
面來看這場爭論的真相。傳統闡釋的有力證據，來自黑格爾有關
宗教目的和哲學主題的許多陳述。在《費希特與謝林哲學體系的

---

③ 關於範疇闡釋的理論，參見哈特曼（Hartmann，1972 年）和懷特
　（White，1983 年）；關於新康德主義的闡釋，參見皮平（Pippin，
　1989 年）；關於原型詮釋學的闡釋，參見勒丁（Redding，1996
　年）；關於社會知識論的闡釋，參見平卡德（Pinkard，1994 年）；
　關於人道主義的闡釋，參見所羅門（Solomon，1983 年），第 8-9
　頁。我在一篇早年的評論文章中批判過這種緊縮的闡釋，參見拜塞
　爾（Beiser，1995 年）。

差別》中，黑格爾說哲學的任務就是認識絕對（第 2 卷，第 25、93 頁）。在《百科全書》中，他宣稱哲學的主題是上帝，並且只是上帝（第 8 卷，第 41 頁，第 1 節）。在他的宗教哲學講演中，黑格爾肯定了哲學和宗教分享同一個對象：絕對或上帝（VPR，第 1 卷，第 33、116 頁）。他甚至把哲學和神學等同起來，哲學描繪成一種禮拜的方式，因為它致力於證明上帝的存在和規定上帝的性質（VPR，第 1 卷，第 3、84 頁）。既然黑格爾認為哲學試圖透過理性來認識上帝，並且既然他把上帝理解為無限者或無條件者，那麼，可以推論出，他的哲學是形上學，而且實際上大概就是在康德的意義上；因為它試圖透過純粹理性獲取關於無條件者的知識。

　　然而，從這些陳述中得出結論，說黑格爾哲學恰好是在康德所禁止的意義上是形上學，這可能是不正確的。康德把形上學看作是對超越實體的思辨，看作是關於超出經驗範圍之外的對象的先驗推理。在這種意義上，黑格爾根本不可能是一個形上學家，一個很簡單也很有力的理由是：黑格爾否認超越對象、純粹本體或超自然對象的存在。如果形上學就在於對這一超越領域的思辨，那麼黑格爾可能會第一個譴責它是一種偽科學。必須強調的是，黑格爾自己的無限者或無條件者的概念全然是內在的：無限者並非存在於有限世界之外，而是恰恰在其內。

　　的確，各種非形上學闡釋的背後，也是有一定程度的真理。這些學者正確地強調了黑格爾對傳統形上學的拒斥，強調他對康德對萊布尼茲—沃爾夫理性主義所作批判的推崇，以及強調他純粹內在的哲學觀念。但另一方面，這些論點並不意味著黑格爾根本不是一個形上學家。即便黑格爾發誓放棄作為一種關於超越者的科學的形上學，他也仍然追求作為一種關於內在存有者的科學的形上學。無論無條件者是超越這個世界還是超越作為一個整體的世界，它仍然是無條件者。對黑格爾而言，傳統形上學的問題不在於它試圖認識

無限者，而在於它對無限者做了錯誤的闡釋，把它看作某種超越日常經驗的有限世界之外的東西。值得注意的是，黑格爾大力表彰舊理性主義，恰恰是因為它假定，思想可以把握自在的實在；並且在這一方面，他甚至認為，舊理性主義站在一個比康德的批判哲學更高的水準上（EPW，第 28 節）。

　　非形上學闡釋的主要問題在於，它呈現給我們一個虛假的兩難困境：黑格爾或者是一個獨斷論的形上學家，或者實際上根本就不是一個形上學家。這個兩難困境背後的至關重要的假設，是一種十分狹隘的形上學觀念：它是關於超越實體的思辨。然而，最重要的是看到，黑格爾並不分享這種形上學的觀念，他想要避免的恰恰正是這種兩難困境。在後康德時代，他敏銳地意識到需要為形上學提供一種新的原理。為形上學提供一個批判性的基礎，將它建基於一種方法之上以滿足康德的知識批判的要求，這是黑格爾哲學生涯中的核心挑戰。這一方法就是他的著名的辯證法，我們將在後面的第六章中對之進行考察。

　　考慮到黑格爾形上學的確切身分，有必要走出一條好的路線，一條介於膨脹的解讀與緊縮的解讀或者過高的解讀與化約主義的解讀之間的中間道路。膨脹的或過高的解讀把絕對變成一種超實體（super-entity），而緊縮的或化約主義的解讀又將它降低為只不過是關於某種特殊物的抽象的或偽善的談論。然而，膨脹的解讀將黑格爾變成了一個相信抽象實體存在的柏拉圖主義者，緊縮式的解讀則將黑格爾變成一個將所有普遍事物都化約為特殊物的唯名論者。顯然，兩種解讀都是不正確的，這一點從黑格爾自己所強調的一個基本區分可以看出——一個對他的整個哲學來說是根本性的卻常常為評注者所忽略的區分（VG，第 37、81、87、34、69、74頁）。這便是古老的亞里斯多德主義在以下二者間所作的區分：一

面是解釋的次序上的首要者，一面是存在的次序上的首要者。④在黑格爾看來，普遍是解釋的次序上的首要者，特殊是存在的次序上的首要者。普遍之所以是解釋的次序上的首要者，是因為，為了確定一物是什麼，必須將一些普遍歸屬於它；我們透過屬性來界定一個事物的本質或本性，而每一個屬性都是普遍的。然而，特殊之所以是存在的次序上的首要者，是因為，實存就是有所規定，成為某種個體性的物。因此，說普遍先於特殊，並不意味著它是時間上先於特殊的原因（cause）；毋寧說，這僅僅意味著它是事物的理性（reason）或目的。這種理性或目的，就其本身而言並不在事物之先存在，而是僅僅透過事物才存在，亦即透過事物的完整和充分的發展來將自身具體化。

這個至關重要的區分，在關於黑格爾形上學的膨脹的和緊縮的解讀之間提供了一條中間道路。這兩種解讀都混淆了這一區分。膨脹的解讀認為邏輯的優先性也包含存有論的優先性，因此它假設理念的實在性，彷彿它自在地存在著似的，先於它在物理的和歷史的世界中的具體化。但是這等於是說，普遍能夠離開和先於特殊而存在，這種學說恰恰是黑格爾明確並著重地否定的（VG，第 85、72 頁；EPW，第 24 節附釋，第 8 卷，第 82 頁）。緊縮式的解讀假定，黑格爾堅持存有論的優先性表明他對邏輯優先性的否認，彷彿理念不過是它在其中存在的特殊物的總和。第一種解讀，將黑格爾變成一個認為普遍存在於歷史的和自然的世界之外的柏拉圖主義者；第二種解讀將他變成一個認為普遍的意義完全可以根據它們所指的那些個別事物來加以解釋的唯名論者。但是，首先黑格爾是一個亞里斯多德主義者：他認為普遍只能存在於事物之內，即使它們的意義並不能完全簡化為它們。

---

④ 參見亞里斯多德，《形上學》，第 5 卷，第 11 章，1018b，第 30-36 頁；第 9 卷，第 8 章，1050a，第 3-20 頁。

在第六章，我們還將再次考察黑格爾的形上學問題，最終涉及
他思想中宗教的角色。

二、何謂絕對

　　人們經常以「絕對觀念論」（absolute idealism）這個名詞作為
標籤來概括黑格爾的形上學。然而，引人注意的是，黑格爾本人很
少使用它。這恰恰和他整體上對抽象口號與詞句的嫌惡是完全一致
的。很容易理解，黑格爾害怕他的哲學被簡化為一個詞。他認為哲
學術語僅只在系統的脈絡中才有其確切的含義，離開脈絡則會產生
無數武斷的聯想。「絕對觀念論」這個名詞真正流行起來僅僅是
19 世紀下半葉的事情，當時這個詞經常被用來描述英美觀念論者的
哲學。

　　然而，如果就此得出結論說，這個詞是一種時代錯置或者是不
精確的，則也是錯誤的。在 1790 年代後期，這個詞是一種流行語；
第一個使用它的人似乎是弗里德里希·施萊格爾。⑤後來謝林採用
了它，在好幾個場合中用這個詞來定義他自己的立場。⑥真正重要

58

⑤ 參見 Friedrich Schlegel 的《哲學年鑑》（*Philosophische Lehr-jahre*），
　載 KA，第 18 卷，第 33（no.151）、65（no.449）、80（no. 606）、
　85（no.658）、90（no.736）、282（no.1046）、396 頁（no. 908）。
⑥ 參見謝林，《我的哲學體系的進一步表述》（*Fernere Darstellung
　aus dem System der Philosophie*），載《謝林全集》，第 4 卷，第
　404 頁；《論自然哲學和哲學一般的關係》（*Ueber das Verhältnis der
　Naturphilosophie zur Philosophie überhaupt*），載《謝林全集》，第 5
　卷，第 112 頁；《自然哲學的觀念》（*Ideen zu einer Philosophie der
　Natur*）的「導言補充」，載《謝林全集》，第 2 卷，第 67、68 頁；
　和《布魯諾》（*Bruno*），載《謝林全集》，第 4 卷，第 257、322
　頁。前兩篇文章是和黑格爾合寫的。

的是，謝林在他和黑格爾合寫的著作中使用了這個詞，用它來指認他和黑格爾在 19 世紀初所捍衛的那種哲學。儘管黑格爾嫌惡抽象的詞句，但他自己也沒有與之劃清界限。從學生的講演筆記可以看出，他至少有 3 次使用這個詞來描述自己的立場。⑦在其公開出版的著作中，黑格爾有時用「觀念論」一詞完全是為了定義他自己的哲學。⑧

即便「絕對觀念論」既非時代錯置也非不精確，那麼它究竟是什麼意思呢？我們必須先從它的形容詞「絕對的」著手。絕對觀念論首先且首要是一種關於絕對的觀念論。但什麼是絕對呢？這一在整個 19 世紀引起巨大共鳴的術語，對我們而言幾乎已經完全喪失了它的含義。

「絕對」（das Absolute）是黑格爾用來表示哲學主題的專業術語。他在《費希特與謝林哲學體系的差別》中寫道，哲學的任務就是認識絕對（第 2 卷，第 25、93 頁）。他似乎把「上帝」看作是這同一個詞（「絕對」）的同義語，或者說它的一種更大眾化的宗教表達。⑨例如：在宗教哲學講演中，他解釋說，哲學和宗教分享同樣一個對象：絕對或上帝（VPR，第 1 卷，第 33、116 頁）。儘管這很重要，但在說明他用「絕對」這個詞究竟何所指方面，黑格爾對我們毫無幫助。雖然他說他的《邏輯學》不過是絕對的一系

---

⑦ EPW，第 45 節附釋、160 節 Z、337 節 Z。

⑧ 參見 WL，第 1 卷，第 145 頁；和 GuW，W，第 2 卷，第 302-303、68 頁。

⑨ 黑格爾經常使用這些術語，就好像它們是同義的。例如：參見《哲學百科全書》第 12 節和第 194 節附釋。在 1824 年宗教哲學演講中，黑格爾解釋說，上帝和絕對具有同樣的內容和邏輯意義。但是上帝具有已經達到自我意識的絕對的更明確的內涵（VPR，第 1 卷，第 35-36、118-119 頁）。通常，他在宗教哲學的脈絡中使用「上帝」。

列定義（WL，第 1 卷，第 59 頁），但是關於這個詞，他從未給出
過一個簡單有用的定義，也沒有給出關於這些定義究竟是定義什麼
的基本說明。

　　幸運的是，黑格爾的某些前輩和同時代人提供了一些定義，
這些定義設定了黑格爾對這個詞的用法的一個背景。在康德看來，
「絕對」一詞是完全含混不清的（KrV，B，第 380-381 頁）。在
一種意義上，它指的是某物「自在地來看因而內在地」有效的東
西，因此也就除去了它與其他事物的連繫；在另一種意義上，它表
示某物在一切方面或一切關係上都是真實的東西。黑格爾的用法顯
然結合了這兩種含義：當完全從自在地或內在地來看時，他的絕對
在自身之中包括所有的關係。

　　另一個定義，是黑格爾曾經的合作者謝林提供的。按照謝林
的看法，絕對是「在自身之內和透過自身而存在之物」，或者說是
「其存在不受其他某物決定之物」。[10] 由此，謝林有時候把絕對稱
作「自在」（das An-sich）。謝林的措辭讓人想起斯賓諾莎《倫理
學》中的實體定義：「在自身之內，並且透過自身被設想之物；
換句話說，能夠獨立於其他概念而構成其概念的事物」（第一部
分，定義 7）。謝林與斯賓諾莎的親緣性並非偶然，因為在其耶拿
時期，他實質上已經皈依於斯賓諾莎。當謝林把他的絕對稱作「實
體」（die Substanz）的時候，對斯賓諾莎實體定義的暗示再明顯不
過了。[11]

　　無可置疑的是，黑格爾分享了謝林的定義，而且他也以斯賓
諾莎的術語來看待絕對。誠然，黑格爾尖銳批評了斯賓諾莎的絕對

---

⑩ 參見謝林的《全部哲學的體系》（*System der gesammten Philosophie*），
　載《謝林全集》，第 6 卷，第 148 頁，第 7 節。
⑪ 同上書，第 198 頁，第 41 節。

概念（參看第 91-95 頁），並且即使是在耶拿時期，這些分歧也已經悄悄萌芽了。儘管如此，黑格爾把斯賓諾莎的實體定義看作是所有哲學的基礎或起點。因此，在《費希特與謝林哲學體系的差別》中，有時候他把絕對看作是實體（第 2 卷，第 10、49、80、116頁），並且在他的《哲學史講演錄》中說，人們在開始研究哲學之前，首先必須到斯賓諾莎實體的以太中洗個澡（第 20 卷，第 165頁；第 3 卷，第 257 頁）。

60　　在將實體當作形上學的根本對象方面，與在他們之前的斯賓諾莎一樣，謝林與黑格爾也是回溯到亞里斯多德主義的傳統。[12]亞里斯多德在《形上學》一書中已經把實體當作第一哲學的初始對象。他將「有關第一原理的科學」定義為對存在之為存在的研究，更具體地說，定義為對在初始意義上實存的那些事物的研究，這些事物是所有其他事物為了能夠存在而必須依賴的。因為唯有實體是所有其他的存有者的基礎，所以，第一哲學必須是關於實體的初始理論。[13]

---

[12] 海德格在他的〈黑格爾的經驗概念〉（1972 年）一文中強調，黑格爾的哲學是古典意義上的形上學。依照海德格，黑格爾的哲學概念完全處在亞里斯多德的傳統之中。哲學的目的就是沉思存在之為存在，或者在它的在場中把握在場者（das Anwesende in seinem Anwesen）。海德格的闡釋的基礎在《存有與時間》（Sein und Zeit，1972 年）第 171 頁就打下了。儘管海德格正確地把黑格爾置入了亞里斯多德的傳統之中，但是他在把黑格爾的經驗概念同化於亞里斯多德意義上的直觀或沉思時走偏了。這實際上是把理智直觀歸之於黑格爾。關於沿著類似的路線對於海德格的批評，參見 Adorno（1969 年），第 45-48、69 頁。

[13] 亞里斯多德，《形上學》，第 3 卷，第 2 章，996b14；第 4 卷，第 1 章，1003a18-24；第 4 卷，第 2 章，1003b17-21；第 7 卷，第 1 章，1028b3-4。

　　儘管黑格爾說絕對或上帝是哲學的主題和目標，他並沒有設想哲學應當以證明它的存在為開端，更遑論應當假定它的存在。他的著名主張是，絕對應當是哲學研究的結果而非起點（PG，第 21頁，第 20 節）。僅只是在完成了他的研究之後，哲學家才理解他的對象自始至終是絕對或上帝。在這一點上，黑格爾的形上學不同於傳統神學，後者從一開始就把上帝作為它的主題。

　　那麼哲學應當以什麼為開端呢？以一個簡單的問題、一個隱藏在所有形上學背後的基礎性問題為開端：什麼是實在性本身？撇開與其他事物的關係的事物自身是什麼？在《精神現象學》和《邏輯學》中，黑格爾都以這個問題為開端。《精神現象學》開始於意識問自己什麼是它的對象，什麼是對象本身（das An-sich or Ansichselbstsein）之時；意識發展的所有階段，都可以被理解為是一種漸進的，對這個問題給出的更詳細或更具體的回答。《邏輯學》也是始於純存在（reines Sein）的概念，去除我們歸諸其上的任何規定之後的存在自身。對黑格爾而言，這是實體、實在本身，去除將它和其他事物連繫在一起的各種特殊規定的實在的另外一種提法。實際上，《哲學百科全書》版本的邏輯學中，他明確指出，純存在是對斯賓諾莎實體概念的恰當描述（第 86 節；第 8 卷，第 183 頁）。

　　關於哲學方法的這一論述，首先是謝林和黑格爾在耶拿時期共同發展起來的。他們認為，理性的任務就是撇開某一事物與其他事物的連繫，去認識事物自身。[14]理性必須這樣來把握每一事物，彷

---

[14] 謝林，《我的體系的表述》，載《謝林全集》，第 4 卷，第 115頁，第 1 節。亦可參見《自然哲學導論的格言》（*Aphorismen zur Einleitung in die Naturphilosophie*），載 W，第 7 卷，第 181 頁，第 199 節。

彿它就是整個世界，彷彿在它之外無物存在。[15]這意味著，理性應當從事物中剝離掉它的屬性或獨特形式，以及它藉以與其他事物區別開來的那些規定性，因為這些屬性或規定性構成它和其他事物的連繫。一旦我們移除了某一事物的所有獨特屬性，我們就可以從中看到整個宇宙，因為所有去除了獨特屬性的事物都是一樣的。這種透過抽象掉其獨特屬性來思想事物自身的方法，謝林和黑格爾稱之為建構（construction）。儘管黑格爾後來放棄了這一方法，但他還將堅持它的基本任務：把握事物本身。

三、主─客同一

　　既然已經考察過了絕對的含義，我們就能更好地理解了絕對觀念論的主題了。但是我們對這一學說本身還一無所知。不幸的是，對此黑格爾於我們同樣沒多大幫助。關於這個詞，他沒有提供有用的定義，也沒有對其含義做初步的說明。不過，在黑格爾使用這個詞的少數場合，已經預設了一些確定的一般含義。

　　謝林提供了一條重要的線索，在與黑格爾合作期間，他在兩個場合對這個術語下過明確的定義。在謝林看來，絕對觀念論是這樣一種學說：在絕對中，觀念與實在、主觀與客觀是同一回事。[16]換句話說，這種學說就是，絕對存在於主─客同一之中。事實上，考慮到在耶拿時期黑格爾在絕對的本性方面與謝林已經有實質性的差異，因此不能認為謝林關於絕對的定義就是黑格爾自己的。早在《費希特與謝林哲學體系的差別》中，黑格爾已經宣稱絕對不僅是

---

[15] 參見謝林和黑格爾合寫的著作《我的體系的進一步表述》，載謝林，《謝林全集》，第 4 卷，第 393-394 頁。

[16] 參見《論自然哲學和哲學一般的關係》，載《謝林全集》，第 5 卷，第 112 頁；和《理念》（*Ideen*），載 W，第 2 卷，第 717 頁。

主─客同一，而且是主─客同一與主─客非同一的同一（第 2 卷，第 96、156 頁）。然而，完全輕視謝林的定義也是錯誤的。因為，62 黑格爾完全同意謝林，認為主─客同一是絕對的一個重要環節；此外，在《費希特與謝林哲學體系的差別》序言中，他明確告訴我們，主─客同一原則表達的正是「真正的觀念論」的精神（第 2 卷，第 9-10、79-80 頁）。捍衛謝林對這一原則所做的闡釋以與康德和費希特的闡釋相抗衡，的確是黑格爾寫作《費希特與謝林哲學體系的差別》目的。

因此，為了理解黑格爾絕對觀念論的含義，我們必須確定謝林和黑格爾使用的「主─客同一原則」究竟意味著什麼。但目前看來，我們僅僅是用一個標語代替了另一個標語，讓本來晦暗不明的事情變得更加晦暗而已，因為主─客同一原則是德國觀念論所有問題當中最高深最困難的一個問題。這個原則沒有唯一明確的含義，它的精確含義取決於各種特殊的脈絡。因此，我們必須特別仔細地將黑格爾對這一原則的理解與他的同時代人區別開來。

關於它的含義的一個明顯暗示出自《費希特與謝林哲學體系的差別》序言。黑格爾在那裡聲明，康德已經在他的範疇的超驗演繹中表達了主─客同一的原則。[17]「在範疇演繹的原則中」，黑格爾寫道，「康德哲學是真正的觀念論……」（第 2 卷，第 9、79 頁）。在這裡，黑格爾指的是康德的統覺統一性原則，其含義是，只有在我能夠意識到它們的時候，我才能具有各種表象。在《純粹理性批判》中，康德將這一原則作為他的「超驗演繹」的基礎，也就是說，他試圖表明範疇（我們藉以理解世界的最基本的概念）必須應用於經驗。這一原則在康德演繹中的確切作用，一直是一個爭論不

---

[17] 例如：皮平（Pippin，1989 年），第 16-41 頁。

休的話題，而我們現在無需關心這些。至關重要的問題是，黑格爾的主—客同一概念是否應當按照康德的原則來理解。引人注目的是，費希特使用「主—客同一」來描述自我—認識的行動時，牽涉到康德的原則。既然黑格爾使用相同的術語，看來他對這一原則也抱有某種康德主義的解釋。

然而，重要的是不要被這種用詞的相似性所誤導。儘管初看起來是合理的，但康德主義的闡釋經不起更進一步的文本審查。在《費希特與謝林哲學體系的差別》中，黑格爾讚揚了康德的演繹之後，立刻明確指出，康德對主—客同一性的理解有不完善之處。他抱怨康德的解釋：「……它只把握到了主—客同一性的一個次要的階段」（第 2 卷，第 10、81 頁）。黑格爾對康德「統覺的統一性」的批評貫穿《差異論文》全文，因為它僅僅是形式的和主觀的：說它是形式的，因為它僅僅是諸表象的自我意識，而不管諸表象自身的內容；說它是主觀的，因為同一僅僅發生於主體內部，從未超出自我意識自身。黑格爾指責康德持有一種主觀的理性概念，按照這一概念，理性是主體的活動強加於世界之上的某種東西，而先於這種活動的世界是不可知的自在之物。

康德關於主—客同一原則的解讀，也同樣忽視了謝林和黑格爾在其耶拿時期著作中對此提出的明確批評。謝林和黑格爾認為，康德—費希特關於主—客同一原則的解讀最終歸結於唯我論，而唯我論意味著我僅僅認識我自己心靈中的直接內容。[18] 由於超驗主體僅只認識它的創造物，便落入了其自身意識的循環；並且由於它不能創造整個世界，外部實在勢必作為不可知的物自身而存在。因此，

---

[18] 這個論證出自兩位合作撰寫的著作：《我的哲學體系的進一步表述》，載《謝林全集》，第 4 卷，第 353-361 頁，和《論自然哲學和哲學一般的關係》，載《謝林全集》，第 5 卷，第 108-115 頁。

耶拿期間，謝林和黑格爾摒棄了而非擁抱康德關於主—客同一原則的闡釋。

黑格爾關於主—客同一原則的解讀，其原型並非來自康德—費希特傳統，而恰恰來自它的對立面：斯賓諾莎主義。對 1801 年前後的謝林和黑格爾來說，主—客同一原則，本質上起到了作為他們一元論宣言的作用。它充當了反對一切形式二元論的聲明，無論這種二元論是康德式的、費希特式的，還是笛卡兒式的。謝林和黑格爾極為讚賞斯賓諾莎的一元論，因為當康德、費希特和雅可比等人試圖恢復二元論的時候，斯賓諾莎展示了如何能夠克服它。他們的主—客同一原則忠實於斯賓諾莎，本質上意味著：主觀與客觀、思想與經驗、觀念與實在——無論人們如何闡釋它們的對立——都不是獨特的實體，而僅僅是同一實體的不同方面、性質和屬性。這一原則直接從斯賓諾莎的以下命題得出：只有一個唯一的實體，其他所有一切，或者是它的樣式，或者是它的屬性。[19]如果事實如此，那麼主觀和客觀就不能是兩種事物，而必定只是同一事物的樣式或屬性。

斯賓諾莎自己已經發展出了某種類似於主—客同一原則的東西，儘管他從未使用過這個詞。在《倫理學》的第二部分，斯賓諾莎論證了心理和物理不過是同一實體的不同屬性。[20]斯賓諾莎寫道：觀念的秩序與連繫，和事物的秩序與連繫是同一的，因為心理和物理兩者最終不過是同一事物的不同方面。黑格爾想要賦予他的主—客同一原則以斯賓諾莎主義的意義，這一點是毫無疑義的。在《差異》中，有兩個場合，黑格爾讚許地提到斯賓諾莎的命題（第 2 卷，第 10、106、80、166 頁）。

---

[19] 斯賓諾莎，《倫理學》，第一部分，命題 15、25。
[20] 同上書，第二部分，命題 1-7。

　　但是這裡提供給我們的，似乎仍是一種用晦澀語言解釋難懂的問題（obscurum per obscurius）式說明。因為斯賓諾莎的學說是其哲學中最令人費解的部分之一，困難主要來自斯賓諾莎關於「屬性」那個惡名昭彰而又含糊不清的定義：「理智將之視為構成實體的本質的東西」。[21]這一定義是模稜兩可的傑作。「屬性」本質上是主觀的，僅僅是理智看待、解釋和理解實體的不同方式？抑或它們是客觀的，實體不同的顯現、表現或形式？抑或是兼而有之？

65　　幸運的是，我們無需詳細闡述斯賓諾莎學說的確切含義。現在對我們而言，唯一的問題是，黑格爾是怎麼理解它的，或者說黑格爾賦予它什麼意義。在《差異論文》中，黑格爾說明了他想要賦予斯賓諾莎學說的確切意義。他主張，主觀和客觀之間的差異，必定不僅是觀念的，也是實在的，就是說，必定不僅是觀點的差異，也是客體自身的差異。這意味著，主體和客體是「絕對」之不同的表現、體現和展示。在好幾個場合，黑格爾強調說，哲學有必要解釋日常經驗中主觀和客觀之間的區分。主體明顯不同於客體——客觀是被給予的，並產生出獨立於我們意志與想像的表象——這是日常經驗的一個事實。黑格爾堅持認為，哲學不應當把這種現象當作幻象打發掉，而是應當解釋它和顯示其必然性。[22]

　　正是由於這些原因上，黑格爾與謝林分道揚鑣了。他主張絕對不僅是同一，而且是同一與非同一的同一。如果哲學要去闡明日常經驗中的主客觀對立，那麼它就必須以某種方法指出唯一的普遍實體——在其中主客觀是同一的——是如何分離自身並產生主客

㉑ 同上書，第一部分，定義 4。它的拉丁文含義並不更加清晰明　瞭：Per attributum intelligo id, quod intellectus de substantia percipit, tanquam ejusdem essentiam constituens。

㉒ 黑格爾，W，第 2 卷，第 52、96、119、156 頁。

觀差別的。由此，哲學家面對著一個內在的艱鉅任務：他必須既克
服又解釋主一客二元論的必然性。黑格爾認為，無法闡明有限性的
起源，正是斯賓諾莎的失敗之處。[23] 下文我們將仔細考察，黑格爾
是如何試圖解釋有限性的起源以及主一客同一之二元論的（參見第
92-95 頁）。

四、「觀念論」的含義

　　現在，我們已經看到，黑格爾的絕對觀念論本質上是一元論的
學說。然而，重要的是要看到，它包含著兩種截然不同的含義。首
先，在反二元論（anti-dualist）的意義上，它否認在主觀與客觀、
理想與實在、心理與生理之間存在任何實體性的差別，並且斷言，
與此相反，它們是同一個實體的不同屬性或表現。其次，在反多元
論的意義上，它否認存在多種實體，相反，斷言只有唯一的實體。
反二元論的含義不必蘊含著反多元論（anti-pluralistic）的意義，因
為即使主體和客體是單一實體的不同方面，也可能存在許多這樣
的實體。但謝林和黑格爾還肯定一種更強形式的一元論。他們推
崇斯賓諾莎的以下論證：只有一個唯一的存有者，這個存有者具有
獨立的本質。如果有兩種實體，那麼它們就將被設想為是相互連繫
著的，至少在否定的意義上，即一方本質上不是對方；在這種情況
下，兩種實體都將具有獨立的本質。

　　可是，這種激進的一元論學說和觀念論有什麼關係呢？回答
是，關係並不明顯，因為表面看來（prima facie），無論是在古代
的柏拉圖主義還是現代的柏克萊主義的意義上，一元論與觀念論都
並不存在必然的連繫。畢竟，有些一元論者不是觀念論者，例如：
斯賓諾莎和叔本華。

66

---

[23] 參見 GuW，W，第 2 卷，第 345-348、107-109 頁。

　　黑格爾寫道，絕對觀念論是這樣一種學說，即事物都是「普遍和神聖的理念」顯現（EPW，第 24 節附釋）。把它解讀為柏拉圖式觀念論的一種形式，這種做法極有誘惑力，彷彿這個理念是柏拉圖的形式或原型。那樣，絕對觀念論將會是一種觀念論的一元論或一元論的觀念論。按照這種學說，所有事物都是唯一的絕對理念的顯現。因此，當黑格爾與斯賓諾莎一起，說所有事物是唯一普遍實體的樣式或屬性的時候，他也和柏拉圖一起，意味著它是唯一的普遍理念的顯現或展示。

　　這種解讀接近了黑格爾的含義，但接近得還不夠。因為，黑格爾沒有將理念並等同於柏拉圖的原型，而是將之等同於亞里斯多德的形式─目的因。黑格爾把亞里斯多德而非柏拉圖看作是絕對觀念論的真正奠基者：「亞里斯多德在思辨的深度上超越了柏拉圖，因為他知道具有最堅實地基的思辨（或）觀念論……」（第 19 卷，第 133 頁；第 2 卷，第 119 頁）。黑格爾跟隨亞里斯多德對柏拉圖的批判，認為普遍物並不單獨存在，而是存在於特殊事物當中（en re）。㉔作為內在於事物的形式，為具體的普遍，用亞里斯多德的語言來說，普遍即是事物的形式─目的因。形式因是使某一事物成為其所是的本質或本性；目的因是客體試圖實現的目的，是它發展的目標。在黑格爾這裡，正像在亞里斯多德那裡一樣，兩種意義上的原因是連結在一起的，因為某一事物的目的，就是實現它的本質，或發展它的內在形式。像康德一樣，黑格爾把形式─目的因稱為「某一事物的概念（Begriff）」。㉕

㉔ 例如：參見黑格爾在 EPW，第 24 節附釋和在 VG，第 85、72 頁中的陳述。

㉕ KU，第 5 卷，第 192 頁。

　　如果我們牢記黑格爾的亞里斯多德式的理念概念的話，那麼，他的觀念論就在根本上具有某種目的論的意味。聲稱每一事物都是理念的一種顯現，在意味著這個事物在努力實現絕對理念，或者說意味著每一事物在趨向於作為絕對理念的目的。這便是黑格爾對斯賓諾莎一元論的亞里斯多德式轉換：唯一的普遍實體現在變成了唯一的絕對理念，亦即所有事物的形式—目的因。由於斯賓諾莎藐視目的論，他在墳墓裡大概也會感到噁心吧。

　　黑格爾絕對觀念論的目的論層面，十分明確地表現在他《世界史哲學講演錄》的〈導論〉中。在這裡，黑格爾聲稱哲學的根本主題是理性統治世界；黑格爾將這個主題與阿那克薩哥拉的「努斯」（nous）支配世界這個古老的教誨等同起來（VG，第28、27頁）。黑格爾進一步解釋說，理性統治世界，意味著它有一個終極目的（VG，第50、44頁）。這意味著，無論發生什麼都是出自必然性，但這種必然性不僅是在這種意義上，即存在著在時間上在先的原因作用於它；而且是在這種意義上，即它們必須實現某種目的。我們在後文將確定這種目的的含義（第266-267頁）。

　　從他對於「主觀的」和「客觀的」念論的含蓄區分來看，這一目的論的方面變得非常清楚了。[26]根據這一區分，主觀的觀念論者堅持認為，世界的合理性、它的遵從規律，在主體的創造性活動中有其根源；它的根本原則是如康德的以下學說，即我們關於對象的先驗認識，僅僅是我們在它們之中創造或生產的東西。因此，主觀的觀念論者認為，世界是合理的，僅僅是在我們創造或製造它所及的程度上；而在我們不能創造或製造它的程度上，世界是不可知的物自身，是一個非理性的無理數。然而，客觀的觀念論者堅持認

68

---

[26] 關於這個區分，參見 EPW，第 24 節附釋 1、24 節評論、25 節、32 節附釋、45 節附釋。

為，世界的合理性不是某種主體強加於世界之上的東西，而是內在於對象本身，它的概念或形式一目的因。因此，當黑格爾這樣寫道：「說理性在世界之中，也就是說出了『客觀思想』這一表達所包含的意義」（EPW，第 24 節）之時，客觀的觀念論是他的理性統治世界學說的另一種表達，一個明確證實了的方程序。

黑格爾的客觀觀念論的概念，以及他的亞里斯多德式的理念概念，表明他並不將理念限制於主觀性的領域，彷彿它是某種心靈的內容或意圖似的。在他的世界歷史講演中，有好幾個場合，黑格爾煞費苦心地強調，統治世界的理性不能被理解為一種具有自我意識的主體或精神（VG，第 29、37、81、28、34、69 頁）。統治世界的目的僅僅是內在於世界的形式或結構，它並不必然暗含著某些行動者的意圖。

在被理解為「每一事物都是理念的顯現」這一論題時，絕對觀念論就與實在論（realism）相容了。而按照實在論，對象在意識之外並且先在於意識。理念的表象，可能是質料性客體，也可能是自我意識著的主體，並且實際上整個自然領域先於人類的發展。黑格爾在《自然哲學》中始終假定，自然外在於並先於人類意識而存在，人類的發展預設了有機的自然力量的先在發展，並且只能源出於這種發展。

黑格爾的絕對觀念論也兼容自然主義（naturalism）。如果說自然主義是這樣一種普遍的論點，即自然中所有事物的發生都合乎規律，那麼絕對觀念論贊同自然主義，因為它認為自然中所有事物的發生都出自必然性。它也與一種更特殊的論點相兼容，即自然界的每一事物都符合機械法則，亦即任何事件的原因乃是某一時間在先的事件。黑格爾並不否認自然的機械論，因為他認為自然的機械論運作乃是實現目的的必要手段。絕對觀念論僅僅與下面這種自然主義不相容，這種自然主義主張任何事物唯有依據機械法則才是可

解釋的。因此，與絕對觀念論正相反對的論點，既不是實在論也不是自然主義，而是一種激進的或狹隘的機械論，它要求成為唯一的解釋典型。

那麼，根據黑格爾的絕對觀念論，唯物論和觀念論之間的整個爭論都遭到了誤解。絕對理念既非主觀的也非客觀的，因為它是這兩者同等固有的形式或結構。我們不能把主體化約為客體，彷彿它僅僅是質料的，同樣我們也不能把客體化約為主體，彷彿它僅僅是觀念的。主觀和客觀是同樣實在的，二者之間的對立明顯來自我們的日常經驗；這種對立實際上是「絕對」自我實現的必要條件，即它將自身分裂為主觀和客觀（我們在第 93-95 頁看到這一點）。然而，這一對立並沒有削弱「絕對」的同一性或統一性，因為作為形式因和目的因，作為所有事物的可理解原則，它可以要麼是主觀的，要麼是客觀的。

儘管黑格爾強調絕對理念同時在主觀性和客觀性中實現自身，但是在某種意義上，他的絕對觀念論仍然賦予主觀性之於客觀性更高的地位。黑格爾對斯賓諾莎的一個根本批評是，斯賓諾莎沒有給予主觀性以充分的榮耀，承認它高於自然的地位；斯賓諾莎將主觀性當作實體的一個屬性，種與物質具有同等地位的屬性，因而實際上僅僅是無限多樣的屬性之一種。然而，對黑格爾來說，主觀性是「絕對」最高的展示、組織和發展。只是在歷史領域，並且主要是在文化領域，亦即在藝術、宗教和哲學中，「絕對」才充分實現自身。黑格爾把存在巨鍊的理念——一種有關自然形式的等級制，恢復到了斯賓諾莎的一元論的水準，這種理念從物質開端，漸進地發展到礦物、植物和動物，最後在人類自身中達到頂峰。因此，相比於客觀性領域，「絕對」在主觀性領域更好地實現了自身。儘管「絕對」事實上能夠外在於和先於主觀性而存在，但是沒有主觀性，它就不能充分實現或發展它的本性。沒有主觀性的自然確實能夠存在，但它就像是一棵從未成長為參天橡樹的小樹苗。

70

　　主觀性在黑格爾觀念論中的重要地位，與他關於「絕對」必須既被設想為主體也被設想為實體的陳述結合在一起，成為關於黑格爾絕對觀念論的一種十分流行但根本上錯誤的解讀的一個主要根源。根據這種解讀，黑格爾的絕對觀念論是某種形式的宇宙的主觀主義或超級主觀主義。它本質性是這種學說，即「絕對」是精神，神聖普遍的主體，這一主體創造了整個世界。這種解讀使得黑格爾的觀念論變成某種形式的主觀觀念論，儘管是更高級的和更形上學的類型。主體不再是有限的（亦即經驗的和個體的），而是無限的（亦即理性的和普遍的）。這一無限的自我，將不僅僅是康德式的、純形式的超驗主體；相反，它將是去掉了所有限制的康德式的超驗主體，亦即一種不再是個別化的，並且有能力既創造經驗形式也創造經驗內容的主體。儘管物質世界獨立於有限主體而存在，但它不能獨立於這一無限主體而存在，這一無限主體透過它的無限活動而設定了整個自然領域。

　　這種解讀存在幾個問題。首先，黑格爾認為，即使我們可以消除對超驗主體的各種限制──即使我們移除物自身和被給予的經驗內容──我們擁有的仍然是主觀的觀念論，因為思想的形式僅只對於主體而非世界自身而言是真實的（EPW，第 42 節附釋 3、45 節附釋）。其次，黑格爾主張，在絕對理念內部，主觀與客觀之間的對立沒有意義，因此不能用一種相互排斥的眼光來看待主觀或客觀（EPW，第 24 節附釋 1）。第三，黑格爾主張，「絕對」的主觀性僅僅是其組織和發展的最後階段；這只是結果，而非開端。在開端處，在它自身中考察的話，絕對不是主體而是實體。

五、觀念論與實在論、自由與必然的綜合

　　現在應該很清楚了，黑格爾絕對觀念論的一個目的，是揚棄觀念論（idealism）與自然主義（naturalism）之間的僵硬對立。絕對

觀念論以某種方式保存這些有限立場的優點，否定其缺陷。二者都被設想為片面的抽象，就整體而言為假，但是就片面而言為真。但是，更確切地說，這些立場究竟是什麼？並且，更具體地說，如何實現它們的綜合？

對黑格爾和1790年代整個浪漫主義的一代來說，實在論或「獨斷論」的立場以斯賓諾莎哲學為代表；觀念論或「批判論」的立場以費希特哲學為代表。費希特曾經公開宣布，只有兩種可能的立場，並且要求人們二者選一。但黑格爾和浪漫派的一代拒絕了費希特的最後結論，他們看到了兩種立場中的長處。費希特觀念論的偉大力量是它激進的自由概念，是「自我」創造自己以及整個世界的權利和能力。費希特「設定自我的自我」概念——自我僅僅是它從自身之中創造出來的東西——對1790年代的那一代人來說，有著無法抵抗的誘惑。他們想要打破傳統秩序的所有限制，開創一個新天地。斯賓諾莎自然主義的優點是，它看到了自然中的神聖，而這種神聖並非存在於自然彼岸的一種超自然的天堂。透過神聖者的自然化和自然的神聖化，斯賓諾莎的自然主義似乎實現了科學與信仰這兩種需求的和解。考慮到兩種立場的力量，整個浪漫的一代的理想，就是綜合費希特的自由與斯賓諾莎的自然。

但這個理想看起來僅僅是個夢，近乎要求一種方的圓。問題在於，正如費希特所主張的那樣，他的自由概念和斯賓諾莎的自然概念完全是不可調和的。按照費希特的概念，自由在於「自我以任意選擇是其所是」的方式創造自己的權力；自我沒有先於其選擇的本性。自我具有選擇的力量，具有完全獨立於先在的原因而這樣做或那樣做的能力。費希特意識到，我們現在並沒有這種激進的自由，我們大多數品格都是由外部的自然原因決定的；然而，他仍然主張這種自由應當是一個理想或行動的目標。自我應當努力獲取對自然的更多控制，以便它的整個品格僅僅取決於它自己的自由活動而非

其他。這種激進的自由概念，在兩個方面被斯賓諾莎的自然主義侵蝕了基礎。首先，賓諾莎的自然主義是決定論的。按照斯賓諾莎，上帝僅根據祂自己本性的必然性而行動，並且不會越雷池一步，就像三角形的內角和不會超過 180°一樣；由於人類的所有思想和行為都僅僅是神聖自然的樣式，因此也都是必然的。我的所思所為只不過是上帝透過我的思和為；一個人不能以別的方式行動，只能在外部神聖自然能夠變化的範圍內行動。其次，斯賓諾莎的自然主義也是寂靜主義的，它侵蝕了任何試圖改變世界的動機的基礎。對斯賓諾莎來說，上帝的本質是完美的和永恆的：而由於每一事物都是上帝本質的表達或顯示，因此每一事物都應當是完美的和永恆的。那麼，為何要自尋煩惱改變事物呢？撇開斯賓諾莎自己的激進政治學不談，他的形上學看起來從根本上削弱了社會和政治變革的動機，或者至少是給那些無力變革的人提供了某種安慰。然而，對費希特來說，哲學應當終結於對行動的召喚：世界還不是理性的，我們應當為使之理性化而努力奮鬥。獨斷論者只是假設自我與其世界的和諧一致，費希特則想把它變成行動的目標。

如果我們考慮到黑格爾對費希特的批判，那麼，實現費希特的觀念論和斯賓諾莎的自然主義聯姻的無望，就變得越發明顯了。像所有浪漫主義者一樣，黑格爾已經對費希特的二元論，他關於本體或可知的自由王國與現象或可感的必然王國的區分，提出了尖銳的批評。這種二元論似乎將自我與自然之間的異化永恆化了，使得二者最終合一成為不可能的事。但是，在費希特的二元論背後，有一些好的理由。和康德一樣，費希特被迫假設這種二元論以確保自由的可能性。他的推理似乎是無可避免的：由於自由包含著選擇亦即以別種方式做某事的能力，並且由於自然中的每一事物都是被決定的，以至於它是必然的和不可能採取別種方式的。因此，唯有當被帶到整個自然領域之外和放置於理智或本體的領域中，自由才是可

能的。對黑格爾和浪漫主義者來說，二元論並不是解決問題的方案而正是問題本身。然而，這使得自由問題變得更加急迫。在斯賓諾莎一元論的和自然主義的世界中，自由如何可能呢？

黑格爾對這一問題的回答，部分在於他對斯賓諾莎的觀念論的重新闡釋。由於他的絕對觀念論將主體性重置為自然的目的與頂峰，黑格爾恢復了費希特觀念論的一個方面。畢竟在某種意義上費希特是對的：自我應當是第一原則。確實，費希特正確地把自我意識放在了所有事物的中心地位，當作解釋自然的基礎，因為自我意識是自然的目的，是自然全部活力的最高程度的組織和發展。然而，費希特走偏的地方在於，他把目的因解釋成了第一因。他錯誤地假定，自我是自然的基礎性的存有論原則，而它實際上僅僅是自然的目的或終點。第一因恰恰是斯賓諾莎的實體，而它確實只根據自然自身的必然性而行動。

黑格爾的絕對觀念論也賦予了人類行動（human agency）以一種比斯賓諾莎想像的任何事物更重要的宇宙中的位置。斯賓諾莎曾經把人變成唯一神聖實體的樣式。由於實體具有獨立的本質與實存，並且由於樣式具有依存的本質與實存，人依存於上帝而不是上帝依存於人。上帝具有永恆、完全和自足的實存，儘管有人的活動，它仍舊保持同一。然而，對黑格爾而言，正像人類依存於上帝一樣，上帝也依存於人類。因為只有透過人類活動及其自我覺知，神聖者才能最終實現它自己。如果沒有人的自我覺知和行為，神聖自然誠然還在，但它將保持為一種完美的、潛在的、未充分發展的和不確定的存在。那麼，只有透過我們的活動，我們才能使神聖者完美、完全和實現，因此，人類活動自身就是神聖的。透過賦予人類行為以更重要的作用，黑格爾相信，他可以公正地對待費希特的行動主義。由於神聖者唯有透過我們的行動才能實現自身，我們因此有了好的行動理由，事實上是有了神聖的使命。在行動中，我們幫助上帝自身實現其本質。

74

　　絕對觀念論的這些方面，雖然軟化了斯賓諾莎決定論之刺，但並沒有移除它。即使自我是創造的頂端，即使它的行動使神聖自然成為現實，事情的真相仍然是，神聖者依據其自身本性的必然性而行動，因此自我的所有行為也將是必然的。正是在這一點上，黑格爾在調和費希特與斯賓諾莎方面邁出了最重要的一步：重新闡釋自由概念本身。在世界史哲學講座中，黑格爾經常使用費希特的語言來描述自由。他說自我是自我設定，並且它就是它的自我創造（VG，第 55、58、48、50 頁）。然而，儘管存在語言上的表面相似，黑格爾的基礎性概念是不同於費希特的。[27]與費希特相反，黑格爾認為自由與必然性相關，並且他接受了斯賓諾莎在《倫理學》中給「自由」下的定義：「凡是僅僅由自身本性的必然性而存在，其行為僅僅由它自身決定的東西叫作自由」（第一部分，定義 7）[28]。費希特和黑格爾都根據自我規定來理解自由，但他們的概念不過是形名相似而已。在黑格爾這裡，自我規定意味著：(1) 我具有某種特殊的本質或本性；(2) 它的實現是自然而必然的。費希特則完全否認這兩點，因為，(1) 他的「自我」僅僅是它的自我設定，沒有任何預先存在的本質或本性；(2) 它能夠在不同的行動方案之間做選擇。

　　然而，問題來了，任何有限的行動者或人能夠在斯賓諾莎的意義上是自由的嗎？斯賓諾莎的自由概念似乎僅僅適用於上帝，因為祂只按照祂自己本性的必然性而行動。唯一無限實體的所有有限樣式，其行動都被其他有限樣式所決定，如此以至無窮。最後，黑

㉗ 伍德（Wood，1990 年），第 18、43、45 頁上沒有看到這一點，他錯誤地認為黑格爾是在追隨費希特。

㉘ 參見黑格爾，《哲學百科全書》，第 158Z 節和《法權哲學》，第 66 節。在《法權哲學》，第 15 節，黑格爾論證説古典的自由概念作為選擇涉及一個矛盾。

格爾對這個問題採取了與斯賓諾莎同樣的解決方案：只要我和宇宙整體是真正同一的，就是自由的；只有我透過哲學意識到這種同一性，我才是實現了自由，斯賓諾莎稱之為對上帝的理智之愛。透過「和解」這一概念，「自由」在黑格爾這裡獲得一個新的面貌：它教導自我透過發現它在世界中的身分而接受世界的必然性。

　　顯然，黑格爾的自由概念中暗含某種形式的相容論，亦即自由的要求和決定論的要求是能夠相容的。黑格爾贊成所有相容論的一條基礎性格言：說自我是自由的，並不意味著他的行動是不被其他事物決定；我想做某事並不排除，相反倒是暗含著，我是被決定地想要去做。透過採取這種意義上的相容論，黑格爾認為，他可以不必為了拯救自由而假定任何形式的二元論。即便我的所有行動都是自然秩序的一部分而別無選擇，在做這些事情的時候，我仍然是自由的，只要這些事情是我想做的。後文（第 263-266 頁）我們還將對這一相容論的某些問題進行考察。

六、泛邏輯主義的神話

76

　　黑格爾絕對觀念論的一個基礎性問題，是對偶然性地位的關注。有些學者認為，黑格爾的立場犯了「泛邏輯主義」錯誤，亦即每一事物都依照理性的必然性而發生。然而，另一些學者認為，黑格爾充分承認偶然性的實在性，實際上他是論證過偶然性的必然性首批現代哲學家之一。[29] 在這些學者看來，這種泛邏輯主義解釋最好作為一個關於黑格爾的神話和傳奇扔到思想史垃圾桶裡。[30]

---

[29] 例如：亨利希（Henrich，1971 年），第 157-186 頁；泰勒（Taylor，1975 年），第 94、266 頁；迪‧喬瓦尼（Di Giovanni，1993 年），第 41-59 頁和伯比奇（Burbidge，1993 年），第 60-75 頁。

[30] 例如：史都華（Stewart，1996 年），第 16、306 頁。

　　兩種闡釋都有道理。泛邏輯主義者有一個很強的理由，是他們的批評者沒有充分領會的。他們的闡釋是從兩個無可置疑的前提推斷出來的：其一，黑格爾認為絕對是自因（causi sui），只依據其本性的必然性而存在；二，黑格爾還主張，絕對即是全部實在，沒有任何在它之外限制它的事物存在。這兩個前提蘊含著，所有事物都依據神聖自然的必然性而存在。與之相反（per contra），如果我們將一些偶然的事物引進黑格爾體系，那麼，它就會在絕對之外存在著，從而限制絕對，使之變得有限。因此，黑格爾看似犯了與斯賓諾莎泛邏輯主義同樣的錯誤，後者認為所有事物出於唯一的無限實體的必然性而存在。

　　偶然性的支持者也有他們的道理。黑格爾主張哲學必須解釋有限世界；他認為有限存在的核心特徵之一就是偶然性，亦即這樣一種事實：有些事物可能存在也可能不存在。因此，如果哲學要去解釋有限世界，它就必須確立偶然性的必然性。確實，黑格爾認為，不能解釋有限是斯賓諾莎體系的主要缺陷。然而，如果黑格爾不能解釋偶然性自身的實在性，他也將對這種無能感到羞愧。

　　重要的是要看到，將偶然性限制於主觀意義上的現象──亦即對有限知性顯現且僅只就有限知性而言存在的東西──之上，是不能令黑格爾感到滿意的。當黑格爾主張哲學要解釋有限性時，他是指在更強的客觀意義的現象。它指的是理念的展示、顯現或體現，無論它是否為有限知性所知覺到。黑格爾對謝林的一個主要批評是，謝林將有限性限制於主觀意義上的現象上；因為他不能在絕對的基礎上對其加以解釋，因此最終像斯賓諾莎一樣將有限性譴責為幻象。

　　然而，問題還在於，黑格爾能否在一種更強的客觀意義上解釋偶然性的實在性。確切地說，絕對觀念論在這裡遇到了它最難以駕馭的問題。我們很快就會看到，黑格爾在有限世界的特殊性與差異

的情況中是如何面臨這一困難的（第 94-95 頁）。他將指出，特殊
性與差異必然起源於絕對生命的自我差異化。但是，偶然性並不能
從這些術語中得到簡單的說明。儘管生命的隱喻使得普遍如何變為
特殊和一如何變為多能夠得以理解，但它不能解釋必然如何變為偶
然。這裡存在一種簡單明瞭的矛盾：出於必然而發生的事物不可能
是偶然的，但偶然發生的事物則可以是必然的。晚年謝林正是基於
這些理由攻擊黑格爾的體系，他認為黑格爾將本質的領域與存在的
領域混為一談。本質的領域是必然的，而存在的領域是一種無可簡
化的偶然性，一切思想的無理數。[31]

　　然而，一旦我們探究偶然性的解釋意味著什麼時，問題就深
化了。這樣一種解釋不得不顯示出偶然性的必然性，而這可能意味
著兩種不同的東西。首先，偶然物的特定內容實際上是必然的，因
此，只是偶然物的顯現是必然的。其次，存在著偶然性這一點是必
然的，因此偶然性的特定內容實際上不是必然的。第一種可能性賦
予偶然性的只是主觀的身分，因此不能真正解釋它的客觀顯現。第
二種可能性賦予了偶然物以客觀的身分；但它也限制了絕對，因為
有某物在它之外存在著。一般來說，如果我們主張絕對需要某種非
它自身之物變為它自身的話，我們就必須再次承認絕對畢竟是有
限的。　　　　　　　　　　　　　　　　　　　　　　　　　　　78

　　必須說，黑格爾的捍衛者並不承認這個問題的深度。有些人滿
足於指出黑格爾認識到了偶然性的必然性，但這只是表達了一個願
望。它既留下了偶然性如何來自必然性的問題，也留下了如果一旦

---

[31] 參見謝林的《近代哲學史》（*Zur Geschichte der neueren Philosophie*），
　　載《謝林全集》，第 10 卷，第 126-164 頁；以及《天啟哲學》
　　（*Philosophie der Offenbarung*），載《謝林全集》，第 13 卷，第
　　57-93 頁中對黑格爾的批判。

承認偶然性領域，它如何不限制絕對的問題。另一些人指出，黑格爾認為，唯有實在的普遍特徵才是必然的，同時承認其特殊的特徵是偶然的。[32]但這種解釋在黑格爾的體系中引入了形式與內容之間的二元論，並且它也接納了絕對之外的實在。還有人指出，偶然性是辯證法的一個本質環節，因為人們經常發現，每一低級階段的必然性都依賴於一個更高的階段，而後者自身是偶然的。[33]雖然這是對辯證法的準確描述，但仍然沒有給出一種客觀的偶然性，因為偶然性只是對於意識或者經歷辯證法的反思階段有效。而從整體的觀點來看待事物的哲學家應該認識到，一切都是出於必然而發生的。

泛邏輯主義「神話」的批評者經常認為，黑格爾從來沒有試圖演繹出偶然的領域。確實存在支持這一點的強有力的證據。眾所周知，黑格爾曾經拒絕推論出克魯格先生的筆[34]；在《自然哲學》中，他強調哲學無法解釋自然的多樣性和豐富性（第 250 節）。但這個證據並沒有切中要害。黑格爾完全可能既是一個泛邏輯主義者，又肯認哲學推論的限度。因為這些限制僅只與哲學家理解或重構絕對必然性的能力有關；這一絕對必然性一直存在，無論哲學家能否重構它。我們必須區分哲學家在原則上能做什麼和在實踐上能做些什麼，前者假定他有無限智慧，後者則考慮到人類理智的諸種限制。

79　　　偶然性的各種困難，尤為明顯地出現在黑格爾從自己的邏輯中衍生出自然這一臭名昭著的困境中。在《哲學百科全書·邏輯學》

---

[32] 例如：泰勒（Taylor，1975 年），第 94 頁。

[33] 同上，第 206 頁；和迪·喬瓦尼（Di Giovanni，1993 年），第 51-54 頁。

[34]《普通的人類知性如何從事哲學研究——表現在克魯格先生的著作中》（*Wie der gemeine Menschenvertand die Philosophie nehme, - dargestellt an den Werken des Herrn Krug's*），參見 GW，第 4 卷，第 174-187 頁。

的最後一部分，黑格爾論證說，理念「決定」（sich entschliesst）從自身中「釋放」出（aus sich zu entlassen）自然（第 244 節）。這裡有兩個問題。首先，理念應該從其本性的必然性中揭示自然，不能「決定」或「決心」這樣做。其次，邏輯的內容是形式的和抽象的，所以它不能衍生出自然的具體內容。可以肯定的是，理念這一範疇，在《邏輯學》結束的地方要比在它的開端處，內容更加豐富；但理念還只是一個邏輯範疇，在自身之中只有其他邏輯範疇。因此，理念與自然的同一性，僅僅是思想中的同一性，仍然將自然這一偶然的領域留在了自身之外。如果理念在自身中有其他內容的話，這僅僅是因為它曾經非法地預設了它。

最後，偶然性問題使黑格爾陷入一種兩難困境。偶然性領域必須在體系之內或者之外。如果是在體系之內，那麼偶然性就只具有一種主觀的地位，因此不可能有關於真正的偶然性的解釋。然而，如果說偶然性是在體系之外，它就具有客觀的地位；但是它因此限制了絕對，並引入了一種形式與內容的二元論。

Chapter **④**

有機世界觀

一、有機的層面

80　　黑格爾著作給讀者留下的一個第一印象，是它們無處不在的有機體的隱喻。這的確是恰當理解黑格爾整個哲學的最重要線索之一。因為黑格爾的所有思想，本質上都是從一種有機的世界圖景，一種把宇宙當作一個簡單而巨大的、活的有機體的觀點擴展開去的。黑格爾視絕對為泛神論傳統的「一和全」（Hen Pai Kan）。但是，像赫爾德、席勒、謝林和賀德林一樣，他是從動力學的，實際上是有機的方式來理解這個結構的。「絕對」以與所有有生命物相同的方式發展著：它從初始階段的統一性開始；然後將自己區分為彼此分離的各種功能；最後又以重新整合這些功能為一個單一整體的方式返回自身。

　　從化約論的或非形上學的角度解讀黑格爾，將會試圖把他有機論的形上學限定於其成熟體系的一個部分，亦即作為《哲學百科全書》第二部分的〈自然哲學〉。但這樣做是錯誤的。因為在黑格爾的體系中，有機的世界觀無處不在，在他的邏輯學、倫理學、政治學和美學中發揮著基礎性的作用。黑格爾以本質上有機的方式理解這些領域。黑格爾體系中有機概念的支配性地位，絕大程度上源於他的自然主義：由於所有事物都是自然的一個組成部分，並且由於自然是一個有機體，所以所有事物都必須被表明是自然有機體的一個部分。

　　有機觀點的重要性，在黑格爾一些核心的和典型的概念上是顯
81　而易見的，例如：對立面的統一、辯證法和差異中的同一等。所有這些概念都直接脫胎於他的有機的自然概念，並預設了有機體發展的三元圖式；根據這種三元圖式，有機增長存在於三個環節之中：統一、差異和差異中的統一。這些概念的自相矛盾的方面，來源於這樣一個論題──有機發展本質上是一種對立面之間的運動：統一與差異，潛能與現實，內在與外在，本質與現象等。

不僅是黑格爾的核心理念，而且他的基本詞彙，都是有機的。「自在」（an sich）一詞，不僅意味著某物除了與其他事物之間的關係之外的自立，而且意味著某物是潛在的、未經發展的和初始階段的。「自為」（für sich）一詞，不僅意味著某物的自我意識，而且意味著某物朝向目的而行動，以及已經成為有組織的和經過發展的。「概念」（Begriff）這一關鍵術語，意味著某一事物的目標和本質，它的形式的一終極的原因。

黑格爾的有機論在他的絕對觀念論中也發揮著核心作用。絕對觀念論的兩個基礎性的方面——它的一元論和觀念論——最終預設了有機論。一元論（在反二元論的意義上）建基於以下有機論的論題：身體與心靈、觀念與實在，只是單一生命力的不同發展階段或不同組織程度。觀念論依賴於有機主義的學說，即自然和歷史中的所有事物都遵照一個目標或一個目的。

黑格爾《邏輯學》的目的確實在於發展一種生命邏輯，一種理解生命的思想方式。對這種邏輯的主要挑戰，是陳舊的關於自然的機械論典型，正是康德和雅可比將它提升為了理性的典型。有兩個原因可以解釋，為什麼這種典型不可能理解生命。首先，生命是自我生成和自我組織的，但機械論只是透過另一物對之施加作用來解釋一個事件。其次，生命是一個不可分割的統一體、一個整體優先於諸部分的整全（totum），但機械論解析性地理解一切事物，將其理解為一個部分優先於整體的複合物（compositum）。黑格爾邏輯學的任務，是提供一種將有生命物理解為自我生成和自我組織的方法，一種將有生命物設想為一個不可分割的整體的方法。

二、有機論的興起

對於現代讀者來說，黑格爾的有機論的世界概念必然會顯得古樸和充滿詩意。它似乎回到了一個更加擬人化的世界觀，一種古希

臘式的觀念,即世界是一個巨人(macroanthropos)。這看起來也是非常思辨的和形上學的,超越經驗證據之大膽類比和胡亂概括的結果。事實上,正是出於這個原因,一些學者對於黑格爾的有機論輕描淡寫,甚至刻意否認,將之視為一種非法的形上學。他們的理由是,如果黑格爾的哲學具有某些永久的價值的話,我們就必須從其神祕的軀殼中提取其理性的內核,這些軀殼就在於他的《自然哲學》和有機論。①

然而,重要的是要看到,對待黑格爾有機概念的這種態度是迴避問題和時代錯置的。它不僅忽略了 18 世紀末期的自然科學狀況,而且還預設了哲學與科學之間的尖銳區分,而黑格爾和他的許多同時代人對這一點是會提出質疑的。18 世紀後期的思想家,在實證科學和思辨的自然哲學之間並未作出尖銳的區分。對他們而言,自然哲學的有機的自然概念似乎是最好的科學世界觀,是解釋事實的唯一理論。當時所有關於生物、電力、磁性和化學的最新實證研究,似乎都證實了這一點。到 19 世紀初為止,有機概念實際上已經成為「規範科學」,在大多數自然哲學家中得到廣泛認可。黑格爾自己的《自然哲學》就是一個典型,確切地說,是一個最新的進展。

有機的世界概念源於對機械論的反動,後者自 17 世紀初以來一直支配著物理學。從 17 世紀晚期開始,機械論受到的批評與日俱增,多到 18 世紀末,它已經陷入危機的程度。為了理解為什麼有機論似乎對黑格爾和他的同時代人如此有吸引力,有必要研究其對立面亦即機械論的確切含義及其最終消亡的原因。

---

① 例如:參見皮平(Pippin,1989 年),第 4、6、39、61-62、66、69 頁。

機械論的奠基人是笛卡兒，他在他的《哲學原理》（*Principia philosophiae*，1644 年）中闡明了它的基本原則。這些原則背後的要點是，使自然可以藉助精密的數學定律公式化。機械論可以簡化為幾條基本的原則，所有這些基本原則或多或少都服務於數學化的目標。

(1) **物質的本質**。物質的性質在於廣延，亦即占據空間，或者具有一定的長度、寬度和深度。如果物質只是廣延的事物（res extensa），那麼它就是可測量和可計算的。

(2) **惰性**。因為物質只不過是占據空間，所以，它是惰性的或靜態的，只有當某物作用於它時才改變它的位置。因此，物質遵守慣性定律，除非有其他事物作用於它，否則會一直處於靜止或運動狀態。

(3) **影響**。一個物體對另一個物體發生作用，就是對另一個物體產生了影響，推動了另一個事物。影響根據以下方式進行測量，即當其他物體撞擊某一物體時，這一物體在被給定時間內發生多少位移。

(4) **動力的因果關係（動力因）**。機械論指出，因果解釋的範疇涉及產生效果的因果關係，亦即原因是時間上在先的事件，這些事件就在於一物體對另一物體的碰撞。換句話說，解釋一個事件就是展示在先的事件如何影響於它。沒有必要訴諸形式的或終極的原因，在這裡，形式因意味著事物的本質結構，終極因是事物的目的。因此，物理學家考慮的是事情如何發生，而不是它們為什麼發生；他驅逐了目的論，因為它似乎涉及神學，對天意的指涉，而這些東西落在他的視野之外。

(5) **原子主義**。機械論的解釋典型與原子論齊頭並進，相輔相成。根據原子論，物質由具有廣延且不可分割的粒子組成，它們被空的空間隔開。所有基礎性的力，如：重力、電力和磁力，都可以

從這些原子之間的相互關係中得到說明。根據機械論大師之一喬治─路易士‧薩奇（George-Louis Le Sage，1724-1803 年）的觀點，化學上的親和力源於原子在大小和形狀之間的相容性；重力源於流體中原子的運動；而磁性源於原子之間的特殊親和力。

　　儘管自 17 世紀起機械論是主導的解釋典型，但這一典型從來就不是沒有問題的。18 世紀末，當黑格爾和浪漫派那一代人登上歷史舞臺時，這些問題積累和加劇到使機械論面臨危機的程度。危機的根源是多方面的：

　　(1) **引力**。機械論的解釋模式總是在解釋牛頓重力的引力時陷入困境，引力似乎暗含著隔著距離發生作用。如果一個物體隔著距離對另一個物體發展作用，那就沒有影響，沒有一物對另一物的碰撞。透過細微流體的存在來解釋遠距離行動的嘗試，未能得到實驗的確證。

　　(2) **磁性和電力**。18 世紀末期，磁力和電力方面的許多發現，似乎只是使這些問題與關於重力的解釋混合在一起。想要透過精細的流體或媒介的作用來解釋磁力和電力是困難的；它們的作用似乎就像重力一樣存在於引力和斥力之中。因此，如果機械論無法解釋重力的引力，也就同樣不能解釋電力和磁力。

　　(3) **化學**。新興的化學似乎表明物體是由電力和磁力組成的。如果是這樣的話，那麼機械論既不能解釋微觀世界的力，也不能解釋宏觀世界的力。

85　　(4) **漸成論**（Epigenesis）。在 18 世紀末，由於卡斯培‧沃爾夫（Caspar Wolff）和布魯門巴赫（Johann Friedrich Blumenbach）的實驗，假定胚胎中存在預先形成的有機體的預成論理論已經受到人們的質疑。預成論曾經與機械論結盟，因為一旦是預成的，有機體的生長似乎就只需要外部的原因。預成論的衰落與漸成論理論的興起緊密相連，根據後一種理論，有機體將經由自身的獨立力量從

未充分發展的狀態發展到組織化的形態。與機械論相反，這似乎意味著有機體有能力獨立於外部因素的作用而自行其事。

(5) **人文科學**。機械論在解釋物理的和有機事物過程中遇到的所有這些困難，在涉及人的科學時變得更加錯綜複雜。在試圖解釋人的行為時，機械論遭遇到了不可逾越的困難。既然有必要透過碰撞來解釋事件，既然碰撞是透過特定時間內的位移變化程度來加以衡量的，所以似乎是不可能解釋身體和心靈的相互作用的。因為心理事件不能在空間中定位；他們沒有可識別的位置，也不會發生位移。如果我們僅僅採用機械論的解釋模式，那麼在人文科學方面就只有兩種選擇：或者我們承認心靈外在於自然，因此它是無法解釋的和神祕的；或者我們強調它在自然之內，因此它實際上不過證明是一種超複雜的機器。換句話說，我們要麼是二元論者，要麼是唯物主義者。但是，如果說二元論限制了自然主義，那麼，唯物主義則似乎否認了心靈的獨特（sui generis）特徵。沒有第三種選擇：有一種關於人類行為的自然主義解釋，既能公正地對待其獨特的性質，又能堅持自然的連續性和統一性。

作為這場危機的結果，有機世界觀似乎在 18 紀的尾聲對一整代思想家極具吸引力。有機典型的巨大吸引力在於：它似乎可以根據唯一的典型來解釋心與物，從而支援自然的統一性和連續性。它似乎實現了自 17 世紀以來所有科學長期追求的理想：對生命和心靈做一種非化約主義的，然而又是自然主義的解釋。有機的典型是非化約主義的，因為它透過展示事件如何在整體中發揮必然的作用來整體論地解釋它們。有機典型也是自然主義的，部分原因在於它沒有假定超自然的力量，部分原因是它依據法則來理解所有事件——這些法則是整體論的而不是機械論的，它們規定了部分與整體的關係，而不僅僅是時間中不同事件之間的關係。

86

　　有機典型之整體論的核心，是與機械論相對立的物質的觀念。根據有機的觀念，物質的本質不在於僵死的廣延，而在於力量或力，它把自我表達為運動。這些力的本質是發生作用或自我實現，以及由此而產生運動；如果它們不發生作用，那只是因為某些抵抗性的力反作用於它們。物質存在於相互作用的引力和斥力之中；各種各樣的物質起源於這些力之間的不同比例。

　　這一替代性觀念之父是萊布尼茲。18 世紀末，赫爾德與謝林明確地復活了他的物理學。根據萊布尼茲的說法，物質的本質不在於廣延，而在於活力（vis viva）。萊布尼茲恢復了亞里斯多德和經院主義傳統的概念，認為活力是隱德來希（entelechy），某物實現其內在形式的力量。萊布尼茲強調，我們必須測量這種力量，但不是依據廣延——運動的量（速度乘以對象的大小），而是依據動力學的術語——效果的量（它在多大程度上是由物體的運動產生的）。對其 18 世紀後期的許多繼承人來說，萊布尼茲的活力概念似乎提供了一種彌補主觀與客觀、心理和生理之間裂口的手段。活力沒有任何可以化約為僵死的廣延的含義。主觀或心理僅僅是活力的組織化和發展的最高水準，而客觀或生理只是組織化和發展的最低水準。換句話說，心是活力的內在化，身是活力的外在化。雖然萊布尼茲本人很自豪他是預定和諧論的發明者，這似乎使他承認了二元論，但他的 18 世紀的繼承人把握住了他的活力思想明顯的反二元性蘊含。諷刺的是，萊布尼茲剛剛被康德當作極端教條主義者埋葬，又被當作自然哲學之父而復活。

三、古典的和基督教的起源

　　儘管黑格爾有機世界觀的起源與自然哲學的發展深深纏繞在一起，但是它最初的靈感似乎是古典的，確切地說，是柏拉圖主義的。在圖賓根神學院早期，謝林、黑格爾和賀德林都是熱衷於柏拉

圖的學生，他們最喜歡的文本之一是《蒂邁歐篇》。[2]在這個文本中，他們發現了有機論背後的根喻（the root metaphor）：世界是「一個單一可視的活物」、「一個包含所有活物在自身之內的活物」（第30d、33b頁）。按照這一觀念，自然的一切都應當被設想為與人類相似，因此它也就是一個巨人（macroanthropos）。

黑格爾首先在他法蘭克福時期的許多著作中草描了他的有機形上學：1797年關於愛的殘篇、1798年的《基督教的精神》，以及最後1800年的《體系殘篇》。[3]在制定這一世界觀時，黑格爾步其他人之後塵。席勒在他1786年的《哲學通信》（NA，第20卷，第107-129頁）中，對這種世界觀給出了一個詩意的，實際上是狂想式的闡述。赫爾德在他1787年的《上帝：會話集》（《全集》，第16卷，第403-572頁）中，以對話的形式闡明了這一點。1793年，基爾邁爾（C. F. Kielmeyer）在他「論有機力量的關係」這一影響深遠的講座中，對這一理論表達了更加堅實的經驗性的支持。[4]同樣的有機觀點，在1790年代後期，出現在弗里德里希·施萊格

②　關於《蒂邁歐篇》（*Timaeus*）對於黑格爾的影響，參見哈里斯（Harris，1972年），第102-103、126頁注釋；關於它對於謝林的影響，參見鮑姆（Baum，2000年），第199-215頁和弗朗茲（Franz，1996年），第237-282頁。關於柏拉圖對於賀德林的影響，參見弗朗茲（Franz，1992年）。謝林早年關於《蒂邁歐篇》的評論已經由布赫納（Buchner，1994年）編輯出版。

③　參見《關於愛的殘篇》，載W，第1卷，第246、248-249頁（N，第379、380-381頁）；《基督教的精神及其命運》，載W，第1卷，第370-371頁（N，第303頁）；和《體系殘篇》，載W，第1卷，第419-423頁（N，第345-351頁）。

④　參見基爾邁爾（Kielmeyer，1930年）。儘管生前並未發表，基爾邁爾的講座影響深遠：講座筆記在德國許多地方廣為傳播。他對於青年謝林有重要的影響。參見杜納（Durner，1991年），第95-99頁。

88　爾、賀德林和諾瓦利斯的殘篇中。謝林在他 1799 年的《論世界靈魂》（*On the World Soul*）中，對此作出了最為系統的解說。⑤

雖然所有這些來源在確定黑格爾的思考的脈絡上都是重要的，但是他的有機概念的直接起源似乎更多地是宗教的而非哲學的。當他在《基督教的精神》中引入他的概念之時，就是在討論無限或神聖的生活這一脈絡中這麼做的。他的靈感源泉似乎是《約翰福音》，特別是他從《約翰福音》第 1 章 1-4 節引用的話：「太初有道，與上帝同在……生命在他裡頭，這生命就是人的光。」⑥至少由於兩個原因，黑格爾似乎已經鎖定了有機概念。首先，有機概念為他提供了一種關於「三位一體」的解釋：正如有機體的一部分是有機體本身一樣，三位一體中的每個位格都是一個獨特的位格。⑦其次，有機概念克服了個體與自然之間的異化：如果宇宙是一個有機體，個體是不可與之分離的，就像它與個體不可分離一樣。

當黑格爾首次表達自己的有機觀點時，他強調了它的神祕層面。他堅持認為，無限的有機整體不能用推論性術語來表達，它的生命超越一切形式的構想和證明。⑧在法蘭克福的大部分時間，黑格爾仍然受制於浪漫主義的共同學說，認為所有形式的推論思想都

---

⑤ 關於謝林有機自然觀的解說，參見拜塞爾（Beiser，2002 年），第 515-519、538-550 頁。

⑥ 黑格爾的有機主義有著宗教的根源，這一點已經為海林指出，參見海林（Haering，1929 年），第 1 卷，第 510、520-521、523、525、534 頁。

⑦ 參見《基督教的精神及其命運》，載 W，第 1 卷，第 373-375 頁（Nohl，第 308-309 頁）。

⑧ 參見《關於愛的殘篇》，載 W，第 1 卷，第 246 頁（Nohl，第 379 頁）；《基督教的精神及其命運》，載 W，第 1 卷，第 370、372 頁（Nohl，第 302、304-305 頁）；和《體系殘篇》，載 W，第 1 卷，第 421-442 頁（Nohl，第 347-348 頁）。

是有限的，因此對於無限來說是不適宜的。他認為，我們只有透過愛的經驗才能意識到無限；在愛的經驗中，我們感覺到我們與他人以及所有的生命物合而為一。黑格爾進一步論證說，無限、整個宇宙只能是一個信仰的對象，但是信仰不僅僅是信條，而且是神聖生活滲透到一切事物中的那種情感。哲學唯一的作用，就是批判各種形式的有限以便為信仰騰出地盤。⑨

　　然而，到了1800年年底，黑格爾已經扭轉了對概念式話語的態度。他曾經強調它的各種侷限，而現在聲稱它是必要的。曾經是信仰的對象的東西，現在已成為理性的對象。神祕的經驗必須被置入某種推論的形式。在1800年11月2日給謝林的信中，黑格爾注意到了他自己思想中的這個重要變化，寫此信時已接近他在法蘭克福歲月的尾聲，不久之後他就動身去了耶拿：

　　在我從人的低層次需要發端的思想發展過程中，我被推向了科學（亦即哲學），我不得不將我青年時代的理想轉變成反思的形式，轉變為一個體系；我現在問自己⋯⋯如何回過頭來找到介入人的生活的方式。⑩

　　「他青年時代的理想」就是黑格爾的有機世界觀，他的無限生命的概念，這一概念將實現個體與宇宙的和解。「反思的形式」是黑格爾用來描述推論思維和理性的概念、判斷與三段論的術語。在這種情況中，反思的具體形式必須是一個體系，因為只有一個體系才能恰當地處理所有部分組成一個不可分割的整體的有機世界觀。

⑨ 參見《體系殘篇》，載 W，第 1 卷，第 422-423 頁（Nohl，第 348 頁）。

⑩ 黑格爾，Briefe，第 1 卷，第 59-60 頁。

　　黑格爾思想的這一轉變，也可以從他 1800 年左右寫就的另一個富有啟發意義的殘篇中明顯地看出，這個殘篇可能是他的憲法論文的導論的草稿[11]。這個殘篇表明，黑格爾現在意識到，形上學而不是密契主義能更好地服務於他的整體論理想。因此，他描述了現時代對於哲學的需要，更具體地說，是對於形上學的需要。這種形上學的任務，是使得一個民族晦暗不明的和潛意識的理想變得昭然若揭，並被自覺意識到：渴望更加整體性的生活，它能克服當代文化的各種對立。這種形上學將採取體系的形式，因為只有體系才適合生活的整體性。這樣一個體系，將透過把各種舊的生活形式保留為整體的必要組成部分，而使每一種舊的生活形式各得其所；但是它也透過揭示它們的內在矛盾來摧毀它們對普遍性的虛假訴求。黑格爾已經三言兩語地勾勒出了——即使只是簡要勾勒——他後來的辯證法理念：透過對諸生活形式的內在批判來揭示它們之間的矛盾，以嘗試著陳述整體的理念，但是它們僅僅作為整體之一部分而有效。

四、斯賓諾莎的遺產

　　黑格爾為他的有機世界觀尋求理性的基礎，這種尋求主要發生在這幾個領域：形上學、知識論和自然科學。在形上學的領域，他把他的有機觀點看作是解釋一元論的基本難題——一與多的關係——的唯一手段。在知識論的領域，他認為，它也是解決康德和

---

[11] 參見殘篇《這個越來越大的矛盾……》，載 W，第 1 卷，第 457-460 頁，它有可能在 1799 年末或 1800 年初寫於法蘭克福。首次出版這份手稿的是羅森克蘭茲（Rosenkranz，1844 年），第 88-90 頁；海姆（Haym，1857 年）在第 79-83 頁第一次充分考察了它的意義；哈里斯（Harris，1972 年）在第 440-445 頁上細緻地評述了它的內容。

費希特的觀念論中那觸目驚心的二元論的唯一手段。而在自然科學的領域，他把它看作是克服一直存在著的機械論難題的唯一手段。現在，我們應該探討黑格爾的形上學對於有機主義的論證；在後面的部分，我們將要考察他的知識論的論證（第100-107頁）。

　　黑格爾在形上學的領域為了他的有機觀點尋求一個理性的基礎，這就最終迫使他和斯賓諾莎主義達成和解。黑格爾對斯賓諾莎的熟悉要回溯到他早年在圖賓根神學院的歲月。也許正是在那時，他閱讀了雅可比的《關於斯賓諾莎學說的講座》[⑫]。但是令人矚目的是，在伯恩和法蘭克福時期黑格爾在多大程度上似乎遺忘了斯賓諾莎。那時，他把康德的實踐信仰的學說視為理性宗教的本己形式。[⑬]只有到了法蘭克福時期，他才拋棄了這種陰沉嚴厲而又搖搖晃晃的康德學說，轉而擁抱《基督教的精神及其命運》中神祕的泛神論。但是，即使在這本著作中，也少有斯賓諾莎的痕跡。直到耶拿早期和謝林合作之時，黑格爾才完全轉向斯賓諾莎，因為謝林尤其從斯賓諾莎那裡獲得靈感，甚至在他還處於費希特階段之時，就宣稱自己是一個斯賓諾莎主義者。但是黑格爾之轉向斯賓諾莎並不僅僅是謝林的影響的結果。它和黑格爾本人要為他的有機觀點發現某種理性的基礎的意圖相輔相成。畢竟，在斯賓諾莎的學說和黑格爾的神祕的泛神論之間存在著某種深刻的親和力：黑格爾可能只是

91

---

⑫ 哈里斯（Harris，1972年），第98-101、103頁。

⑬ 在《圖賓根論文》中，黑格爾訴諸康德的道德懸設當做理性宗教的基礎；他認為，關於上帝和不朽的只是必須建基於「純粹理性的要求」之上（第1卷，第16、17、18、19頁）。大概作於1795年的文本「超驗的理念……」爭辯説，只有實踐理性才能充分證明上帝的存在。參見GW，第1卷，第195頁。亦可參見黑格爾1795年4月給謝林的信，載Briefe，第1卷，第24頁。黑格爾在殘篇《一個實證的信仰……》中開始批判這種學說，載GW，第1卷，第357-358頁。

推崇斯賓諾莎的一元論、他的內在宗教以及對於上帝的理智之愛。實際上正是斯賓諾莎第一次嘗試著為這種學說尋找理性的基礎和專業的詞彙。那麼，絕非偶然，我們發現在黑格爾耶拿時期最早的形上學著述中充斥著斯賓諾莎的語彙和提到斯賓諾莎時總是心有戚戚。

然而，儘管他對斯賓諾莎充滿同情和與之具有親緣性，在另外一些方面，黑格爾仍舊感覺與之格格不入，不得不和他算帳。黑格爾從來沒有像謝林一度所作的那樣聲稱：「我已經變成一個斯賓諾莎主義者了！」（Ich bin Spinozist geworden！）如果說斯賓諾莎的唯一的宇宙實體是哲學的出發點的話，那麼，它就不能是它的目標或者結論。對黑格爾而言，斯賓諾莎主義存在著一些深刻的問題。試舉一例，他的哲學中存在著幾何學方法，這種方法始於公理和定義，然後是從這些公理和定義出發嚴格進行推論。身為康德《純粹理性批判》的學生，黑格爾視這種幾何學的方法為陳舊的理性主義再也不起作用的方法的殘餘，它的謬誤在超驗辯證法中被冷酷無情地暴露出來了。「沒有哲學的開端看起來比從定義開始更糟糕的了，就像斯賓諾莎那樣，」黑格爾在《差異論文》中寫道（第2卷，第37、105頁）。這已經是對於謝林的一種不便言明的警告，因為謝林的《我的體系的表述》（Presentation of My System）把斯賓諾莎的幾何學方法當作它的楷模。試再舉一例，斯賓諾莎是一個極端機械論者；他的解釋的模型，以及他的物質概念，都是直接取自笛卡兒的。和笛卡兒一樣，斯賓諾莎認為，物質的本質是廣延；而且他把解釋的模型看作是動力因，一個事件的原因是一個在先的事件。在《倫理學》第一部分的附錄，斯賓諾莎明確地拒絕了古老的目的論典型，認為它是一種人類中心論。最終，斯賓諾莎的唯一的宇宙實體事實上無非是一個巨大的機器。那麼，沒有什麼東西可以進一步從黑格爾的有機世界觀中去除了。

　　因此斯賓諾莎的哲學對於黑格爾的有機形上學來說，既是一個挑戰，又是一種支持。斯賓諾莎的方法的失敗，他的徹底的機械論，使得黑格爾有必要為他的有機世界觀發展出一個新的基礎。但是斯賓諾莎的體系不僅提出了一種挑戰，而且提供了一個機遇。因為斯賓諾莎哲學中存在著基礎性的缺點——一種嚴重的缺陷，黑格爾利用這一缺點來促進他自己的有機世界觀。這就是古老的一與多的難題，或者說，這種充滿差異性和多元性的世界曾經是如何源自最初的統一性的。斯賓諾莎沒有解決這個古老的疑難，而只是重述了它，使得對於它的回答變得更加迫切。簡單地回顧一下斯賓諾莎的《倫理學》，這一點會變得很清晰。

92

　　依照斯賓諾莎，所有個體的事物都存在於上帝之中（《倫理學》，第一部分，命題 15），都只是上帝的屬性的樣式（第一部分，命題 25）。但是從上帝的屬性推斷而來的一切事物都必定是無限的和永恆的（第一部分，命題 21）。這就提出了一個問題：有限的和在時間之中的事物是如何存在的？在斯賓諾莎嘗試解釋有限事物的行動之時，這個問題變得再也明顯不過了。他強調，它們的原因不是上帝的屬性，而是其他某種有限物的屬性，因為它們是某種屬性的樣式。如果原因就是屬性自身，而屬性又是永恆的和無限的，那麼，影響（effect）也將會是永恆的和無限的。因此，原因不可能是屬性自身，而只能是其他某種有限物，它是屬性的樣式（第一部分，命題 28）。但是這仍舊留下一個問題：屬性的這些樣式又是如何得來的？如果所有事物都存在於上帝之中，如果上帝是無限的和永恆的，那麼所有事物都應該是永恆的和無限的。但是為什麼會存在著有限的世界？最終，斯賓諾莎能夠做的無非就是把整個時間的世界貶低為想像的領域。⑭

⑭ 參見斯賓諾莎 1663 年 4 月 20 日給 Ludivocus Meyer 的信，載斯賓諾莎（Spinoza，1966 年），第 118 頁。

斯賓諾莎哲學中無限與有限的關係問題，能夠以更加整飭和簡單的兩難形式提出：有限與無限必須統一在一起，又不能統一在一起。一方面，有限與無限不可能統一，因為它們具有相互反對的特徵。無限是永恆的、不可分的和無限制的；有限是暫時的、可分的和有限制的。因此，如果我們把它們結合在唯一的實體之中，這個實體將會自我矛盾；它將實際上不可能（per impossibile）既是永恆的又是暫時的，既是不可分的又是可分的，既是無條件的又是條件的。然而，另一方面，無限和有限必須統一，因為如果無限排斥有限，它就不能是完全的實在性；它失去了它的無限的身分，因為它受到在它自身之外的某物，亦即有限物的限制。無限的本性正是我們不可能設想什麼比它更偉大的事物；但是，這就意味著無限在某種程度上必須在自身之中包含有限，因為如果有限被留在它自身之外，那麼，它就會因為它而變成受限的，或者僅僅被設想為和它相對立的。

這種困境就是謝林在耶拿時期，也正是他和黑格爾親密合作時期所面臨的一個基本問題。很清楚的是，他本人關於這個問題的反思大大受到黑格爾的鼓勵，[15]儘管在他們之間也從來沒有達成最終的一致。實際上謝林沒有解決這個問題，而這也終於導致在他離開耶拿之後黑格爾與他分道揚鑣。起初，他 1801 年的《我的體系的表述》中，謝林論證說，絕對是純粹的同一、完全的毫無差異的同一，它在自身之中或者事物之中排除了任何差異或者對立（第 16、23 節）。他認為，假定絕對「超出它自身」，就好像它在某種程度上設置了與它的無限的和永恆的自然相對立的有限的與時間性的世界，這是錯誤的（第 14、30 節）。然而，部分地是由於黑

---

[15] 關於黑格爾對謝林的影響，參見杜辛（Düsing，1969 年）。

格爾的激勵，謝林很快就從這樣一種毫不妥協的立場中退縮了回來，在他 1802 年的《進一步表述》（*Further Presentation*）和《布魯諾》（*Bruno*）中重新闡述了他的觀點。在這裡，他論證說，絕對應該在自身之中包括有限的事物；但是他的立場的調整與其說是實質上的，不如說是名義上的，因為他認為有限的事物之可能存在於絕對之中，僅僅是就它們相互等同而言，或者說，僅僅是就它們被剝奪了它們的獨特的性質而言（《謝林全集》，第 4 卷，第 393、408 頁）。在他 1804 年的《哲學與宗教》一書中，謝林實際上已經拋棄了解釋有限之起源的努力（《謝林全集》，第 4 卷，第 42 頁）。無限包含的僅僅是有限的可能性；有限的實在性僅僅來自於無限的下降或者跳躍。絕對不是這種下降的根據，這種下降存在於原罪之中，並因此存在於有限自身的武斷的行動之中。下降不能被解釋；它只是一種公然反抗所有概念重構的武斷的和自發的行動。

94

　　對黑格爾而言，謝林的下降理論只不過是對於失敗的承認，對於同一哲學的崩潰的承認。[16]黑格爾對於這種困境的解答無非是他的有機世界觀。如果絕對可以被設想為生命，那麼，它一定在自身之中包含有限和差異。原因很簡單，有機的發展就在於它自身的差異化。生命是這樣一個過程，透過它，一個萌芽狀態的統一性變得有規定、複雜和組織化；它就是從統一到差異的運動和在差異之中從差異到統一的運動。在《差異論文》中，黑格爾指出了個中要害：

> 取消固定的對立是理性的唯一興趣之所在。但是這種興趣並不意味著，它是與對立和限制一般相對立的；因為必要的對立是生命的一個要素，它透過永恆地與自身相對立而形成自身，而

---

⑯ 根據羅森克蘭茲（Rosenkranz，1844 年）第 188 頁，黑格爾在 1804/5 冬季學期具體批判了謝林的下降理論。

在最高的活潑情態中，整體性只有透過從最深刻的分裂中的回復才是可能的。（第 2 卷，第 21-22、91 頁）

如果斯賓諾莎的唯一的宇宙實體現在被設想為一個有機體，那麼，它就不得不被理解為不是某種永恆靜止的東西，而是某種永恆地運動並且處在發展之中的東西。斯賓諾莎的實體只能被當作真理的一個環節而保留，但也僅僅是一個環節而已。它應該是唯一的宇宙有機體，就它是某種處於萌芽之中的、無形式的和未發展的東西而言。當然，斯賓諾莎也許拒絕考慮這樣一個建議，因為對於他的唯一實體的這種轉變無非意味著返回到目的論的立場，而他曾經滿懷激情並費了九牛二虎之力與之搏鬥。然而，在黑格爾看來，已經別無選擇了，除了把斯賓諾莎的實體轉變為活生生的有機體，因為只有透過這種方式才有可能迴避有限的起源這個古老問題的陷阱。

五、康德的遺產與挑戰

乍看起來，黑格爾的有機體概念僅僅是一個隱喻，某種完全源自古典的和基督教的文學的東西。但至關重要的是要看到，這一概念具有遠為精確和專門的含義。那種含義是康德在其《判斷力批判》（第 5 卷，第 373-374 頁）第 64-65 節透過分析「自然目的」這一概念而精心闡釋的。黑格爾在《哲學百科全書》第 55 節中對他自己在這方面受惠於康德慷慨致意。但黑格爾之受惠於康德既是積極的，也是消極的。如果說康德為有機這一概念提供了清晰而專門含義的話，他也透過把一些嚴格的調節性限制加諸這一概念之上而對黑格爾提出了挑戰。

在《判斷力批判》第 64-65 節中，康德認為「自然目的」有兩個定義上的特徵。首先，在整體先於部分這一理念的意義上，整體決定著每一部分的同一性。其次，部分之間彼此是互為因果的。康

德主張，單單是第一個特徵還不足以定義自然目的，因為人們也可以在藝術作品中發現這一點，藝術作品也是按照計畫，按照一個整體的理念生產出來的。加上第二個特徵是必要的，這意味著一個有機體與藝術作品不同，它是自我生成和自我組織的。兩個方面合起來看，康德認為，有機體與物質不同。在物質中，部分優先於整體並使整體成為可能；並且物質也不是自我生成和自我組織的，因為它只是在某種外力對其產生作用的時候才運動。

為了理解有機的自然概念，第一重要的事情是不嫌辭費詳盡闡述康德第一個前提的全幅意義。對康德而言，一個有機整體不僅僅不能化約為它的各個部分，就好像它僅僅是在它們之外的某個多餘東西；然而它還是它的各個部分的源泉和基礎，因為整體的理念規定了它的每一個部分的身分。在《判斷力批判》的第 76-78 節中，康德透過在「分析的共相」和「綜合的共相」之間做出區分，詳盡闡釋了這一觀點，這一區分對應於傳統的士林哲學在組成部分（compositum）和整體（totum）之間所作的區分。⑰在分析的共相或者組成部分（compositum）中，部分先於整體，而每一部分在整體之外還有自己的身分；在一個綜合的普遍或者說整體（totum）之中，整體先於部分，並且使得每一個部分得以可能。就分析的普遍而言，在可能性與實在性之間存在著一個區別，因為普遍沒有理由可以應用於任何事物之中；對於綜合的普遍而言，不存在這樣一種區分，因為普遍就是自我實現。在黑格爾和浪漫主義撰文討論有機的自然概念之時，他們念茲在茲的是整體或者綜合的普遍。康德的區分是黑格爾自己後來在抽象的普遍和具體的普遍之間所作區分

96

⑰ 關於康德的區分，參見 KrV，A，第 438 頁；教授就職論文《論可感世界和可知世界的形式與原則》，第 15 節，推論，第 2 卷，第 405 頁；《反思錄》，3789，第 17 卷，第 293 頁和《反思錄》，6178，第 18 卷，第 481 頁。

的先驅。

單單康德的自然目的這一概念還不足以解釋有機的自然概念。儘管它規定了每一個有機體的結構，但是它並沒有邁出額外的——而且是大大的——步伐，亦即整個宇宙是一個自然的目的。然而在這裡，再一次，康德預見了黑格爾和浪漫主義者（的思想）。在《判斷力批判》的第67節，康德已經指出，我們能夠概括出一個有機體的理念，以至於把它應用到自然整體之中去。一旦我們設想事物擁有目的因，那麼我們就能夠更進一步，結果，每一個有機體都變成一個更廣闊的有機體的一部分，並且屬於「一個諸目的的體系」（第5卷，第378、380-381頁）。這個目的的體系包含了一個「普遍有機體」或者「目的的體系」理念。

康德還給黑格爾和浪漫派設定了另一個先例，他在《判斷力批判》中論證說，他的普遍有機體的理念是不可以化約為機械的原則的。非常著名的是，他宣稱，根本不存在使得一根草莖得到理解的牛頓（第5卷，第400頁）。康德論證說，自然的明顯的設計，它的秩序與和諧，如果從自然的法則來看的話，似乎是偶然的，因為我們不能看到它是如何純粹透過機械的方式而出現的（第61節；第5卷，第360頁）。康德從兩個基本的方面論證說，一個有機體的概念是超越於機械主義之外的。首先，有機體是自我生成和自我組織的；但是機械主義只能透過對它產生作用而解釋一個事件。其次，有機體是不可分割的統一體，在這個整體（totum）之中，整體先於它的諸部分；但是機械主義以解析的方式理解所有事物，把它們看作是在其中部分先於整體的組成部分（compositum）。

透過在《判斷力批判》中指出，普遍的有機體的理念可以在觀念和實在、本體和現象之間的二元論架設橋梁，康德進一步把與他同時代的浪漫派吸引到這個理念上來，而這樣一種二元論曾經是批判哲學的一塊絆腳石。在《純粹理性批判》（1781年）和《實踐

理性批判》（1788 年）中，康德已經透過為自由與必然各自指派一個不同的存有論的區域而解決了自由與必然之間的衝突：自由屬於本體或者可理解的領域，在這個領域，人們可以依照理性的法則而行動；必然是現象的或者經驗的自然領域的標誌，在這個領域，一切事物都依照原因和結果的機械法則而行動。一方面，這似乎透過賦予自由和必然以各自獨特的管轄範圍而拯救了它們的主張，另一方面，它也提出了一個問題，即如何解釋這兩個如此獨特的領域的相互作用。如果本體是可理解的、積極的和非時間的，而且如果現象是可感知的、消極的和處於時間之中的，那麼這些領域是如何相互作用的呢？在《判斷力批判》中，康德懸設了普遍有機體的理念以解決這個二元論。如果整個的自然領域是依照神聖的知性的設計而被創造出來的，那麼，在本體和現象之間就不存在什麼神祕的和諧。一個自然的目的的概念似乎提供了一種觀念和實在之間更為緊密的連繫，因為有機體的目的、它的形式或觀念的要素，都內在於它的質料的、物質的或實在的要素之中。目的不是外在於質料的，從外面強加於它之上的，就像一位藝術家揉捏一塊黏土一樣，而是內在於質料的，是所有它的行動的根源。

考慮到有機體的意義，它的不可化約為機械主義以及它在克服二元論中的重要性，那麼，在康德和黑格爾之間就達成了最為緊密的協議。正是出於所有這些原因，黑格爾在《哲學百科全書》第 55 節評論中宣稱，康德已經表達出了理念的所有定義性的特徵。然而，儘管他們在所有這些方面達成一致，他們之間仍然存在著最為根本的衝突點。也就是說，黑格爾肯定，而康德否定，我們有理由假定自然實際上是一個有機體。縱覽《判斷力批判》全書，康德一直論證說，有機體的理念僅僅具有調節性的身分，亦即，它僅僅在指導對於自然的探索時具有啟發性的價值。因此，我們有權利繼續說好像自然是一個有機體。然而，這條原則並沒有建構性的身

分，亦即，我們沒有權利假定自然實際上是一個有機體。

為什麼康德堅持把調節性的限制加諸於自然的目的的理念之上呢？為什麼它堅持認為人的理解要限制在對於自然的機械的理解之上呢？康德做出了 3 個論證。

康德的第一個論證主要出現在他早期關於目的論的論文中[18]，它本質上是懷疑論的。它說，我們沒有手段知道自然中的對象，比如蔬菜和動物，是否實際上是有目的的；換言之，我們沒有標準去決定，這些對象是否實際上是有機體，而不僅僅是複雜的機器。依照康德，只有在我們依照我們的意志創造出某物之時，我們只有從我們人的經驗出發，把力量理解為出自目的而行動的，在這裡，意志就存在於「依照一個理念而產生某物的力量」之中（第 8 卷，第 181 頁）。因此，如果某種東西不能依照理念而行動，我們就沒有權利假定，它有力量為了某些目的而行動。因此，一個合目的而行動的存有者仍然沒有意志的概念是「完全虛構的和空洞的」（völlig erdichtet und leer）（第 181 頁）。在得出這樣一個結論之時，康德不是說，這個概念是完全沒有意義的——在這種情況下，它甚至幾乎不能擁有一種調節性的身分——而是說它沒有指稱。他的要點不過是，我們只能在這些存有者帶著意志和理解而行動時，才能認識合目的性（purposiveness），以及我們因此不能提出關於沒有意志和理解的存有者的合目的性的可證實的主張。簡而言之，康德的論證是，意向性——在有意識的目的或者目標定向的行動的意義上——是合目的性的標準。

康德的第二個論證出現在《判斷力批判》的第 68 節，它存在於批判哲學的核心原則的一個簡單運用之中，康德稱之為「新的思

[18]《論目的論原則在哲學中的使用》，W，第 8 卷，第 161-184 頁。

維方法」背後的原則。[19]依照康德在第 68 節明確地重新闡述的這條
原則，「我們可以完全看透的，只是那些我們能夠按照概念製造和
實現出來的東西」（第 5 卷，第 384 頁）。這條原則意味著，有機
體對於我們來說是完全不可以理解的，康德論證說，因為我們在我
們的工具之中沒有用來創造或者產生這些有機體的東西。實際上我
們能夠創造某些物質的東西，正如自然能夠產生它一樣，而我們之
做到這一點是透過動力因的某種組合。但是我們沒有力量產生有著
無限複雜的結構的有機體。因此，如果我們僅僅知道我們能夠生產
什麼，如果我們不能生產有機體，那麼，就可以推論出，我們不能
認識有機體。

　　康德的第三個論證直接針對物活論（hylozoism）或者說生機
唯物主義。這種學說認為，質料就擁有活力（vis viva）或者活生
生的力量。康德反對物活論的論證是從他在《自然科學的形上學基
礎》中對於物質的分析出發的。依照康德的第二條機械的法則——
惰性的法則，物質的每一種變化都必須有一個外在的原因，亦即，
物質保持靜止或者在同一個方向或者以同一個速度保持運動，如
果沒有任何外在的原因使它改變它的方向和速度的話（第 4 卷，第
53-54 頁）。因此，這條原則認為，物質的變化不可能是內在的，
或者物質沒有任何內在的規定性的根據。康德爭論說，這就意味
著，物質本質上是無生命的。因為生命就是實體出自內在的原則而
運動的能力，它改變它自身的力量。康德熱切地認為，自然科學的
真正可能性就是建立在完全認識到惰性法則的這些蘊含的基礎之上
的，這條原則譴責物活論不過是「所有自然哲學的死亡」（der Tod
aller Naturphilosophie）。

100

---

[19] 參見 KrV，B，第 xviii 頁上第 2 版的序言。亦可參見 A，第 xx 頁上
　　的第 1 版序言。

在所有這些論證的基礎之上，康德推斷說，一個有機體的概念或者自然目的的概念僅僅具有調節性的身分。為了避免某些常見的誤解，重要的是要看到這一學說的確切內涵是什麼。除了生機唯物主義的某些最為激進的版本，康德不是說這個概念只是一個虛構，就好像自然中存在著有機體是錯誤的。相反，康德說的是，這一概念僅僅有一個頗成問題的身分。換言之，我們沒有任何證據或者理由假定有機體的存在或者不存在；儘管事實上有可能存在著有機體或者自然的目的，但是也有可能它們根本不存在，或者它們實際上不過是極其複雜的機器。重要的是要看到，身為一個批判哲學家，康德的目標是確定我們的認識能力的限度，他既不想肯定也不想否定機械主義的不可能性。他在第三批判的第 71 節明申：「我們絕沒有能力證明，有機的自然產物絕不可能透過自然的機械作用而產生出來。」（第 5 卷，第 388 頁）如果說康德否定了對於有機體做完全機械解釋的可能性，如果說他曾廣為人知地聲稱過，從來不會有一個牛頓能夠解釋一根草莖的生長，那麼，他之這樣做，不是因為他認為有機體是超出機械作用之外的，因為這種看法也將成為對於知識的獨斷論的主張；而是因為他認為，我們不可能完全以機械主義的方式理解一個有機體，為了使有機體得以理解必須求助於目的論，這是人類知性的必要的限制。

六、回應康德

正是康德的這些論證，對於黑格爾和 1790 年代的自然哲學家（Naturphilosophen）的一代人提出了那樣一種挑戰。為了維護他們的有機的自然概念——以便建立起它的構成性的有效性——他們將不得不指出有必要克服康德的調節性的限制。那麼，黑格爾和自然哲學家又是如何回應康德的論證的呢？

101

他們的第一個策略是使他們自己和傳統的基督教的目的論保持距離，因為後者帶有全部無法捍衛的形上學假定。他們認為，他們不想保留或者復興古老的外在目的論，依照這種目的論，自然的目的是上帝在創造世界時加諸於世界之上的。這種古老的目的論本質上是人類中心論的，它認為，上帝創造自然的事物以用來服務於人類的諸種目的。例如：上帝創造了栓皮櫟（cork trees），以便它們的樹皮能夠充當酒瓶的瓶塞。黑格爾和自然哲學家們強調說，他們的目的論完全是內在的，限定在可以在自然自身之中觀察到的目的之內。依照他們的這種觀點，自然自在地就是一個目的，它不需要在它自身之外擁有更高的目的。

儘管這種策略清除了目的論中某些值得質疑的形上學，但是它仍然不能確保與康德的主要論證相抗衡。儘管康德有時寫起來似乎自然的客觀合目的性這個概念不可避免地導致心理—目的論（physico-theology）（第 75 節；第 5 卷，第 398-389 頁），但是它的論證的要旨是直接針對自然目的的概念（Naturzweck）的，這個理念認為自然獨自就是自我生成和自我組織的。因此，他的目標實際上就是黑格爾和自然哲學家們的核心學說：內在目的論。

黑格爾和自然哲學家們把問題限制在自然領域自身之內，他們進一步反駁說，自然目的的概念不會牽涉任何康德將其歸屬於它的那些值得質疑的假定。首先，黑格爾認為，這個概念不牽涉意向性，把意志或者自我意識的動力歸因於有生命物。說一個自然的客體服務於某個目的並不就是堅持在它的創造背後存在著某種意圖，更不用說，在客體本身之中存在著某種被掩蓋的意圖。相反，它的全部蘊含是，客體服務於某種功能，這項功能在有機體的結構中起到某種本質的作用。其次，黑格爾和自然哲學家們還爭辯說，活物質的理念勢必主張，在物質自身之中存在著某種靈魂或者精神，它指導和組織它的生長。重要的是要看到，和康德一樣，他們也和萬

102

物有靈論與生機論勢不兩立，這種學說把某種超自然的力量或者動因歸之於有機生長。他們也想避免唯物主義和生機主義相對立這種困境。一方面，唯物主義太過於傾向化約主義了，否認有機體的自我生成的結構；另一方面，生機主義太過於傾向蒙昧主義了，訴諸某種神祕的力量或者超自然的動因。[20]

所有這些使得似乎實際上壓根就不存在著什麼爭論。康德所否定的是在非常強的意義上把合目的性歸因於自然客體，這種做法蘊含了意向性或者精神的力量在自然中的存在；而黑格爾和自然哲學家們在較弱的意義上肯定了這一點，這種做法沒有那種蘊含。透過否定自然目的的理念蘊含著天意、意向性或者精神的力量，有些自然哲學家斷定他們能夠把目的論的主張帶入經驗自身的領域。對他們而言，一個有生命物的自我生成和自我組織進行觀察似乎是可能的。為了理解他們在有機構成的經驗證明方面的信心，最根本的是要考察 18 世紀末期自然之學（physiology）的狀況。[21]

到 18 世紀末期為止，預成論──這種理論認為，有機體在胚胎之中就已經預先形成了──已經喪失了名譽，因為它不能解釋某些基本的事實，比如雜交和再生。J. F. 布魯門巴赫和卡斯培·沃爾夫論證說，他們有很強的經驗證據支持漸成論，依照這種理論，有機體是從早期的團塊開始生長，並逐漸自我組織起來的。因此，似乎有很多的觀察資料可以證明，有生命的物質是自我組織的。由

[20] 參見謝林《論世界靈魂》，載《謝林全集》，第 2 卷，第 496-505 頁，以及他的《自然哲學體系的第一草稿》，載《謝林全集》，第 3 卷，第 74-78 頁。

[21] 關於一個簡明有用的考察，參見羅（Roe，1981 年），第 1-20 頁；漢金斯（Hankins，1985 年），第 113-157 頁；和理查茲（Richards，1922 年），第 5-16 頁。

此，在他和阿爾布萊希特・哈勒（Albrecht Haller）之間進行爭論時，沃爾夫爭辯說，他的漸成論不是建立在這樣一個推論的基礎之上的，即不可觀察的東西（也就是說，一個預成的胚胎）不可能存在，而是建立在對於實際存在著的事物的觀察的基礎之上的。沃爾夫認為，他只能在顯微鏡下才能觀察發展中的胚胎的結構，而那些否認它的漸成的人只是簡單地拒絕對它仔細檢查。㉒對那些把康德和自然科學的原因連繫在一起的人來說，重要的是要牢記，他的調節性學說在 18 世紀末期和 19 紀早期的自然學家那裡幾乎或者根本找不到什麼支持。他們不是把有機的概念看作調節性的虛構，而是把它當作構成性的真理，它指的是自然中的積極力量。㉓在沃爾夫和布魯門巴赫聲稱觀察到預成的時候，他們只不過是表達這種至關重要的假設。

　　然而，絕無可能的是，康德曾經被這些對於觀察和實驗的求助所打動。黑格爾和自然哲學家們認為，支援有機統一和自我組織這兩者的經驗證據足以把合目的性歸之於自然。但是康德否認的正是這一點。他堅持強調，即使我們經驗中有某物既顯示了有機統一，又顯示了自我組織，那仍然不保證可以推論出自然目的的存在。為什麼不能呢？因為，我們都知道，事物仍然有可能嚴格地出自機械的原因而行動。此外，康德對於這一點洞若觀火，而且再三強調：「我們絕沒有能力證明，有機的自然產物絕不可能透過自然的機械作用而產生出來」（第 71 節；第 5 卷，第 388 頁）。把目的歸之於自然蘊含著存在著絕對不可化約為機械論的某種形式的因果關係；但是再多的證據也不足以證明它的存在。那麼，最終，康德太像一個懷疑論者，而不會輕易地被有利於有機體的經驗證據所說服。

103

㉒ 參見羅（Roe，1981 年），第 80-83、86 頁。
㉓ 這完全是拉森（Larson，1977 年）用文件證明的。

　　然而，重要的是看到，康德的懷疑論不是決定性的。因為黑格爾和自然哲學家們不是在經驗的層面上去試圖迎接康德的挑戰。更為重要的戰鬥發生在知識論這塊更為粗糙的地面上。

七、爲《自然哲學》辯護

104

　　在 1800 年左右黑格爾關心的是捍衛他的有機世界觀，這使他求助於謝林的《自然哲學》。和謝林結成聯盟有利於黑格爾自己的事業，因為謝林在 1798 年的論文《論世界靈魂》中已經爲有機的自然概念做了辯護。儘管黑格爾鍛造了獨立於謝林的他自己的有機的自然概念，但是從圖賓根神學院開始他就從他的老朋友那裡受益良多。對所有最近的自然科學的發展諳熟在心的是謝林，正是他已經形成了對於證明有機體來說必不可少的某些專門的論證。但是，在 1800 年前後，謝林急切需要有人幫助捍衛他的《自然哲學》。他正瀕於與他的老盟友費希特割袍斷義的邊緣，費希特尖銳地批評《自然哲學》的可能性。因此，作爲謝林的同盟，黑格爾最初的一個動作是在他的《差異論文》中捍衛《自然哲學》的必要性。

　　黑格爾在《差異論文》中代表《自然哲學》的論證本質上是一種對於它的有機的自然概念的辯護。他的核心論題是，只有有機的概念才能克服長期以來盛行的主客之間的二元論，這種二元論會繼續削弱康德和費希特的觀念論的基礎。依照黑格爾的觀點，康德和費希特沒有克服笛卡兒遺留下來的二元論，而不過是以新的術語重新申述了它。康德和費希特的觀念論仍然深陷超驗與經驗的二元論的泥沼之中，而這是笛卡兒的思想的事物（res cogitans）和廣延的事物（res extensa）的二元論的類似物。康德的超驗自我是經驗的形式的根源，而它的經驗的內容卻仍然是被給予的。一方面，經驗的形式來自於主動的超驗的自我，而超驗自我又超越於時空之外；另一方面，它的內容只能是在時空之內被給予的和被動接受的。黑

格爾承認，費希特已經邁出了朝向克服康德二元論的重要的一步，因為他堅持「主客同一」的原則。依照這個原則，超驗自我會創造出它的經驗的全部內容。儘管如此，費希特仍然沒有成功地去除二元論。黑格爾論證說，因為他的主客同一的原則僅僅是一個目標，一個調節性的理想，在無限奮進的過程中，自我永遠在接近，但卻從來不能達到這個理想。主客同一的目標和日常經驗中主客二元論的實在性尖銳對立。黑格爾堅決認為，只有我們接受了一個有機的自然概念。依據這個概念，主觀和客觀只是唯一的一個活生生的力量不同程度的組織和發展而已，這些二元論才能得到克服。這就意味著重新闡釋主客同一的原則，以至於它不是指認識著的主體的行為，而是指自然自身中的活生生的力量。這種力量既是主觀的，也是客觀的，因為物質的領域和自我意識的領域只是它的發展歷程中的不同階段。

　　如果我們更多地把它放到它原本的脈絡之中，黑格爾在《差異論文》中濃縮而晦澀的論證在目標、意義和說服力等方面就會獲得更多。在這篇非常具有黑格爾特色的臃腫乏味的散文中，他捍衛並且闡發了謝林的早期的論證，那個論證以最為引人入勝的形式發表在他 1797 年《關於自然哲學的理念》的導論之中。謝林的論證的核心是，只有有機的自然概念才能解決超驗哲學那觸目驚心的困境（aporia）。謝林是從「自然哲學必須解決什麼疑難」這一基本問題開始他的論證的。令人印象深刻的是，他透過提到超驗哲學的基本疑難「一個在我們之外的世界、自然，以及與之一起的經驗，是如何可能的？」（《謝林全集》，第 2 卷，第 15 頁）來作答。因此，謝林極為清晰地闡明了自然哲學有一個超驗的任務：它的基本目標是解決知識的問題。謝林解釋說，這個問題的答案尤其困難，因為所有知識都需要主體和客體、觀念和實在或者超驗和經驗之間的某種形式的一致或關聯。然而，這樣一種連繫或者一致似乎是不

105

106 可能的，因為這些領域似乎是完全異質的。那麼，為了解釋知識的可能性，有必要把這些領域統一起來，以打造一座它們之間的橋梁。於是，謝林詳盡地論證了這個問題不可能從傳統的康德的前提出發得到解決（第 2 卷，第 16、25-26 頁）。他爭辯說，在經驗的形式和質料之間所做的正統的康德式的區分，只是重述了一開始就產生疑難的那個二元論。康德主義者不可能在這些領域之間的裂口上架設橋梁，因為他們在經驗的形式和質料之間所造成的區別是如此強烈，以至於他們不可能解釋它們的互動如何可能發生。他們僅僅是說，形式是強加在這個質料之上的，儘管他們不能解釋這是如何可能的。

謝林對長期存在的康德式二元論的解答無非是他的有機的自然概念。他論證說，如果自然是一個有機體，那麼，就可以推斷說，在心和物、主觀和客觀、觀念與實在之間就不存在類的區別，而只是程度的區別。那麼，它們就只是在自然之中隨處可見的唯一的活生生的力量的不同程度的組織和發展。那麼，這些表面上的對立就可以看作是相互依賴的。心只不過是身的活生生的力量最高程度的組織和發展；而身也只是心那活生生的力量的最低程度的組織與發展。正如謝林指出的，依據有機的自然概念，「自然應該是可見的精神，而精神（應該是）不可見的自然」（第 2 卷，第 56 頁）。

謝林和黑格爾對於康德的諸調節性限制的回應是，它們削弱了超驗哲學自身的基本目標：解釋知識的可能性。既然我們必須克服二元論以解釋知識的可能性，那麼，准許唯有調節性身分才是那種二元論的解答就意味著，我們沒有給出知識自身可能性的最終解釋。我們別無選擇，只能賦予有機體的理念以構成性的身分；因為

107 只有在假定存在著有機體的條件下，才有可能解釋主觀和客觀、觀念與實在、本體和現象之間的現實互動（actual interaction）。指派概念一個純粹調節性的身分只會造成它們之間的現實互動的神祕

性。因此，出於這些原因，謝林和黑格爾認為，有機體的概念有它自己的超驗演繹：它無非就是可能經驗的必要條件。

在這裡，我們不得不把謝林和黑格爾的論證的一般價值這個大問題放在一邊。顯然，有機的自然概念大膽自信而又富於思辨，亟需進一步論證。在這裡唯一需要強調的是，它是一個循環論證，不去考慮有機的自然概念是一個不合法的形上學，又強調需要哲學以保留在知識論的限度之內。這也是新康德主義對於自然哲學的陳年古久的批評，它至今都能找到它的辯護者。[24]但是新康德主義的批評自身是獨斷論，因為謝林和黑格爾已經質疑過它的奠基性的前提：知識論的自足的身分，它透過它自己的資源解決它的基本問題的能力。他們的論證的核心是，只需透過超越康德主義的界限和懸設某些理性的理念的構成性身分，批判哲學的困境（aporia）就可以解決。

八、關於《自然哲學》的神話

黑格爾在 1800 年左右試圖證成他的有機世界觀，這驅使他進入經驗科學的領域。在他早期的耶拿歲月中，黑格爾常常講述《自然哲學》，它將要成為他即將形成的哲學體系的一個固有部分。在一個導論中，我們沒有留下篇幅詳細考察黑格爾的《自然哲學》。我們在這裡能夠做的是訂正某些常見的誤解。

人們常常認為黑格爾的《自然哲學》是他的形上學中最糟糕的部分而不屑一提。它非但不從事觀察與實驗，而且似乎沉溺於一種

---

[24] 參見阿梅里克斯（Ameriks，2000 年），第 118-119 頁；和蓋耶（Guyer，2000 年），第 37-56 頁。阿梅里克斯和蓋耶沒能理解到，後康德主義的一元論的渴望來自於對於康德的內在批判，而不是來自於任何先驗的形上學工作。

108　關於自然的先驗理論，強行把事實套進一個預先構想的模子。作為這種有著致命弱點的方法的結果──持異議者如是說──黑格爾犯下了很多夢幻般的錯誤；他反對進化的理論；他貶低牛頓的運動理論而青睞克卜勒（Kepler）的理論；他頑固堅持亞里斯多德的四因說；他證明了 4 顆星星繞著太陽運轉的必然性等。基於這些理由，從 19 世紀上半葉以來，黑格爾的《自然哲學》已經被標舉為如何不去追求自然的研究的完美範例。因此，毫不奇怪，某些當代的黑格爾學者有意避開《自然哲學》，因為它似乎註定會使得他的哲學成為明日黃花。㉕

　　說黑格爾的確犯下很多錯誤，他涉嫌強行把事實套進一個預先構想的模子，這是和他自己的方法論準則南轅北轍，這可能沒有什麼問題。但是，這些事實牽涉的與其說是《自然哲學》這項事業本身，不如說是它的結果和實踐。為了避免對於這項事業的某些粗暴的新康德主義式誤解，有必要站在黑格爾的立場做幾點澄清。

　　首先，黑格爾從來不認為，《自然哲學》的概念方法應該取代觀察與實驗；他把它理解為將經驗科學的結果組織化和系統化的方法，以至於它能夠預設它們的具體結果（EPW，第 246 節、250 節評論）。這並不意味著，這些結果是依照黑格爾在他的《邏輯學》中已經規定的那些原則發展出來的；因為黑格爾堅持認為，每一門科學之發展，都是依據它的主題的固有邏輯，它的原則只應該單獨源出於這種固有邏輯。應用從另外一門學科中來的預設的原則，就是形式主義，而這是他強烈譴責的。

㉕ 幸運的是，1980 年代以來，有一種協調一致的努力在修正對於黑格爾《自然哲學》的各種陳舊的偏見。參見柯恩（Cohen）和瓦托夫斯基（Wartofsky，1984 年）的選集、霍斯曼（Horstmann）和佩特里（Petry，1986 年）、霍爾蓋特（Houlgate，1988 年）和佩特里（Petry，1987、1993 年）。

其次，儘管黑格爾認為，《自然哲學》，作為對於自然的思想考察，不同於觀察和實驗，但是他從來沒有接受哲學和科學在種類上存在根本的區別。相反，他認為，哲學學說必須忠實於經驗，而且它們最終也必須來源於經驗（EPW，第 6 節、7 節評論、8 節評論）。使得某些學說成為與經驗學說相對立的哲學學說的只是它們的形式結構，它們的組織或者系統化（EPW，第 246 節評論）。在這方面，重要的是要注意到，黑格爾和謝林一樣，並不接受在先驗判斷和後驗判斷之間做出的康德式區分，就好像前者是形上學的題材，而後者是經驗科學的關懷（concern）。㊱在先驗和後驗之間所做的區分並不是在判斷的不同種類上做的區分，而是完全依賴於我們知識的狀況，依賴於一個判斷是否能夠在一個體系中給予一個位置。如果判斷能夠有那樣一個位置，它就是先驗的，因為它能夠從其他命題中得到證明；但是如果不能提供那樣一個位置，那麼，判斷就是後驗的。這樣，新康德主義批評說，《自然哲學》混淆了形上學的先驗關懷和經驗科學的後驗結果，就只不過是循環論證。

第三，黑格爾對機械論、原子主義和經驗主義所持異議的一個至關重要的部分是，它預設了一個關於它自己的非常粗糙的形上學（EPW，第 38 節評論、98 節評論、270 節評論）。它自負可以避免形上學，卻變成了獨斷論的源泉，因為它沒有能力考察它自己的假設。黑格爾認為，在自然科學自身中形上學是不可避免的，一個恰如其分的批判的方法論將會承認和討論它們，而不是試圖掩蓋它們。再一次，新康德主義批評黑格爾把形上學引入自然科學不過是循環論證。

㊱ 參看謝林，《一個自然哲學體系草稿的導論》，載《謝林全集》，第 3 卷，第 278 頁。

Chapter **⑤**

精神的領域

一、生命和精神

110　　我們在上一章看到，黑格爾的哲學出自於他的有機世界觀。他的某些最基本的概念在意義上是有機主義的；絕對觀念論的某些核心信條在黑格爾的有機主義中有它的根源。此外，青年黑格爾的一個主要關懷是捍衛他的有機的自然的概念，以應對康德批判的挑戰。

　　然而，最重要的是要強調，關於黑格爾的哲學，有機主義提供的只是一個必要的但絕非充分的說明。如果我們使用有機的術語來從整體上解釋黑格爾的哲學，我們就會忽視它某些獨一無二的特徵，它與謝林哲學之間的基本的區別。在耶拿時期他們共同合作的那段歲月（1801-1804 年）中，謝林和黑格爾緣於一個共同的原因而戮力合作：捍衛絕對觀念論。但是，即使是在那時，他們之間也存在著某種暗流湧動般的、日益增長的差異。這些差異最終導致黑格爾在 1807 年與謝林徹底決裂。

　　在一篇才華橫溢的論文中[1]，讓·伊波利特（Jean Hyppolite）指出，謝林的耶拿體系首先和主要是一種生命哲學，與之不同的是，黑格爾的哲學主要是一種精神哲學。依照他的闡釋，謝林體系的主要專題是生命的概念，它在本質上有一種自然主義或者生物學的蘊含，而黑格爾體系的核心主旨是精神的理念，它根本上具有的是歷史的或文化的蘊含。對於黑格爾而言，精神不僅僅是生命，而且是更多的東西：生命的自我意識。儘管生命的概念在自然的所有

111　不同的層次或者力量（levels or potencies）上顯現，但是精神的理念在社會、歷史和國家等領域中顯示自身。

　　伊波利特的理論真正抓住了耶拿時期（1801-1804 年）謝林和

---

[1] 參見伊波利特（Hyppolite，1969 年 a），第 3-21 頁。

黑格爾之間的根本區別中的某種重要的東西。當時，謝林的主要旨趣之一是發展和捍衛有機的自然概念。[2]這只是他建立起他的絕對觀念論的體系的嘗試之一部分，依照他所謂的這個「同一哲學」，絕對是主客體的純粹同一。[3]然而，極具啟發性的是，在他的絕對觀念論之中，謝林把驕傲的位置留給了自然哲學，實質上是將絕對同一的立場和自然自身相提並論。[4]而在黑格爾那裡，焦點卻截然

---

[2] 相關的著作有《自然哲學體系的第一草稿》（*Erster Entwurf eines Systems der Naturphilosophie*，1799 年），《物理學的動態過程或者範疇的一般演繹》（*Allgemeine Deduktion des dynamischen Prozesses oder der Kategorien der Physik*，1800 年），《論自然哲學的真實概念和解決它的問題的正確方式》（*Ueber den wahren Begriff der Naturphilosophie und die richtige Art, ihre Probleme aufzulösen*，1801 年），《論自然哲學和哲學一般的關係》（*Ueber das Verhöltniß der Naturphilosophie zur Philosophie überhaupt*，1802 年）。

[3] 這是在耶拿時期 5 部作品的主要關注點：《我的哲學體系的闡述》（*Darstellung meines Systems der Philosophie*，1801 年），《布魯諾或者論物的神性的和自然的原則》（*Bruno oder über das göttliche und natürliche Princip der Dinge*，1802 年），《我的哲學體系的進一步闡述》（*Fernere Darstellungen aus dem System der Philosophie*，1802 年），這是他和黑格爾合作撰寫的，《關於學術研究之方法的講座》（*Vorlesungen über die Methode des akademischen Studiums*，1803 年），和《全部哲學和特殊哲學的體系》（*System der gesammten Philosophie und der Naturphilosophie insbesondere*，1804 年）。

[4] 這種變化清晰地表現在謝林 1800 年的《物理學的動態過程或者範疇的一般演繹》（*Allgemeine Deduktion des dynamischen Prozesses*），第 63 節，《謝林全集》，第 4 卷，第 76 頁；和他的《論自然哲學的真實概念和解決它的問題的正確方式》（*Über den wahren Begriff der Naturphilosophie und die richtige Art, ihre Probleme aufzulösen*），《謝林全集》，第 4 卷，第 86-87 頁。關於自然哲學在哲學中的優先地位，參見拜塞爾（Beiser，2002 年），第 488-490 頁。

不同。可以肯定的是，他也同樣極其關注自然哲學，在他早期耶拿歲月的好幾個草稿中，發展了自然哲學理論。⑤但是，從 1802 年開始，黑格爾把大量的精力轉移到發展一種精神哲學上面來。他在耶拿時期有幾部主要著作都在討論倫理、政治和人類學。⑥如果我們從這個角度入手，拿黑格爾的旨趣和謝林的相比，我們不能不為這種反差所震驚。在他對於同一哲學的主要闡明中，亦即，在他未付梓的 1804 年「一切哲學的體系」中，謝林只給社會和國家的領域留了一小塊地盤。

　　極其重要的是，即使是在他們親密合作期間，黑格爾本人就開始沿著這條路線批判謝林。在他 1802 年初的某些手稿中，黑格爾已經指責謝林的同一哲學沒有在絕對的立場之中容留質的差異。⑦

---

⑤ 參見 1803/4 年的演講稿，《耶拿體系第一草稿》（*Jenaer Systementwürfe* I），GW，第 6 卷，第 3-265 頁；1804/5 年演講稿《耶拿體系第二草稿》（*Jenaer Systementwürfe* II），GW，第 7 卷，第 179-338 頁；和 1805/6 年的演講稿《耶拿體系第三草稿》（*Jenaer Systementwürfe* III），GW，第 3 卷，第 3-184 頁。

⑥ 這些作品是《倫理實體的體系》（*System der Sittlichkeit*），它寫於 1803/4 年，GW，第 5 卷，第 277-362 頁；《精神哲學》（*Philosophie des Geistes*），這是 1803/4 年《思辨哲學體系》（*System der spekulativen Philosophie*）的第三部分，GW，第 6 卷，第 265-326 頁；和 1805/6 年的《精神哲學》（*Philosophie des Geistes*），是《實在哲學講座手稿》（*Vorlesungsmanuskript zur Realphilosophie*）的一部分，GW，第 8 卷，第 185-288 頁。

⑦ 參見《耶拿體系第二草稿》（*Jenaer Systementwürfe* II），GW，第 7 卷，第 15-16 頁。儘管黑格爾沒有提到謝林的名字，但在這一段教義當中，他批判的就是謝林。具體而言，謝林的這一觀點，在他 1801 年的《我的哲學的闡述》（*Darstellung meines Systems der Philosophie*）中就已經有了概述。

這些差異是至關重要的，如果同一哲學要把精神的發展考慮在內的話，因為精神之發展是透過自我差異化和自我對立而向前推進的。在黑格爾1802年的《自然法》論文中，還有一個引人注目的段落。在這個段落中他宣稱，精神的領域高於自然，因為自然只是絕對的外在化，而精神既包含它的內在化，也包含它的外在化（W，第2卷，第503、111頁）。儘管有些似是而非，這個段落就可以被解讀為對於謝林的未曾言明的批判，因為他實際上把絕對的立場和自然自身等同起來了。⑧無論如何，某些謝林的研究者已經窺測到謝林和黑格爾之間日益增長的分歧，因為他們指責黑格爾對於「自然的詩學」缺乏感覺。⑨

112

其次，儘管他們在旨趣上存在著差異，儘管黑格爾對於謝林的批評與日俱增，但是高估他們之間的差異也是不明智的。這些差異沒有反映出他們在原則上的根本差異，而只是在旨趣和重點上的差異。黑格爾還沒有把精神理解為某種存在於自然之上和之外的東西，而只是把它理解為它的力量的最高的組織和發展；甚至生命的自我意識也只是隱含在生命自身之中。精神的領域對於後期黑格爾所具有的那種重要性絕沒有降低他從謝林那裡沿襲而來的有機概念的重大意義；因為在發展出他關於精神領域的解說中，黑格爾只是把那個有機的概念應用到社會、歷史和國家的領域。從謝林的方面來說，他承認自我站在一個比有機體更高的水準上。在他1802年

---

⑧ 羅森克蘭茲（Rosenkranz，1844年），第177頁。使得羅森克蘭茲的闡述似是而非的是他從黑格爾1803/4年冬季學期的講稿中所引用的另一段話。在那裡，黑格爾抱怨謝林在自然哲學中沒有全力發展出思索性的觀點，並且很快地進入了他在自然哲學裡的表現形式。（同上，第189頁）

⑨ 同上，第187頁。

的《布魯諾》一書中，他承認，自我意識，自我的領域，是自然的
諸有機力量的最高組織和發展。[⑩]無論如何，黑格爾對於謝林的批
評的絕大部分只是針對謝林哲學發展的一個階段而已，具體地說，
是針對 1801 年《我的體系的表述》中同一哲學的闡述。如果我們
考察一下謝林的後期闡述，尤其是《哲學體系的進一步闡述》——
這是他和黑格爾共同撰寫的——中的那些闡述，他們之間的差異就
會減少。

二、愛的精神

　　要理解黑格爾的精神概念，就必須返回到他早年在法蘭克福時
期的著述，尤其是他 1797 年關於宗教和愛的殘篇[⑪]，以及那一束
題為「基督教的精神及其命運」的手稿，它們寫於 1798 年到 1800
年之間。[⑫]正是在這些早期手稿中，黑格爾首次構想和發展出了即

---

⑩ 謝林，《謝林全集》，第 6 卷，第 288 頁。

⑪ 這些片段包括「一種信仰被積極地稱為……」（Positiv wird ein
　Glaube genannt...），這是在 1797 年 6 月前寫的（W，第 1 卷，
　第 239-243 頁）（Nohl，第 374-377 頁）；「正如他們認識了更多
　類型……」（...so wie sie mehrere Gattungen kennlernen...），W，
　第 1 卷，第 243-244 頁（Nohl，第 377-378 頁），這寫於 1797 年夏
　天；「……其他一切都是為了那些目的而效勞……」（...welchem
　Zwecke denn alles Übrige dient ...），W，第 1 卷，第 244-250 頁，它
　的第一稿寫於 1797 年 11 月左右，第二稿寫於 1798 年秋冬之季，W，
　第 1 卷，第 245-250 頁（Nohl，第 378-382 頁）。這最後的片段有時
　候被稱為「愛的片斷」，它出現在 Knox，第 302-308 頁（Knox 版
　次中的日期是錯誤的）。

⑫ 這些所包含的片斷是「與亞伯拉罕這位真正的始祖……」（Mit
　Abraham, dem wahren Stammvater...），W，第 1 卷，第 274-277 頁
　（Nohl，第 243-245 頁；Knox，第 182-185 頁），寫於 1798 年的

將在他的後期體系中扮演著至關重要而又獨具一格的角色的精神的　113
概念。黑格爾的精神概念出自於他早年闡述愛的意義和結構的嘗
試。他受到觸動去反思愛的概念，因為在席勒和賀德林的影響下，
他開始把愛看作是宗教和道德的真正核心。實際上，這些早期的反
思是開啟黑格爾成熟體系中精神概念之祕密的鑰匙。如果我們首先
是在黑格爾成熟的體系之中遇到他的精神概念，那麼它一定會令人
百思不得其解，它的所有關於超出自身之外和返回到自身之中的自
我的談論看起來完全模糊不清而又空洞無物。然而，一旦我們追根
究柢，回到這個概念的原本脈絡之中：早期關於愛的反思，這些特
徵也就完全可以理解了。

在早期關於愛與宗教的殘篇中，黑格爾認為，在愛中存在著
主體與客體的統一，或者如果遵照他那個時代特有的行話，稱之為
純粹的主客同一的那個東西。依照費希特、謝林和賀德林，主體和
客體的同一只有在自我意識之中才能實現，因為只有在自我意識之
中，意識的主體和客體才是一和同一物。黑格爾接受了這種主—客
體同一的理論；但是現在他把他的同時代人還沒有發現的某種新的
東西添加到它之上了。黑格爾主張，這種主—客體同一，這種自我
意識，完美地存在於愛之中。他的意思是，在愛中，自我（主體）
在他者（客體）之中發現了自身，正如他者在自我之中發現了它自

秋季：「亞伯拉罕已經在迦勒底出生……」（Abraham in Chaldaä
geboren hatte schon...），寫於 1798 年末或者是 1799 年初，W，第 1
卷，277-297（Nohl，第 245-261 頁；Knox，第 185-205 頁）；「耶
穌啟動出發沒多久……」（Jesus trat nicht lange...），W，第 1 卷，
第 317-418 頁（Nohl，第 262-342 頁；Knox，第 204-301 頁），寫於
1799 年夏天，並且沒有在 1800 年初以前完成。在這裡沒有作品的大
綱，因此叫作基本概念（Grundkonzept），寫於 1798 年秋天，W，
第 1 卷，第 297-316 頁（Nohl，第 385-398 頁；不在 Knox 裡）。

身。在愛的經驗之中，主體和客體，自我和他者，透過彼此實現了它們的本性。此外，它們中的每一方只有透過他者才能認識它自身。因此，存在著主—客體同一，因為，在自我和他者之間存在著自我意識的單一結構：自我在他者中認識到它自身，正如他者在自我之中認識到它自身。

　　然而，黑格爾進一步解釋說，愛不僅關聯同一的環節，也關聯差異的環節；它是一種有差異的同一。在愛之中也有差異，因為依其本性而言，愛只是因為它是一個他者才存在於對於他者的欣賞之中；愛只有透過在同等的和獨立的夥伴之間的相互尊重才是可能的。如果自我試圖貶低他者並且使對方從屬於它自身，那麼它是不會愛對方的（第 1 卷，第 394、322 頁）。值得注意的是，黑格爾把愛的立場和道德的立場區別開來了，在道德的立場中，自我嘗試著統治和控制他者。在這裡，他批評的是費希特，因為費希特把道德理解為本質上是一種奮進的過程；透過這個過程，自我試圖統治和控制世界。和賀德林一樣，黑格爾把那種倫理看作是對於愛的精神滿懷著敵意的。

　　對黑格爾而言，愛的結構就在於他稱為「差異中的同一」、「統一和非統一的統一」的東西之中，他所使用的這個具有個人特色的術語將成為他的成熟的體系的核心論題。然而，重要的是看到，對他而言，愛不僅僅是靜態的結構或者形式，它還是一種活生生的經驗，它本身也是一種過程。更為特殊的是，愛是一種悖論性質的過程，透過愛，自我既失去自身（作為一個個體），又發現或者獲得自身（作為更廣闊的整體的一部分）。因此，愛包含自我屈服和自我發現的環節。在愛中存在著一個自我屈服的環節，因為自我透過把自我利益揭示為它最終的價值，以及透過不再把它自身定義為他者的對立者而喪失它自身。還存在著一個自我發現的環節，是因為在愛中，自我也在他者之中並且透過他者而發現了它自身；

它看到，它不再是某種和他者相對立的東西，而是它自身和他者的統一體。黑格爾屬意這種常見的愛的經驗，在這種經驗之中，一個人越是給予他人，就越是使自身變得更加富有。在一個殘篇中，[⑬]透過引用《羅密歐與茱麗葉》中茱麗葉的詩行，他強調愛之中自我屈服和自我發現這兩個環節：「我越是給你更多，就越加富有。」

黑格爾還透過外在化和內在化這兩個術語來描述愛的經驗。就主觀物變成客觀物，內在物變成外在物而言，它是一種外在化；就客觀物變成主觀物，外在物變成內在物而言，它是一種內在化。外在化的環節是這樣一種環節，透過它，私人或者個體自身在他者之中喪失自身或者使自身屈服於他者，而它一度把他者看作是完全外在於它自身的。內在化的環節是這樣一個環節，透過它，自我現在在他者之中找到或者發現了它自身，以至於它一度把它看作是外在於它自身的他者現在變成了它自身的一部分。如果外在化的環節是自我否定的環節，那麼，內在化的環節就是自我肯定的環節，自我否定的否定。

在《基督教的精神及其命運》的某些斐然可觀的段落中，黑格爾把既產生愛又來自於愛的東西，自我屈服和自我發現、外在化和內在化的整個過程，稱作精神（Geist）。[⑭]他首先是在宗教的脈絡中，在寫到耶穌的精神是如何呈現在最後的晚餐之中時使用這一術語的。他寫道，耶穌的精神是愛的精神，它首先使自己變成客觀的，將自身外在化為麵包和酒，然後又把它變成主觀的東西，透過吃的行為把麵包和酒內在化了。黑格爾把這個過程比作從一個寫下

115

---

⑬ 1798 年秋冬片斷「……其他一切都是為了那些目的而效勞……」（...welchem Zwecke denn alles Übrige dient ...），Nohl，第 380 頁；W，第 1 卷，第 248 頁。黑格爾提到劇本，但是沒有引用具體內容。

⑭ W，第 1 卷，第 367、299、389-390、318 頁。

的詞語中理解意義的過程；思想首先在符號中客觀化，然後，當符號被解讀為具有特定的意義的時候，它又重新被主觀化了。無論黑格爾使用這個術語的原本脈絡是什麼，它的導入後來將證明對於他的哲學整體來說是決定性的。在黑格爾後來屬文論述精神的時候，它總是具有他曾經賦予愛的經驗的那種結構和發展。

從這些對於愛的反思中形成的不僅僅是精神的概念。另一個著名的黑格爾的概念也出現了，雖然只是以影綽不彰的方式。與愛的經驗相關的相互對立的運動──它的外在化和內在化，自我屈服和自我發現──黑格爾後來稱之為「辯證法」。黑格爾後來在這個意義上使用這個術語來描述精神發展的過程。然而，重要的是至少要區分這一概念的兩種意義：存有論的意義──透過這種意義，它定義了某種在實在之中發生的東西；方法論的或者知識論的意義──透過這種意義，它意味著一種做哲學的方法。在《基督教的精神及其命運》中，黑格爾具有的這個概念是在存有學意義上的，但是他仍然沒有賦予它以方法論的或者知識論的意義。在這後一種意義上，黑格爾要在很久以後才發展出辯證法，儘管在早期法蘭克福殘篇中已經預見到這種意義。

116

三、愛的形上學

迄今為止給出的關於黑格爾愛的概念的解說遺漏了它的形上學的層面。它似乎是在描述在任意兩個相愛的人之間發生的事情。正是由於這個原因，它似乎是對於黑格爾後來的精神概念的一個不充分的分析，因為後者具有清晰的形上學的身分。成熟的黑格爾把精神不僅僅看作是兩個有限的個體之間的愛的經驗。只有在有限的自我意識到他們自身是無限的時候，以及在無限透過有限的自我意識到了自身的時候，精神才存在（第 12 卷，第 480 頁）。

然而，主要的是要看到，即使是在早期法蘭克福時期論述愛

的著作之中，黑格爾也賦予它以某種宗教的和神祕的意義。那麼，即使是在這一方面，後來的精神概念也早已隱含在早期關於愛的反思中了。在一個早期的殘篇中，他聲明說，在主體和客體是一的地方，有某種神聖的東西，主體—客體的同一就是每一種宗教的理想。⑮他論證說，宗教的獨特之處就在於，它在愛的紐帶中統一了主體和客體。如果道德的和實踐的立場要求主體統治客體，而如果哲學的或者理論的立場假定主體和客體彼此不同，那麼宗教就高於哲學和道德，因為它給出了一種主客體同一的經驗。在另一個殘篇中，黑格爾直截了當地把宗教的立場和愛的立場等同起來。⑯在愛中，我們處在和客體合二為一的狀態，而客體同時卻又不是我們。然後，黑格爾援引了《斐德羅篇》251a，在那裡，情人（lover）首先透過美的可見的形式看見了理念。在另外一個殘篇中，黑格爾認為，愛實際上是一種感覺，但是它又不僅僅是一種單一的感覺；它是在感覺的整體性中發現它自身的生命。生命在愛中顯示自身，而愛是這樣一個過程——透過這一過程，一個原本的統一性變成了多，並且返回到作為有差異的統一性的它自身。⑰

　　所有這些早期殘篇看起來要說的是，我們必須把愛的經驗置　117
入作為整體的自然的脈絡之中。兩個情人是自然的有機統一體的諸部分。既然在一個有機物之中，諸部分是和整體不可分離的，而整體又內在於它的每一個部分之內，那麼每一個人對他者的愛所表達的，無非是從他的觀點來看完整的宇宙。在《基督教的精神及其命

---

⑮「一種信仰被積極地稱為……」（Positiv wird ein Glauben genannt...），1797 年 7 月，W，第 1 卷，第 242 頁。

⑯「……就像認識諸多種類一樣……」（....so wie mehrere Gattungen kennenlernen...），W，第 1 卷，第 244 頁。

⑰「……其他一切都是為了那些目的而效勞……」（....welchem Zwecke denn alles Übrige dient ...），W，第 1 卷，第 246 頁。

運》中，黑格爾對這個前提毫無隱瞞，強調了在一個愛的事件中整體如何存在於它的每一個部分之中。[18]因此，自然的有機統一意味著，如果自我愛他者，那就不僅僅是一個單一個體的行為，而且是透過個體去行動的自然整體的行為。如果自我愛他者，它也會感覺到——儘管是以無意識的形式——在它自身之中並且透過它自身而行動的無限物。因此，黑格爾寫道，生命在愛之中發現它自身，而且它把自身顯示為作為愛的基本特徵的內在化和外在化的整體過程。[19]

從這些早期殘篇中可以很明顯地看出，黑格爾如何解釋愛的經驗符合他一般的有機的自然概念，而有機的自然概念是他幾乎同時發展出來的。儘管黑格爾關於愛的解說帶有一個宗教的，實際上是神祕的層面，但是現在一目了然的是，他為什麼會認為它必須具有這個層面。如果我們把人類經驗和它相分離，那麼，它就是一個從有機的自然整體中的虛假抽象，就好像它發生在某個閉合的自成一格的（sui generis）的領域。這就和黑格爾本人如此急切地加以避免的笛卡兒和康德的二元論的觀點別無二致了。但是，如果所有人的行為和經驗必須被置入自然的整體之中，如果整體是一個有機的統一體，並且在其中整體顯現在它的每一個部分之中的話，那麼，就可以推斷出，所以（有）形式的人的經驗和行為都將有一個宇宙的或者神祕的層面。進而言之，如果自然的活生生的力量在人的經

----

[18] 參見 W，第 1 卷，第 3 7 6、3 0 8 頁。又見 《體系殘篇》（Systemfragment），「被視為完全相反的情況……」（absolute Entgegensetzung gilt...），在這裡，黑格爾堅持認為，一個人只有在他超出自我成為無限的一的時候，才是一個個體的生命（W，第 1 卷，第 420、346 頁）。

[19] 參見「……其他一切都是為了那些目的而效勞……」（...welchem Zwecke denn alles Übrige dient...），W，第 1 卷，第 246 頁。

驗中達到了它的最高程度的顯示、組織和發展，那麼，愛，作為最強烈的形式的人的經驗，將會是宇宙自身的力量的頂點。當然，在我們標準的愛的經驗之中，我們並沒有意識到這一宇宙的層面；但是卻不能據此否定它的存在。黑格爾想要我們透過宗教培養起來的是，透過愛的經驗而形成的宇宙的自我意識。

118

如果從愛與生命的過程之間的類比來看，黑格爾早期關於愛的反思所在的這種有機的脈絡就更加昭然若揭了。愛的外在化和內在化的環節，並非出自偶然，類似於作為生命基本特徵的差異化和重新一體化的環節。當自我在他者之中外在化它自身之時，差異化的環節發生了。透過這個環節，一個處於萌蘖狀態的統一體變得更加具體和特殊。而在自我透過他者將它自身內在化之時，重新一體化的環節發生了。透過這個環節，差異化被重新統一起來了。既然愛本質上是一個有機的過程，既然宇宙的有機力量在愛的力量中達到它們的最高實現和顯示，那麼，我們必須把愛的辯證法理解為差異化和重新一體化的辯證法。

因為我們已經看到了黑格爾早期關於愛的反思的有機脈絡，所以，為什麼無論是膨脹的還是緊縮的關於精神概念的解說都是不相宜的這一點就很清楚了。膨脹的解說把精神看作是單一的實體，在它體現於其中的諸具體個體物之外存在著；但是，由於忠實於他的有機概念，黑格爾堅持認為，任何有機物，任何活生生的力量，都只能存在於特殊的個體物之中，只能存在於個體的化身之中。然而，這並不意味著，它在邏輯上可以化約為這些化身，只要一個有機的整體先於它的諸部分，並且使得它們成為可能。因此，緊縮的解說也走上了歧途，如果它們把精神看作不過是它在特殊的個體物之中的化身。這不僅是沒有看到普遍物是如何在邏輯上先於特殊物的，而且它也把愛的經驗從它在自然的位置中脫離出來了，而黑格爾認為這是一種壞的抽象。

四、愛的轉變

　　無論精神概念的確切含義是什麼，到現在為止，有一點應該是明顯的，那就是，黑格爾後期的精神概念和辯證法概念在多大程度上起源於他早期關於愛的經驗的反思。這些概念初看起來是如此晦澀難解，但是如果我們把它們放到它們的原初脈絡之中，似乎就具有了它們完滿的含義和要點。但是現在一個困難的問題出現了：一旦它們的原初的脈絡和目標消失了，這些概念又會具有什麼樣的意義呢？在他的後期著作中，黑格爾繼續使用精神和辯證法等概念；但是，他不再賦予愛以他曾經在早期著作中賦予它的那種重要性。這意味著精神和辯證法等概念失去了它們原初的意義嗎？

　　在如何處理愛這方面，在早期黑格爾和成熟的黑格爾之間至少存在著兩個基本的差異。首先，在法蘭克福時期，黑格爾認為，愛的經驗是一種神祕，確切地說，是一個奇蹟，它不能用推論的形式加以表達。[20]然而，在他後期的歲月中，黑格爾將要嘗試著以某種推論的形式來把握愛的經驗、生命的過程。他一方面繼續強調，這種經驗和過程超越了知性的諸概念；另一方面，他也強調說，它們能夠透過理性的辯證法加以把握。知性作為一種分析的能力把對象整體加以劃分和解析，所以無法把握住它們；但是理性作為一種綜合的能力能夠把諸部分統一為一個整體，並指出，除去整體，沒有任何部分能夠靠其本身而存在。然而，在法蘭克福時期，黑格爾依據知性來看待所有思維；因此，任何不可劃分的事物，任何必須被理解為有機整體的事物，都超越了知識的理解的範圍。我們必須經驗它，但是我們不能構想或者證明它。

----

[20] 參見 W，第 1 卷，第 378、309-310、372、303-305 頁。

　　在黑格爾早期和晚期關於愛的討論中的另一個基本的差異涉及他後期的體系中愛的意義。從他早期耶拿時期開始，黑格爾就不再賦予愛以他的體系中那樣一種核心的和至關重要的位置。與愛相比，倫理實體的法律的和道德的關聯很快就後來居上，贏得了他的青睞，最終，愛被相互肯認取而代之。在 1802-1803 年的《倫理實體的體系》中，黑格爾聲明，主客同一之實現，不是在愛之中，而是在共同體中公民之間的相互肯認之中。㉑他論證說，主體和客體的統一是不能在愛中發現的，因為在男性和女性之間只是一種自然的連繫，而這些夥伴不是處在同等條件之下。男性是理性的，代表著科學、商業和國家等普遍的興趣（利益）；女性是情感的和直觀的，僅僅代表她的家庭的個體利益而行動。1805 年的《精神哲學》沿著這一方面繼續前進。現在愛限制在家庭的範圍之內，它只是倫理實體的初級的無意識的形式。㉒現在，黑格爾爭辯說，不再是愛，而是只有倫理實體的道德的和法律的關聯才賦予某人作為理性的或者普遍的存有者的自我意識。儘管愛的確是對立中的統一——在這種統一中不同的人透過對方而成為具有自我意識者，但是它只是自我意識的初級形式。情人自我意識到的只是他們特殊的人格，而他們的連繫只是被他們的稍縱即逝的自然欲望創造出來的。耶拿時期的這些發展，在黑格爾 1821 年的《法權哲學的基本原理》中達到頂點。在該書中，黑格爾把愛限制在家庭的領域。

120

　　在後期的體系中對於愛的貶黜和黑格爾後期對於一種關於精神領域的理性解說的需求是齊頭並進的。由於它變成了理性的對象，精神自身變得更加理性了。後來黑格爾把理性變成了精神的一種定義性的特徵。就其本性而言，愛更不適宜以理性討論的方式來處

㉑ GW，第 5 卷，第 289、110 頁。

㉒ GW，第 8 卷，第 210、107 頁。

理；它的欲望，感覺和直觀都低於理性把握的門檻。那麼，具有諷刺意味的是，這種發展似乎證實了黑格爾最初對於概念思想所持的浪漫主義異議；在試圖構想愛之時，理性使得它變得更加合理，而這樣做又會破壞它的本性。

值得注意的是，這種發展也早已在黑格爾的早期歲月中有其濫觴。在《基督教的精神及其命運》中，黑格爾就曾經把愛提升到宗教和道德的最高原則之中。但是，即使在他的伯恩時期，他對基督教的倫理仍然心存懷疑（參見第 126-131 頁）。這些懷疑在法蘭克福時期，甚至是在《基督教的精神及其命運》中，又開始浮出水面。在這本著作中，黑格爾已經擁護他的浪漫的福音了。當然，愛的倫理就是耶穌的福音。但是，黑格爾在那種福音中看到某些致命的弱點。他論證說，這樣一種倫理更適合一個教派，而不是共同體整體，因為我能夠愛我的教會中的兄弟們；但是，我很難愛每一個人，尤其是那些和我沒有共同信仰的人。還很難的是把基督教的倫理——這種倫理要求我們放棄一切東西——等同於對於一個更大的共同體而言如此重要的財產權。儘管如此，一切之中最糟糕的是，基督教倫理對於這個世界來說，實在是太美、太好了！它非但不透過抗爭以使得這個世界變成更好的地方，相反，它試圖躲避它，向我們應許在天堂的得救。基督徒非但不為了他的各種權利而爭鬥，相反，他們完全放棄這些權利，轉過另一邊臉來讓人打。在《基督教的精神及其命運》中，黑格爾解釋了耶穌是如何由於飽受他的教義不能在猶太人之中扎根之苦，他自己最終和塵世一刀兩斷，把自己僅僅限制在他的最親近的追隨者之中，並且宣揚一個人應該把凱撒的還給凱撒。耶穌面臨一個困境：進入世界而讓自己妥協，或者堅守一個人的純潔性而逃離世界（N，第 328 頁）。耶穌選擇了堅持它的純潔性，因此他從生活中撤離了出來。結果，他的倫理變成了與這個世界毫無干係。因為他拒絕和這個世界相妥協，因為它從

這個世界撤離出去以維護他的純潔，耶穌只能在虛空之中發現自由。然而，黑格爾教導說，一個只能透過逃離世界才能試圖拯救他的靈魂的人只能失去它。一顆被高高舉過所有的權利之束縛的心再也沒有任何東西可以給予或者寬恕（第286頁）。從黑格爾關於優美靈魂的解釋中可以清楚地看到，他認為，它的（按：指基督教的）倫理品質高貴而充滿瑕疵：說它品質高貴，是因為它克服了道德法則、正義的需求，並且特許了寬恕和避免了諸權利之間的衝突；說它充滿瑕疵，是因為它從諸法律的瓜葛和衝突中抽離出來的行為沒有為我們留下任何值得保存的東西。那麼，早在《基督教的精神及其命運》中，我們就看到黑格爾後期哲學的一條基本學說：真正的獨立和自由不是來自於從這個世界的生活的逃離，而是來自於如何與他人一起生活在一個共同體之中。

正是對於基督教倫理的這些疑慮後來迫使黑格爾在他的成熟的體系之中貶黜愛的角色。早在法蘭克福時期，黑格爾就已經意識到，愛並不能擁有他想要賦予它的那種最高的重要性。這只不過事關徹底思考這個主題、放下愛的倫理，以及最大程度地發現一種更適合於共同體的倫理而已，這種倫理和世界上的生活更加相宜。黑格爾在耶拿歲月的後期，在《倫理實體的體系》和《精神生活》中所轉向的正是這個任務。

儘管在法蘭克福時期以後，愛失去了它的重要性，但是如果據此推斷黑格爾最初關於愛的反思對於他後期的精神概念意義寥寥，或者毫無意義，那也是錯誤的。後期的概念仍然顯示出和愛自身一樣的結構和發展：其中存在著自我發現和自我破壞的環節、外在化和內在化的環節，以及存在著同樣的有機的發展模式：從統一體到差異，再到差異中的統一。所有這些愛所獨具的特徵都被整合進了相互肯認的主題，而現在黑格爾將之看作是精神的定義。只不過愛的互為主體性的層面被轉換成了理性自身的定義特徵。

122

認為愛在後期的體系之中不再扮演重要的角色，是錯誤的。儘管愛不再是精神的頂點，它仍然保持為它的原初的家和出發點。在他後期關於愛的討論中，家成了倫理實體的最初的基礎，它是精神自身的出發點。在 1821 年的《法權哲學的基本原理》中，黑格爾將堅持認為精神是如何在倫理實體的領域中現實化的（第 156-157 節），以及家中的愛是如何成為倫理實體自身的基礎的（第 158 節）。可以肯定的是，愛仍然是精神的一種初級形式，因為它還沒有意識到自身是一個理性的而只是感覺和欲望的媒介形式；儘管如此，愛的確標誌著精神的「直接的實體性」（第 158 節）。

現在要看到的要點是，黑格爾早期和晚期的精神概念之中的最終差異，實際上只是一種形式的差異，而非實質的差異。精神在早期和晚期黑格爾那裡保持為同一物；只是在後期黑格爾那裡，精神才變成了對它自身的自我意識，而它的自我意識牽涉到理性的理解。為了成為自我意識的，精神必須知道它自己是受制於權利和義務所組成的道德的和法律的領域的。當然，愛存在於欲望和感覺之中，而感覺和欲望是低於理性的理解的門檻的；但是黑格爾認為，反思不是破壞而是實現了愛，並且在愛之中達到頂點。在這裡，重要的是要注意到這一點，即黑格爾後來在他的宗教哲學中強調：儘管理性的反思改變了感覺和直觀的形式，但是它並沒有改變它的內容；實際上，它是那種內容的實現和現實化，而那種內容只是在感性的領域以萌蘖的和混亂的形式存在著（參見第 146-152 頁）。理性的反思因此就不是愛的破壞，而是它的最高程度的組織和發展。那麼，最終，黑格爾成熟的哲學中的精神就無非是他在法蘭克福時期一度頌揚過的那種愛的理性化和制度化。

Chapter **6**

宗教的層面

一、永無止境的爭論

124　　就在黑格爾於 1831 年去世不久，立即興起一場關於他的思想的宗教層面的激烈爭論。①黑格爾派左翼把黑格爾視為一個偷偷摸摸的無神論者和人文主義者，或者至多是一個泛神論者，與官方的基督教只有名義上的連繫。黑格爾派右翼則信奉黑格爾為基督教信仰的捍衛者，以及普魯士教會的一位實實在在的辯護士。在他們的眼中，黑格爾為現代新教教義所作的工作和阿奎那一度為中世紀天主教教義所作的工作別無二致：他也在賦予信仰一個理性的基礎。②

　　雙方都可以從自身角度出發蒐集大量證據。黑格爾派左翼能夠輕而易舉地證明，黑格爾絕非一個正統的清教徒。他的上帝不是超越的，而是內在的；他對於奇蹟和《聖經》幾乎沒有什麼興趣；而且，他把基督教描繪為自我和世界之間的某種形式的外化。難道不是黑格爾第一個宣稱「上帝之死」嗎？從他們的角度出發，黑格爾派右翼可以強調黑格爾對於知識與信仰的結合念茲在茲，想方設法把三位一體和道成肉身的教義理性化，以及總是急不可待地在普魯士的現實制度中——其中首先和最重要的是教會制度——尋求理性。的確，右翼有著所有證據中最有說服力的那一個：黑格爾在許多場合都曾直接明快地宣稱，他是一個路德主義者。③

---

① 對於這一爭論所進行的的有益的考察，請參見耶舍克（Jaeschke，1990 年），第 349-421 頁，以及托斯（Toews，1980 年），第 71-140 頁。

② 這種類比的始作俑者是克羅納（Kroner，1921 年），第 2 卷，第 259 頁。它常常錯誤地被歸之於卡爾·巴特。

③ 參見 GP，第 18 卷，第 94 頁；第 1 卷，第 73 頁；黑格爾致托勒克（Tholuck），1826 年 7 月 3 日，B，第 4 卷，第 28-29、520 頁；黑格爾致馮·阿爾滕斯坦（von Altenstein），1826 年 3 月 3 日，BS，第 531-532、572-574 頁。

　　這場爭論一直延續到今天。可以確定的是，它已經失去了它的政治迫切性；但是基本的問題仍舊保持為同一個。某些學者堅稱，黑格爾思想中的宗教層面對於他的全部思想而言是根本性的，因為黑格爾的基本目標是將基督教信仰理性化。④另外一些學者爭論說，宗教層面的意義可以忽略不計，它不過是黑格爾本質上人本主義的和無神論的議程的故弄玄虛的掩飾。⑤儘管他們注意到黑格爾撰寫了關於上帝的著述，但是他們認為這不過是對於宇宙的一個虔誠的術語。「黑格爾的祕密」不在於他是基督教的辯護士，而在於他是一個偷偷摸摸的無神論者，「德國哲學中無神論的人本主義的先驅」。⑥

　　這場爭論涉及到的東西遠遠超出了黑格爾的宗教哲學。潛在的問題對於他的全部思想之闡釋而言是根本性的，因為它涉及到他的哲學的真正目標。在這裡懸而未決的是這樣一個問題，黑格爾的目標是對於基督教的遺產百般辯護，還是斬草除根。此外，我們在第三章中討論過的，黑格爾哲學的形上學層面問題，實際上是衍生性的，依賴於宗教在黑格爾哲學中所扮演的角色。如果宗教的確在黑格爾的關懷之中占據核心地位——如果我們必須從字面上的意義來理解他的這個主張，即哲學和宗教都把神聖者作為它們的主題——那麼，關於他的哲學的所有非形上學的闡釋都證明是站不住腳的。

④ 我們可以把斯特林（Stirling，1898 年）、麥克塔加特（McTaggart，1901 年）、克羅納（Kroner，1921 年）、法肯海姆（Fackenheim，1967 年）、芬德萊（Findlay，1958 年），霍爾蓋特（Houlgate，1991 年）和奧爾森（Olson，1992 年）置入這個群體之中。

⑤ 在這個群體中，我們可以發現考夫曼（Kaufmann，1966、1972 年）、盧卡奇（Lukcás，1973 年）、加洛蒂（Garaudy，1966 年）、馬爾庫塞（Marcuse，1967 年）、柯耶夫（Kojève，1969 年）和所羅門（Solomon，1983 年）。

⑥ 所羅門（Solomon，1983 年），第 582 頁。

　　這種爭論波及到黑格爾思想發展歷程的每一個階段，既包括
1800 年以前他的早期著述，也包括 1806 年以後他的成熟著作。要
把這一爭論僅僅限制在黑格爾的成熟著作，好像他的早期著述與此
了無干係，這幾乎是不可能的。⑦因為這兩種解讀的支持者都把黑
格爾早期著作當作是闡釋成熟的黑格爾的鑰匙。

　　正如我們將要看到的，基督教的和人本主義的闡釋都是不充
分的。基督教的闡釋從來沒有公正地對待黑格爾對於基督教的批判
或者說他的異教的上帝概念。人本主義的闡釋無力做到把黑格爾
的上帝化約為宇宙，而且它實質上忽視了他把傳統的基督教信念理
性化的企圖。歸根結底，黑格爾思想中的宗教層面要比上述兩種極
端都更加豐富。因為黑格爾的目的是在它們之間開闢出一條中間道
路；他想要發展出一種新的神學，以克服人本主義和傳統基督教的
脆弱。

二、早期對於基督教的批判

　　關於黑格爾哲學的宗教層面的爭論始於他的早期手稿，那些寫
於圖賓根、伯恩和法蘭克福的手稿。圖賓根時期（1788-1793 年）
和伯恩時期（1793-1797 年）的主要手稿包括《圖賓根論文》、《伯
恩殘篇》、《耶穌傳》和《基督宗教的實證性》等。法蘭克福時期
（1797-1800 年）的主要手稿包括《論宗教與愛的草稿》、《基督
教的精神及其命運》和《體系殘篇》等。

　　羅森克蘭茲和海姆最先讀到這些手稿，他們相信，黑格爾的主

126

---

⑦ 所羅門正確地反對法肯海姆把早期著作排除出整個爭論之外的嘗
　試。參見所羅門（Solomon，1983 年），第 591 頁注釋 35 以及法肯
　海姆（Fackenheim，1967 年），第 5、7、156 頁。

要關懷是宗教方面的，確切地說，是神學方面的。⑧幾十年後，狄爾泰對於這些手稿做了更為深入徹底的研究。依照他的看法，這些著述根本上是宗教的，甚至是密契主義的，揭示了黑格爾在神祕的泛神主義傳統中的位置。⑨狄爾泰的學生，赫爾曼‧諾爾（Herman Nohl）編輯了黑格爾的早期著述，並首次以《黑格爾青年時期神學著作》（圖賓根：Mohr，1907年）為題出版了它們。這個標題概括了一整個闡釋的傳統；但是，在某種程度上，它是一種純粹的挑釁。

　　神學的或者宗教的闡釋——儘管是從反對的觀點出發——一個著名的領軍人物，是尼采（Nietzsche）。他把圖賓根神學院的所有後裔——黑格爾、謝林和賀德林——看作是基督教的祕密辯護人。他在《反基督》（Anti-Christ）一書中寫道：「只要提及『圖賓根神學院』，人們就能明白德國哲學在根本上是什麼了：一種陰險的神學。……施瓦本人是德國最傑出的說謊者，因為他們說起謊來一臉無辜。」⑩

　　其他學者爭論說，黑格爾的早期著作最好還是被描述為反神學的，確切地說，反督教的，因為它們激烈地批判了基督教。⑪依照盧卡奇的看法，黑格爾發展歷程中所謂的「神學階段」是一種「反動的傳說」。在他看來，羅森克蘭茲、狄爾泰和海林（Haering）是為了他們自己的國家主義的目的而挪用了黑格爾，完全罔顧作為黑格爾批判基督教的基礎的徹底的共和主義。⑫

127

---

⑧ 例如：參見羅森克蘭茲（Rosenkranz，1844年），第48頁；和海姆（Haym，1857年），第40-41、63頁。

⑨ 狄爾泰（Dilthey，1921年），第43-60、138-158頁。

⑩ 參見《反基督》，《尼采全集》，第6卷，第176頁，第10節。

⑪ 參見考夫曼（Kaufmann，1972年），第63、66-71頁；盧卡奇（Lukcás，1973年），第1卷，第34-56頁。

⑫ 盧卡奇（Lukcás，1973年），第1卷，第7-56頁。

在這場爭論中，第一要務當在於確定人們在談論的是哪些早期作品。⑬從圖賓根時期到法蘭克福時期，黑格爾對待基督教的態度幾經變化。儘管圖賓根和伯恩殘篇對於基督教提出了嚴厲的批判，但是法蘭克福時期的著述對於基督教遺產卻充滿著同情。可以預見的是，人本主義的闡釋受到了圖賓根和伯恩時期殘篇的啟發，而基督教的闡釋卻是基於法蘭克福時期的著述。

如果「神學」意味著解釋基督教教義或者證成之，就圖賓根和伯恩的著作而言，把它們描述為神學性質的，卻有誤導人之嫌。《圖賓根論文》為黑格爾的早期思想制定了議程，在其中，黑格爾明確申明，神學是一種教義的問題，他無意於討論這點（第 1 卷，第 16、17、18、19 頁）。在圖賓根和伯恩的歲月中，他令人驚訝地對於宗教信念的基礎幾乎毫無興趣，而滿足於接受康德的道德信仰的學說。依照這種學說，對於上帝、天意和不朽的信念基於道德的理由即可證成（TE，第 1 卷，第 16、17、18、19 頁）。這種興趣之缺乏的原因在於，黑格爾在圖賓根和伯恩的基本關切是發展出他的市民宗教的理念；他對於教義的興趣不在於它的意義或者真理，而在於它對於社會和國家的價值。然而，正是因為黑格爾對於神學幾乎毫無興趣，把這些早期手稿描述為「反神學的」也是誤導人的；黑格爾對於神學毫無惡意，而僅僅是將之懸置起來而已。⑭

然而，公平的是把黑格爾在這些手稿中的興趣描述為「宗教性質的」，即使反基督教的解讀的最為激烈的支持者也承認這一點。⑮

---

⑬ 這一區別不可能是更早地做出的一個理由是，因為對於黑格爾早期手稿定錯了日期。羅森克蘭茲和海姆都認定《基督教的精神》作於黑格爾伯恩時期；因此這個著作的更為宗教的層面似乎也就成了更早時期的基本特徵。

⑭ 請原諒無法苟同考夫曼（Kaufmann，1972 年），第 63 頁。

⑮ 考夫曼（Kaufmann，1972 年），第 63 頁。

黑格爾的宗教興趣在他的《圖賓根論文》中關於主觀的和客觀的宗教區分上體現得非常明顯。客觀的宗教是教義和教條，宗教應該經典化和制度化。主觀的宗教之為宗教，是因為它活在個體之中；它事關的不是教義，而是情感和行動（TE，第 1 卷，第 13-14、16 頁）。黑格爾使得以下這一點簡單明瞭，即他主要關心的是主觀的宗教：「所有事物都依賴於主觀的宗教；這是具有內在的和真正的價值的東西。讓神學家們盡情地為屬於客觀宗教的東西，為了它的各種教條以及它們的精確的規定性而爭吵不休吧！……」（第 1 卷，第 16、18 頁）。由於他的主要興趣在主觀的宗教方面，所以青年黑格爾一直被描述為一位存在主義的先驅（avant la lettre）。⑯但是這是一個錯誤。切勿把黑格爾的關懷誤作是齊克果的：他並不尋求那些「賦予我的生活以意義，並且對於我的救贖或者自我實現必不可少」的信念。他對於個體的得救毫無興趣，而只是想要培養主觀的宗教，以使公民們在國家中扮演一種實實在在的角色。

　　鑑於黑格爾對於神學沒有興趣，以及他對於宗教的關心是從屬於政治的，那麼，固執己見地認為圖賓根時期和伯恩時期的著述是反基督教的，就是正確無誤的嗎？乍看，這似乎也趨向了極端。似乎可能的是，捍衛對於這些著作所作的基督教義的解讀。在《伯恩殘篇》的第 10 篇文章中，黑格爾追問基督教是否滿足了公民宗教的各項要求，而他的回答是肯定的（BF，第 1 卷，第 90、62 頁）。事實上，正是出於這個原因，他才寫了《耶穌傳》。在該書中，他根據康德的道德哲學闡釋了耶穌的福音。儘管《實證性論文》的基本關懷是闡明基督宗教的實證性，也就是說，基督宗教嘗試著使信仰建立在律法的權威性而非僅僅在理性的基礎之上。但是，黑

⑯ 參見繆勒（Müller，1959 年），第 52-53 頁，以及克羅納（Kroner，1971 年），第 46 頁。

128

格爾仍舊清楚地論證說，基督教的核心是理性的（P，第 1 卷，第
105、124、153、166 頁），而它之變成實證的，只是歷史偶然性
的結果。當黑格爾在《伯恩殘篇》中申述正是耶穌的神聖性使得他
成為道德德性的典型之時，就出現了更多證據支持這種基督教的解
讀。「沒有他的位格的神聖性，我們就只有這個人；而在這裡，我
們有的是一個超人的理念——這個理念並不外在於人的靈魂……」
（BF，第 1 卷，第 82、57 頁）。最後，反基督教的闡釋在解釋《耶
穌傳》時會遇見困難。如果說這是黑格爾撰寫一本關於一種民眾宗
教的聖經（scrpiture）的嘗試，那麼，黑格爾為什麼要選擇耶穌作
為他的模範？⑰

　　儘管存在著某些證據可以支持對於圖賓根時期和伯恩時期的
著作進行基督教的闡釋，但總的來說，也存在大量的證據可以支持
反基督教的闡釋。遍觀《伯恩殘篇》和《實證性論文》，無處不存
在對於基督教充滿激情的批判。這種批判走得如此之遠，以至於它
甚至削弱了黑格爾對於以下這種觀念的不夠熱烈的支持，即基督教
有著本質上屬於道德的內容，它適合於充當民眾宗教。或可證明的
是，如果黑格爾更加首尾一致的話，他當會拒絕把基督教當作公民
宗教，否認它的教義的道德價值，乃至論證實證性就是基督教的真
正本質。

　　儘管黑格爾似乎認可基督教是一種民眾宗教，但是他在《伯恩
殘篇》和《實證性論文》中兩處的論證的整體要點是，基督教對於
國家來說是危險的。因此，他論證說，在《伯恩殘篇》中，基督的
箴言和國家的基本原理——比如與財產和正當防衛相關的法律——
背道而馳的。基督徒並不保衛國家，而是逆來順受，不予還擊；由

---

⑰ 參見玻格勒（Pöggeler，1990 年），第 70 頁，他正確地基於這些理
　由批判了盧卡奇。

於他鼓吹仁慈，所以，他將會削弱保護私人財產的法律（BF，第
1 卷，第 61-62、41-42 頁）。黑格爾爭論說，耶穌的教導實際上只
適合於一個教派或者家庭；如果我們嘗試著把它變成法律，那麼，
它們就會變成「壓制性的制度和欺騙人類的方式的最令人震驚的淵
藪」（BF，第 1 卷，第 63、42 頁）。在《實證性論文》中，黑格
爾論證說，僅僅是因為共和國德性的衰敗，才興起了基督徒對於個
人得救的關心（P，第 1 卷，第 206-213、221-224 頁）。如果個體
為了共同善而努力，那麼他會在共和國中發現不朽。

　　黑格爾還論證說，對於道德修養而言，基督教並非最佳的宗
教。無論是在《伯恩殘篇》中，還是在《實證性論文》中，黑格爾
都認為，蘇格拉底比耶穌更是一位道德的教師（BF，第 1 卷，第
50-54、32-35 頁；P，第 119-120、163 頁）。蘇格拉底尊重個體的
自由，他為他自己發現真理的權利，而耶穌則鼓吹一條預定的通往
得救的道路（第 1 卷，第 51-52、54、33、35 頁）。蘇格拉底並不
覓求信徒；但是耶穌要求對於他個人的信仰，甚至想要「一個充滿
著將軍和各種各樣的高級官員的帝國」（第 1 卷，第 50、32 頁）。
蘇格拉底知道他並不比任何其他人更好，但是耶穌認為他自己是
一個救世主。在《伯恩殘篇》中，黑格爾甚至論證說，基督教作為
一種德性的宗教是無用的，因為它只有在一個人已經是好人的情況
下才能發生作用（BF，第 1 卷，第 60、40 頁）。此外，基督教不
能聲稱自己是一種卓越的德性宗教，因為盧梭、柏拉圖和色諾芬
（Xenophon）的著作也強調了德性的價值（第 1 卷，第 64-165、
59 頁）。

　　在《伯恩殘篇》最後，黑格爾攻擊了基督教倫理的核心，它
的永恆得救的教義。這種教義使得得救的條件變成了對於基督和他
的冗長的死亡的信仰（BF，第 1 卷，第 92、62 頁）。黑格爾爭辯
說，道德的真正目標在那樣一種倫理中完全被忘記了（第 1 卷，第

130

84-85、59 頁）。道德需要自律，而基督教的前提條件是對於這個獨一的人的權威性的信仰。清教徒的救贖倫理「唯靠信心」（sola fide）應該被指責為削弱了道德的基本原理：「一個人只有在道德生活的基礎上才配得上幸福。」（第 1 卷，第 93、65 頁）

　　黑格爾對於基督教的批判也包括基督的神聖性，這個教義最初他似乎曾經接受過。儘管起初他認為，這種信念會促進道德，但是他很快撤回了這個說法。他寫道，基督的神聖性的全部觀念建立在貶低人性的構想的基礎之上。我們把基督抬高到神聖的地位上，就好像只有他就是德性的典型，這只是因為我們相信天生的罪惡使我們無法具有德性（BF，第 1 卷，第 96-97、67 頁）。黑格爾注意到，基督教最具特色的信念是基督的神聖性；但是他拒絕這個信念，因為它是整個救恩程序（ordo salutatis）的一部分，而這種程序和道德是不相容的（BF，第 1 卷，第 97-98、68-69 頁）。

　　還有另外一個強有力的理由可以認為黑格爾的伯恩手稿本質上是反基督教的。也就是說，在《實證性論文》中，黑格爾論證說，作為道德法則的源泉的神聖意志的觀念是某種形式的根本原理，確切地說，是所有他律的源泉。人們幾乎相信他在下列段落中所讀到的是費爾巴哈或者是馬克思：「神聖性的客觀性是與人的墮落和奴役齊頭並進的，而它（客觀性）只是時代精神的顯露，只是時代精神的顯現。」（P，第 1 卷，第 211-212、227-228 頁）。但是這個段落並非絕無僅有，只是一股稍縱即逝的激情。黑格爾在《伯恩殘篇》中已經預言了這一論題，當時他寫道：「義務和德行是自足的這一偉大的原則」已經被「與上帝的觀念最微不足道的連繫」削弱了（BF，第 1 卷，第 73-74、50-51 頁）。

　　黑格爾在伯恩時期對於基督教最強有力的批判使他牢牢置身於激進的啟蒙的傳統之中。在黑格爾的批判和諸如約翰·托蘭德（John Toland）、馬修·廷德爾（Matthew Tindal）和安東尼·柯

林斯（Anthony Collins）等激進的英國自由思想家之間存在著令人
矚目的親緣性，他們的學說在德國盡人皆知。[18]以下幾點是他們共
同擁有的：(1) 基督教教義的主要目的是宣傳道德；(2) 神職人員是
危險的，因為他們顛覆了道德背後的自律行為；(3) 原罪、得救的信
仰和贖罪的教義顛覆了基督教的道德目標，因為它們使信仰而非德
性成為了得救的條件；(4) 唯一本質性的宗教信念是相信上帝存在、
天意和不朽；(5) 基督教信仰的基礎不可能建立在歷史的證據和奇蹟
的基礎之上，因為它們不能經受住批判性的審查；以及 (6) 基督的
神聖的元素不是對他獨一無二的，而是內在於所有人性之中。就黑
格爾和這種傳統之間的親緣性而言，他的共和主義也是同樣重要的。

在談到伯恩時期和圖賓根時期的著述時，那些為了支持黑格爾
的反基督教的議程而據理力爭的人，把所有重量都放在了他們偏愛
的證據上。黑格爾在這段時期裡是否真是一個無神論者，仍舊難以
證實；但是，至少他對於基督教的態度是極為反感的。

三、法蘭克福時期的反轉

132

適用於圖賓根和伯恩時期的東西未必同樣適用於法蘭克福時
期。實際情形截然相反。在法蘭克福的歲月中，黑格爾關於宗教的
思考經歷了巨大的轉變，確切地說，經歷了實質性的大轉彎（volte-
face）。黑格爾在幾個根本性的方面推翻了他之前的思考。[19](1) 在伯

---

[18] 參見黑特納（Hettner，1979 年），第 1 卷，第 350-351 頁。
[19] 海林和哈里斯都爭論過這種斷裂而強調黑格爾發展歷程的連續性。
參見海林（Haering，1929 年），第 1 卷，第 306 頁，以及哈里斯
（Harris，1972 年），第 259 頁。然而，他們不能充分地解釋這裡申
述的基本緊張。哈里斯試圖這樣做，但是他的努力徒勞無功，而且
矯揉造作，而且似乎更多地證明了它的反面（第 311、325 頁）。

恩的歲月裡，黑格爾把康德的道德看作是宗教的本質與目標；在法蘭克福的歲月中，他把宗教看作是超越康德道德的立場。康德對宗教的批判變成了宗教對康德的批判。(2) 在伯恩時期，黑格爾在康德的道德之中看到了對於實證性的解答（solution）；在法蘭克福時期，他把康德的道德看作是實證性問題的一個部分。(3) 在伯恩時期，黑格爾是基督教信仰的某些基本條款——例如：道成肉身和三位一體——的批判者；確切地說，他把信仰的觀念看作是對於理性自律的違反。在法蘭克福時期，黑格爾不僅捍衛這些條款，而且論證說，對於基督教而言，信仰是本質性的。(4) 在早期歲月中，黑格爾堅持理性作為承認宗教信仰的最終權威。在法蘭克福時期，他強調說，宗教的信念建立在愛的基礎之上，愛超越了理性。就這樣，康德式的理性主義者變成了宗教的密契主義者。

　　這種反轉發生於其中的主要著作《基督教精神及其命運》，對於所有把黑格爾闡釋為一個反形上學者、無神論者和人本主義者的人來說，是一個絆腳石。[20]這份手稿基本上是一個宗教密契主義者

---

⑳ 黑格爾派左翼未能解釋手稿，這極為明顯而又令人發窘。所羅門（Solomon，1983 年），第 590 頁承認，它揭示了和基督教「達成和解的一塊新基石」，黑格爾嘗試著拯救其中理性的東西。但是他在同一段落中又反對這種評價。由於完全忽視了黑格爾對於密契主義的辯護，他提到他堅守「對於理性的忠誠」；由於對於黑格爾挪用約翰福音中的邏各斯、三位一體和道成肉身完全視而不見，他寫道，黑格爾現在已經揭穿了「幾乎整個基督教神學」的真相。考夫曼（Kaufmann，1972 年），第 90 頁承認，手稿是「黑格爾發展歷程中的轉捩點」。但是他堅持認為，這個轉變是從康德倫理學轉向歌德的整體主義的人本主義（第 92-94 頁）。黑格爾談論信仰時，它只是「在兩種自由精神之間的愛與信任」（第 93 頁）。但是這對於黑格爾的宗教語言來說是不公正的，他頻頻提到無限和基督教的邏各斯。考夫曼正確地指出，黑格爾並沒有捍衛對於超越上帝的信

的著作、一個懺悔的理性主義者的著作。他已經重新皈依了更高的
宗教經驗的領域，重新皈依了表達出這種經驗的某種傳統的經驗教
條之中。在這部著作中，對於密契主義的辯護無處不在：黑格爾強
調說，無限存在於超越了證明的神聖之愛中；他堅持認為，無限只
有透過信仰才能通達，而信仰就在於內在經驗。可以肯定的是，黑
格爾後來和這種密契主義徹底決裂了，認為無限只能透過理性才能
認識（第 88-89 頁）；但是，他沒有改變他在法蘭克福時期贏得的
對於基督教的更加同情的態度。

　　什麼可以解釋這種戲劇性的大轉彎（volte-face）？也許這是由
於賀德林的影響，他在黑格爾抵達法蘭克福之前就已經表達了各種
神祕主義的觀念。但是這在某種程度上具有假設的性質，因為我們
對於法蘭克福時期黑格爾和賀德林之間的討論知之甚少。[21]無論如
何，這都不能算是很充分的解釋。因為，即使有某種影響，那也必
定是在黑格爾的發展歷程中有某種東西使得他願意接受它。歸根結
底，答案存在於黑格爾思想發展歷程的內在張力之中。

　　黑格爾在圖賓根和伯恩時期面對的主要問題是，如何闡述關
於現代公民宗教的學說。黑格爾要求這些學說必須滿足以下三個標
準：(1) 它們必須建立在理性的基礎之上；(2) 它們必須訴諸心靈和
想像力；(3) 它們必須服務於所有的生活需要，尤其是公眾的和官

133

　　仰；但是這一點又幾乎不能處理他的內在的上帝。盧卡奇（Lukács，
　　1973 年），第 1 卷，第 167-168 頁，承認法蘭克福時期有一個激烈
　　的反轉，它涉及密契主義和對於基督教的挪用。他透過把它降低到
　　黑格爾發展歷程中一個純粹的過渡階段來處理這個時期，好像黑格
　　爾後期沒有把他在法蘭克福時期闡述的愛、生命和辯證法等概念理
　　性化一樣。
[21] 關於這些討論，請參見亨利希（Henrich，1971 年），第 9-41 頁和
　　雅姆（Jamme，1983 年），第 141-316 頁。

方的事務（TE，第 1 卷，第 33、20 頁）。黑格爾所面臨的主要障
礙是基督教的遺產，它猛烈地撞擊著這些急需品。和 (1) 相反，它
的基本教義感染上了實證性；而和 (3) 相反的是，基督教認為個人
的得救凌駕於共同善之上，而且它的箴言更適合於一個教派而不是
一個國家。另一方面，黑格爾認識到，公民宗教必須建立在基督教
的基礎之上，它在近兩千年的時間裡已經成為西方文化發展中的主
導性力量。他還意識到，試圖在啟蒙的時代復興異教神話，無異於
痴人說夢。

　　因此，緊張就在於，黑格爾不得不卻又不能在基督教的基礎
上建立起他的公民宗教。在伯恩時期，黑格爾對此問題給出的答案
是闡釋基督教，以便它似乎是──如果不是對他自己而言，至少也
是對這個民族而言──一種理性的宗教。因此，他寫了他的《耶穌
傳》，根據這部書，基督是康德的道德的布道者。但是黑格爾本人
是第一個不相信這種新的理性的神話的人，因為它與他的基督教的
實證性的信念發生了急劇的衝突。還是在《伯恩殘篇》中，黑格爾
就論證說，基督是一位低於蘇格拉底的教師，因為基督要求向信仰
繳械投降，而不是獨立的思考。在理論上，黑格爾真的想要蘇格拉
底成為他的公民宗教背後的指導精神；但是他在自己時代的脈絡中
不能採取那樣一個行動，因為他自己的時代仍舊停留在基督教傳統
的支配之中。

　　那麼，如果黑格爾想要支持他的公民宗教的理念，而且如果他
必須建基於基督教之上，就別無依賴，只能求助於重新闡釋基督教
的意義了。這就是法蘭克福時期所發生的事情。根本性的往前推進
是，現在黑格爾對基督教有了一種新鮮而貌似可信的闡釋。他不再
把耶穌視為康德道德的代言人，而是視為愛的傳教士。畢竟，對於
這樣一種解讀來說，《聖經》當中存在著極強的證據，首先和最重

134

要的是《約翰福音》，黑格爾常常引用它。[22]這種解讀沒有把耶穌視作康德的道德的布道者所具有的任何牽強附會和年代錯誤。藉助於這種闡釋，黑格爾現在處在這樣一個位置上，他可以挪用和解釋教會的許多根本性的教義，比如道成肉身和三位一體。現在，甚至他對康德的態度都必須發生變化，如果康德的倫理學仍舊停留在義務的層面，而沒有認識到更高的愛的力量的話。

　　無論多麼具有策略性，這種對於基督教的新闡釋仍舊只是臨時的解決辦法。因為在法蘭克福時期，黑格爾也認識到，愛的福音是不適合於他的公民宗教的。儘管它自然會求助於心靈和想像力，但是它也更加適合於一個教派而不是整個社會的倫理。儘管我愛我的同黨，但是我很難聚集我的情感去熱愛一個很大的國家的其他公民。此外，在愛背後的密契主義因素不能滿足理性的各種要求，而這是公民宗教基本的急需品之一。於是就造成一種悖論，黑格爾晚期神學的理性主義已經潛存於他的密契主義之中，尤其是把上帝和神聖的邏各斯等同起來（GC，第 374、307 頁）。

四、新宗教

135

　　只有在耶拿時期（1891-1897 年），黑格爾才擬定了他成熟的宗教哲學的大綱。這個時期最為重要的發展是，他試圖調和哲學王國和宗教王國。正是在這幾年中，他第一次設想把他的辯證法上升到絕對。法蘭克福時期的密契主義已經把信仰置於理性之上，在黑格爾越來越認識到有必要證成絕對的觀念之時，這種密契主義消失了。黑格爾究竟是在哪個階段發展出了他的辯證法，並邁向他後期

㉒《約翰福音》，第 3 章，第 16 節；第 13 章，第 35 節；第 15 章，第 10-12 節。

的理性主義，不是我們這裡要關心的問題。㉓我們唯一的興趣是要確定黑格爾宗教的，確切地說是，基督教的信仰。

　　耶拿時期黑格爾思想中的宗教層面既簡單明瞭，又見解獨到，還貫穿一切。在他的《差異論文》開篇處，以及在 1801-1802年關於邏輯學和形上學的講座中，黑格爾毫不含糊地說，哲學的目標就是認識絕對（D，第 2 卷，第 25、94 頁；GW，第 5 卷，第 271 頁）。在刊載於《哲學批判雜誌》的一篇短評中，上帝的觀念應該再一次被置於哲學的尖峰，以至於它是「所有事物的唯一基礎、唯一的認識原則和存在原則（principium essendi and cognoscendi）」（W，第 2 卷，第 195 頁）。調和信仰和理性的計畫在〈信仰與知識〉一文中得到最詳細的宣告和辯護。在該文中，黑格爾批判了康德、雅可比和費希特那裡的理性與信仰的二元論。黑格爾所熱望的是「思辨的耶穌受難節」──在那一天，理性自身從反思的灰燼中復活，透過對於知性範疇的否定而上升到絕對（GuW，第 2 卷，第 432-433、190-191 頁）。

　　但是如果這是宗教的議程，那麼，它是基督教的議程嗎？如果認為黑格爾現在，在任何正統的意義上，視自己為一個基督教哲學家，那就完全誤解了他。他重新對基督教持同情的態度，但是從未達到皈依基督教的地步。實際上真實情況是，儘管黑格爾使用基督教的隱喻來描述他的哲學，但是他拒絕稱之為基督教的；實際上，他明確提到，它意味著超越基督教。從以下兩個重要卻遭到忽視的材料中可以顯示出這一點：他的《倫理實體的體系》的結論部分，關於這一部分，我們有羅森克蘭茲保存下來的一個摘要；㉔以

㉓ 關於耶拿時期的更為詳細的闡釋，請參見耶舍克（Jaeschke，1990年），第 123-207 頁。

㉔ 羅森克蘭茲（Rosenkranz，1844 年），第 131-141 頁；在哈里斯和瑟夫的《倫理實體的體系》譯本收錄了此段落翻譯，第 178-186 頁。

及耶拿時期和謝林為《哲學批判雜誌》所合寫的一篇論文。㉕在第一篇著作中，黑格爾申明，哲學的任務是建立起一種既非新教的亦非天主教的新宗教。黑格爾遠遠沒有認同新教主義，以至於他把它當作是自我和世界之間的極端異化的表達，而這正是他想要克服的難題。在第二篇著述中，黑格爾澄清了，基督教和異教應該在新的更高哲學立場上克服二者都是片面的觀點。如果基督教的本質就是始於無限而下降到有限，那麼，異教的本質就是始於有限而上升到無限。這種新的更高的哲學立場將會把這兩種觀點統一起來。它將會看到自然中的神聖，以糾異教之偏；但是它也會看到神聖中的自然，以完基督教之璧。

毋庸置疑，就理解耶拿時期黑格爾對於基督教的態度而言最重要的文本是《精神現象學》中〈苦惱意識〉那一章。法蘭克福時期的密契主義從來沒有磨鈍黑格爾對於基督教某些方面的敵意。《伯恩殘篇》中的某些反基督教的怒氣在「苦惱意識」中又浮出水面。這一章就是對於傳統基督教的激情滿懷的批判，尤其是對於它的超越上帝和拯救倫理的批判。儘管黑格爾從來沒有提及具體的歷史人物，但是他的主要目標就是基督教的生命觀，它把大地上的生命視為只是走在通往天堂之途的朝聖之旅，而這種觀點最為明顯地在奧古斯丁《上帝之城》第 19 卷中表達了出來。由於基督徒設想他在

㉕《論自然哲學和哲學一般之間的關係》，載《謝林全集》，第 5 卷，第 106-124 頁和 GW，第 4 卷，第 265-276 頁。這篇論文有迪‧喬瓦尼和哈里斯的譯文，載《在康德與黑格爾之間》（Albany: SUNY，1985 年），第 363-382 頁。這篇論文的著作權仍有爭議，因為謝林和黑格爾都宣稱這是他們單獨撰寫的。參見「編者手記」，GW，第 4 卷，第 543-546 頁。幸運的是，著作權問題並非一定要解決：二者都宣稱有著作權這個事實證明了二者都接受它的內容。

天堂中的得救，那麼，他就把自己視為大地上的異鄉人。至善就
不可能存在於塵世之城，塵世之城是疾病、死亡和毀滅的王國，因
此至善只可能在天空之城中找到。但是基督徒還必須努力克服他自
己的那種無價值的情感──罪惡意識，這種罪惡意識使得他只配得
到永久的懲罰。黑格爾論證說，基督徒甚至不能在三位一體和復活
的教義中發現希望，至少基於他們的正統的闡釋是這樣。儘管這些
教義被認為是達到了上帝與人之間的和解，但是它們只是鞏固和加
強了他們之間的分離。這是因為基督的顯現只是偶然的，一個獨一
的歷史事件，而且因為基督只是獨一的個體，上帝獨一無二地鍾愛
的嗣子。基督之死意味著，上帝已經從世界中撤離，在個體與上帝
之間再也沒有直接的調停者。因此，「苦惱意識」，在絕望的深度
上，可以推斷出「上帝自己已經死了」。

　　《精神現象學》中的〈苦惱意識〉章清晰地顯示出，黑格爾為
什麼必須拒絕傳統的基督教：它是自我和世界相異化的最為極端的
形式。但是如果這一章是反基督教的，那麼它也是反宗教的嗎？切
勿貿然從它對傳統基督教的批判中推論出，黑格爾是一個世俗的人
本主義者。恰恰相反，正是因為黑格爾的目標是克服自我與世界之
間的異化，所以，他仍然要賦予宗教以一個根本性的地位。正是宗
教可以透過向個體顯示自然與歷史之中的神聖者的內在性，以達成
個體和他的世界之間的和解。因此，如果異化問題的解答是否認一
個超驗的上帝，那麼，它也就同時肯定了一個內在的上帝。

　　《精神現象學》中讓人浮想聯翩的「上帝之死」一詞已經被
當成對黑格爾進行人本主義闡釋的標語和核心。這個詞經常出現在
黑格爾的著作中：《知識與信仰》快要結尾的地方；在羅森克蘭茲
關於《倫理實體的體系》報告中；在《精神現象學》「啟示宗教」
部分，在此處，它重新提到「苦惱意識」部分；以及最後，在關於

宗教哲學的講座中。㊱然而，這個詞並不意味費爾巴哈和尼采使用
它時所指的意思：在一個更為世俗的文化中信仰的無關緊要性。相
反，黑格爾用它宣告傳統基督教的終結以及對於一種新的宗教的
需要，或者至少是對於基督教的一種新的理解。這個詞指的是上　138
帝之子──基督，死在十字架上。它的源頭可能在約翰・李斯特
（Johann Rist）的頌歌「噢，偉大的困境！上帝自己已經死了。他
死在了十字架上」（O grosse Not！ Gott selbst ist tod. Am Kreuz ist
er gestorben）。㊲黑格爾解釋說，基督之死使基督徒充滿了「無限的
痛苦」，因為上帝已經透過放棄他唯一親生的兒子而從世界撤離出
去（W，第 2 卷，第 432-433、190-191 頁）。既然上帝和人之間的
調停者已經死了，那麼，似乎就再也沒有救贖的希望或者復活的希
望。但是這種死亡僅僅是理念的生活的一個環節，黑格爾向我們保
證。在新的復活中將要否定自身的，正是否定性的環節。黑格爾建
議，我們不應該把基督的死亡和復活闡釋為一個歷史的事件，而應
闡釋為精神生活的一個隱喻。它表達了這樣的事實，即我們必定在
愛的經驗中和理性的發展歷程中失去和發現我們自己。

　　最終，黑格爾在耶拿時期對於基督教的態度是模稜兩可的或
者有雙面孔的。他想要把異教和基督教統一起來，將自然神聖化，
把神聖自然化。無論是對黑格爾作基督教的解讀還是人本主義的解
讀，都沒有公正地對待這個態度，因為它們都偏向一方。基督徒沒
有看到，黑格爾想要把神聖自然化；人本主義者忽視了，他想要把
自然神聖化。出於同一原因，黑格爾把基督教世俗化了這一平常的

㊱ W，第 2 卷，第 432-433、190-191 頁。羅森克蘭茲（Rosenkranz，
　1844 年），第 138 頁；PG，第 546 頁，第 787 節；W，第 17 卷，
　第 291-293、297 頁。

㊲ 關於準確的來源，參見伯比奇（Burbidge，1992 年），第 97、107
　頁。黑格爾在 W，第 17 卷，第 297 頁提到讚美詩。

陳述既是不刊之論，又極端誤導人。說它正確，是因為黑格爾把上帝的概念理性化了，否認了它的超自然的地位，並使之內在於世界之中，因此，上帝和自然與歷史是不可分離的。但是它同樣也是誤導性的，因為它暗示黑格爾把上帝化約到了自然和歷史的層面，就好像它不過就是自然的和歷史的事件的整體性。這沒有看到，黑格爾想要把自然與歷史神聖化，也同樣要把神聖者自然化和歷史化。

139　　　　總而言之，我們必須既要避免緊縮也要避免誇大黑格爾的神聖概念。神聖首先存在於解釋的秩序之中，而不是首先存在於實存的秩序之中。如果它僅僅在自然與歷史中達到實存，也就不能被化約為所有歷史與自然的事件的總和，因為它是使所有這些事件得以可能的整體，基督徒的闡釋犯了膨脹黑格爾的上帝概念的罪，就好像上帝不僅僅在本質中，而且在實存中；那麼，它顯得好像上帝意味著一個實體，這個實體由於在概念上先於世界，所以也在實存上先於它。人本主義的闡釋犯了緊縮黑格爾的概念的罪，就好像它在本質中是第二位的，因為它已經如是在實存之中了；那麼，看起來似乎上帝不過是所有特殊事物的總和，它只是一個用來表示宇宙的虔誠的術語。

五、成熟的觀點

　　　　黑格爾耶拿時期的計畫為他成熟的宗教哲學制定了議程，而他成熟的宗教哲學在他的柏林講座中最終成型。黑格爾分別在 1821 年、1824 、1827 年和他去世的那一年——1831 年，總共做了 4 次關於宗教哲學的講座。最引人注目的是在他的成熟的宗教哲學和耶拿時期之間的連續性的程度。但是，在它們之間仍然存在著一個非常重要的差異：晚期黑格爾曾懺悔說，自己是一個路德主義者。如果這個懺悔是真誠的，那麼，它表明黑格爾在自我意識裡把自己當作基督教哲學家；它意味著對於耶拿時期新宗教的觀念的摒棄。

在《哲學百科全書》第 2 版（1827 年）的序言中，黑格爾就
他的成熟的哲學以及它與宗教之間的關係，做了一個吐露心聲的說
明。他寫道，哲學的任務就是發現宗教和國家背後的理性的核心。
它的目標就是「認識到，確切地說，就是證成」「法律、單純的宗
教和虔誠的合理的真實性」（EPW，第 8 卷，第 15、5 頁）。黑格
爾想要恢復哲學和它的文化之間的天然和諧，而由於啟蒙的激烈批
判，這種和諧已經被打破。他寫道，曾經有一個非常幸福的時代，
哲學和教會與國家之間和諧相處，哲學試圖透過自然法和宗教來證
成它們。但是這種天然的和諧由於啟蒙的激烈批判而被打破。他斷
言，現在是時候創造一種新的更高的綜合了，但是這種綜合是透過
徹底的批判而回到哲學和文化之間的原初和諧。透過曾經削弱了國
家和教會的基礎的同樣的批判，這些將「與矛盾自身相矛盾」，以
至於「精神慶祝它自己和自身的和解」。

140

　　黑格爾似乎在宗教中賦予哲學他曾經在政治中賦予它的同樣
保守的議程。和《法權哲學》的序言作一個類比是錯不了的。正如
在政治中，哲學家不應該預先規定我們該如何生活，同樣，在宗教
中，哲學家也不應該預先規定我們該相信什麼。無論是在宗教中，
還是在政治中，哲學的任務都是發現在當代的實踐和制度中現實化
了的合理性。正是基於這些原因，海姆指責黑格爾的宗教哲學具有
和他的政治哲學同樣性質的反動傾向。在海姆看來，黑格爾的宗
教哲學試圖將普魯士教會理性化，正如他的《法權哲學》捍衛普魯
士政府。[28]黑格爾表面上的反動傾向似乎也為理解他的路德主義的
懺悔提供了一個完滿的脈絡：如果這位哲學家把普魯士制度理性化
了，那麼，他不應該宣誓效忠於它們嗎？

---

[28] 海姆（Haym，1857 年），第 424-427 頁。

　　但是這種解讀實在是過於簡單了。存在於黑格爾那句模稜兩可的警句之中的含糊其辭同樣在他的宗教哲學中重新露面（參見第221-223頁）。這個模稜兩可的警句說的是，真實的是合理的──在現實的制度中存在著理性──和合理的是真實的──理性的標準將會在歷史中實現出來。如果把這個警句應用於教會，那麼，哲學家必須認識到，儘管在教會中存在著某種合理性，教會也將必須改變以實現理性的標準。如果在教會的歷史背後就像在政治的歷史背後一樣存在著理性，那麼，教會必須像國家一樣改變以成為完全理性化的。黑格爾在國家的情況中為現實的合理性所作的資格限制也應該同樣適用於教會：並不是所有實存的事物都是現實的（第6節）。藉助這種關鍵性的資格──在宣告他的和解計畫之後，立即極具針對性地將之引入──黑格爾在哲學和官方的普魯士教會之間引入了他可以期望的所有批判性的距離。

　　這個模稜兩可的警句的含糊其辭解釋了黑格爾宗教哲學中被正確地戲稱為「雙刃劍」的東西。[24]黑格爾的哲學同時既是為傳統基督教所作的辯護，又是對於它的批判。可以肯定的是，試圖將基督教教義理性化；但是在這樣做時，它又清洗乾淨了後者身上的非理性的因素，其中許多屬於傳統基督教。因此之故，從一個片面的觀點出發，把黑格爾要麼看作左翼的人文主義者──無神論者，要麼看作右翼的普魯士國家教會的辯護士，都把事情大大簡單化了。總而言之，黑格爾與傳統基督教的關聯最為典型地體現出他的辯證法：它既保存，又否定了它的主題。

　　這個模稜兩可的警句的含糊其辭也適用於黑格爾的路德式的懺悔。黑格爾既把理性等同於路德主義，又讓自己和路德主義保持

─────────

[24] 耶舍克（Jaeschke，1990年），第357頁。

距離。但是如果這個懺悔不是一個反動派的宣言，那我們又該如何理解它？我們可以把它解讀為一個政治策略，對於普魯士政府的撫慰。[30]畢竟，當黑格爾必須保護自己以免遭在他的講座中有反天主教的情緒的指控之時，在阿爾滕斯坦（Altenstein）──普魯士的文化大臣──面前宣告他的路德主義，只是黑格爾謹小慎微罷了。黑格爾爭辯說：在一所官辦新教大學中，他有權批判天主教會。但這一懺悔並非僅僅是政治策略。要知道在他的講座中，黑格爾為路德的彌撒（mass）觀念進行的辯護是多麼引人注目！[31]他賦予彌撒以極大的重要性，他把它看作是「基督教教義的核心要害」，所有其他的差異都可以從中推導出來（W，第 17 卷，第 326 頁）。他批判天主教的聖餐的變體，也批判改革後教會的象徵的彌撒思想；路德關於彌撒的思想──基督的靈和肉都只能透過信眾的經驗才能呈現──是「靈中最豐富之物」，「即使它還沒有完全獲得理念的形式」（W，第 17 卷，第 327 頁）。那麼，不僅僅是作為一個忠誠的文職公務員，而且在教會學的事務中，黑格爾都可以自稱路德主義者。

142

　　為了解答黑格爾的路德主義的問題，我們必須問問我們自己路德對於黑格爾意味著什麼。他對於路德的基本原則和在歷史中的作用一直諳熟於胸（GP，第 20 卷，第 49-60 頁；第 3 卷，第 146-155 頁）。路德第一個明確而完整地表達了對於現代世界如此根本的主觀性原則，依照這種原則，我不應該接受任何不符合我自己的良知的信念。在黑格爾宣稱他是一個路德主義者時，首先和首要地肯定

---

[30] 所羅門（Solomon，1983 年），第 582 頁。

[31] 這也不僅僅是一個策略，因為黑格爾在《基督教的精神》（W，第 1 卷，第 297-301、364-369 頁）中已經持有類似於路德的彌散觀之類的東西了。

的就是這個原則，他把這個原則當作路德學說的根本精神。由於這條原則在他的哲學中扮演了如此重要的角色（第 230-233 頁），他就又有一條很好的理由宣稱自己是路德主義者。

那麼，最後，黑格爾那路德式的懺悔並不僅僅是表面文章。它是一個忠實於原則和儀式的真誠的陳述。但是它絕不蘊含著路德的正統學說；因為，我們很快就會看到，黑格爾從根本上離開了路德的神學。

六、上帝的概念

黑格爾和傳統基督教的模稜兩可的關聯最明顯地來自他的上帝概念。黑格爾的概念保留了傳統的上帝的定義，把上帝定義為無限；但是他否定了傳統上把無限闡釋為在他的創造物之外實存著的超自然的存有者的做法。在《邏輯學》中，黑格爾明確反對任何將它自身與有限分離開來的無限的構想，或者以暗示的方式反對任何關於將它自身與世界分離開來的神聖者的構想（WL 第 1 卷，第 95-146 頁）。他推理，如果無限被設想為與有限對立，那麼，它就會是有限自身，因為它就會被有限所限制。那麼，就極有可能存在著比無限更大的實在，也就是說，無限和有限的統一體。因此，真正的無限包括有限，神聖者包含著整個宇宙。這種無限的概念和正統的有神論的上帝的思想針鋒相對，依照後者，上帝超越了世界，無論它是否創造了世界，它對於上帝的身分沒有任何區別。黑格爾反對這種正統的概念，他直率地宣告說：「沒有世界，上帝就不再是上帝。」（W，第 16 卷，第 192 頁）

那麼，和傳統的基督教相反，黑格爾把上帝設想為內在的。上帝在有限的世界啟示自己或者體現自己，它和它在自然和歷史中的具體化是不可分離的。然而，重要的是強調，它不可化約為它的具體化，即使它並不超越它。正是因為它是這種具體化的基礎、實質

和源泉，所以，它是某種比它們更多的東西，而因此就不可化約為它們。鑑於上帝和世界的不可分離性，黑格爾把神聖者自然化和歷史化了；但是鑑於它不可化約為世界，他把歷史與自然神聖化了。

黑格爾的某些更正統的同時代人指責他為泛神論，在他那個時代這種指控極為嚴重，因為它常常和無神論連繫在一起。由於他的幾個激進的學生也把他闡釋為泛神論者或者無神論者，所以左翼和右翼在這一點上同床異夢。由於黑格爾仍然經常被描述為一個泛神論者和被闡釋為無神論者，重要的是考察他對於這種批評的回應。[32]

黑格爾有兩條思路來抵禦這種指責。他的第一條思路就在於捍衛泛神論。認為黑格爾拒絕泛神論是為了證明他自己的正統，這是誤解了黑格爾的論戰。[33]毋寧說，他的策略是指責他的控訴方具有一個扭曲了的泛神論的概念。他論證說，把泛神論和無神論等同起來，是一個完全的誤解。這樣一個等式假定，泛神論者把上帝等同

---

[32] 黑格爾對於批評的回應在 EPW，第 573 節評論上：在 1831 年關於宗教哲學的講演中，見 W，第 1 卷，第 97-101 頁；在 1824 年代講座中，見 VPR，第 1 卷，第 246-247、346-347 頁；在 1827 年講座中，見 VPR，第 1 卷，第 272-277、374-380 頁；在 W，第 18 卷，第 390-466 頁的一篇評論中。

[33] 這一點耶舍克（Jaeschke，1990 年），第 362 頁和所羅門（Solomon，1983 年），第 633 頁都忽視了，他們誤解了黑格爾的整個論戰。他們認為，黑格爾拒斥泛神論是因為他把它等同於這種觀點，神聖者是有限事物的整體性。但是在 1827 年和 1831 年的講座中，以及在《哲學百科全書》，第 573 節中，黑格爾毫不含糊而且有所偏重地論證說，這是對於泛神論的誤解。只有在 1824 年講座的一個段落中，黑格爾似乎贊成這是關於泛神論的一種解釋，VPR，第 1 卷，第 246-247、346 頁。但是它最終的闡明對於這種闡釋是持嚴厲批判態度的。總而言之，重要的是要看到，黑格爾所批判的不是壞的泛神論的概念，而是某種壞的泛神論概念。

於有限事物的總和。但是黑格爾抗議說，沒有一個人曾經持有這樣一種粗魯的立場。泛神論者認為，上帝是所有有限事物的實質或者本質，而所有事物不過是上帝的諸種顯現。泛神論者沒有把神聖性賦予有限事物，他們使有限事物消失在神聖者中。黑格爾爭辯說，最好是把這樣一種學說稱為「無宇宙論」（acosmism），那個術語的意思是有限消失在無限之中。他繼續說，關於泛神論的無限的主要源頭是，人們混淆了普遍性或者統一性的兩種含義：在抽象的普遍性或統一性中，部分先於整體；而在具體的普遍性或者統一性中，整體透過使它們得以可能而先於部分。泛神論者和無世界論者強調的正是，上帝是在所有事物背後的具體的普遍或者統一性；但是它們的具體的普遍性或者統一性被它們的敵人和一種抽象的普遍性合併在一起，以至於看起來泛神論者似乎純粹把神聖者等同於個別事物的整體性。這是一個很簡單的觀點，可以肯定的是，這個觀點被當代黑格爾學者忽視了。他們堅持認為，黑格爾的泛神論的上帝只是一種更虔誠的談論上帝的方式。[34]暫且假定黑格爾的上帝是泛神論的，那麼，在把上帝等同於有限事物的整體性和把上帝當作這種整體性的源泉／實質和本質之間仍然存在著巨大的差異。

　　黑格爾第二條捍衛的思路是，儘管泛神論不是無神論，但是他終究不是一個泛神論者。黑格爾拒絕泛神論的指控，不是因為他認為泛神論是錯誤的，而是因為他認為它是不完整的；換言之，泛神論提供了一種必要的但不是充分的關於上帝的解釋。黑格爾同意泛神論者以下這點，即存在著單一的普遍實體，這個實體就是所有

---

[34] 所羅門（Solomon，1983 年），第 62 頁注意到黑格爾的區分，但是認為它只是「一個小小的技術性的細節」，它並不能證明他是無神論者（第 633 頁）。但是這一點對於黑格爾的全部哲學來說具有核心意義；它也顯示出他不是一個無神論者。

有限事物的本質與源泉。但是，在下面這兩個基本的方面，他並不贊同他們。首先，並不認為有限的領域會消失在絕對之中；相反，他認為，正是這個領域揭示了絕對，確切地說，絕對只有透過它才存在。黑格爾認為，哲學必須解釋有限世界的實在性；而且，正是基於這個理由，正如我們已經看到的，他拒斥了斯賓諾莎的泛神論（第92-93頁）。其次，他認定，無限不僅是實體，而且也是主體；說它也是主體意味著 (1) 它不僅在自然之中揭示自身，而且尤其是在文化和歷史的領域揭示自身；(2) 它不僅是有機的，而且也是精神的，不僅存在於生命之中，而且也存在於生命的自我意識之中。

145

　　黑格爾對於絕對的主觀性的強調，對於他保存基督教的信念和制度的努力來說是至關重要的。因為泛神論的傳統沒有發展出絕對的主觀性的一面，所以黑格爾論證說，它不能支持基督教的某些基礎性的和獨具特色的信念，比如「道成肉身」和「三位一體」。黑格爾認為，人們能夠根據絕對的主觀性解釋這些信念。他在〈基督教的精神〉一文中首次嘗試提供這樣一種解釋。在這裡，黑格爾求助於有機體的結構來解釋「三位一體」：樹是所有樹枝的統一性，而每一個樹枝都有它自己的生命，儘管仍然和整體不可分離（GC，第 1 卷，第 376-377、308-309 頁）。黑格爾從來沒有放棄這種解釋，但是在他的後期著作中，對其做了精心闡述。在《哲學百科全書》和在宗教哲學講座中，他依照概念的環節、主觀性或者精神獨有的發展歷程的三個階段，解釋了三位一體中的三個人物。統一性的環節就是父親的環節、天空和大地的造物主的環節；差異的環節就是兒子的環節；而從差異回復到統一就是聖靈（EPW，第 567-571 節）。道成肉身和三位一體，黑格爾認為，是關於這種根本的理性真理的純粹的隱喻，直觀和情感。

　　然而，如果就此就推斷出黑格爾關於三位一體和道成肉身的演繹樹立起了他的正統的地位，以及證成了他的路德主義的懺悔，

那就有些輕率了。問題的真相是，黑格爾的神學和路德神學正好成並立對峙之勢。㉟黑格爾的上帝是理性的，只是依照它自己的本性的必然性而活動。路德的上帝是神祕的，依照自由的律令而行動。黑格爾的絕對觀念論反對所有形式的二元論，而路德的神學是建立在他關於天國與塵世之間的二元論的基礎之上的。路德的信仰是基於《聖經》，超自然啟示的紀錄；而黑格爾卻不相信奇蹟，並且認為《聖經》是信仰的不充足的基礎。但是和一個更為基礎性的差異——黑格爾對於拯救的倫理的批判——相比，這些神學的差異反而是次要的。路德神學的核心與靈魂是它對於得救的關注，它相信，個體能夠僅僅透過信仰而得到拯救。我們已經看到，青年黑格爾完全拒絕了這種倫理，譴責它沉溺於個人命運，而這種個人命運來源於真正的共和國精神的淪落。成熟的黑格爾從來沒有真正放棄過這種批判，㊱即使他從來沒有明確地重申過這一點。如果人們讀到黑格爾晚期關於宗教哲學的講演錄，那麼，黑格爾似乎挪用和重申了新教的拯救教義。㊲似乎他早期的共和精神已經讓位於對於以經典的新教的方式在基督身上達成和解的關注。但是這很容易受到誤導。黑格爾只是以象徵的或者隱喻的方式接受了新教教義。基督的死亡和復活是精神的辯證法的象徵，是每一個個體如何必須失去他的個體性並在社會和歷史的普遍性中發現自身的象徵。依照字面意義進行解讀會導致前後不一貫。因為黑格爾已經挖掉了那種賦予這種教義以其字面意義的——更為具體地說，就是它對於靈魂不朽

146

㉟ 有關對立的觀點，請參見霍爾蓋特（Houlgate，1991 年），第 189-228 頁，和伯比奇（Burbidge，1992 年），第 93-108 頁。

㊱ 參見 VBG，第 36-41 頁。

㊲ 尤其參見 W，第 1 卷，第 17 卷，第 251-299 頁；VPR，第 5 卷，第 45-69 頁；第 3 卷，第 109-133 頁。

和超自然的天國的信仰——形上學的牆角。[38]這些信念和黑格爾的形上學的某些根本宗旨——存在就是有所規定，有規定性就是在某個時間某個地點體現自己——是勢同水火的。在解釋基督教對於靈魂的分離存在的信仰之時，黑格爾遇上了亞里斯多德主義者曾經遇見過的所有困難；正是這一點，而不是純粹的互不相干，可以解釋他在靈魂不朽面前保持奇特的沉默。[39]

七、同一性論題

黑格爾使哲學與宗教達成和解的籌劃的基礎是他的同一性論題，他主張，二者擁有同樣的對象或者主題。在陳述這個命題時，他再清楚也不過了。他宣稱，哲學和宗教都把上帝，而且僅僅把上帝，當作它們的對象（EPW，第 1 節；VPR，第 1 卷，第 63、152 頁）。他還說，在主題方面，在哲學與宗教之間沒有任何根本的差異：「哲學就是神學」（VPR，第 1 卷，第 3-4、84 頁）。他說，如果哲學理解了它自身，它就理解了宗教；而如果它理解了宗教，也就理解了它自身（VPR，第 1 卷，第 63、153-154 頁）。實際上哲學除了是一種崇拜的形式以外什麼都不是（VPR，第 1 卷，第 63-64、153 頁）。

然而，說哲學和宗教擁有同樣的對象並不意味著它們是等同的。它們都是崇拜的形式，但是它們是不同類型的崇拜。儘管它們在內容上——在它們認識什麼上——並無不同；但是它們在形式上——它們如何認識它們的對象上——卻有區別。哲學是透過

147

---

[38] 在有幾個地方，黑格爾的確對於不朽的教條陽奉陰違。參見 W，第 17 卷，第 303 頁。但是他似乎是以道德的術語把它闡釋為對於主觀性的無限價值的肯定。

[39] 恕我不能贊同麥克塔加特（McTaggart，1901 年），第 5-6 頁。

概念的媒介認識上帝的；而宗教是透過情感或直觀的媒介認識上帝（EPW，第 2-3 節）。黑格爾把宗教的情感和直觀稱為「表象」（Vorstellung）。作為宗教的更加反思的或者更加具有自我意識的形式，哲學的任務是用概念替換表象。他寫道：「……哲學提出思想和範疇，但是更確切地說，提出概念，來代替表象」（EPW，第 3 節評論）。

對於黑格爾的和解來說至關重要的問題是，哲學實際上是否能夠把宗教的表象翻譯為概念的形式。如果哲學透過以推論的形式提出它們而歪曲了它們，那麼，在哲學和宗教之間就根本沒有同一性。因此，如果哲學把情感和直觀翻譯成概念，那麼就必定不能有內容的喪失。黑格爾完全意識到在這裡決定成敗的東西是什麼。在《哲學百科全書》中，他非常擔心有人提出異議說，哲學不能把握宗教，而只是會歪曲它（第 2 節評論）。他堅持說，哲學將必須為在它自己的推論性闡述和宗教表象之間的任何差異提出合法性證明（第 4 節）。

黑格爾知道他的主張極具爭議性，首先和主要是因為浪漫派強調過，任何把直觀和情感翻譯成推論形式的做法都必將是一種歪曲，不僅在形式上，而且在內容上。在他那篇極具影響力的〈關於宗教的談話〉中，施萊爾馬赫曾經宣告，對於宗教的普遍特徵的直觀不可能用推論性的術語加以闡述。[40]直觀把它的對象把握為整體或者統一體；但是思維卻把對象解析為各個部分。直觀看到了自在的對象，而思維就僅僅在與其他事物的關聯中考察它。這些觀點黑格爾耳熟能詳，他極為擔憂它們。透過他的各種版本的宗教哲學，他神經緊張地監視施萊爾馬赫的一舉一動，不斷與之進行爭論。[41]

---

[40] 施萊爾馬赫，KGA，第 1 卷，第 2、215-216、106-107 頁。

[41] 關於黑格爾和施萊爾馬赫的爭論，參見克勞特（Crouter，1980 年）。

　　這就提出了黑格爾如何能夠證成他的翻譯籌劃的問題，具體地說，也就是如何證成他的論題的問題，即哲學的概念闡述在內容上與宗教的情感和直觀殊途同歸。在黑格爾的翻譯籌劃背後的至關重要的前提，是他為辯證法的可能性所作的一般性論證（第155-159頁）。如果可能存在著辯證法，那麼它會向浪漫派顯示出，思維能夠根本上把握整體性和統一性。施萊爾馬赫對於直觀和情感的獨特地位（sui generis）論證依賴於他的以下主張，即它們單獨就能夠把握統一性和整體性；他完全假定，推論性思維是解析的和有條件的。但是黑格爾憑藉辯證法所要質疑的，正是這個假定。他論證說，所有對於哲學和宗教同一性的抵制，所有對於這兩個領域的分離的堅持，最終都在作為反思的思維典型中有它的根源（EPW，第2節評論、5節）。

　　然而，即使辯證法是實在，但是它仍然有可能不足以支持黑格爾的整體籌劃。因為辯證法是否在認識它的行為中轉變了直觀和情感的對象這個問題仍然存在。即使思維的對象是一個整體，它是那同一個整體嗎？關於這個翻譯籌劃，還存在著許多嚴重的問題。意識或者認知的不同形式何以可能有相同的對象？有些人也許會提出異議說，意識或者認知的模式也會決定它的內容，因此，不同形式的意識具有不同的對象。實際上，黑格爾甚至承認，對於一個對象的思維改變了它的本性，如果它首先是在直觀和情感之中被給予的話（EPW，第22節）。但是如果情況真的如此，我們又如何能夠認識原初的對象？

　　在《哲學百科全書》裡，黑格爾本人提出了這個問題（第3節）。他對此做出的回應非常有趣，揭櫫了他的宗教哲學中一個最重要的基礎性的前提。黑格爾認為，直觀和情感具有和思維同樣的對象，因為它們最終只是思維的潛意識的和不成熟的形式。他認為，理性進入到每一個獨具特色的人的行為之中，因此，所有的

149

表象形式都是合理性的模式。因此，思維並不改變直觀或者情感的對象，因為思維只是把已經首先含而不露的東西顯露出來。因此，黑格爾質疑對於浪漫派的宗教哲學來說處於核心地位的思維和情感的二元論。現在情況變成這樣，哲學和宗教之間的差異——在它們的意識或者認知的模式之中的差異——實際上壓根就談不上是什麼差異。

在黑格爾申述「實際上只存在一種思維」（第 2 節）之時，在黑格爾的論題背後的前提最為清晰地出現了。這是德國觀念論的核心主題：對於理論理性和實踐理性而言，存在著統一性；康德的 3 種能力（知性、意志和判斷力），是獨一的體系的諸部分。這種關聯或許會遭到康德本人的強烈抵制，因為他很有可能把它看作重新陷入萊布尼茲—沃爾夫學派這一古老的獨斷論的理性主義之中：這個學派把心靈的所有能力看作獨一的表象能力（vis representivae）的諸方面。

在《哲學百科全書》後面的某些章節中，在黑格爾對表象進行更為精確的分析時，他給這個至關重要的前提做出了另外一種合法性的證明（第 20-23 節）。黑格爾的分析存在於在感覺、表象和思想之間所作的某些精細的區分上（第 20 節評論）。感覺的獨具特色的標識是，它的對象是特殊的；與之相反，思維的對象是普遍的。感覺的對象在兩種意義上是特殊的：首先，它是有規定的，或者具體的；其次，它是孤立的，而非處於與其他特殊之間的系統連繫之中。表象具有處於感覺和思維之間的中間地位。和感性一樣，表象也具有它的對象的特殊性；但是和感性不一樣的是，它在形式上是普遍的。表象不同於感覺之處在於，它把它的內容轉變為思維的媒介；即使它具有它的對象的特殊物，它也會把它歸入普遍之下。除了思維，表象獨特的特徵是，即使它是普遍的，表象的內容仍然是孤立無依的，和其他內容沒有體系的關聯。思維之不同於表

象，並不是主要在它的對象——普遍——上，而是在它的形式上：它把內容和一個體系連繫在一起。因此，黑格爾解釋說，思維透過媒介既保存又否定了宗教的表象（第12節）。他所說的媒介的意思是，宗教的表象是相互連繫在一起的（互為媒介的），或者被當作是整體的諸部分（第14節）。宗教的表象在它們的直接性中——它們主張是自足的或者獨立不依的——被否定，但是它們被作為整體的諸部分而保存為它們的本質內容。

在這裡看到的主要觀點是，黑格爾把表象理解為思維的內含的形式。引人注目的是，在他首次定義表象時，他指的是康德的統覺的統一性原則。依照這種原則，僅當我有可能自我意識到表象之時，表象才是我的（第20節）。對黑格爾來說，這就意味著，表象也牽涉概念化，亦如實際上在康德那裡那樣。黑格爾同意康德在超驗演繹中的論證：表象是我的，僅就我能夠把它的內容概念化並且把它放入到一個可能的判斷行為之中而言。正是透過這種康德式的觀點，黑格爾獲得了他的以下主張，即表象最終是一種概念化的形式。和康德一樣，他也認為表象是內在地和內含地普遍的，因為它們是被潛意識地統攝到和範疇化的。因此把表象翻譯為思維的形式並沒有歪曲它們；毋寧說，它僅僅把已經隱含在它們之中的普遍性明白揭示出來了。黑格爾最終所利用來反對浪漫派的，正是康德的這個觀點；而浪漫派卻把情感和思維如此劇烈地區分開來，這只是因為它們忘記了對所有表象來說不可或缺的內含的概念化。

除了它的合法性證明中的所有這些問題，還有必要追問一下同一性論題的蘊含問題。假定這個論題是真的，那麼我們可以從中得出什麼結論呢？不是一個人首先會想起的東西：哲學證明了所有建立在宗教信仰之上的信念。這種翻譯計畫不是僅僅意味著具有相同的信念，而是還具有證明它們的理性。如果情況屬實，那麼黑格爾就不得不承認，它的計畫失敗了。因為在他的哲學所允許的東西和

151

傳統宗教所持有的東西之間存在著重大的分歧。例如：黑格爾開誠布公地承認，如果宗教成為理性的，那麼，就不再有任何空間留給對於奇蹟的信仰（W，第 16 卷，第 210-211 頁；第 17 卷，第 196-197、313-320 頁）。

　　值得注意的是，黑格爾並不認為這種不合適（lack of fit）是對於他的同一性論題的拒斥。理由是，同一性並不存在於諸信念之間——透過哲學得到保障的信念和透過宗教而得以成立的信念之間，而是存在於表象的內容之間——直觀和情感的對象和哲學的對象之間。這個論題對於直觀和情感——而不是對於信念——是成立的。這個事實是至關重要的，因為它給了黑格爾闡釋直觀和情感的空間。儘管它和傳統基督教的許多信念不能相容，他仍然可以主張，他的體系提供了宗教直觀和情感的最佳的或者唯一理性化，這是因為信念要多於直觀和情感：它也涉及對於直觀和情感的闡釋。黑格爾可以論證說，他所拒絕的傳統基督教中的東西，並不是它的直觀和情感，而僅僅是它對於它們的各種闡釋。如果有可能基於它們是對於內容的錯誤的或者歪曲的闡釋的理由拒斥這些信念，那麼，也就有可能肯定內容自身。

　　在這一點上，人們可能反對說，翻譯籌劃是某種類似於變戲法的東西。因為黑格爾譯成哲學話語的東西並不是宗教的直觀和情感，而實際上只是他對於直觀和情感的闡釋。翻譯的起點不是人們首先思考的東西——就像在歷史上被給予的信仰，現代被新教教會編成法典的信仰。毋寧說，它僅僅始於從他們的制度化的闡釋抽象而來的直觀和情感。一種成功的翻譯之所以得到保障，是因為所有黑格爾轉化成概念術語的東西都是他對於直觀和情感的闡釋。

　　在回應這種異議時，黑格爾可以指出，儘管事實上他理性化的只是對於直觀和情感的闡釋，但是他的闡釋也仍然是理性的闡釋，是唯一一個能夠在理性的體系中給予這些直觀和情感的內容以一個

位置的闡釋。儘管在他的體系和傳統的信念之間存在著差異，但是
這也僅僅是在對於直觀和情感的闡釋之中的差異，並不涉及對於直
觀和情感自身的拒斥。

第三部分

知識論的基礎

Chapter **7**

辯證法

一、形上學的批判性基礎

155　　　我們在前幾章（第 3-6 章）概述了黑格爾的形上學的大要，現在必須來看一看他是如何試圖證成它的。對於黑格爾來說，證成的問題事實上是一個尤其難以對付的問題。他的絕對觀念論、他的有機主義、他的精神概念和上帝的觀念，在最大的規模上都是形上學。黑格爾試圖僅僅透過純粹的思維，而給予我們關於實在性自身、絕對或者宇宙整體的知識。然而，也正是在這種意義上，康德在他的《純粹理性批判》中已經抨擊了形上學的可能性。畢竟，正如我們看到的那樣（第 54-55 頁），黑格爾肯定了康德所否定的東西：透過純粹理性而擁有關於絕對或者無條件者的知識是可能的。

　　　對於新康德主義者而言，黑格爾在應對這項挑戰時以鎩羽而歸。他的形上學不負責任地再度墮入前康德意義上的「獨斷論」之中，有意識地試圖重新恢復萊布尼茲、馬勒布朗士（Malebranche）和斯賓諾莎的傳統，這個傳統曾經企圖無批判地透過純粹理性而給予我們關於實在自身的知識。黑格爾本人似乎慫恿這種指責，在他的《哲學百科全書》的導言中，他由於舊理性主義嘗試透過純粹的思維認識實在而盛讚它，甚至把它放到比康德的批判更高的層面（第 28 節）。正是基於這些理由，新康德主義才會大聲疾呼「回

156　到康德！」他們請求重新回到認識的責任，結果哲學變成了經驗科學的婢女，他所能做的無非就是檢查知識的界限。

　　　但是，新康德主義對於黑格爾的封鎖對於他來說是不夠公正的。它完全忽視了他對於康德的批判所推崇的程度，並且把自己和理性主義的傳統隔絕開來。從黑格爾在《哲學百科全書》的導言中對於傳統形上學和康德的批判的回溯性評價中，這一點昭然若揭。他寫道，康德最大的功績之一，就是已經使傳統形上學受到批判（第 41 節附釋 1）。過去的形上學的一個主要過失是它的獨斷論，

也就是說，它未能對於理性的權能和界限進行考察。在這一點上，黑格爾完全同意康德（第 26 節）。因此，黑格爾完全贊成康德批判的需求，堅持認為「任何僅僅作為一門科學而出現的未來形上學」首先必須透過批判的檢驗。傳統形上學是天真的，因為它只是斷定，我們能夠透過思維認識真理，而不必首先考察這種可能性。黑格爾進一步解釋傳統形上學在兩個方面是非批判的：首先，它沒有檢查應用於無條件者的那些概念的意義；其次，它沒有考察真理認識中傳統的判斷形式的界限（第 28 節評論）。黑格爾對於傳統形上學的主要缺陷的診斷幾乎與康德別無二致：它的主要問題是，把知性的概念應用於無限或者說無條件者（第 28 節附釋）。既然這些概念只是就有限的經驗領域而言有效，那麼，我們就不能把它們應用於無限者。

　　黑格爾壓根就不抵制康德的批判的要求，他只是認為康德做得還遠遠不夠。在《哲學百科全書》中，他論證說，康德對於形上學的批判在幾個方面有所不足（第 41 節附釋 1-2）。首先，康德沒有考察概念自身固有的邏輯，而正是這種邏輯決定了它們確切的意義和力量。毋寧說，他只是依照他所假定的知識論原則把概念分成主觀的概念和客觀概念。其次，康德堅持認為，在我們聲稱擁有知識之前，我們應該有一個知識的標準；但是這項要求創造了一個無窮後退，因為知識的標準也相當於對於知識的一項主張，結果是我們需要另外一個更高的標準來檢驗它。第三，康德無法看到，如果不先使用思維的形式，就不能對之進行批判。黑格爾把在使用我們的概念之前認識我們的邏輯這種嘗試比作智慧的士林哲學家在跳入水中之前學習游泳的努力。所有這些匯聚到黑格爾的如下抱怨之中，即康德的批判的方法是外在的，預設了某些並不能從概念自身得來批判標準的真理性。和康德相反，黑格爾認為，知識的批判必須是內在的，因此主題必須依照它固有的標準和目標而得到評估。正是

157

出於這個理由，《精神現象學》的方法將會是意識的自我審查或自
我批判。

黑格爾認識到了康德的批判的正當要求，這最終驅使他拋棄理
智直觀這個概念，而他一度和謝林一道，把這個概念當作是絕對知
識的工具的首選。理智直觀以對於絕對的一種純粹經驗性的、直接
的或者非議論性的把握為目的。在 1790 年代晚期和 19 世紀初，黑
格爾贊成理智直觀，因為他分享了浪漫派的共同觀點，理性絕不能
把握無條件者。既然依照充足理由律，理性可以把握一切事物，那
麼，它就懸設了條件或原因的無窮系列。因此，它不可能設想存在
著無條件者或自因者。然而，1804 年左右，黑格爾開始認識到，
訴諸理智直觀歸根結底是獨斷的 ①。如果有人把理智直觀的諸要求
對立起來，那麼，就不可能依據共同的知性來證明它們。那麼，直
觀有什麼權利能夠獲得我們的贊成？批判哲學的自我思考原則（the
principle of self-thought）——黑格爾毫不含糊地一再肯定了的——
要求，我們接受的只是那些和我們自己的理性的批判運用一致的信
念；但是理智直觀的諸主張卻自稱要超越任何這種運用之上。

黑格爾認可康德的批判，他對於傳統理性主義的方法的批
判，他拒斥理智直觀，所有這一切都來自於他那根深蒂固的信念，
形上學需要一個新的基礎。早在耶拿時期，黑格爾根本的關切就是
為形上學提供一個批判性的基礎。這種新的形上學將始於對於知
識的批判——對於理性的界限和力量的審查——並且從中得出形
上學。在這個意義上，這種形上學是批判的。開始，它也將審查我
們的流俗經驗或者使用我們的日常概念，然後顯示出形上學的理念
（ideas）是如何成為這些經驗或者這些概念之使用的必要條件的。

---

① 參見重要而短小的殘篇《補充：哲學……》，這個殘篇大概寫於
 1804 年暑假，GW，第 7 卷，第 343-347 頁。

用更加康德式的術語來說，黑格爾所說的是，經驗的諸條件不僅涉及感性直觀和知性概念，而且涉及理性的理念。則此之故，這種形上學是康德意義上的內在的，停留在經驗的界限之內，放棄超越它的思辨。

　　黑格爾不僅僅把他的形上學看作是批判哲學自身的一種可能性，而且把它看作是批判哲學自身的必然性。他論證說，只有透過形上學，批判哲學才能解決它自身固有的那些問題；更具體地說，知識的可能性問題。正如我們已經看見的那樣（第 104-107 頁），在 1790 年代，許多思想家已經論證了，康德的二元論使得他不可能解決這個問題。知識的可能性需要理智的領域和經驗的領域、主觀的領域和客觀的領域之間的相符合；但是康德已經假定了這些領域之間赫然醒目的二元論，以至於它們之間的任何相符合都變得不可理解了。對黑格爾來說，則此之故，形上學的必然性來源於必須解釋康德分裂為三的認識能力的單一來源。康德本人堅決放棄了所有關於知性和感性的單一來源的思辨；但是，如果沒有這種思辨，黑格爾爭論說，批判哲學自身的根本問題就不可能得到解決。

159

　　一旦我們把這一點也考慮在其中的話，那麼，新康德主義對黑格爾形上學的反應實際上就只是迴避問題，這一點已經確定無疑。因為回到康德的請求背後的基礎性假定是，知識論是自主的，它可以單憑自己就完滿地解決問題，而不需要形上學。然而，對於黑格爾那一代人，在 1790 年代嶄露頭角的思想家來說，這個假定已經變得如此狹隘，證明只是一個幻覺。到 1790 年代晚期，知識論作為第一哲學（philosophia prima）的夢想已經被徹底粉碎了。在基本原理批判（Grundsatzkritik）和後設批判的戰爭中，對於很多人來說，以下這點變得非常清楚了，不僅知識論不可能是第一哲學（philosophia prima），而且它還不可能解決自己的問題。新康德主義者已經完全忘記了這些發展歷程，他們墮入了他們自己的獨斷論的迷夢之中。

二、關於辯證法的神話和傳說

對黑格爾來說，形上學的證成問題本質上是發現和遵從正確的哲學方法的問題。說「黑格爾是西方傳統中所有哲學家中最具有方法意識的」[②]，這已經是老生常談，而且也見精識深。這個說法對於耶拿時期的黑格爾來說，尤其是不刊之論。其時，他正在孜孜尋求正確的方法論，以證成他的新形上學。這項探求的最初成果就是他的辯證法。

「辯證法」這個術語芳香四溢。黑格爾哲學中沒有哪一個方面比它經受過更多的闡釋、更多的誤解和更多的爭論了。在我們檢查它的精確的結構之前，有必要訂正某些誤解，整理一些爭議。

辯證法是如此具有爭議，以至於某些學者甚至否認黑格爾有這樣一種方法。[③]在這個詞的通常意思中，「方法」就在於某些特定的規則、標準和準則。人們可以先驗地（a priori）證成這些規則、標準和準則，並且可以將之應用於考察某個主題。但是，在這種意義上，黑格爾極力反對他有一個方法論，並且批評那些聲稱有一種方法論的哲學家。因此，他反對康德的知識論，因為它把一種先驗的知識標準應用到評價所有關於知識的主張之中；他也攻擊謝林的自然哲學（Naturphilosophie），因為它機械地把某些先驗圖式（a priori schemata）應用到現象之中。在反對所有先驗方法的時候，黑格爾認為，應該把他的標準、規則和準則置入括弧之中，僅僅出於自身的目的來考察這個主題。適合於某個題材的標準、規則和準則應該是探究的結果，而不是它的起點。因此，如果黑格爾根本上有任何方法論的話，它似乎是某種反方法論，懸置一切方法的方法。

160

---

② 伍德（Wood，1990 年），第 1 頁。
③ 參見所羅門（Solomon，1983 年），第 21-22 頁；多佛（Dove，1974 年）和辛普森（Simpson，1998 年）。

　　黑格爾為他自己的反方法論挑選的術語是「概念」（der Begriff），它標明了一個對象的固有形式、它的內在目的。黑格爾論證說，把握這種內在的形式，就是探索的目標。則此之故，他要求懸置所有的前理解。如果哲學家只是把他的先驗理念應用於題材，他就不能保證，他把握到了它的內在形式，或者把對象把握為自在存在的對象；就一切他所知而言，他只是把對象看作是為他而存在的對象。當黑格爾使用「辯證法」這個術語時，他通常標明了題材的「自我組織」、它的「內在必然性」和「固有的運動」。辯證法是從物的概念中推導出來的東西。因此，斷言辯證法是一種可以應用於任何題材的先驗方法論，或者實際上是某種邏輯，這和黑格爾的意圖截然相反。辯證法是正好與此相反的東西：它是題材的內在運動，從題材之中發展而來的東西，而非哲學家們應用於題材的東西。

　　那麼，看起來，似乎只應該本著黑格爾的精神禁止所有關於方法的談論，更不要說什麼辯證法了。但是，這也將會導致另外一種誤解。儘管黑格爾認為，某個題材的恰當的方法論並不能在探索伊始就可以先驗地決定，但是他仍然堅持認為，它可以後驗地在它的目的（終端）被決定。如果他的題材的辯證法抵達終點，那麼他就能夠從他當中抽象出一個普遍的結構，儘管這種總結只具有事後諸葛的（post facto）有效性。只有基於這些理由，在《邏輯學》的終結之處才會有關於方法論的詳盡無遺的討論。的確，哲學家能夠甚至在探索之前討論方法論——正如黑格爾本人在《精神現象學》中所做的那樣——但是，他必須認識到，他的結論只是初步的，以後的探究可以評估的東西純粹是對於真理的確信。黑格爾常常信心滿滿地在他的序言中和導論中做出諸種防止誤解的說明。因此，我們根本上可以談論黑格爾的辯證法，我們也可以這樣做而不違反他的精神，只要我們把它當作對於他的探究的形式結構的後驗總結。

161

　　儘管談論某種辯證法是可能的，但是避免依據「正題─反題─合題」的圖式這種最流行的解釋辯證法的方式，卻不失為明智之舉。黑格爾本人從來沒有使用過這種措辭，他對使用所有圖式均持批判態度。④在《精神現象學》中，黑格爾的確曾經表彰過為康德所重新發現的「三位一體的形式」，甚至把它描述為「科學的概念」（PG，第 41 頁，第 50 節）；但是，這裡只是提到康德範疇表的三位一體的形式，而不是指正題─反題─合題的方法。儘管康德的二律背反是黑格爾辯證法的靈感，但是黑格爾從來沒有使用過康德正題和反題的闡釋方法。一度廣為流傳的是，費希特和謝林曾經使用過這種方法，然後又推而廣之，錯誤地把它歸咎於黑格爾；但是它不相應於費希特和謝林思想中的任何東西，就更不用說黑格爾了。⑤

　　另外一種常見的誤解是，辯證法是某種替代性邏輯，有它自己與眾不同的規則，足以與傳統邏輯相抗衡。但是黑格爾的辯證法從來都不意味著某種形式邏輯，這種邏輯決定了支配所有命題的基礎性的推理規則，無論這些命題的內容是什麼。在《邏輯學》中，以它最為一般的形式出現的辯證法是一種形上學，它的主要任務是確定存在的一般結構。這樣一種形上學並不和形式邏輯分庭抗禮，162　因為它有完全屬於它自己的內容，甚至是非常一般的內容，也就是說，最普遍的存在範疇。那些對黑格爾的邏輯宣判死刑的人不過是再次利用了那個常見的誤解，即辯證法是傳統邏輯的競爭者。⑥

---

④ 關於這個問題的起源和困難，參見繆勒（Müller，1958 年）。
⑤ 這裡要對不住考夫曼了（Kaufmann，1965 年），第 75-76 頁。
⑥ 伍德（Wood，1990 年），第 4-5 頁。

　　還有一種流行的誤解，說黑格爾的辯證法致力於否定同一律和矛盾律。可以確定的是，黑格爾批判了傳統邏輯，由於它嚴格遵守同一律、矛盾律和排中律，而不敢越雷池一步。在黑格爾那裡的確有不少這樣的段落，在這些段落中，他似乎支持矛盾自身。[7]他的貶低者們從不遲疑地指出它的災難性後果：證明任何命題都是可能的。[8]即使黑格爾神智昏聵，但是他的辯證法仍然不是致力於否定這些規律。實際上，它的演算預設了這些規律。黑格爾對於傳統邏輯的批判必須在它原本的脈絡中來理解，這個脈絡顯示出，黑格爾沒有拒斥這些規律自身，而是形上學地應用了它們。更確切地說，他在批判一種具體的形上學學說：只需透過述詞，我們就完全可以確定實體——實在自身。黑格爾拒絕了這種主張，因為他認為（出於獨立的形上學的根據）：實在自身是宇宙全體，它必須被描述為既是 F，又是非 F。然而，既然他堅信 F 和非 F 對於整體的不同部分都是真的，那麼，就沒有違反矛盾律。的確，辯證法的要害在於，透過指出對於同一事物而言似乎都是真的的相互矛盾的述詞事實上如何只是對於同一事物的不同部分或者方面是真的，來消除矛盾。那麼，黑格爾所批判的，就不是同一律自身，而是把這一規律和以下這種形上學的主張的混淆，即實在自身必須只有一種屬性，而不能有另外一種屬性。我們從「沒有任何一個單一的事物同時既是 F 又是非 F」移動到「作為整體的實在同時既是 F 又是非 F」，這是自然而然，而非將錯就錯。因為任何一個單一的事物不可能既是 F 又是非 F 是真的，所以，我們推斷出實在整體不可能既是 F 又是非 F。問題在於，我們對待實在整體，就好像它只是另外一個存有者，整體的一個部分。

163

---

⑦ 參見 VSP，第 2 卷，第 230、325 頁；EPW，第 48 節評論、119 節附釋 2；WL，第 58-62 頁。

⑧ 參見波普（Popper，1940 年），第 403-410 頁。

三、《邏輯學》中的辯證法結構

黑格爾為形上學提供一個批判性基礎的嘗試給他留下了一個困境。任何這樣的基礎都不得不承認知性的權利，更具體地說，共同的知性為自身而思考的權利以及只接受知性能夠為之找到足夠證據的那些信念的共同知性的權利。但是，在知性和形上學的題材之間有一個根本的矛盾，經過康德和雅可比對於理性的批判，這個矛盾對他來說已經顯而易見了。形上學的題材是絕對，絕對是無限的、無條件的和不可劃分的，但是既然它的概念是有限的、有條件的和可劃分的，知性就在構想它的那個行動中破壞了這樣一個對象。

康德和雅可比為這個結論提出了三個論證：(1) 知性依據充足理由律向前推進，試圖發現所有事件的原因，它們之能發生的必然的和充足的條件。對於任何給定的事件而言，它發現了一個在先的條件或原因，如此類推，以至無窮。然而，既然絕對是自因的或無條件的，依據充足理由律來理解它就勢必要給出自因者的原因、無條件者的條件。(2) 知性是一種分析性的能力，比如，它接過一個整體，把它劃分成許多部分，除了整體之外，它把每一個部分都看作是自足的。但是絕對是不可劃分的，這個整體透過使它們得以可能而先於它們。因此，理解絕對的嘗試將會是劃分那不可劃分的。(3) 所有的概念都是有限的和受限的，因為它們只有透過否定才獲得它們的確定意義；但是無限是透過定義（確定界限）才成為無限的和不受限的，因此，構想和描述它就意味著使它成為有限的。

辯證法就是黑格爾對於這些論證的回應。辯證法背後的策略和理念是簡單的，即使它在某些情況下的應用通常非常複雜。辯證法產生於知性程序中無法避免的矛盾。知性和自身相矛盾，因為它既把諸事物分離開來，好像它們彼此完全獨立，又把諸事物連繫在一

起；好像沒有他者，它們誰也不能存在。當它把事物分析成它們的部分時，它把它們分離開來，它的每一個部分被給予了一個自足的狀態；而它又根據充足理由律的原則而把它們連繫在一起，顯示出每一個時間如何有一個原因，或者每一個部分如何生來屬於一個更小的部分之中，諸如此類，以至於無窮。因此，知性把依賴性與獨立性這二者都歸因於事物。結果竟成了這樣，解決這個矛盾的唯一方式是，把獨立的或者自足的項重新闡釋為所有關聯的或者依賴的項都只是其部分的整體。知性的錯誤產生於賦予整體的某一部分以自足的身分；在它上升到整體的立場之時，它就校正了它的錯誤，解決了它的矛盾。

在這裡要看到的關鍵點是，上升到整體來自於知性自身之內，源自它自己固有的活動，並依據它自己的法則而向前推進。它並不是來自任何更高的直觀或者觀念的行為，這種更高的直觀或者觀念行為是從它的活動中抽象出來的，它需要另外一種證成。儘管黑格爾經常在理性（Vernunft）和知性／悟性（Verstand）之間作出區分，但是這些術語並不標明完全獨立的功能或者能力。理性純粹是知性的內在運動的必然結果。無論是矛盾，還是它的解決，都是嚴格地依據它自己的法則向前推進的，它必須由它自己的洞見來加以保證。辯證法是否是正確的，這可以由知性自身沿著道路上的每一步來加以確定，而沒有任何理由認為，在辯證法的進程完成之前，知性不能對辯證法作出任何評價。⑨

辯證法的主要結果是，理性不僅僅是某種形式的機械解釋，它 165
僅僅顯示出一個有限的事物是如何依賴於另一個有限事物的，它更是某種形式的整體主義解釋，它顯示出所有有限事物都是更廣闊的

---

⑨ 這裡要對不住羅森（Rosen，1982 年）了，第 24 頁。

整體的部分。雅可比和康德的根本錯誤，在黑格爾的眼中，是他們依照某種機械的解釋典型來理解理性。這種解釋典型把一個事件理解為它此前的原因，諸如此類，以至於無窮。既然他們相信理性被限制在那樣一種解釋形式之中，那麼，他們就不得不推斷，它不能把握那無條件者，條件者永不會在有限原因系列中被給出。然而，他們沒有看到，理性有能力解釋整體的原因系列的在場，把握它首先為之而存在的理性。知性的內部邏輯最終要求，我們既要把原因和結果，也要把條件和有條件者，都看作是單一的不可劃分的整體之部分。

有很多種解釋黑格爾辯證法的方式，但是最簡單的、歷史上最準確的一種，是把它看作對於康德二律背反的回應。⑩在《純粹理性批判》的「超驗辯證論」部分，康德論證說，但凡必然性的理性超出可能經驗的界限之時，它就和自己產生矛盾。一方面，理性發現自身被迫懸設無條件者，以把條件的整體性帶向完成；那就必然存在著某種第一因，某種最終的成分，因為否則，就會造成無窮後退，什麼都不能形成。然而，另一方面，理性總是被迫為某一事件或事物尋求條件，因此，對於任何原因或者成分來說，必定存在著某種在先的原因或者更加簡單的構成物。康德發現了四個「二律背反」，所有二律背反都有相同的基本結構。在正題中，知性必須懸設某種無條件的東西；而在反題中，它不能懸設某種無條件的東西，因為它必須把一切都看作是有條件的，並為之尋求諸條件。總而言之，矛盾就在於以下這個事實中，解釋的系列絕對不能有終點或者不可能終結。

康德二律背反中為黑格爾所激賞的是，他洞見到知性的矛盾

⑩ 康德的二律背反在黑格爾的邏輯學的發展中扮演的角色最明顯地體現在《紐倫堡手稿》中，W，第 4 卷，第 90-96、184-192 頁。

的必然性（EPW，第 48 節評論）。康德正確地看到，只要必然性的知性越出了經驗的界限，它就和自身發生矛盾；他還充分地認識到，知性倘若試圖尋求經驗中所有條件的無條件的原因，它就被迫超越經驗。黑格爾也同意康德關於二律背反的一般結構的論述：有一個正題假設某種無條件的東西，一個反題假設一切事物都有條件。如果我們考察康德二律背反的一般結構——無論是繼續還是終止一個無限的解釋系列——那麼，就可能讚賞黑格爾關於知性的辯證法不可避免的觀點。

　　儘管黑格爾完全同意康德，但是他在幾個關鍵點上與康德持論截然不同。首先，他批判康德僅僅發現了四個「二律背反」；在他看來，存在著許許多多的這樣的二律背反，二律背反在理性中無處不在（EPW，第 48 節評論）。其次，黑格爾還從二律背反中得出許多不同的教訓。它們顯示出的，不是知性必須停留在有限的範圍之內，而是它必須越出有限（EPW，第 48 節附釋）。它們顯示出，知性是自我超越的，它出於必然地破壞了它自己的限制，並且超越了它們。

　　黑格爾對於二律背反的解決是康德的解決方案的直接反題。對康德而言，後兩個二律背反的解決方式是把世界劃分為本體和現象、無條件者的領域和有條件者的領域——正題對於本體的領域有效，而反題對於現象的領域有效。在如此劃分世界之時，康德相信，他已經分別給予理性的兩種傾向它們所應得之物：如果為本體領域假設無條件者是可能的，那麼為現象領域假設有條件者也是可能的。但是黑格爾把康德二元論看作是問題的一部分，而不是答案。二律背反的最佳答案不是劃分本體和現象、無條件者和有條件者，而是把二者統一起來。指出它們兩者是如何組成某個單一的不可劃分者的必要部分的；換言之，有必要指出，本體就在現象之內，而無條件者就在有條件者之內。

如果我們重溫黑格爾在《哲學百科全書》（第 80-82 節）中概述的辯證法的具體階段，我們對於辯證法就會有一個更好的理解。在那裡，黑格爾聲明，辯證法有三個階段：抽象的或者知性的環節、辯證的或者否定性的理性環節、思辨的或者肯定性的理性環節。每一個階段都值得單獨評論。

（一）抽象的或者知性的環節

這個環節對應於康德的正題。知性假設某種無條件者或者某種絕對者，知性嘗試設想這種東西自身，就好像它是獨立的和自足的。這就是知性的環節，這個環節的具體德性是使得事物之間的區別突出出來並且牢不可拔，它把每一個事物都看作是自足的與獨立的。但是在堅持它的確鑿無疑和牢不可拔的區別之時，知性事實上提出了一項形上學的主張：它認為，實存著某種自在之物，它只能基於自身而不是其他事物而實存。

（二）辯證的或者否定性的理性環節

這個環節是康德的反題的相關物。如果知性檢查了它的每一項，它就會發現，它壓根就不是自足的，而是它只有透過和其他事物之間的關聯才能得到理解。它發現，它必須為了那些明顯自足的項而尋求理性，因為在任何給定的點停止下來都是武斷的。

這個階段是辯證的，因為知性陷入到一種矛盾之中：它斷言，這個單元自在地是自足的或者可理解的，因為它是分析的最後項；這個單元只有透過它與其他事物之間的關係或關聯才是可理解的，因為我們總是在他自身之外發現另外某種理性。矛盾就在於，我們必須既肯定正題，也肯定反題：分析的單元既是無條件的，又是有條件的；既是獨立的，又是依賴的。

（三）思辨的或者肯定性的理性環節

這個最後的階段是典型的黑格爾式的，而前兩個階段在康德那裡都有類似物。知性現在發現了解決矛盾的唯一方式，就是說，絕對物或者獨立物並不是一個單獨存在的事物，而是它所依賴的那個事物和所有其他事物的全體。如果我們採取這個步驟，那麼，我們就仍然可以拯救正題的核心主張，即存在著某種自足的或者無條件的事物，而且我們還能承認反題的基本要旨，即任何特殊的事物都是依賴的和有條件的。我們可以避免矛盾，如果我們上升到一個更高的水準，上升到整體的觀點，這個整體的單元就是各個部分，而這個整體也依賴於它的部分。儘管整體的任何部分都是有條件的和從屬的，但是整體自身相對於它們而言卻是無條件的或獨立不依的。

知性的問題在於，它不知不覺地把無條件者僅僅看作是整體的一部分，而唯一不為他者所圍者就是整體——整體的單元就是部分，而且整體也依賴於它的部分。整體是一個與它的部分相關聯的無條件者，因為它與諸部分之間的關聯並不像諸部分相互之間的關聯。諸部分相互之間的關聯就像某一物在另一物的外面（outside）或者外邊（external）；但是部分是內在於整體之中的。整體和它的諸部分之間的關聯是自我關聯，但是諸部分在被整合為整體之前，相互之間處於某種關係之中。

當然，辯證法必須繼續往前。同樣的矛盾從整體中產生，無條件者和有條件者都是整體的部分。它聲稱是無條件的；但是在同一水準上還存在著它所依賴於其上的某種其他事物，因此，它也是有條件的。同樣的正題和反題在新的水準上發生作用了。辯證法將會繼續，直到我們達到絕對的整體，這個絕對整體在自身之內包括一切事物，因此絕無可能依賴任何在它之外的事物。如果發生這種情況，體系就是完整的，我們就會達到關於絕對的知識。

169

四、《精神現象學》中辯證法的任務

在 1801 年的《差異論文》題為「反思作為哲思的工具」一節中，黑格爾首次發展出了他的辯證法的思想。在這一節中，黑格爾概述了反思辯證法的想法，由此，必然性的知性概念和它們自身相矛盾，並且透過上升到無限的整體的水準解決它們的矛盾（第 2 卷，第 25-30、94-97 頁）。在 1800 年的《體系殘篇》中關於辯證法的更早的概述並不導致一個肯定性的結果：它僅僅指出了知性固有的矛盾，而無限仍然停留在理性的視界之外。[11]在《差異論文》中，黑格爾關於他的辯證法的身分還是搖擺不定，猶豫不決。有時，在他的筆下，似乎關於絕對的知識需要獨立於反思的理智直觀，或者似乎辯證法僅僅導致一個否定性的結果，在認識絕對的嘗試中破壞反思的概念（第 2 卷，第 18、20、42、45、88-90、110、112 頁）。但是在另一些時候，他卻堅持，理性的理念是反思辯證法的肯定性結果，因此，它們可以從它的矛盾中推演出來（第 2 卷，第 44、94、111 頁）。黑格爾仍然堅持需要某種理智直觀，並且和謝林共用以下觀點，不可能存在一種對於日常意識和知性來說祕不可宣不可思議的哲學立場的導論。在黑格爾最初構想他的辯證法之時，它並不能完完全全且毫不含糊地滿足康德批判的要求。

在黑格爾 1807 年的《精神現象學》中，辯證法首次以它完全成熟的形式問世。這本著作出自黑格爾對於理智直觀的拒斥和他認識到，有必要為形而上學提供某種批判的基礎。在謝林 1803 年動身去耶拿之後，黑格爾變得越來越專注於為他的形上學提供一個

170

---

[11]「……絕對的對立是有效的」（在 1800 年 9 月 14 日以前），W，第 1 卷，第 422-423 頁。

基礎的問題了。⑫現在他意識到，訴諸理智直觀是以尚存在爭論的問題為依據，因為它的基本主張——主體和客體在絕對中是等同的——和日常的意識相反：日常意識在經驗中發現了主體和客體的二元論。日常意識現在不得不從內部，根據它的自我檢查和自我批判來發現哲學立場的真理。

黑格爾以康德的知識批判為基礎來恢復形上學的策略，從他具有原創性的現象學的觀念中顯示得最為明顯：意識經驗的科學（Wissenschaft der Erfahrung des Bewusstseins）。⑬這門科學使得經驗成為知識的根本標準。「意識所認識和設想的無非是在經驗之內存在的事物」，黑格爾在〈序言〉中寫道（第 32 頁，第 36 節）。⑭因此，形上學家所主張的絕對知識必須接受意識經驗自身的檢驗，而且如果它是真實的，就必須最終來自於意識經驗自身。正如黑格爾在有時指出的那樣，對於哲學家而言，「自在的」存有者必須經過意識自己的經驗變成「自為的」存有者。在使經驗變成他的知識標準之時，黑格爾的著手點不過是形上學的超驗演繹。依照康德，超驗演繹是先驗綜合原理的證明，這個證明顯示這些原理是可能經驗的必要條件（KrV，B，第 117、129 頁）。它從對於任何可能經驗而言都是真實的某種不可否認的事實出發（亦即，具有表象意味著覺察到它們的可能性），然後，它發現了這樣一個事實的必

---

⑫ 羅森克蘭茲（Rosenkranz，1844 年），第 188 頁。

⑬ 儘管黑格爾最初構想《精神現象學》是「一門意識經驗的科學」，但是在作品付印期間，他用另外一個題目取代了這個題目：「精神現象學的科學」（Wissenschaft der Phänomenologie des Geistes）。關於與黑格爾決定改換書名緊密相關的環境，參見倪克林（Nicolin，1967 年）。

⑭ 參見 PG，第 558 頁，第 802 節；和 EPW，第 38 節評論；第 8 卷，第 108 頁。

要條件,論證說,如果其他的先驗綜合原理不成立,那麼,它也不可能成立。現在,正如康德在第一批判的超驗演繹部分證明了範疇是任何可能經驗的必要條件那樣,黑格爾在《精神現象學》中也堅決主張,形上學的理念是現實經驗的必要條件。透過從事這種超驗演繹,黑格爾希望解除康德反對形上學的武裝:它超越了可能經驗的界限。《精神現象學》旨在建立起一種嚴格內在性的形上學,它不能容忍某種超越經驗的特殊的知識來源,比如理智直觀。因此,《精神現象學》的絕對知識無非就是「回憶」(Re-collectoin, Erinnerung),重新計算意識經驗的整體。

當然,為了透過經驗證明形上學,黑格爾不得不把「經驗」的含義推擴到超越它的狹隘的康德限制之外。在康德的限制中,它排他性地適用於感官知覺。但是黑格爾認為,康德不知不覺而又武斷專橫地限制了經驗的意義,因此,它意味著諸如「這是我的打火機,那是我的菸灰缸」這種陳腐的東西(GP,第 20 卷,第 352 頁;第 3 卷,第 444-445 頁)。黑格爾堅持認為,經驗不僅僅是感官知覺,而且還是被發現之物和被經歷之物。這絕不是「Erfahrung」(經驗)這個詞約定俗成的或者專業技術的含義,而且也沒有必要把它換成另外一個同義詞,比如「Erleben」(經歷;經受)。⑮黑格爾只不過是復興了這個詞的原本含義,依照它的原本含義,「Erfahrung」指任何透過實驗,透過試錯,或者透過對於看起來是這種情形的探究而學習到的任何東西。⑯因此,黑格爾的術語

---

⑮ 這是克羅納(Kroner,1921 年),第 2 卷,第 374 頁上的建議。

⑯ 根據荷夫邁斯特(Hoffimeister,1955 年),第 209 頁上的說法,帕拉塞爾蘇斯是第一個使用「經驗」(Erfahrung)這個詞的人,它是被用作拉丁語 experimenta 的同義詞,一場考驗或者試驗,或者透過這些方式所獲得的知識。

「Erfahrung」是從它的字面意義上來理解的：一段旅程或者冒險（fahren），它抵達某個結果（er-fahren），因此，望文生義的話，「Erfahrung」就是「旅行的結果」（das Ergebnis des Fahrts）。在《精神現象學》中為意識所吸收的旅行就是它自己的辯證法的旅行，作為這種辯證法的結果而被經歷的東西就是它的經驗（第73頁，第86節）。

　　黑格爾批判康德擁有一個狹隘的經驗概念，這頗具反諷意味。因為，允許他把經驗概念推擴到經驗主義傳統中它狹隘的使用之外的東西——在這種傳統中，它無非意味著感覺數據——是他尤具康德色彩的主張，不可能把在知覺中顯現的東西和它顯現的條件分離開來。這種康德式的觀點意味著，我們知覺到的東西是由我們藉以知覺的條件構成的。對黑格爾而言，經驗主義者把經驗定義為與抽象的觀念截然對立的感官印象，純粹是以尚未解決的問題作為論據，因為經驗由之而得到理解的概念就是經驗的構成成分，就是它的顯現的條件。因此，黑格爾才斷然採取更具知性色彩的經驗概念：它不僅僅是感官知覺，感官知覺甚至不能憑靠自己對意識顯現自身，它更應該是使得它顯現的法則和概念：「經驗不是純粹的觀察、聽聞、感覺、知覺特殊物，它本質上也在於發現屬、普遍物和法則。」（GP，第20卷，第79頁；第3卷，第176頁）

　　這種經驗概念意味著，僅僅透過反思經驗之顯現的必要條件就可以拓寬和深化某個人的經驗。透過循序漸進地發現經驗的必要條件而推擴經驗，事實上是《精神現象學》中整個辯證法的根本特徵。在它上升到意識的一個新階段之時，自我檢查的主體了解到了前一個階段上它的經驗的條件；它發現，在一個更低的階段明顯被給予的東西需要一個更高階段的概念和預設。這種發現或者更高階的自我覺察並不站在經驗之上，它是經驗自身的一部分。因此，在《精神現象學》的導言中，黑格爾解釋了意識經驗如何在於以下這

172

種發現之中,即知識的內容和我們藉以評估諸種知識主張的標準是不可分離的(第 73 頁,第 86 節)。如果我們改變這些標準,知識對象也會經歷變化。

顯而易見的是,黑格爾籌劃的形上學的超驗演繹是相當棘手之事。它能夠成功,只有在這種條件之下,即把它從日常意識的立場導向絕對知識的立場的所有論證證明是嚴格縝密的和必不可少的。在這裡,我們不能追溯《精神現象學》中假定認為可以通達這個結果的許多論證。現在我們唯一的關鍵是,強調《精神現象學》的一個根本目標:它試圖為形上學提供一個基礎。至少這已經顯示出,認為黑格爾要麼是一個獨斷論的形上學家,要麼根本就不是什麼形上學家,這是一個虛假的困境。

Chapter **8**

唯我論和互為主體性

一、虛無主義的幽靈

174　　黑格爾在試圖把形上學奠基於知識批判的嘗試中所面臨的所有難題中，最嚴重的難題是「虛無主義」的挑戰。正如我們已經看見的那樣（第 28-29 頁），在 1790 年代末和 19 紀初的德國，虛無主義被理解為對於一切事物的存在的懷疑：上帝，外部世界，其他心靈，甚至我自己。既然虛無主義者懷疑所有事物的存在，那麼，他就壓根什麼也不相信。因此，虛無主義就和懷疑主義緊密連繫在一起；最具典型意義的懷疑主義是大衛・休謨（David Hume），他在《人性論》第 1 卷的結尾發表了一個著名的宣言，他發現沒有任何理由可以相信在他自己的轉瞬即逝的印象之外的任何事物的存在。在康德於 1871 年發表《純粹理性批判》之後，在康德的批評者援引休謨來指出超驗觀念論的各種不足之時，在德國曾經有過某種程度的休謨的復興。如果康德僅僅是始終如一，而他的批評者歸罪於他的話，他有可能變成一個虛無主義者，一個普魯士的大衛・休謨。[1]

　　虛無主義的主題是在 1799 年的緊急情況下廣為流傳的。當時，雅可比在他的《致費希特的信》中用虛無主義來指責康德和費希特的超驗觀念論。[2]雅可比論證說，康德和費希特觀念論的基本原則，「主體—客體同一性的原則」，誘使自我陷入到它自己的意識圓圈之內。依照這種原則，自我在對象之中先驗地認識的只是它所創造的東西，或者只是它依照自己固有的法則所產生的東西。既

175　然它的先驗活動是所有知識的條件，那麼自我認識的就只是它的認

---

① 關於康德的這些早期批判者和批判，參見拜塞爾（Beiser，1987年），第 165-188 頁，以及拜塞爾（Beiser，2002 年），第 48-60 頁。
② 雅可比，《著作集》，第 3 卷，第 3-57 頁；《主要哲學著作集》，第 497-536 頁。

識活動展開之前的它自己的創造物，而不是自在地存在著的實在。
當然，康德本人承認，我們認識的對象僅僅是顯現；但是他有時堅
持認為，這些顯現不僅僅是表象，因為它們是物自身的顯現。但是
在這裡，雅可比隨時可以提出另外一種異議。因為在他的《大衛‧
休謨》中，他提出過一個著名的論證，即康德基於他自己的前提，
是沒有權利假設物自身的實在性的。③康德認為，我們不能認識經
驗之外的任何東西，而物自身不在經驗之中。那麼，我們又是如何
可能知道物自身存在著呢？如果康德是始終如一的，雅可比會說，
他就不得不承認顯現根本上僅僅是表象，虛無的表象了。因此，康
德的哲學是「關於虛無的哲學」。

　　沒有誰比黑格爾本人更擔心虛無主義了。他擔憂的理由已經足
夠簡單了。虛無主義似乎是知識論不可避免的後果，而知識論是他
的新型的批判的形上學的真正基礎。在《精神現象學》的〈導論〉
的第一段中（第 63-64 頁，第 73 節），黑格爾間接提到了這個難
題。知識論似乎向我們指出了，認識的能力既不是認識真理的工
具，也不是認識真理的媒介，因此，看起來，我們不能認識自在的
對象，因為它存在於任何工具和媒介的運用之先。因此，如果現象
學把知識論肯定為內在的意識批判，那麼它又如何避免使意識陷入
顯現的源泉之陷阱？

　　黑格爾對於虛無主義的擔憂更加明確地顯現在他早期與謝林合
作撰寫的一篇論文中——1802 年的《哲學體系的進一步闡述》。④
在這裡，黑格爾和謝林在雅可比的影響下，沉思費希特 1794 年《全
部知識學的基礎》（*Grundlage der gesamten Wissenschaftslehre*）的

③ 雅可比，《著作集》，第 2 卷，第 291-310、331-338 頁。
④ 謝林，《謝林全集》，第 9 卷，第 353-361 頁。

結尾陷入的困境。⑤這種困境在以下事實之中，費希特的自我陷入到兩種極端之間：它自己意識的圓圈和一個不可知的物自身。費希特的自我的天職是無限的奮鬥，為使自然符合它自己的活動的法則而進行的永不停止的抗爭。就自我征服了自然而言，它認識它；但是，就自然保持著抵抗而言，它是一個不可認識的物自身。謝林和黑格爾論證說，這種困境是費希特主客同一原則不可避免的結果。

謝林和黑格爾想要用他們的絕對觀念論加以克服的，正是這種困境。但是，到 1804 年為止，黑格爾意識到，謝林沒有給出一個應對雅可比的挑戰的解決方案。謝林已經論證了，要達到絕對的立場——要獲得關於實在自身的洞見——唯一必要的是從主觀的立場中退出來。⑥但是他從來沒有充分地解釋這種退出是如何可能的。這只能以尚未解決的問題作為論據來反對康德和費希特，他們堅持認為，「我」是所有認識的必要條件。他們論證說，在這種嘗試中，如果我們不預設「我」，就不能想離開「我」。黑格爾對謝林這種傲慢地處理這個問題的態度表示不滿，這表現在《精神現象學》序言中那幾行最著名的強烈反對之中：謝林用手槍擊中了絕對。

黑格爾的問題是，如何避免費希特的困境而又不做謝林式獨斷的跳躍。為了避免這種跳躍，他不得不從知識的批判開始；意識不得不根據它自己的標準來檢查它自身，並且經由它自己內在的必然性而上升到絕對知識的立場。但是導向虛無主義的似乎正是知識的批判。那麼，黑格爾不得不以某種方式指出，批判是如何從它自己內部的辯證法向外打破意識的圓圈，以至於自我認識獨立於它自身的實在。

---

⑤ 費希特，《全部知識學的基礎》，《全集》，第 1 卷，第 278-285 頁。
⑥ 謝林，《對於我的哲學體系的表述》，《謝林全集》，第 9 卷，第 114-115 頁，第 1 節。

　　黑格爾實現此目標的基本步驟出現在《精神現象學》在某些最爲著名也是討論得最多的章節之中，第 4 章和第 4 章 A 部分中的「自我意識」、「自我確定性的真理」和「主人和奴隸」等。⑦正是在這裡，黑格爾試圖向外打破意識的圓圈，把自我引向作爲精神的互爲主體性的自我覺察。黑格爾的策略本質上是簡單明瞭的。他論證說，自我認識作爲理性的存有者只有透過相互肯認才是可能的；換言之，自我認識到自己是一個理性的存有者，只有在它授予他者以它使他者授予他的同樣的身分之時。相互肯認中自我覺察的這種共同的結構——自我只有透過對方認識它自身，正如對方只有透過自我才能認識對方——黑格爾稱之爲「精神」（Geist）。

　　黑格爾論證的核心目標是聲稱存在一個享有特權的主觀性領域，在此領域中自我知道自己獨立於他者和自身之外的世界。和笛卡兒的傳統相反，黑格爾爭辯說，僅當自我承認他者的平等的和獨立的實在性，以及他者承認自己的平等的和獨立的實在性之時，自我才認識到自身是一個理性的存有者。如果不承認他者，自我就不能證明它是一個理性的存有者的主張，而且也不能認識到自身是理

177

———————

⑦ 可以證明，黑格爾後來在文本中，只有在第 4 章 B 部分「論懷疑主義」的章節中，對於唯我論或懷疑主義的觀念論提出訴訟。儘管在這個階段，它的確是毫不含糊和自我意識的，但是，在早期的文本中，它仍然是內含著的。對於哲學家來說，唯我論的難題在第 4 章和第 4 章 A 部分已經清楚明白了；但是對於自我意識本身，它仍是含糊不清的。懷疑論是一種清楚的哲學，對於世界的一種自我意識的和理論的態度。儘管意識在第 4 章一開始還沒有達到這個水準，但是第 4 章 B 部分已經把早些階段一直含糊不清和下意識的東西帶給了自我意識。所以最重要的是看到，欲望、斯多噶主義和懷疑主義全部採取了對於它們的對象的同樣的態度：它們都是想把世界化約爲無，以證明自我只是本質的和獨立的對象的失敗的策略。

性的。黑格爾並沒有否認，不承認他者的平等的和獨立的實在性，自身可能意識到它自身；但是他的確主張，沒有這種承認，它就不可能認識它自身。在這裡，認識是在以下這種主張的強烈意義上使用的，即認識必須經過經驗的檢驗和證明。

　　從一個更廣闊的視野來看，黑格爾的論證是引人注目的，因為它在實在論和互為主體性之間鍛造了一種關聯。明顯的悖論是，黑格爾把實在論和對於知識的社會層面的強調結合在了一起，而這種強調一直是常常強烈反對實在論的。⑧但是，對黑格爾而言，互為主體性並不是實在論的替代物，而是它的基礎。黑格爾在這些章節本質上所作的事情是把康德的觀念論社會化，因此，康德的「我思」中的「我」必定是「我們思」的一部分。

　　《精神現象學》的第 4 章和第 4 章 A 部分一直是整本著作中討論得最多的一些章節。它們被從許多不同的角度，倫理學的、生存論的、人類學的、心理學的和政治的角度等，作出解讀。⑨所有這些觀點都興味盎然、正確有效並碩果纍纍；但是它們都沒有能夠把這些章節原本的知識論和形上學脈絡考慮在內，而這些章節對於

---

⑧ 正如韋斯特法爾（Westphal，1989 年），第 1 頁所論證的。

⑨ 關於倫理的途徑，參見威廉姆斯（Williams，1997 年），第 46-68 頁；關於存在主義的闡釋，參見伊波利特（Hyppolite，1969 年 b），關於人類學的解讀，參見柯耶夫（Kojève，1969 年）；關於心理學的解讀，參見普拉門納茲（Plamenatz，1963 年），第 2 卷，第 188-192 頁和凱利（Kelly，1972 年）；關於詮釋學的解讀，參見勒丁（Redding，1996 年），第 119-143 頁；關於政治的解讀，參見芬德萊（Findlay，1958 年）第 96 頁和施克萊（Shklar，1976 年），第 58-62 頁。認識到形上學難題的唯一評論家是伽達瑪（Gadamer，1976 年），第 54-74 頁，儘管他沒有就黑格爾是如何解決這個難題的提供一個詳細的解讀。諾曼（Norman，1976 年）在第 45-56 頁上意識到唯我論的問題處於成敗關頭，但是沒有討論它。

完全理解黑格爾的意義來說是本質性的。大部分闡釋中的主要問題是，它們把黑格爾意欲證明的結論讀進了文本之中，就好像它是預先給定的：他者的平等的和獨立的實在性。這些闡釋粗暴地對待了《精神現象學》的整體的目標和論證，因為這些闡釋從來沒有允許黑格爾把這樣一個至關重要的結論視為理所當然。這些章節的脈絡，以及黑格爾在《精神現象學》中的一般目標，使得把這些章節解讀為一個首尾一貫的論證是必然的，而這個論證試圖向外打破意識的圓圈，並建立起他者的平等的和獨立的實在性。那麼，在這裡再一次，重要的是強調黑格爾的整體籌劃的形上學的層面。

接下來兩節的首要任務就是提供這樣一個闡釋。每一節分別致力於第 4 章和第 4 章 A 部分的相關的過渡。在這裡提供的解讀中，我把黑格爾在其他文本中形成的論證也考慮在內，尤其是在《紐倫堡預備教育》（*Numberg Propadeutic*）和《哲學百科全書》中的闡述。

二、論證的脈絡

黑格爾既沒有在第 4 章和第 4 章 A 部分提到過虛無主義，也沒有直接而明確地考察過這個學說，即我們只能認識我們的表象。然而，重要的是，黑格爾的確直接而明確地考察雅可比用虛無主義來指責的觀點：費希特的觀念論。黑格爾本質上擔憂的是確定費希特的觀念論是否能夠提供一個勝任的關於我們日常知識——主張的說明。他在第 4 章的某些暗示讓人毫不懷疑，當時想著的是費希特。例如：他提到「自我」或者「我」，這是費希特的核心概念，還提到「我是我」，這是費希特的第一原則（第 134 頁，第 167 節）。令人印象深刻的還有：黑格爾是在某種積極的角色中處理這個「我」的，就像費希特在 1794 年出版的《全部知識學的基礎》第三部分中所述的那樣。此外，費希特也根據衝動和情感處理了這

179 個積極的自我，正如黑格爾關於欲望所寫到的那樣。如果我們把注意力集中在它們的費希特的脈絡上，以及更具體地說，黑格爾關心如何向外打破 1794 年出版的《全部知識學的基礎》的意識圓圈之上的話，某些最為困難的過渡很容易得到解釋。

黑格爾對於費希特觀念論的擔心也很明顯地體現在第 4 章的脈絡中。在「意識」部分中的經驗之後，自我感覺得到了證明，它假定它的自我認識是絕對的，也就是說，對任何事物的認識都是對自我的認識。它已經透過經驗的好幾個階段——「感性確定性」（第 1 章），「知覺」（第 2 章），和「力與知性」（第 3 章）——發現了，對於一個對象的認識純粹就是它的自我認識的外在化。現在從第 4 章開始的自我想要確證它之前經驗的結果。它旨在確立，在它的經驗之中的任何事物都是它的自我意識，而並非對於外在對象的意識（第 134-135 頁，第 166-167 節）。這個自我想要指出，它是所有實在，一切事物都只是為它而存在（第 143 頁，第 186 節）。

儘管自我意識已經把自身顯示為意識的真理，但是現在這個真理也必須接受檢驗。自我已經證明這個與它的現實經驗相對立的論題。但是旋即產生了一個困難：它看起來在它的經驗之中並非自我意識著的，因為對它的感官顯示出來的東西來來回回都獨立於它的意志和想像力；被給予的東西看起來獨立於它的意識的控制。因此，黑格爾寫道，自我在這個階段就在於兩個對立的環節之中：自我意識，在這個環節中，它只意識到它自身；意識，在這個環節，它意識到不同於它自身的某物，多重被給予的和不可預知的表象，而它僅僅把這些表象看作是顯現（第 134-135 頁，第 167 節）。現在，自我不得不去證明的是，儘管它的感官經驗具有明顯的被給予性，它仍然是一切實在——儘管它是在經驗中的意識，它仍然是自我意識著的。它必須以某種方式指出，這些表象也在它有意識的控制之內，它們根本上並不獨立於它的意志和想像力。

在這裡面對意識時，黑格爾以下列方式提出了問題：是否有 180
可能建立起同一性和非同一性的同一性？這僅僅是對觀念論的問
題──如何在自我認識的基礎上解釋日常經驗──更加抽象的闡
述。自我認識是主客同一，因為認識的主體和客體是相同者；然
而，日常經驗涉及到主體─客體的非同一性，因為對於主體而言，
客體是被給予的，顯現為獨立於它的意志和想像力。觀念論者面對
的這種困境是，必須有而且又絕不能是同一性和非同一性的同一
性。依照觀念論者的原則，必須有這樣一種原則，因為主客同一是
所有知識的第一原則，甚至是在經驗中覺知一個明顯不同的客體的
第一原則；但是也不可能有這樣一種同一性，因為主客同一的原則
和經驗的主客二元論產生了矛盾。因此，黑格爾在這裡考慮的問題
是，對抗任何觀念論：如果所有實在僅只是我的意識，那麼如何可
能解釋我的經驗的起源，亦即這樣一個事實，存在著明顯不依賴於
我的有意識的活動的表象？確切地說，這也就是費希特試圖在他的
《全部知識學的基礎》中解決的問題，而且他認為這是他的觀念論
中最為核心的問題。[10]因此，在第 4 章提出這個問題之時，黑格爾
只是問，費希特是否以及如何與他自己的問題達成協定。

在第 4 章的一開始，自我就進入了一個新的經驗領域：它不
再像從第 1 到第 3 章那樣直觀、知覺或解釋，它開始行動。簡而
言之，它從理論的領域移動到了實踐的領域（第 134 頁，第 167
節）。這一過渡的理由並不難以探究，如果我們時時記住觀念論的
基本問題。現在自我必須開始行動，因為行動是它的這一論題──
所有實在都在它的控制之下──的決定性證明。如果它想要證明，
它是所有實在，那麼，它就必須指出，它是透過把世界變成符合它

---

[10] 參見《知識學第一導言》，《全集》，第 1 卷，第 422-425 頁。

的意志而如此存在的。在把行動變成自我的論題的檢驗之時，黑格爾肯定時時考慮到費希特 1794 年版《全部知識學的基礎》第三部分中意識的實踐演繹，在那裡，費希特論證說，自我證明了，透過它那想要控制非我的無限奮鬥，它就是所有實在。因此，第 4 章的辯證法不多不少就是費希特的觀念論的內在批判。黑格爾透過他自己的標準——行動——檢驗了費希特的自我。

　　在「自我意識」部分這個較早的階段，自我只是透過為欲望（Begierde）所指導的行動才認識它自身。它透過欲望，而不是透過意志的其他形式，比如選擇或愛，認識它自身，因為它在「力與知性」中更早的辯證法僅僅把它引向它那作為生命的自我意識，而僅僅和有生命物相稱的意志形式，完全理性的存有者相反，是欲望。那麼，在這個水準上，自我僅僅把自身認識為是具有動物欲望的感性存有者，而不是具有意志的理性存有者。因此，首先是作為一個有生命物，或者透過它的動物性欲望，試圖建立起它是一切實在這種主張。這就意味著，試圖透過消滅它們而證明它對於對象的有意識的控制。

　　儘管在這個階段自我沒有完全意識到它的目標，但是自我的行動的目的是黑格爾所說的「絕對獨立」。⑪絕對依獨立意味著，自我不能依賴任何在它之外的事物，而且它有權力凌駕於整個世界

---

⑪ 這種辯證法的其他版本證實了絕對的獨立性是危險的。參見《紐倫堡作品集》，W，第 4 卷，第 120 頁上的版本，以及 1830 年《哲學百科全書》。W，第 10 卷，第 226 頁，第 436 節中的版本。黑格爾從費希特那裡取來這個術語，而費希特在兩本著作中描述了這種觀念：1794 年的《論學者的使命》，《著作全集》，第 6 卷，第 293-301 頁和他 1798 年的《倫理學》，《著作全集》，第 4 卷，第 20-24 頁。

之上。在自我獲得它的絕對獨立之時，它就已經使得所有自然臣服於它的行動的法則之下；因此，在它意識到它的對象之時，它就真的對於它自己的創造物僅只有自我意識。因此，在它建立起它的論點——對於一個外部客體的所有意識都僅僅是它的自我意識——之時，自我也將意識到它的絕對獨立。

為了理解第 4 章和第 4 章 A 部分的辯證法後面的步驟，重要的是牢記，自我的持續不斷的目標是絕對獨立。因此，自我的經驗在辯證法中取得的成就是，許多次試圖發現完成它的目標的條件。自我經歷了好幾個階段：欲望、生死抗爭、主奴衝突；只有在最後，隨著平等的和獨立的個人的相互肯認，它才認識了它的絕對獨立所需條件：作為精神的自我意識。只有當自我意識到自我是精神之時，它才知道它是絕對的，它是一切實在，它不是由任何在它之外的東西決定的。也只有在這個時候，它才發現，它始終是在為什麼而抗爭：絕對獨立，完全的權威，在這種絕對獨立中，它服從的只是自己強加給自己的法則。哲學家總是已經知道這一切；但是只有在辯證法的終端，它才為意識自身所知道。那麼，為了在這些章節遵從黑格爾的辯證法，就有必要遵從自我在為了達到它的絕對獨立之時必須經受的那些經驗。

三、欲望辯證法

自我的第一個經驗是，它不能在動物性欲望的層面上達到絕對獨立。欲望的目標是「否定」它的對象；欲望透過消滅它的的對象毀滅它，迫使它符合它的生命過程（消化、排泄）。自我感覺到，只要它透過它的欲望毀滅對象，就顯示出對於它的經驗的控制。但是，不久它就認識到，如果僅僅透過一塊黑色玻璃，這絕不足以達到絕對獨立。欲望陷入到兩種不舒服的極端之間。一方面，它仍然依賴於某個獨立的對象，這個對象完全外在於它自身，因為欲望依

182

其本性而言是對一個它並不擁有的某物的欲望。當然，欲望有時會得到滿足；但是這種對於獨立對象的依賴是不可迴避的，因為欲望會不斷再生，而它總需要消費和同化另一個對象。那麼，在欲望接踵而至、對象接踵產生的地方，就會產生無限後退。另一方面，儘管自我並不依賴於對象，但是它消滅了它；但是，它隨後才返回到它作為個體的空洞的自我同一性。它不再顯示出它可以控制它的經驗，因為它只能透過消滅對象才能把對象帶到它自身之中。自我還沒有證明它是一切實在，因為它只是使一個對象符合它的個體本性。因此，自我要麼遭遇某種完全外在於它自身的某物，要麼僅僅遭遇它自身：之所以是某種外在於它自身的某物，是因為對象獨立於它自身，僅僅是可以否定的某物；之所以是它自身，是因為對象被毀滅和被消滅了，而它返回到它的自我同一性。換句話說，存在的要麼是同一性，要麼是非同一性，但是絕不是同一性和非同一性的同一性。自我意識在這裡的困境也正是費希特的自我在《全部知識學的基礎》第三部分所處的困境。

在這種經驗之後，觀察著自我的哲學家可正當地推斷，這種絕對獨立的完成需要兩個條件。第一個條件是非同一性：對象獨立於個體，而且它不僅是為個體所否定和毀滅。這就必然可以避免重新陷入個體的自我同一性，這種自我同一性是抽象的，違反了所有經驗的規定性。第二個條件是同一性：自我在它的對象中看到它的同一性，因此，它不可能完全外在於對象。這個條件是必需的，因此，自我沒有失去它的絕對獨立，而依賴於在它之外的其他某物，否則主客二元論就會重新發生，自我就不能聲稱是一切實在。這兩個條件必須結合在一起，因此，意識尋求同一性和非同一性的同一性。它的目標就是悖論式的：自我意識在某個他者之中，或者如黑格爾所說：「在他的他者存有之中，他的自我統一」（Die Einheit seiner selbst in seinem Andersein）（第 140 頁，第 177 節）。

　　奇怪的是，在這個點上，黑格爾引入了辯證法的一個新的因素：另一個自我，另一個有著自我意識的行動者（第 139 頁，第 175 節），黑格爾透過反思在他性（otherness）中和它自身的統一性而達到這個結果。既然主體不能否定它的對象中的他性，那就只有在對象否定了它對於主體而言的他者性時，才可能存在在他者性中的統一性（第 139 頁，第 175 節）。能夠否定它對主體而言的他者性的必定是另一個主體，另一個有自我意識的存有者。因此，黑格爾宣稱：「自我意識只有在另一個自我意識中才能獲得滿足」（第 139 頁，第 175 節）。

　　因此，在這一點上，似乎黑格爾已經達到了——實質上是透過變戲法——他意欲達到的目的：在主體的意識之外存在著其他某物平等而獨立的實在。但是重要的是要看到，黑格爾在這裡的推理只是臨時策略，且從哲學家的立場出發。這是一個必須透過下一章意識自身的經驗才能贏得的真理。

　　在仍舊從一個哲學家的立場寫作時，黑格爾問道：完全滿足了絕對獨立的條件是什麼？他回答說：只有在平等而獨立的個人之見的相互肯認（第 139-140 頁，第 175-177 節）。相互肯認滿足了非同一性的條件，因為兩個人都是平等而相互獨立的；依其本性而言，這種肯認的前提是，自我和他者肯認他們平等而獨立的身分。相互肯認也滿足了同一性的條件，因為自我只有透過它的他者才是自我意識的；它看見自我在他者之中，而他者也在自我之中看見它自身。這種相互肯認無非是作為精神的自我意識，因為精神是從平等而獨立的個人之見的相互肯認中產生的。正是在兩個自我的自我意識的單一行為之中，一方在對方中認識到它自身，同樣，對方也在它之中認識到它自身。正如黑格爾提出的那個著名的說法，這就是「我就是我們，我們就是我」（Ich, das Wir, und Wir, das Ich ist）

184

（第140頁，第177節）。因此，現在黑格爾站在一個立場上得出結論說，自我只有透過它那作為精神的自我意識才意識到它的絕對獨立。

在討論作為精神的自我意識的文本中，還隱含著另一個論證。黑格爾暗示說，只有這樣一個自我意識支持獨立的理想，對於意識經驗保持真實。如果絕對獨立意味著，自我不依賴於任何在它自身之外的東西，以及如果它作為個體的經驗就是它的確依賴於某種在它自身之外的東西（欲望的對象），那麼，就有──而且只有透過一種方式，它的理性能夠與它的經驗協調一致：透過作為精神的自我意識。作為精神的自我意識意識到絕對的對立，因為它出於必然把兩個自身之內的自我融合為一，以至於作為一個整體，它沒有任何在它之外的東西。這就保持著絕對獨立的意義；它提供意識的經驗，因為自我肯認，它依賴於一個對它自己的意識而言平等而獨立的他者。自我透過這種辯證法學會的是，它不能滿足作為一個孤伶伶的個體的獨立理想，而只是作為整體的一部分。

四、主人和奴隸

黑格爾在第4章所作的論證主要是從哲學家的立場出發的。儘管他觀察到的自我已經具有了欲望無用的經驗，儘管它已經發現了對象的獨立性，但是它仍然讓哲學家推斷說，絕對獨立的必要條件是相互肯認或者作為精神的自我覺察，對於第4章的哲學家來說唯一存在的東西，現在必須由第4章A部分中的意識自身來證明。經過它自己的自我檢查，自我不得不發現相互肯認的必然性和作為精神的自我覺察。因此，黑格爾在第4章A部分的任務就是敘述從自我的內部經驗中形成的自我意識的諸階段。這些階段有哪些？它們的辯證法又是如何總計達到精神中的自我覺察的？

在第 4 章 A 部分的辯證法開始於它在第 4 章中停止下來的地方。主體旨在證明它的絕對獨立，它凌駕於世界之上的權力。[12]然而，現在，它承認，它不能達到那樣一種對於欲望的控制，強迫對象滿足它的生理需要。現在它被迫承認，在它自身之外有某種對象，某種在它有意識地控制之時抵抗它的努力的東西：所有那些不能被消滅的對象，所有那些獨立於它的意志和想像力而繼續存在的對象。這些對象首先以其他有生命物的形式和它相對抗，因為這些對象是它能夠消滅的那些類型的東西。主體仍然拒絕賦予任何其他有生命物——甚至是那些和它自己一樣看起來具有同樣的有機結構物和生理外觀的有生命物——以平等而獨立的身分；它拒絕承認，在它們之中，有一些他者具有它的理性存有者的身分。為了建立起它的獨立性，他要試圖顯示它對於他者的控制和凌駕於它們之上的權力；它要想方設法讓它們服從。

自我建立起它的獨立性的嘗試就是即將到來的辯證法的主要源泉。自我將不得不經歷經驗的幾個階段——對承認的需要，生死抗爭，主奴衝突，在它發現它的真正獨立存在於哪里之前。透過這種辯證法，自我終於向外打破了它的唯我論的外殼。最終，它將意識到，它的獨立的前提是，賦予他者以平等而獨立的身分，它的獨立就在於透過一個他者而達到的對於平等而獨立的他者的自我覺察之中。

那麼，我們手頭的這項任務，就是重建自我經驗的諸階段，看看每一個階段對於絕對獨立的獲得而言如何是必不可少的，並注意到它們是如何循序漸進地粉碎自我的唯我論的外殼的。讓我們來依次考察每一個階段。

186

---

[12] 參見 PG，第 144 頁，第 187 節。亦可參見 EPW，第 431 節附釋。

（一）第一個階段：肯認的需要

如果自我想要證明它的獨立，它就必須贏得他者的肯認，而它把他者僅僅看作有生命物。只有在它獲得對於世界的控制之時，它才能贏得它的獨立，而只有在它能夠使這些存有者服從它的命令之時，它才能獲得那種控制。

這種肯認的需要似乎已經預設了其他有理性存有者的存在。然而，重要的是看到，在論證的這個階段，自我還沒有同意他者的平等而獨立的存在。它並不需要來自於另一個，它認為像它自身一樣站著走路的理性的行動者的肯認。在它要求肯認時它所尋求的東西是，他者，無論它可能是什麼，服從它的命令，或者至少，他者不要干涉它的行動。因為所有自我在這個階段認識到，他者仍有可能是一個機器人或者動物。⑬

可以肯定的是，黑格爾已經把其他理性的個人引入到他在第 4 章的論證中（第 139-140 頁，第 175 節）。但是，又一次，這僅僅是從哲學家的立場出發而言的；自我現在必須從第 4 章 A 部分中它自己的經驗中發現哲學家在第 4 章已經發現了的東西。沒有能夠注意到第 4 章中黑格爾論證的確切身分，阻礙了一些人看到第 4 章 A 部分反對唯我論的論證，因為看起來，似乎黑格爾已經預設了其他心靈的存在。⑭

---

⑬ 參見 PG，第 143 頁，第 186 節。亦可參見 EPW，第 430-431 節。

⑭ 例如：索爾（Soll，1969 年），第 15-16 頁，假定黑格爾只是獨斷地在第 4 章引進其他心靈，以在第 4 章 A 部分討論人際的行動的諸方面。芬德萊（Findlay，1958 年），第 96-97 頁也認為，反對唯我論的論證在第 4 章已經做出了。

（二）第二個階段：生死戰鬥

如果自我想要獲得他者的肯認，它必須進入到和他們之間的生死戰鬥之中。它必須透過戰鬥反對他者，因為他們也想方設法實現他們的獨立。如果自我要求他者的服從，那麼他者也要求來自自我的服從。那麼，如果自我不反對他者而捍衛自身並且防止他者統治它的話，自我就不能建立起它的獨立。這場戰鬥必須關乎生和死，在戰鬥中，自我拿它自己的生命冒險，因為只有在拿自己的生命冒險時，它才能證明它的理性的身分，它才有權力凌駕於純粹的生物學的生命和動物性欲望的領域之上。[15]

這場戰鬥不是霍布斯式的一切人反對一切人的戰鬥。自我為了肯認自己是一個理性的存有者而戰鬥；而且，不像霍布斯的自然狀態，它並不和他者競爭以滿足它的欲望或者贏得權力以滿足它的欲望。對黑格爾而言權利來自於對個人的理性身分的承認：它不僅僅是同意為了我的需求而採取行動。在使自我樂於投身到冒生命的危險以贏得它的獨立之時，黑格爾和霍布斯自己關於人類本性的分析發生爭執，依照霍布斯的分析，人類主要的衝動是自我保存。和霍布斯相反，黑格爾說，比起自我保存來，自由是更重要的目的，一個人願意冒著生命的危險而獲得它這個事實就足以證明這一點。

（三）第三個階段：對敵人的仁慈

188

如果自我想要透過生死戰鬥獲得承認，那麼，它就不能殺死敵對者。因為殺死敵對者意味著，它就沒有一個人會去承認它。一具屍體是不會致敬的。因此，它必須授予它的敵人以最起碼的生命。[16]

---

[15] 參見 PG，第 144 頁，第 187 節。亦可參見 EPW，第 431 節。

[16] 參見 PG，第 145 頁，第 188-189 節。亦可參見 EPW，第 432 節。

（四）第四個階段：主人與奴隸的對立

如果為了獲得肯認，勝利者不殺死它所征服的敵人，而如果為了保護它自身不受到進一步的攻擊，它不能授予它的敵人以自由，那麼，勝利者就別無選擇：它必須使它的敵人成為奴隸，它服從它的命令。現在，勝利者和被征服者相互之間變成了主人和奴隸。儘管主人授予奴隸以生命，但是他仍舊不會認為奴隸和他平等或者是理性的存有者。儘管他尊重奴隸是一個有生命者——例如：他透過給予奴隸食物而承認奴隸的欲望——但是他仍然不能承認奴隸是另一個平等的理性存有者，因為他只是把他當作達到自己目的的一種工具。奴隸只是一個動物，一種為了滿足他的欲望的工具。主人有理由把奴隸當作個動物。畢竟，在為承認的戰鬥中，奴隸愛生命勝於愛死亡。因此，奴隸不能證明自己是一個有理性的存有者，配享和主人同樣的尊重。[17]

主奴關係是朝向相互肯認的道路中的關鍵步驟。主人必須肯認奴隸的獨立的生命——他作為有生命物的身分——即使他還沒有同意他具有和他平等的理性身分。這是一個比欲望的極端更重要的對於獨立實在的經驗。儘管欲望經驗了它的對象的獨立性，但是那只是因為它陷入到了無限後退之中；存在著它仍然不能消滅的有限對象，儘管任何對象總是要被另一個所戰勝。儘管現在，自我必須約束它的欲望，——這種約束是朝向作為一個理性存有者的教育前進中的巨大步驟，而且自我肯認，存在著一個它不能消滅的有限對象：所征服的敵人，奴隸。

189　　主人對於奴隸的肯認因此是走出意識圓圈的關鍵性的一步。在那個圓圈中存在著的僅僅是在自我的意識控制之中的東西。然而，

---

[17] 參見 PG，第 145-146 頁，第 189 節。亦可參見 EPW，第 433-435 節。

自我現在發現，有一個有生命物存在於它的意識控制之外。這是因為它不能殺死或者消滅這種生物，使它遵從它的欲望；相反，它必須尊重它作為有生命物的欲望。殺死它，或者僅僅把它看作欲望的對象，就削弱了它所必需的肯認的基礎。

（五）第五個階段：主奴關係的坍塌

如果自我和他者相互之間將要變成主人和奴隸，那麼主人就不能獲得必需的肯認，肯認他自身是自主的和獨立的。主人把奴隸貶低為動物的身分，並且把他降低為一種達到他自己的目的的工具。因此，對他而言，對於奴隸的肯認並沒有太大的價值，如果不是全無價值的話。他不是另一個有理性的存有者的自由的肯認，而只是一個動物的低聲下氣的服從。如果肯認來自統治或者強制，那他就失去它的全部價值。只有當承認來自於另一個人的自由的選擇和判斷之時，他才是有價值的。既然主人鄙視奴隸，那麼他就沒有得到他在尋求的確信。[18]

不僅僅主奴關係沒有給予主人他所需要的肯認，而且他還貶低了他作為一個理性存有者的身分。主人退回到他的動物欲望的階段。這是因為以下兩個原因：(1) 他把奴隸僅僅當作實現他的目的的手段，作為滿足他的欲望的工具；(2) 他僅僅消費奴隸勞動的產品；和奴隸一樣，他沒有透過勞動而贏得凌駕於對象之上的獨立，但是為了他那慵懶的享受，他還得依賴奴隸的勞動。因此，如果奴隸不值得給予肯認，主人也不值得接受他。

---

[18] 參見 PG，第 147 頁，第 191 節。亦可參見 EPW，第 435-436 節。

（六）第六個階段：奴隸的解放

如果主人想要贏得作為自由存有者的肯認，那麼他就必須肯認奴隸是一個自由的存有者。因為主人贏得的肯定，不是來自於一個下屬的服從性的肯認，而是僅僅來自於平等者的承認。如果主人肯認奴隸是一個自由的存有者，那麼，他就會不再把他自己貶低到動物的水準。他證明，他是理性的，因為他承認另一個人是目的自身。[19]

在辯證法的這個階段背後隱藏著一個晦而不彰的康德或者說盧梭的主題（旨）：自我證明了，只有當它依照自我添加的普遍法則時，它才是理性的，這種法則同等程度地強迫它和他者。如果自我依照這種法則行動，那麼，它何以是理性的，就有兩個這個問題的理由：首先，因為一個理性的存有者依照法則的觀念（例如：可普遍化）來行動；以及，其次，因為只有一個理性存有者才會限制它的欲望，才會為了法則的利益而行動。在主奴辯證法的脈絡中，這個主題意味著，主人在他最終肯認奴隸平等而獨立的實在之時才證明了他的理性。如果他做到了這點，這就顯示出，他依照著授予其他人和他本人同樣權利的法則行動。主人證明他的自由，不是透過統治這個奴隸，而是透過把他當作與他平等的人。[20]因此，黑格爾證明盧梭那著名的格言背後的智慧：「那個認為自己是他人的主人的人，比他人更是奴隸。」[21]第4章以及第4章A部分的整個辯證法實際上只是盧梭格言的精心闡釋。

---

[19] 參見 PG，第 146-150 頁，第 190-196 節。亦可參見 EPW，第 435-436 節。

[20] 這個主題出現在《哲學百科全書》版本的主奴辯證法之中，在那裡，黑格爾評論了古人為了獲得真正的自由而導致的失敗，參見第 433 節附釋。

[21]《社會契約論》，第 1 卷，第 1 章。

這種經驗把辯證法帶向它的結論。自我認識到，它之所以是理性的，是因為另一個理性的存有者肯認它的自律，但是它也認識到，它之所以是理性的，是因為它肯認另一個有理性的存有者的自主。這無非就是它那作為精神的自我察覺，因為精神就是從自由的理性存有者的相互肯認當中產生出來的自我察覺那個的統一的行動。在第 4 章的結尾，自我現在已經達到了和哲學家同樣的結論。

現在，虛無主義者採取了他最後的步驟，走出意識圈圈的黑暗之外，進入到實在的清楚的白天。如果在欲望的階段，他認識到外在對象的實在性，而且如果在生死戰鬥的階段，他批准存在著另一個有生命物，現在，在主奴辯證法之後，他肯認另一個有理性的存有者的平等而獨立的存在。他最終肯認，不是唯一自我意識的存有者，而是存在著另一個這樣的存有者。自我認識到，他者不僅僅是它自己的表象，因為它看到，對方在它的意識控制之外。它不能消滅對方就像它只是一個無生命的對象；它也不能把對方當作滿足它的欲望的手段，就好像它是一個奴隸。毋寧說，它肯認，對方在它的意識控制之外，因為它自在地就是目的——一個有權利依據它自己設定的目的生活的存有者，即使他們不同意自我自己的目的。因此，對黑格爾而言，肯認另一個有意識的存有者自在地就是目的，就是對虛無主義的拒斥。透過這種肯認，唯我論者必須讓步說，並非所有的實在都在它的意識控制之內，存在著另一個具有與它自身具有平等身分的理性存有者。

非常重要的是，要澄清黑格爾的論證的確切身分與限制。他已經建立起來的全部是這樣的：一個理性的存有者應該肯認他者平等而獨立的實在，或者自我應當賦予他者的以它要讓它們賦予它自身的同樣的身分。最終，這與其說是一種對虛無主義的形上學的拒斥，毋寧說是一種道德的拒斥。徹底的虛無主義可能會提出異議說，他者仍有可能是一個自動機器（automaton）。即使我必須肯

認它與我本人平等的身分——即使我被迫像我讓它對待我那樣對待它——仍有可能的是，它實際上是不平等的。黑格爾也許會肯認這個觀點。但是他對此所持的主要異議也許會是，它不可能依據那樣一種虛無主義而生活。即使我們永遠懷疑他者的實在性，我們仍然不能依據這些懷疑而行動。我們必須把對我們而言平等而獨立的實在性授予它；因為，只有這時，我們才能證實我們自己作為自由而理性的存有者的身分。

第四部分

社會和政治哲學

Chapter ⑨

自由與權利的基礎

一、形上學與政治

195　　儘管絕大多數當代學者宣稱黑格爾的形上學已死，但是他們強調說，他的社會與政治哲學仍然活著並且健康良好（well）。他們把黑格爾的《法權哲學的基本原理》推崇為政治思想中的經典，一本可以與柏拉圖的《理想國》、霍布斯的《利維坦》和盧梭的《社會契約論》相媲美的著作這多少有些公正合理。①但是令人有些困窘的是，他們躡手躡腳地繞開黑格爾的形上學。因為黑格爾的社會與政治哲學和他的形上學的任何關聯都會使它顯得陳腐不堪，於是大多數學者選取了非形上學的道路。②

　　無論多麼有誘惑力，這樣一條道路簡直就是和黑格爾自己的意圖南轅北轍。因為從最開始，他就野心勃勃地要為社會與政治哲學提供一個形上學的基礎。在他關於這個話題的最早出版物中，他1802-1803 年的〈討論自然法的科學方式〉一文就論證說，此前的自然法體系的主要缺點是，它們把自然法與形上學分離開來了。它們沒有能夠認識到，形上學是其他科學的基礎，一個學科只有到了

---

① 例如：霍爾蓋特（Houlgate，1991 年）第 77 頁和弗蘭克（Franco，1999 年），第 1-2 頁。

② 關於進入黑格爾的社會與政治哲學的非形上學的路徑，參見普拉門納茲（Plamenatz，1963 年），第 2 卷，第 129-132 頁；佩爾辛斯基（Pelczynski，1971 年），第 1-2 頁；史密斯（Smith，1989 年），序言第 6 頁；伍德（Wood，1990 年），第 4-6 頁；圖尼克（Tunick，1992 年），第 14、17、86、99 頁；哈迪蒙（Hardimon，1994 年），第 8 頁；帕頓（Patten，1999 年），第 16-27 頁；弗蘭克（Franco，1999 年），第 83-84、126、135-136、140、143、151-152、360-361 頁，注釋 4；羅爾斯（Rawls，2000 年），第 300 頁。關於近來對於這條路徑的抗議，參見約維爾（Yovel，1996 年），第 26-41 頁和皮配扎克（Peperzak，2001 年），第 5-19 頁。

它建基於那樣一個基礎之上的程度，才有了科學的組成部分。黑格爾論證說，實證主義的問題是，形上學是不可逃避的，而在自稱可以擺脫形上學時，我們只是以未經證明的結論來證明這個最基本的問題來反對它。

對於這種非形上學的道路，還有些話要說。如果僅僅在一個 196
表面的層次上說，理解黑格爾的社會與政治哲學中許多東西而不需要他的形上學，這是可能的。黑格爾理論當中有許多是可以直截了當地理解的，既可以理解為觀察與深謀遠慮的結果，也同樣可以看作是思辨邏輯的結果。儘管《法權哲學》的建築術結構——它按部就班地劃分為普遍性、特殊性和個體性的辯證法環節——反映了黑格爾的思辨邏輯，但是這種結構總有些說不清道不明的矯揉造作與專橫武斷，這與其說源自於它的題材，不如說是強加於其上的。的確，在黑格爾把他的形上學放置於一旁而僅僅探討它的題材時，他總是處於最佳狀態。

注意到從黑格爾的角度來看待他的社會與政治哲學的基礎時的深刻的含糊性，這也是有必要的。儘管他有時堅持認為，它的基礎在他的思辨邏輯之中，但他同時會強調它的具體學說完全源於這個題材的內在邏輯。如果黑格爾的方法是形上學的，那麼它也是現象學的；要求我們除了所有在先的原則和預先構想的觀念之外，為了它自己的目的而考察每一個主題（第 159 -162 頁）。儘管每一個具體科學都從作為整體的體系中獲得它的基礎，但它也應該是自足的，它以其自身就是一個有機整體。因此，如果強調黑格爾的方法論中這個現象學的方面，似乎他的社會與政治哲學中的大部分東西應當根據它自己的術語才可以理解。

但是問題依然是：它是如何理解的？在這裡，最簡短的回答必定是：不充分。無論現象學方法的精神是什麼，事實仍就是，黑格爾政治哲學的某些核心概念預設了他的形上學，而且只有在他的形

上學的脈絡中才是完全可理解的。我們很快就會看到，黑格爾的權
利概念建立在他的亞里斯多德式的形上學的基礎之上（第 210-214
頁），他的自由概念建基於他的精神概念之上（第 201 頁），他的
歷史中的理性的理論建基於他的絕對觀念論之上（第 263-264 頁）。

197 ## 二、自由的概念

　　所有的學者都同意，在黑格爾的政治理論當中沒有比自由更重
要的概念了。有許多非常好的理由來說明這種罕見的全體一致：黑
格爾把自由看作權利的基礎，看作精神的本質，看作歷史的目的。
然而，不幸的是，在黑格爾的政治理論中沒有一個概念比自由更含
混不清與眾說紛紜了。因為這個概念是如此重要、晦暗不明而又爭
論不休，我們有必要稍稍詳細一點來考察它。

　　黑格爾有好幾個各不相同而又相互關聯的自由概念，它們散
見於他的著述的不同地方。首先並且最重要的是，把自由理解為自
主，亦即自我統治的力量，為自己立法並遵從自己的法則的能力。
因此，他在《世界史哲學講演錄》中寫道：「……只有那種遵從法
則的意志是自由的；因為它服從它自身，而且是自足的（bei sich
selbst）並因此是自由的。」（VG，第 115、97 頁）。黑格爾的自
主的概念預設了，意志加諸自我的法則是理性的；我是自由的，不
僅僅是因為創造和遵從了任何法律，而且是因為法律必須值得任何
有理智的存有者的同意。因此，自由就存在於依照理性的法則而行
動之中。

　　黑格爾也把自由構想為獨立或自足，就是不依賴除了自身之
外的任何他人。他在撰述《世界史哲學講演錄》時用這些術語來定
義自由：「……精神是自足的存在（Beisichselbstsein），而且只有
這一點才是自由。因為如果我是有所依賴的，那麼我就和不是我的
東西關聯在一起，且如果沒有這個外在的東西，我就不能存在。」

（VG，第55、48頁）。關於自由的類似解釋也出現在《法權哲學》中，黑格爾解釋說，意志是自由的，如果「它除了與它自身而不與任何東西相關聯，那麼，每一種依賴某物而非它自身的關係就崩塌了」（第23節）。自由的這種含義與自主緊緊相聯，因為一個自主的存有者是獨立地而非依賴任何其他人統治自己。

最後，在《法權哲學》中，黑格爾有時依據自我規定來闡述積極自由（第7節、12節評論、21節）。自我規定本質上意味著兩樣東西：(1) 自我，而不是它自身之外的力，決定了它的行動；(2) 在規定它自身之時，它使它自身變成有規定的，把僅僅是潛在的、意圖中的和處於萌蘖之中的東西變成某種現實的、實現的和有組織的東西。在黑格爾把自由看作是自我規定之時，他暗示的是：(1) 我有一個具體的本質或本性，它存在於我的理性之中；(2) 自我實現的過程是發展這個本質或者本性的過程，是自然的和必然的（第74-75頁）。顯而易見的是，自我規定和自主緊緊連繫在一起：自我規定意味著，我是自主的，因為它依照它賦予它自身的原則而把它自身規定為行動。處於類似的原因，自我規定也和獨立有著緊密的關係：如果自我把它自身規定為行動，那麼它就是獨立於外在於它的各種原因的。

黑格爾關於自由的專業闡述是遵從著它自身的意志，亦即，把它自身當作是它自己的對象和目的的意志（PR，第22、27節）。這種語言看起來像個悖論，但是它的要點是簡單明瞭的，建立在兩個直截了當的前提上。第一，黑格爾認為，自我的本質就在於它的自由之中。和盧梭與康德一樣，他強調，一個理性存有者的獨特特徵是它的自由，更具體地說，它的自主——它依照可普遍化的原則而行動的力量。其次，黑格爾強調，只有當我們自我意識到我們是自由的，有力量把自由變成我們行動的目標的時候，我們才變成自由的；一個不知道它是自由的奴隸從來不會獲得自由。這兩點合起

來意味著，自我只有當它把自由自身變成它的行動的目的和目標之時，才會變成自由的；換句話說，意志必須意願著它自身。黑格爾進一步論證說，正是在這樣一種自我反思的意願中，自由才會安居下來。因為如果意志意願著它自身，它就只和它自身相關聯。因此，就不依賴於在它之外的任何事物。

　　在《法權哲學》第 5-7 節，黑格爾提供了一個關於自由的更加詳細的解說，具體規定了對於自由而言必不可少的 3 個基本環節。這 3 個基本環節 —— 普遍性、特殊性和個體性 —— 相應於他《邏輯學》中的概念結構。在這個脈絡中，它們具體規定了世界上的人能夠達到完全自由的 3 個條件。依照普遍性的環節，一個自由的人必須具有自我覺察的能力，從所有具體的處境當中抽離出去並且離開處境覺察到它自身的能力；它必須有能力從任何行動的過程中後退出來，以反思不同的選擇及其後果。如果人們沒有這種力量，那麼他們就不會是自由的，因為他們對於他們自己的動力沒有任何感覺，他們也沒有力量對於他們應該做出的行為進行理性的評估。依照特殊性的環節，為了成為自由的，一個人必須在一個特定的處境中做出一個特定的選擇，並且行動。如果沒有選擇和沒有行動，一個人就不可能是自由的；為了選擇和行動，他們必須選擇特定的東西，做某件特定的事情。依照特殊性 —— 另外兩個環節的綜合 —— 的環節，一個人必須在讓自己和所有選擇保持距離，並且對之進行反思後，最終讓自己投身到某個選擇之中，並且最終把他們自己等同於這個選擇；換句話說，他們必須接受一個處境作為值得他們付出努力並全身投入的。黑格爾把這一個體性的環節描述成自我限制的環節：一個人限制他自身，因為一個人接受生命中的某一處境，而非在所有承諾之間漂浮不定；一個人自我限制他自身，還因為一個人選擇處境作為反思和深思熟慮的結果。

　　無論在他的邏輯學中的基礎是什麼，黑格爾在《法權哲學》中關於自由的分析反映了他根本的道德教導，即自由必須在世界上變成現實，而不可能透過從世界上逃離而獲得。這就是黑格爾在〈基督教及其命運〉一文中首次發展出來的主題，當時他論證說，耶穌本人註定要逃離這個世界，而只尋求在天堂中的救贖。後來在《精神現象學》中，黑格爾在斯多噶派和法國激進主義中看到了同樣的問題——斯多噶派勸誡從命運的變化中撤退到內心；而法國激進主義則造成毀滅性的後果，因為它不能接受任何特定的憲政。在黑格爾眼中，基督教、斯多噶派和法國激進主義都是為達到自由而徹底失敗的策略。因為他們試圖逃避這個世界，所以他們沒有發動反抗世界的戰鬥，因此最終向這個世界屈服。黑格爾的主題包含著一種悲劇性的音符：必須在我們和世界之間達成和解，限制我們自己，讓我們自己投身到生活的某些特定處境之中。但是這種悲劇性的教導總是和一種必須反抗世界的道德攜手並進。黑格爾看到，實現這種自由的主要困難是，一個人必須既要抗爭，又要屈服，既要限制他自己，又要掙脫他自己，既要全身心投入，又要保持批判；真正的自由就在於在這些極端之間發現微妙的平衡。

　　在黑格爾的自由概念發展的歷程中產生決定性影響的是康德。我們能夠把黑格爾的每一個闡釋回溯到康德那裡，在康德的著述中已經根據自律、獨立和自我規定等討論自由了。[3]事實上，康德在他的《道德形上學基礎》中第一次指出，自由意志意願著自身，因為它必須根據自由的理念而行動（GMS，第 4 卷，第 448 頁）。

---

[3] 伍德（Wood，1990 年），第 39 頁論證說，關於自主概念，在康德與黑格爾之間存在著重大的差異，因為康德把自由等同於自主的能力，我可以執行，也可以不執行，而黑格爾則把它等同於道德行動自身。但是康德的文本並不能證實伍德的論點。參看 GMS，第 4 卷，第 412、413、447 頁；KpV，第 5 卷，第 29 頁。

康德的自由概念對於黑格爾的影響不是出自憑空臆想，而是有案可稽，並俯首可拾。在他的早期伯恩手稿中，黑格爾把康德的自律原則變成他的主要的道德理想，與基督教的實證性相抗爭時的主要武器。而在《法權哲學》中，黑格爾明白確鑿地推崇依照道德義務而行動這種康德的自由思想：「我在盡義務時，我是心安理得（bei mir selbst）而且自由的。著重指出義務的這種意義，乃是康德實踐領域的哲學的功績與卓爾不群的觀點。」（PR，第 133 節附釋）

　　儘管有如此多的事實，但是由此推斷說，康德和黑格爾的自由概念大體上相同，卻有可能是一個嚴重的錯誤。[4]儘管它們在最一般的方面非常相似，但是康德和黑格爾賦予它們以截然不同的，甚至相互衝突的闡釋。它們之間最為重要的區別有以下四點：

　　（一）儘管康德和黑格爾兩人都根據道德行動來看待自由，儘管他們倆都認為道德必須建立在理性的基礎之上，但是他們對於理性的思考卻有天壤之別。康德的理性觀是形式的或者說抽象的：規定可普遍化的原則並依其行動的力量；黑格爾的理性觀是質料的和具體的：某一特定共同體的倫理（ethos）和生活方式。

　　（二）儘管他們倆都認為自由是自我規定，但是他們對於自我的理解也是判然有別。因為康德的理性自我是高高站在社會和歷史的領域之上的，它除了和它一樣的其他理性自我之外，有它的同一性；它在和其他那樣的自我的對立中有它的自我意識。然而，黑格爾是在他者中並且透過他者理解自我，他的自我只有透過把他者內部化和使它成為它的同一性的一部分才意識到它自身。因此，在《法權哲學》中，黑格爾把自我規定描述為自我在他者中把它自身外在化，然後在一個更廣闊的它自身的概念中把他者內在化的整個

---

④ 恕我不能苟同帕頓（Patten，1999 年），第 47-63 頁。

過程（第 7 節）。因此，自由的本己的主體是精神，是互為主體性的自我，是那個是我們的我和是我的我們。

（三）康德把自我規定設想為在感性之上的理性的力量；然而，黑格爾把自我規定理解為依照我們全體的本性而行動，在我的本性中，感性和理性之間不存在什麼衝突。黑格爾追隨席勒，[5]堅持認為，我的欲望和情感必須要整合到理性的自我規定的力量之中，因此，自我盡義務時，是從愛好（inclination）出發，而非把它排除在外，和它之間的對立並不那麼尖銳。黑格爾拒斥了康德對於自我規定的更加理性主義的和二元論的解釋，因為如果道德是僅僅依照我的理性而行動的話，它就仍舊和某種侷限是相容的：也就是說，壓制我的欲望和情感。他論證說，康德賦予理性的那種主權僅僅把統治的資源移入到自我內部。

（四）康德把自由設想為獨立於自然的因果性的，因此自我是它自己的行動的唯一原因，有力量做任何其他事情。黑格爾認為，這種獨立性是一種幻象：只有在自然的領域才是可實現的，它必須依照它自己的本性和作為整體的宇宙的必然性而行動。在他把自由理解為某種形式的必然性，在對於它在作為整體的宇宙中的位置的自我覺察之時，黑格爾從斯賓諾莎那裡受益良多。

乍看之下（prima facie），在黑格爾強調自我必須透過他者而在世界之中生活之時，似乎他摒棄了作為獨立的自由概念。這也似

---

⑤ 席勒對於黑格爾的重要性可以從《基督教的精神》和黑格爾 1795 年 4 月 16 日致席勒的信中看出來。席勒對於黑格爾自由概念的影響是決定性的，但是當代英美學者似乎沒有理會到這一點，他們可能會承認《審美教育書簡》的相關性，但是卻忽視了同等重要的《秀美與尊嚴》和《哲學書簡》。考夫曼（Kaufmann，1966 年），第 18-31 頁正確地強調了席勒對於黑格爾的影響，但是對於它對黑格爾自由概念的重要性語焉而不詳。

乎意味著，肯認自我實際上（de facto）是依賴於他者的。黑格爾的確認為，我們是依賴他者和這個世界的，只有透過這種依賴，我們才能變成我們之所是。然而，重要的是要看到，在承認這種事實上的依賴之時，他並不認為他拋棄了獨立的理想，而是包含了它；因為他論證說，真正的獨立並不是來自於從他者和世界之中退縮或者逃離，而是使它們成為我自己的一部分；因為如果我真正把他者和世界內在化了，把它們變成了我的一部分，那麼，我對他者的依賴就變成了某種形式的自我依賴。黑格爾論證說，最終必須摒棄他的獨立理想的是康德，因為他完全是在從他者和世界的撤退中設想它的，因此他不能肯認它實際上對於它們的依賴。

三、自由的背叛者

不論是好是壞，黑格爾已經作為一個積極「自由概念」的主要擁護者而進入了歷史。因為在積極自由和消極自由之間做出區分已經是比較晚近的事情了，把它運用到黑格爾頭上實在是弄錯了時代。它仍然一直被當作一種難以擺脫的討論黑格爾的方式——無論是他的捍衛者還是他的貶低者在這點上殊途同歸——以至於它難以被忽視。依照以賽亞・伯林（Isaiah Berlin）的經典區分，[6]消極的自由概念把自由當作是缺乏限制或者說強制的缺席，也就是說，不干涉我的任何行動；因此，限制越少，我越是自由。因此，消極自由本質上就在於選擇的自由，具有複數性的選擇可能性。另一方面，積極的自由概念把自由等同於具體的自由進行，比如依照道德原則行動，遵從神聖的命令，或者實現真正的自我。那麼，

203

---

[6] 參見伯林（Berlin，1969 年），第 118-172 頁。在這篇論文中，伯林大多是順便提到黑格爾，第 146、150、168 頁。伯林對於黑格爾的批判最好是在《自由及其背叛》（2002 年），第 74-104 頁尋找。

這種自由和限制我的選擇，強迫我做出某個特定的行動，甚至是可相容的。因此，積極自由似乎支持盧梭那著名的格言：「強迫某人自由。」因此，毫不奇怪，它被譴責為對於消極自由的威脅，集權主義或者權威主義的基本原理。黑格爾被闡釋為積極自由的片面的擁護者，他的自由主義的批評者把他痛斥為強有力的「自由的背叛者」而大肆撻伐。

　　這種闡釋最明顯的疑難在於，它不能解釋一個無法改變與無可爭議的事實，即黑格爾本人是一個毫不動搖與確鑿無疑的否定性消極自由以及肯定性積極自由的支持者。黑格爾在多種自由類型之間做了一個與伯林相類似的儘管並非完全相同的劃分。他毫不含糊地強調對於兩種形式的自由都加以支持。黑格爾自己的劃分是在以下兩者之間做出的：一方面是他所謂的「形式的」或「主觀的自由」，另一方面是「絕對的」或者「客觀的自由」。令人驚詫的是，他有時甚至劃分了「消極的自由」和「肯定的自由」或「積極的自由」（PR，第 5 節、149 節附釋；VG，第 57、50 頁）[7]。形式的、主觀的或者消極的自由涉及個體在對於不同的行動過程的反思與選擇不同過程的權利，以及選擇最合適它的趣味、判斷與良知的選項的權力與權利（PR，第 121 節、185 節評論、228 節評論、273 節評論、274 節、301 節、316 節）。另一方面，絕對的、客觀的或者肯定的自由涉及依照理性的原則，依照公共生活中得到肯認的法則而思維與行動（第 149 節、258 節評論）。在《法權哲學》中，在許多場合中，黑格爾顯示自己為形式的和主觀的自由的忠誠的支持者。他完全肯認並強調，這種自由的前提是政府不干預（第 185 節評論、206 節評論、260 節）。他反反覆覆論證說，古代城邦的主要

---

[7] 關於這個區分，參見帕頓（Patten，1999 年），第 44-45 頁和伍德（Wood，1990 年），第 37-40 頁。

缺點在於，它不肯認主觀自由（第 124 節評論、138 節附釋、185
節評論、260 節評論、262 節附釋、299 節評論），而現代國家的
主要力量在於，它保護個體權利（第 41 節、185 節評論、206 節評
論、260 節、262 節附釋、299 節評論）。

204　　　　重要的是要肯認，黑格爾對消極自由的辯護並非他晚期思想的
發展，而是他思想生涯中一以貫之的事，是所有他的政治著述的始
終如一的標誌。在伯恩和法蘭克福時期的《實證性論文》中，他充
滿激情地論證說，國家有義務保護個體的權利，例如：言論自由與
良知。在法蘭克福晚期和耶拿早期的《憲法論文》中，他強烈反對
試圖自上而下地控制一切，不給個體自由與地方首創性留下任何空
間的極權政府。因此，把黑格爾闡釋為積極自由的一邊倒的主角，
這不僅忽視了他成熟學說的核心特徵，而且忽視了他早期著述中一
個極為重要的主題。

　　然而，至少是就依照這些線索解讀成熟的黑格爾而言，似乎存
在著某種合理的證明。在《法權哲學》（第 15-17 節）中，黑格爾
使某個論證帶有這種意思，在他本來的意義上說，消極自由並非真
正的自由。他爭辯說，自由被理解為「任性」（Willkür），也就是
說，從所有選擇項中退縮回來並且在它們之間進行選擇的權力，就
和它自身發生矛盾了，因為意志既獨立於又依賴於它的對象。無論
這個論證具有什麼價值，似乎黑格爾僅僅為了積極自由的緣故而完
全拒絕消極意義上的自由。

　　然而，如果我們在脈絡之中再次閱讀這些段落，這種闡釋證
明是站不住腳的。它遭遇到好幾重困難。首先，黑格爾的論證的目
標實際上不是（確切地伯林意義上的）消極自由，而是實現從所有
事務中完全撤退出來的自由的嘗試。其次，黑格爾並不是在批判選
擇自身的價值，而是，更加具體地說，在批判任性的價值，在任性
中，一個行動者不能也不願意給出他做某種選擇而非另一種的理

由。第三，儘管黑格爾並不認為，任性意義上的自由並非全面而完全意義上的自由，但是他仍然沒有完全拒絕它，而是把它保留為自由的一個本質的方面或環節。黑格爾完全地意識到，我們所做的某些選擇缺乏客觀的理由，它們建基於其上的東西無非是個人的或個體的選擇，例如：我選擇某個特定的職業或者服裝樣式。但是黑格爾認為，即使這些選擇也應該變成國家的保護，因為它們是全觀性的「無限權利」的一部分（參見第 231-233 頁）。

　　只要黑格爾既重視消極自由也重視積極自由，他對積極自由的使用是否批准權威主義的問題就是懸而未決的。這裡的問題比許多學者認識到的要複雜得多。仍舊成為一個問題的，就不是黑格爾是否認識到消極自由的價值這樣一個純粹歷史的或事實的問題，而是兩個邏輯的或者體系的問題：黑格爾的積極自由的概念是否具有權威主義蘊含的問題，以及黑格爾是否能夠把兩個形式的自由統一成一個單一的條理一貫的國家哲學的問題。僅僅指出下面這一點還不夠，即，黑格爾意欲或者想要支持消極自由，因為那產生了它是否與他的終極原理相容的問題。這個問題不能僅僅透過宣稱以下這一點來處理，即，因為自主涉及選擇的能力，主觀自由是客觀自由的前提條件 [8]。因為這又把將要證明的東西設為前提了：如果我的主觀選擇與和自主相關的理性的標準不一致，將會怎麼樣？黑格爾是否背叛了消極自由的問題最終建立在政治制度——正如黑格爾認為它們的那樣——是否牽強足夠保衛消極自由的問題。我們將在下面更加詳實地來討論這些令人棘手的問題（第 237-243 頁）。

四、法律的基礎

　　黑格爾的政治思想一直遭到如此多的相互衝突的闡釋，這本身

---

[8] 恕我不能苟同伍德（Wood，1990 年），第 41 頁。

就是它的困難與複雜性的極具說服力的表徵。這種情形尤其適合於黑格爾關於法律基礎的觀點。黑格爾當時被解讀為一個意志論者，這種人把權利建立在意志而非理性的基礎之上[9]。透過這種方式，黑格爾一直被視為現代意志論傳統中最後一位偉大的代言人，這種傳統始於霍布斯和格勞秀斯（Grotius），而在盧梭和康德那裡達到鼎盛。然而，黑格爾也被解讀為與之勢不兩立者，認為權利來源於理性並且賦予它們獨立於意志的價值的理性主義者[10]。相應地，某些學者把黑格爾放進自然法的傳統之中，這個傳統最終可以回溯到亞里斯多德或者阿奎那。最後，黑格爾還被理解為一個歷史主義者，這種人認為法律最終建基於一個民族的歷史與文化[11]。在這方面，黑格爾被放入孟德斯鳩、莫澤和赫爾德的傳統之中，他們把法律看作是民族精神的一部分。

　　所以這些闡釋既對又錯，既部分正確，又部分錯誤，這也是黑格爾政治思想既錯綜複雜又微渺難識的一個同樣引人注目的表徵。黑格爾的偉大目標就是綜合所有這些傳統，在一個關於法律基礎的

---

[9] 參見普拉門納茲（Plamenatz，1963 年），第 31-33 頁；弗蘭克（Franco，1999 年），第 178-187 頁；和里德爾（Riedel，1973 年），第 96-120 頁。

[10] 參見佛斯特（Foster，1935 年），第 125-141、167-179、180-204 頁；萊利（Riley，1982 年），第 163-199 頁；佩爾辛斯基（Pelczynski，1964 年），第 29、54 頁；皮平（Pippin，1997 年），第 417-450 頁；和帕頓（Patten，1999 年），第 63-81 頁。

[11] 參見梅涅克（Meinecke，1924 年），第 427-460 頁；海勒爾（Heller，1921 年），第 32-131 頁；卡西爾（Cassirer，1946 年），第 265-268 頁；波普（Popper，1945 年），第 2 卷，第 62-63 頁；薩拜因（Sabine，1963 年），第 627、645、648 頁；哈羅威爾（Hallowell，1950 年），第 265、275-276 頁；和伯林（Berlin，2002 年），第 94-95、97-98 頁。

一以貫之的解釋中保存它們的真理和刪除它們的錯誤。用一個詞來說，黑格爾的學說是一種理性的歷史主義或者一種歷史主義的理性主義、一種理性的意志論和意志主義的理性主義。

但是這種表面上的矛盾修辭法（oxymorons）提出了根本的問題：黑格爾真的有一個一以貫之的學說嗎？在我們能夠評估這個問題之前，我們必須首先來考察一下這些相互對立的闡釋的力量與缺點，更為切近地考察黑格爾從這些傳統中接受與拒絕了什麼。

有許多證據偏向意志論的闡釋。黑格爾在自由的基礎上證明了權利的正當性，他把權利理解為意志的表現（PR，第 4 節附釋）。此外，他根據意志把「善」定義為特殊的意志與意志概念的統一性（PR，第 129 節）。最後，在他陳述盧梭把意志當作國家的基礎是對立的之時，他把自己堅定地放入到意志論的傳統之中（PR，第 258 節評論）。事實上第一重要的是看到，黑格爾否定了自然法傳統的一個根本前提——價值存在於自然的領域之中，獨立於意志（VRP，第 3 卷，第 93 頁）。他接受了康德在倫理學中的哥白尼式的革命的一個基本論題：理性的法則是我們創造的，而非自然加諸我們的。

然而，也有存在著大量的反對意志論的解讀的證據。意志論傳統的一個核心論題：無論意志是什麼，價值都是善的，這僅僅是因為意志重視它。但是黑格爾反對純粹形式的和抽象的意志，這主要是因為，單單意志不能成為法律的來源（PR，第 135-140 節）。意志論的傳統還有一個基本的前提，即如果不依賴於人的統一或者契約，沒有什麼自在地或者依其本性是善的。但是，黑格爾堅持認為，某些事物自在地是有價值的，無論政府是否莊嚴地把它們載入法律，或者奉為神聖（PR，第 100 節評論）。在黑格爾攻擊社會契約論之時，他和意志論傳統之間的距離已經無以復加了。他論證說，如果我們使得權利依賴於個體的意志，那麼，我們就侵蝕了所

有義務的基礎，因為一個人有權利放棄契約，無論他是否對它持有異議（PR，第 29 節評論、258 節評論）。

理性主義闡釋的證據與意志論闡釋的幾乎同樣多。當黑格爾寫道：「在一個政治憲政中，沒有什麼應該被肯認為有效的，除非它同樣是理性的權利」（VVL，第 4 卷，第 506、281 頁）[12]，他似乎推崇理性主義的核心原則。儘管黑格爾把權利建基於意志之上，但是有必要補充一點，他是依據理性定義意志的。因此，這似乎不多不少相當於實踐理性的命令。他強調說，意志與思想不可分離，因為意志實際上只是「思想的一種具體方式」：「思想把它自身翻譯為存在，思想作為賦予它自身的存在的衝動」（PR，第 4 節附釋）。還有一點值得注意，黑格爾在主觀意志和客觀意志之間作了明顯的區分，他實際上將客觀意志等同於理性的規範。然後，他強調說，實踐理性的規範具有客觀的有效性，無論它們是否得到只存在於個體欲望中的主觀意志的肯認（PR，第 126 節、131 節、258 節評論）。當他強調與主觀意志相對立的規範的客觀性之時，他對於規範的客觀性就在於它們的理性之中這一點了然於胸（PR，第 21 節評論、258 節評論）。

但是仍然至少有兩個嚴重的困難困擾著理性主義的闡釋。首先，黑格爾從來不曾接受自然法學說，而這種學說對於理性主義是如此核心，以至於規範就存在於自然或者某種永恆的領域之中，獨立於人類活動。對黑格爾而言，法律的最終基礎——在這裡，他顯示了對於意志論的忠誠——在於不能從自由之外得到理解的自由之中。其次，儘管黑格爾堅持認為，意志就在於思維之中，並且依賴於思維，但是他也強調相反的一面：思維就存在於意志之中，並

208

---

[12] 參見 PR，第 132 節評論。

且依賴意志（PR，第 4 節附釋）。從黑格爾的角度而言，這不僅僅是一種姿態、一種按部就班的對於對立者的平等性的肯認，毋寧說，它反映了他在《哲學百科全書》中詳盡無遺地發展出來的學說（第 440-482 節），亦即，精神發展的所有階段都僅僅是「它產生作為意志的它自身的方式」（PR，第 4 節評論）。因此，對於意志論傳統來說，真實的是黑格爾在理性的發展進程中把優先性分配給了意志的角色。理性對他來說本質上是實踐理智的形式。

　　歷史主義的闡釋能夠為自己找到證據並不比意志論的和理性主義的解讀少。在青年時期，黑格爾深受歷史主義傳統的影響。[13]他在《法權哲學》中表彰了孟德斯鳩的「真正哲學的觀點」。他說：「立法就其一般的和特殊的規定而言，不應該被看作是獨立的和抽象的，而毋寧應該被看作是一個整體性中的，在所有其他規定的脈絡中的相互依賴的環節，這些環節構成了一個民族和一個時代的特徵。」這是他承認自己從歷史主義中受惠良多。黑格爾意味深長地補充說，正是在這種脈絡之中，法律「贏得了它們真正的意義和它

---

[13] 例如：參見他早期斯圖加特 1787 年論文〈論希臘和羅馬的宗教〉，GW，第 1 卷，第 42-45 頁，在該文中，黑格爾論證說，歷史向我們顯示了關於我們自己的時代和地方的理性原則一般化的危險。在他的 1973 年的《圖賓根論文》中，黑格爾提到孟德斯鳩「民族精神」的觀念，強調文化是一個統一體，它的宗教、政治和歷史形成一個活生生的整體（W，第 1 卷，第 42、27 頁）。然而，黑格爾早期對於歷史的興趣在很大程度上仍然是在啟蒙的傳統之中。他仍然相信在歷史的所有不同的顯現背後存在著普遍的人性，他是從一個普遍的人的立場出發批判過去的宗教的。只有到很久以後，黑格爾才意識到在歷史主義和他對於啟蒙的忠誠之間存在張力；參見他 1800 年對於《實證性論文》的殘篇「實證性概念……」的修改，W，第 1 卷，第 217-229、139-151 頁。

們因此而得到的證成」（PR，第 3 節評論）。在《法權哲學》中，黑格爾贊同歷史主義的其他核心觀點。首先，儘管憲政可能會改變，但是它們不能被創制（第 273 節評論、298 節附釋）。其次，一個政府的政策應該和民族精神一致，和它具體的環境與生活方式保持相符合，而不是由某個領導者或委員會自上而下地強加的（第 272 節、274 節、298 節附釋）。

209

但是歷史主義的闡釋也遭受了某些致命的困難。黑格爾明顯地區分了法律的歷史闡釋和它的概念的證明，以最堅定的音調警告我們不要混淆它們（PR，第 3 節評論）。他論證說，為了建立起法律的道德有效性，指出它必然來自它的歷史環境是不夠的。既然環境在不斷地發生變化，它就不可能提供法律或者制度的一般性的證成。如果我們顯示出法律來源於過去的某些特定的環境，那麼，就更加有理由推斷出，在當前的新的環境之中，它就不再有效了。黑格爾也不能接受蘊含在歷史主義之中的相對主義。如果我們試圖透過指出法律在文化中扮演至關重要的角色來證成法律，那麼，我們就必須接受所有法律和制度的價值，而不管它們在道德上是如何受到指責。非常具有說服力的是，黑格爾連繫奴隸制來公正地指出了歷史主義的這種後果（PR，第 3 節評論）。那樣一個後果足以讓他拒絕這種認可奴隸制的學說。

黑格爾背離歷史主義的一個引人注目之處是——也是他推崇自然法傳統時最具說服力的一點——他堅持認為，道德和國家有幾條特定的和必然的原則。因此，在《法權哲學》中，他聲明，所有人都應該得到最基本的權利，只是因為他們是人，而不管他們是天主教徒、新教徒還是猶太人（第 209 節）；他非常清楚，有某些最基本的善對於所有人而言都是不可剝奪的和不可侵犯的，因為他們是自由的存有者，比如具有宗教信仰的權利和擁有財產的權利（第 66 節）。然後，在他的晚期論文中，黑格爾表彰了符騰堡的

君主，因為他採用了包含著「憲政主義的普遍真理」的理性憲法
（VVL，第 4 卷，第 471、254 頁）。這些真理中包含法律面前一
律平等，同意新稅收的產權，代表人民的權利。

　　所有這 3 種解讀所具有的難題又提出了新的問題：黑格爾真的
有一套唯一的一以貫之的學說，而這個學說節省力量，並去除了意
志主義、理性主義和歷史主義的缺點？他的確有一套這樣的學說，
儘管它是極度形上學的，建立在他的絕對觀念論的基礎之上？

　　黑格爾關於規範性的來源的理論建基於社會的和歷史的理性概
念之上，這種概念最終來源於他的亞里斯多德式的觀點，即共相只
存在於事物之中（in re）或者具體的事物之中。這種觀念背後的基
本主張是，理性具體化為一個民族在特定的空間和時間中的文化和
語言。在這種主張背後有兩個更加基本的論題，而且兩者都根本上
是亞里斯多德式的。首先，具體化的主題：理性作為特定時代中特
定民族的談論、寫作和行動的具體方式？這個主題聲稱，為了理解
理性，我們首先必須追問「理性在哪裡？」「它存在於什麼之中？」
它主張，答案必定存在於特定的時空中的具體文化的語言、傳統、
法律和歷史之中。其次，目的論的主題：理性也存在於一個民族
的目的之中，一個民族在所有活動中發憤要實現的基本價值和目標
之中。目的論的主題來源於黑格爾的內在目的論，他把目的論既應
用於歷史之中，也應用於自然之中。黑格爾認為，正如每一個自然
世界中的有機體都有一個形式——目的因，每一個社會世界中的有
機體也有一個這樣的原因，而它就存在於它的確定的價值和理想之
中。在歷史哲學中，黑格爾論證說，這些價值和理想在規定某個文
化中民族的行動時扮演了至關重要的角色，即使他們沒有以一種組
織嚴密和彼此呼應的方式追求這些價值和理想，即使他們沒有覺察
到它們（第 267-270 頁）。

210

　　黑格爾忠實於內在目的論，把規範和價值理解為本質上是事物的形式——目的因。一個事物的規範或者法律就在於它的形式——目的因之中，它既是事物的目標又是它的本質。在亞里斯多德那裡，一個事物的形式或者本質和它的目標或者目的本質是一個東西和同一者，因為他是一個事物為了實現或者發展它的內在本質或本性的目標或者目的。因此，我們依據某個事物是否實現了這種目標或者本質來規定這個事物是好的還是壞的，對的還是錯的。那個促進這種目的實現的東西就是好的或者對的，而壞的或者錯的事物就是阻礙它實現的東西。

　　重要的是要看到，這個形式——目的因具有規範的和目的論的雙重身分：具有規範的身分，是因為一個事物應該實現它的本質；而具有目的論的身分，是因為這個本質作為它們的基礎性的原因和潛能存在於事物之中。正是由於這個原因，對於黑格爾而言，規範具有客觀的身分：形式——目的因在事物之中，無論我們是否認識到或者贊成它們。然而，也正是由於這個原因，規範就不僅僅等同於碰巧存在的東西，規範是對於一個事物而言本質的東西，它並不必然要在所有環境中實現。既然規範有一個客觀的身分，內在地存在於事物之中——請意志論者容我辯白——我們不能把它理解為約定俗成或者同意的結果，但是既然規範是一個事物的本質，它的理想或者內在的本性就有可能不能在具體的環境中實現，我們也不能徑直把它化約為任何意外的或者偶然的事實，——請歷史主義者容我辯白——比如目前的現狀。因此，黑格爾當機立斷和意志論傳統的一個基本前提斷絕關係：在「是」與「應當」之間，在事實與價值之間做出區分。但是在這樣做時，他從來沒有掉進歷史主義的陣營，歷史主義由於把理性和任何一套社會和歷史環境等同起來而合併了「應當」與「是」。

在某些基本的方面，黑格爾—亞里斯多德式的學說把他堅定地置於自然法傳統的士林哲學的支脈之中。的確，是亞里斯多德的形上學啟發了這個傳統的某些經典作品，比如胡克（Hooker）的《教會國家組織的法律》（*Laws of Ecclesiastical Politie*）（1597 年）和蘇阿雷茲（Suarez）的《論法律及神作為立法者》（*De Legibus ac Deo Legislatore*）（1612 年）。黑格爾完全意識到他從亞里斯多德式的自然法傳統受益良多，而他也刻意保存和延續這種傳統。確實，正是出於這個原因，他為《法權哲學》配的副標題是「自然法和政治科學概要」。然而，把黑格爾的理論僅僅看作傳統的士林哲學學說的復興，將會是一個嚴重的錯誤。因為，在兩個基本的方面，黑格爾改造了那個傳統，以使它和現時代協調一致。首先，黑格爾並沒有把形式—目的因等同於完美這個傳統的概念，而是把它等同於自由自身，而自由又和盧梭、康德以及費希特給出的關於人性的現代定義相一致。其次，他是在社會和歷史的層面上運用他的內在目的論的，因此，它運用於整個民族精神、整個社會和政治有機體。因此，黑格爾是以亞里斯多德的方式接受了歷史主義者的核心概念——民族精神（Geist）——並改造了它，結果，它變成了一個國家的奠基性的形式—目的因。當我們把這些觀點——形式—目的因是自由，而所有民族都有一個形式—目的因——匯聚在一起之時，我們就得到了黑格爾歷史哲學的基本論題：世界歷史的目標存在於自由的自我意識之中。由於用這些裝備武裝起了自己，黑格爾認為他既能夠重視歷史主義的真理，同時又可以避免它的相對主義的後果。既然自由的自我覺察是世界歷史的目標，那麼，它就提供了價值標準的唯一尺度。現在我們能夠討論進步，依據諸文化是否促進或者阻礙這個目標的實現來評判它們。

依據亞里斯多德來理解黑格爾的規範理論，能夠使我們解釋乍看起來似乎是一個不可解決的矛盾的東西了：也就是說，黑格爾

堅持認為價值的客觀身分,而他又主張,價值是人為的。一旦我們回憶起亞里斯多德在解釋的次序和存在的次序之間所作的區分(第56-57頁),這種表面上的矛盾就渙然冰釋了。儘管黑格爾認為,形式─目的因在解釋的次序中是第一位的,但是,他的確不認為它在存在的次序中也是第一位的。他論證說,只有透過特殊意志的活動,他才能夠進入存在。因此,儘管具有規範性的身分並不依賴於個體的意志,但是這些規範仍舊只能在並且透過個體意志才得以實現或者現實化。那麼,意志論者的混淆就是經典的:他斷言說,在存在的次序中處於第一位的東西──特殊意志──在本質和解釋的次序中也處於第一位。

現在我們終於站在某個立場上以簡明扼要的方式理解,黑格爾的社會─歷史目的論如何保存了理性主義、意志主義和歷史主義的傳統。諸價值在自然之中,它們具有客觀的身分,在這一點上理性主義者是正確的;但是他們把諸價值看作是凌駕於歷史之上的永恆規範,或者自然之中的靜止的本質,在這一點是錯誤的;毋寧說,這些價值只有在歷史之中和透過特殊個體的行動才得以實現。意志論者強調自由的核心作用,著重指出意志在把價值帶向存在過程中的作用,是對的;但是他們認為單單意志──而非理性──是規範性的來源,亦誤入歧途。最後,歷史主義者認為規範體現在一個民族的生活方式之中,這是對的;但是他們在把形式─目的因,歷史變遷的規範,等同於任何一套特定的社會和歷史環境之時,也太不加區別了!因為他們不以歷史主義的方式理解歷史,所以歷史主義者混淆了價值的歷史解釋和它們的概念性的證明:歷史的解釋聚焦於事實性的原因,而概念的證明解釋奠基性的形式─目的因。

因此,最終,黑格爾的規範學說是匠心獨運的、入木三分的和始終如一的。它以某種令人矚目的方式融合了理性主義、意志主義和歷史主義的傳統,保存了它們的真理並且去除了它們的錯誤。但

是毫無疑問的是，這個學說從根本上說是思辨的和形上學的，建立
在黑格爾的亞里斯多德式的形上學的基礎之上。黑格爾至少提出了
3 條基本的形上學的主張：(1) 共相存在於事物當中（in re）；(2)
我們能夠把這種形式—目的因應用到自然世界的有機體之中；(3)
我們也能把它應用到社會—政治世界的「有機體」之中。所有這些
主張加在一起就產生了絕對觀念論。我們在前三章中已經看到過黑
格爾第一個主張的基本原理，在第 4 章中看到過他關於第二個主張
的證明；我們將在第 11 章考察他為第三個主張所作的辯護。無論
黑格爾的論證的成功之處在哪里，有一點是明白無誤的，即，他整
個的解說只有作為一種形上學才是可理解的和可辯護的。因此，如
果我們堅持對於黑格爾的社會和歷史的理論做一種非形上學的解
讀，那麼，我們就不能理解這種基礎。

五、馬基維利的挑戰

對黑格爾而言，權利的問題 ── 「我們如何去證成法
律？」──從來都不是一個僅僅事關證成模式的問題，而且還是一
個應用的問題。理性主義、意志主義和歷史主義的傳統實際上只是
在為如何證成法律而爭論不休；但是，它們都想當然地認為，它可
以應用到政治世界。黑格爾作為政治思想家的最大功績之一是，他
充分認識到它的應用的問題並與之進行戰鬥。在他後法蘭克福歲月
的一開始，黑格爾就看到了馬基維利的挑戰的壓力（force）：道德
原則不能被應用到政治世界之中，因為如果有民族根據道德原則而
行動，那麼，他們就會自取滅亡。黑格爾的學說中某些最為核心和
最具特色的方面就源自於他回答馬基維利的嘗試。

還是一個年輕的觀念論者之時，黑格爾對於道德原則在政治世
界中的力量抱有絕對的信心。在 1795 年 4 月，他給謝林的信中說，

他期望康德哲學給德國帶來一場革命。[14]他自認為是一個民族教育家（Volkserzieher），這個民族教育家要向民眾大肆鼓吹康德哲學的原則。他相信，只要這個民族覺察到了他們的自然權利，他們就會要求這些權利，並推翻他們的壓迫者。不過，黑格爾早期的道德觀念論實際上沒有像它看起來那麼天真幼稚。它基於他的這樣一種期望，即，他的家鄉符騰堡將會由於法國軍隊的入侵而獲得解放，他們將會強加給符騰堡一部新憲法。1796 年，法國軍隊已經侵入了他的故鄉；儘管它很快就撤退了，但是它的返回似乎迫在眉睫。如果說法國已經在米蘭、羅馬和瑞士創立了一個新的共和國，那麼符騰堡為什麼不可以是下一個？就像許多施瓦本的年輕人，其中包括謝林和賀德林，黑格爾同樣把自己看作「一個愛國者」。愛國者們相信，施瓦本的憲法應該依照現代法國精神來進行改革。[15]

　　最終，這些願望在現實面前撞得粉碎。隨著猛然的醒悟而來的拉施塔特議會、在法蘭西帝國和德意志帝國之間的和平會議，發生在 1797 年 11 月和 1799 年 4 月之間。黑格爾從內部管道多少了解了這次會議的進程：他的朋友賀德林和伊薩克・馮・辛克萊（Isaak von Sinclair）參加了這次會議，並且以報告的形式告訴他其和符騰堡代表之間進行磋商的細節。和賀德林與辛克萊一道，黑格爾對於會議的成果有一種深深的幻滅之感。這顯示出，法國人根本沒有興趣輸出他們的革命，而只對為他們自己獲得權力感興趣。此外，德意志帝國的各國家僅僅代表它們自己國家的利益行動，而不肯為作為整體的帝國犧牲任何東西。對黑格爾和他的朋友而言，議會證實了一個悲哀的現實，即所有人都知道但是無人願意承認，神聖羅馬帝國已經一去不返。

---

[14] 參看黑格爾 1795 年 4 月 16 日致謝林信，Briefe，第 1 卷，第 24 頁。
[15] 關於政治的背景，參看平卡德（Pinkard，2000 年），第 72-75 頁。

　　拉施塔特國會在政治世界方面給了黑格爾一個十分沉痛的教訓：政治家們的行動不是為了實現他們的理想，而是為了使他們的權力最大化。他們也許會訂立條約，但是只要是符合他們的自我利益，他們隨時會違反它們。黑格爾意識到，站在道德的立場上責備政治家根本上是無的放矢。他們的行動是出自純粹的必然性，僅僅為了倖存的目的。在政治世界，一個人要麼是成功者，要麼是失敗者，要麼是作惡之人，要麼是受害之人。既然「應當」意味著「能夠」，那麼，只有在我們能夠根據道德理想而行動的時候，道德理想才會應用於政治世界；但是經驗指出，我們不能依據它們行動，因為如果我們依據它們而行動，我們就會自取滅亡，而沒有人有義務允許他們自取滅亡。

　　這個經驗純粹是馬基維利式的。實際上絕非偶然的是，黑格爾很快在他第一部論述政治哲學的重要著作，論述德國憲政的論文，所謂的《憲法論文》（*Verfassungsschrift*）中援引他的名字。這部著作寫於對拉施塔特議會的幻想破滅之後的 1799 年到 1800 間。⑯ 黑格爾的這本小冊子一個最引人注目的特徵是他公開為馬基維利辯護，而在 18 世紀的德國，馬基維利仍然惡名昭著。黑格爾論證說，如果你在他那個時代的脈絡中閱讀馬基維利的理論，它將顯示自己為「一個最偉大和最高貴的類型的真正的政治頭腦的最真實和最偉大的思想」（第 1 卷，第 555、221 頁）。黑格爾對於馬基維利的心有戚戚，不只是源於他所看到的在他自己的處境和馬基維利

216

---

⑯ 黑格爾從來沒有失去對於馬基維利的崇拜。參見他 1819/20 年關於《法哲學》的講座（H，第 255-256 頁）；以及他在柏林的《世界史哲學講演錄》（W，第 12 卷，第 482-483 頁）。他後期關於馬基維利最長的討論見於 1805/6 年的《耶拿歷史哲學》（GW，第 8 卷，第 258-260 頁）。

的處境之間的相似性。就像 16 世紀的義大利，現在的德國也由於外來的力量而四分五裂；此外，帝國的那些獨立的國家就像義大利那些獨立的城市，它們僅僅為了自己的利益而行動和擴張它們的武力。在黑格爾的解讀中，馬基維利完全無視立法的興趣是拯救義大利，結束無政府主義，以及達成義大利的統一（第 1 卷，第 556、221 頁）。

　　毫不奇怪，鑑於他對於馬基維利的惺惺相惜，某些學者視黑格爾的《憲法論文》為本質上是為現實政治（Realpolitik）辯護。現實政治是這樣一種學說，即政治家總是出於他們的自我利益而行動，他們的自我利益在於獲得、維持並增強權力，道德原則因此而不能應用到政治世界之中。這就是弗里德里希‧梅涅克（Friedrich Meinecke），偉大的德國歷史主義學者，歸之於黑格爾的學說。[⑰] 對於梅涅克而言，在現實政治的歷史上，有三位偉大的人物：馬基維利、腓特烈二世（Friedrich II）和黑格爾。儘管現在在很大程度上已被遺忘，但是梅涅克的闡釋已經產生了一些頗負盛名的追隨者，其中包括恩斯特‧卡西爾（Ernst Cassirer），卡爾‧波普（Karl Popper）和以賽亞‧伯林。[⑱]

　　黑格爾真的是現實政治的擁護者嗎？這個問題重新挑起了那個古老的爭論，黑格爾是進步論者還是反動派？當代學者一致同意，黑格爾是一個自由的改革派，而極端保守的闡釋現在已經名譽

---

⑰ 參見梅涅克（Meinecke，1924 年），第 427-460 頁。亦可參見海勒爾（Heller，1921 年），第 32-131 頁。

⑱ 卡西爾（Cassirer，1946 年），第 265-268 頁；波普（Popper，1945 年），第 2 卷，第 62-63 頁；和伯林（Berlin，2002 年），第 94-94、97-98 頁。

掃地，以至於它實際上獲得了一個神話的身分。[19]但是許多對於黑格爾的更加自由主義色彩的闡釋建基於對黑格爾晚期的普魯士脈絡的考察之上。它們僅僅考慮他晚期的《法權哲學》，而完全忽略了《憲法論文》。[20]這也就仍然忽視了追問，黑格爾實質上是否在《憲法論文》中擁護現實政治的問題，以及如果答案是肯定的，那麼我們是否應該藉助他早期的著作來解讀他的晚期著作的問題？

　　仔細檢查《憲法論文》會暴露大量的梅涅克的闡釋的證據。他的理論的四個方面似乎確鑿無疑地證實了這一點。首先，黑格爾堅持說，國家的本質，它的核心的和明確的特徵，就是擁有權力，增強和捍衛它的政策和法律的權力（VD，第 1 卷，第 472-485、153-164 頁）。他排除了宗教、文化、政府形式、民族認同等在國家概念中扮演的必要角色。其次，黑格爾論證說，權利無非就在於為條約所確定和固定的國家的優點之中（第 1 卷，第 541、209 頁）。然後，他強調，如果其他國家不依照條約而行動，那麼任何國家都不受條約的限制（第 1 卷，第 540、208 頁）；他明確提到，其他國家也將不依據它們而行動（第 1 卷，第 565、229 頁）。第三，黑格爾確信，在政治和拳頭政治（Faustrecht），亦即強者的權利之間沒有真正的區別。當道德理想主義者忽視了在政治中「真理就在強權之中」這個關鍵事實之時，他們就是自我欺騙（第 1 卷，第 529、199 頁）。第四，黑格爾明顯把權利等同於歷史的必然性。在《憲法論文》的引言中，他攻擊那些道德理想主義者，他們告訴我們政治世界應當如何如何，並且強調這個世界必定會成為的樣子就是它應當會成為的樣子（第 1 卷，第 463、145 頁）。

217

---

[19] 參見史都華（Stewart，1996 年），第 10-11、53-130 頁。

[20] 伍德（Wood，1990 年）沒有做到細緻深入，沒有討論這個主題。它在考夫曼（Kaufmann，1970 年）那裡也沒有得到討論。

在考察這些證據之後，似乎黑格爾事實上就是實在政治的擁護者。但是進一步細勘文本就會發現，下這個結論還為時過早。有三個因素可以緩和這個結論。首先，儘管黑格爾強調擁有權力是國家的核心特徵，但是他也強調說，這種權力有一個目標：也就是說，保護它的公民的權利（VD，第 1 卷，第 481-482、520、161-162、192 頁）。國家權力的目標是「不可動搖地維護權利」（第 1 卷，第 543、211 頁），以及防止國家之間的關係蛻變為更強者的權利（第 1 卷，第 542、210 頁）。黑格爾之所以捍衛唯一的中央國家，是因為這是確保基本權利和秩序的唯一手段，它是自由和享有一個人的基本權利和財產的基礎（第 1 卷，第 550、555、556、217、220、221 頁）。其次，黑格爾認為，國家的權力應該受到嚴重限制，以至於它只能做對於組織和維持一個中央權威和行政而言必不可少的事情。他既是古老的絕對主義國家的批評者，又是現代革命國家的批判者，因為它們試圖自上而下地控制一切事物。國家應該給予公民的自由和首倡精神以空間。因此，他寫道：「對於政府而言，真正神聖不可侵犯之事應該是像保證和保護公民的自由行動這樣的事情，而非這一點（組織和維持權威機構）」（第 1 卷，第 482、161-162 頁）。第三，黑格爾為馬基維利所作的辯護不是他看到了權力的自身價值，而是他看到了權力有時候是根除無政府主義的唯一手段（第 1 卷，第 556、221 頁）。馬基維利認識到，政府的第一義務應該是維持法律和秩序。而為了要做到這一點，有時候就有必要作出不道德的行動。黑格爾強調說，這種極端的尺度僅僅是在必要的時刻，法律和秩序受到威脅之時，才能證明其正當性（GW，第 8 卷，第 259 頁）。

因此，儘管細緻考察《憲法論文》並不使梅涅克的闡釋失效，但是它的確顯示出一種傳統，比他那些自由主義的闡釋者所允許的更加接近現實政治的傳統。如果黑格爾在政治中也是一個觀念論者

（理想主義者），那麼，他就是一個最具有現實主義色彩的觀念論者。他仍然想要克服理論和實踐之間的鴻溝；但是他認識到，他的理想不得不透過——而且不能放棄——尋求權力才能達到。我們將會在他的歷史哲學中考察晚期黑格爾想要接受馬基維利的挑戰的成熟的嘗試（第 267-270 頁）。

六、一個改革者的觀念論（理想主義）

219

黑格爾在《憲法論文》中對於馬基維利的同情似乎在理論與實踐之間造成了一道不可彌縫的鴻溝。如果政治家們只是依據他們的自我利益而行動，如果他們的主要目的是獲得權力，那麼道德理想似乎在政治領域壓根就沒有任何有效性——當然，除了它只是當作幌子。在序言中，黑格爾本人得出的正是這個結論（第 1 卷，第 461-464、142-145 頁）。在這裡，他表達了他對於所有想要教導這個世界應該如何成其所是的理想主義者的輕蔑。他主要的目標是那些老的法學理論家，他們拒絕承認帝國已經崩塌，但卻仍然頑固不化地試圖在三百個獨立的國家的混亂無序的背後發現某種憲政。[21] 但是他也對那些激進主義者和銳意改革者——那些人就像稍早些年的他本人——嗤之以鼻，他們認為，他們能夠依據他們的道德理想來改造這個世界。與所有這些理想主義者背道而馳，黑格爾現在訓誡一種苦澀的順從的福音，容忍的默許的福音。他宣稱，他的論文的唯一目標是認識帝國崩潰背後更深層次的原因，以及這些事件為什麼必定如此發生而不可能呈現其他面目。他解釋說，只有我們知道了歷史發展進程背後的必然性，這才會促進「對於它的更加鎮定自若的展望和不偏不激的忍受」。使我們心懷怨恨的不是實在

---

[21] 關於這個脈絡，參見羅森茲威格（Rosenzweig，1920 年），第 1 卷，第 104-107 頁。

自身，而是實在沒有和它應當所是那樣的思想。然而，如果我們認識到，實在正是如它必定所是那樣，那麼，我們就會接受它實際上正是如它應該所是那樣。在這裡，黑格爾已經預示了他後來在《法權哲學》的序言中的陳述，即哲學的目的不是為世界應該怎樣開處方，而僅僅是讓我們和世界為什麼必定如此之間達成和解。

話說回來，儘管提倡順從，但是黑格爾並不拒絕理想主義本身。他所批判的只是某種類型的理想主義：這種理想主義訓誡事物應當成為什麼樣子，或者它忽略了人類行動的真正動機。但是他仍然堅執另一種類型的理想主義（觀念論），這種理想主義觀察歷史發展歷程背後的目標。當他賦予歷史必然性以他的規範性制裁之時，他壓根不是想同意任何形式的歷史發展歷程；關於歷史在哪裡發生，以及它為什麼應該如其必定之所是那樣，他有一個確定的觀念。在《憲法論文》中，他已經暗示了他後期的歷史哲學中的核心主題：歷史的目的是自由的實現，更具體地說，是人民應該有限地參與到政府之中這個原則。現代的代議制原則——每一個個體都應該參與到國家之中——是從德國的森林之中產生出來的，而最終將統治整個的現代世界（VD，第 1 卷，第 533、203 頁）。

那麼，最終，黑格爾從來沒有放棄他的各種理想；只是把它們讀解進歷史本身。他不能接受歷史的各種現實，只是因為他相信，它們是朝向進步的進身之階，是實現歷史的更高目的的手段。他從後革命時代學到的最大的教訓是，理性不是凌駕於歷史之上的永恆規範，而是歷史自身的內在目標和內部的必然性。黑格爾關於歷史的詭計的著名論點是他面對政治世界中各種殘酷無情的現實時，對於理想主義（觀念論）的再次肯定。這個論題認為，即使政治家只是為了他們自己的利益而行動，他們仍然不知不覺充當了理性的更高目的的工具。他們對於它只有模糊的預感。黑格爾要傳遞的訊息是，與最詭計多端的政治策士們相比，理性要更加老謀深算，與現

實政治中各種狡猾的圈套相比，理性要更加聰明靈巧（第 267-270 頁）。

　　黑格爾關於歷史中的理性這個宏大主題不僅僅生自它對於拉施塔特議會幻想的破滅，而且也生自他想要解決 1790 年代晚期著名的理論——實踐爭論的嘗試（第 31-33 頁）。他想方設法要在理性主義和經驗主義的兩個極端之間發現一條中間道路。理性主義者（康德和費希特）強調實踐應該服從理論，或者我們應該改變世界以遵從理性的道德理想；經驗主義者（莫澤、A.W. 雷伯格〔A.W. Rehberg〕和弗里德里希・根茲〔Friedrich Genz〕）反對說，理論應該服從實踐，或者我們應該透過遵從傳統來決定我們的政治原則。黑格爾同意理性主義者的是，國家的原則應該建基於理性；但是他反對他們的是，這些原則應該強加諸歷史之上。他與經驗主義者意見一致的地方是，好的法律和政策應當從歷史中產生，並且適應地方的環境；但是在他們強調慣例、特權和傳統作為法律的基礎之時，他就和他們分道揚鑣了。簡言之，理性主義者的主要問題是，他以歷史為代價來強調理性；而經驗主義者的主要困難是，他以理性為代價強調歷史。在這兩個極端之間的第三條道路是，把理性置入歷史之中。法國大革命的基本原則——自由、平等和博愛——實際上就是歷史自身的終結（目的）。在理性主義和經驗主義的虛假對立背後一個有瑕疵的前提是，歷史無非就是一堆歷史事實的堆積。這就給予理性主義者以忽略歷史的動機，給予經驗主義者以忽視理性的藉口。雙方都沒有能夠看到，歷史之中是有理性的，歷史的最終目標是自由的實現，自我覺察到人本身是自由的。

　　我們現在站在一個更佳的位置上理解《法權哲學・序言》中黑格爾那個著名「雙向格言」（Doppelsatz）。這個雙向格言宣稱：「凡是合理的都是真實的，凡是真實的都是合理的」。也許黑格爾的名言警句中再也沒有哪一句比這句產生更多的評論與爭議；但是

只要我們記住黑格爾在經驗主義和理性主義之間的中間道路，它的基本意思就昭然若揭。前半句格言──凡是合理的都是真實的──意味著，理性是一個自我實現的目的，一個必然要實現它自身的目標。合理的不僅僅是一個關於應當如何的理想，而是必定如是的目的。這條格言是專門針對那些把理想當作絕無實現之可能、堂吉訶德式的或烏托邦式的東西而不屑一提的保守派的。後半句格言──凡是真實的都是合理的──說的是，現實體現了、實現了和發展了理念。它是專門針對那些由於它們的道德理想而想要把過去徹底清除的激進主義者。然而，重要的是注意到，黑格爾在《哲學百科全書》（第 6 節）中是如何明白無誤地描述這條格言的後半部分的。由於急於避免有人提出異議說，他認可了所有形式的現狀，因為他說凡是現實的都是合理的，黑格爾解釋說，我們必須區分真實性（Wirklichkeit）和實在（Dasein）或者實存（Existenz）。真實性是必然使一個事物的本質得以實現的東西，因此，它就不僅僅是實在或實存，因為後者是偶然的。因此，黑格爾的意思不是同意現存社會和政治世界的每一個方面都是合理的。犯罪、貧困和暴政也許是實在的或者實存的，但是它們從來不是真實的，因為它們不能實現任何理性的理想。

如果從它的這種歷史脈絡中來理解，黑格爾的格言就顯示自身既不是激進的，也不是反動的。它之所以不是激進的，是因為它要求政治家以歷史的過去為基礎；它之所以不是反動的，是因為它強迫他承認歷史的進步的力量。因此，黑格爾的格言建議政治家尋求改革的第三條道路。這就是當我們把他置於普魯士的脈絡之時期望他所說的東西。儘管黑格爾常常被看作是普魯士復辟的代言人，但是幾個基本的事實拒絕這種闡釋。(1) 黑格爾在普魯士和反動的宮廷圈子沒有什麼關係，而是和斯泰恩（Stein）、哈登貝格（Hardenberg）和阿爾滕斯坦的改良政府之間有連繫。事實上是阿

爾滕斯坦把黑格爾招往普魯士的，因為他被黑格爾的改良主義主張
所吸引。㉒黑格爾沒有與反動派並肩戰鬥，相反他在通信中和在《法
權哲學》中尖銳地批判了他們。㉓就反動派而言，他們在普魯士宮
廷由考恩特‧馮‧維根斯坦（Count von Wittgenstein）領導的圈子
肆意騷擾和暗中監視黑格爾和他的學生。㉔(2)黑格爾在他於1818年
和普魯士發生關聯之前就已經發展出了他關於國家的有機觀念的
綱要，甚至細節。㉕遲至1805年，黑格爾的觀點的基礎就已經奠定
了，他不是把普魯士而是把奧地利看作是德國改革的最大希望。㉖
(3) 黑格爾非但沒有為現狀歌功頌德，相反，他的理想國家的絕大
多數方面都和1820年普魯士的實況有十萬八千里之遙。實際上，
黑格爾對於立憲君主制、民選議會、地方自治和強大的行政部門的
所有訴求都於1819年被普魯士的反動派擊敗。(4) 黑格爾的有機政
府最接近斯泰恩和哈登貝格提出來的普魯士政府改革的理想。和黑
格爾一樣，斯泰恩和哈登貝格支持 (a) 兩院制的等級議會、(b) 更多
的地方自治、(c) 更多的貿易自由和廢除封建特權、(d) 制定憲法保
證所有公民的基本權利，並且限制君主的權力、(e) 更大的機會平
等，以便軍隊和行政機關的位置向任何具備足夠才能的人開放，(f)
更強有力的官僚系統，它並不只是執行國王和內閣的命令，而是也
積極制定政府政策。

223

㉒ 董特（D'Hondt，1968 年 b）第 39-41 頁。

㉓ 參見黑格爾 1814 年 4 月 29 日和 1816 年 6 月 5 日致尼特漢姆的信，
Briefe，第 2 卷，第 28、85 頁。亦可參見 PR，第 219 節、258 節評
論，在那裡，黑格爾攻擊哈勒，以及第 33、211 節，在那裡黑格爾
批判了薩維尼。

㉔ 董特（D'Hondt，1968 年 b），第 90-97 頁。

㉕ 羅森茲威格（Rosenzweig，1920 年），第 2 卷，第 161-167 頁。

㉖ 同上，第 2 卷，第 62-67 頁。

　　如果所有這些和普魯士改革派有著親緣關係，而又和普魯士的復辟派產生緊張，那麼，把黑格爾的國家理論看作是普魯士改革運動的哲學，就很有誘惑力了。事實上，這也是黑格爾立場的更為準確的定位。然而，重要的是記住，在這場運動形成之前，黑格爾已經發展出了幾乎他的全部想法，因此它們充其量只是它的事後的理性化。㉗

⎯⎯⎯⎯⎯⎯⎯⎯⎯⎯

㉗ 例如：羅森茲威格（Rosenzweig，1920 年），第 161-167 頁論證，說黑格爾學說唯一來自普魯士實踐的方面和軍隊的憲法相關。

Chapter **10**

黑格爾的國家理論

一、黑格爾的政治規劃

224　　　　以他一個極少能夠引人注意的隱喻的方式，黑格爾在他的《法權哲學的基本原理·序言》中寫道：「密涅瓦的貓頭鷹要到黃昏才飛起。」黑格爾以一種沉著冷靜的音調解釋說，哲學總是出場得太遲，只有在一種生活形式已經變老的時候，哲學才把它的「灰色繪成灰色」。如果我們把這些說法應用到黑格爾本人的政治哲學，也許我們會驚詫於它和我們今天之間的那種相關性。畢竟，如果黑格爾的哲學對於他自己的時代都已經陳舊不堪的話，它對於我們自己的時代還能有什麼價值呢？

　　　　儘管黑格爾政治哲學中的許多內容都已經是明日黃花，但是今天的哲學家們仍然對它推崇不已，因為他提出了許多重要的問題，為當代政治思想中占主流的自由主義提供了替代性的選擇項。黑格爾通常被看作是社群主義偉大的當代代言人，以及批判自由主義的先驅。有些歷史學家把他的政治哲學看作是自由主義傳統思想上最重要的替代者，他們也正是從這樣的角度來解釋它的歷史的重要性。[1]

　　　　但是關於黑格爾的這幅司空見慣的圖像歪曲了他的真實的歷史位置。用這樣一種角色來塑造黑格爾實在是誤人不淺，理由非常簡單，這種角色已經被他的許多前行者和同時代人扮演得非常好。如果我們只把我們自己限制在德國傳統之內，那麼我們很快就會發現，在黑格爾之前和大約與之同時，有不少思想家批判過自由主義和捍衛過社群主義。他們當中有莫澤、A.W. 雷伯格、諾瓦

---

[1] 關於這樣一幅黑格爾的圖像，可以參看波普（Popper，1945 年），第 2 卷，第 29、58 頁；薩拜因（Sabine，1961 年），第 620-668 頁；普拉門納茲（Plamenatz，1963 年），第 2 卷，第 129-268 頁；和哈羅威爾（Hallowell，1950 年），第 254-277 頁。

利斯、施萊爾馬赫、弗里德里希‧施萊格爾和亞當‧繆勒（Adam
Müller）。黑格爾對於自由主義的許多批評，他的許多社群主義的 225
理想，是他那個時代的共同遺產的一部分。純粹為了方便起見，我
們可以把黑格爾看作是這個廣泛的傳統的主要代表。然而，我們切
不可得出結論說，這些觀念是他獨創的，或者是他獨有的。

　　由於另一種原因，這幅黑格爾的畫像是不準確的：它篡改了他
的意圖。因為為了社群主義的理由而拒絕自由主義，這從來都不是
黑格爾的目的。不像某些對於自由主義更為保守的批評家，比如莫
澤和哈勒，黑格爾仍舊支持自由主義的基本價值，比如良心自由、
機會均等和否決權。儘管這些保守派為了共同體的利益而否定了自
由主義的價值，黑格爾卻堅持在共同體內部保存這些價值。黑格爾
作為政治思想家的意義，與其說是在於他捍衛了社群主義，或者他
批判了自由主義，不如說是，他努力要在一個一以貫之的現代國家
的觀念之中把社群主義和自由主義綜合在一起。也主要是因為這一
點，黑格爾與當代的社會與政治思想保持著關聯。

　　儘管如此，在這裡又一次重要的是認識到，這樣一種規劃並
非黑格爾所獨有的。實際上，這是早期浪漫派一代的整體計畫。然
而，在黑格爾如何試圖達到這種綜合之中，出現了某些新的東西：
他殫精竭慮要依照理性的紐帶而非情感和想像力的紐帶把個體統一
到國家之中。和浪漫派相反，黑格爾堅持認為，個體可以認同國
家，只要國家以某種方式滿足批判理性的要求。因此，他拒絕了諾
瓦利斯的著名的論點，即國家的紐帶應該建立在「信與愛」的基礎
之上。②

---

② 參見諾瓦利斯的論文〈信與愛〉，載拜塞爾（Beiser，1996 年 b），
　第 33-50 頁。

黑格爾要把自由主義的和社群主義的傳統綜合起來的規劃似乎提出了虛擬的化圓為方，只要這些傳統看起來相互之間根本上如此扞格不通。在 1790 年代，這些傳統之間的戰線已經開始成形。[3]它

226 們至少在四個方面相互對立。首先，自由主義者認為，國家的主要目的是保護自由，公民以自己的方式追求幸福的權利。然而，社群主義者主張，國家的主要目的是確保共同的善，共同的善不僅僅是私人利益的總合，而是那些對所有人作為人而言具有根本意義的基本善。其次，自由主義者爭辯說，國家是一種從個體之總合中產生的混凝物，每一個個體都是一個自足的單元；而社群主義者認為，國家是一個規定了組成它的個體的同一性的有機整體。第三，自由主義者堅持認為，在合法性和道德與宗教的領域之間應該存在明顯的區別：法律只是調整著外部行動的領域，而道德和宗教關心的是內部的良心和選擇。既然社群主義者認為，國家只有透過公民的愛國的美德和信念才能維持，而既然他強調國家的角色是教育它的公民具有這些美德和信念，那麼，他就否認在這些領域之間有明顯的

③ 不可否認，這些一般化都犯有時代錯誤。自由主義只有在 1830 年代才變成有意識的和有組織的政治運動。儘管有很多思想家預示了後來的自由主義，並且實際上為它奠定了基礎（F. H. 雅可比、克利斯蒂安‧多姆、弗里德里希‧席勒、威爾赫爾姆‧馮‧洪堡和康德），但是，他們還沒有把自己看做是自由主義者。此外，也不存在一個單一的思想家派別，他們會有意識地認為他們自己是社群主義者。在 1790 年代晚期，社群主義的觀點是由 3 個截然不同的派別闡明的：那些受到古代共和國傳統啟發的人（浪漫派），那些捍衛啟蒙絕對主義的古老的家長制國家的人（伯林的啟蒙者），和那些透過等級制支援政府的人（弗里德里希‧莫澤和漢諾威的輝格黨，尤斯圖斯‧莫澤、A.W. 雷伯格、恩斯特‧布蘭德斯）。關於 1790 年代政治運動的分類，參見拜塞爾（Beiser，1992 年），第 15-22、222-227、281-288 頁。

分離。第四，自由主義者採取的是一種消極的自由概念。依照這種概念，自由就在於強制和限制的缺席；社群主義者擁有的是積極的自由概念，依照這種概念，自由在於執行確定的行動，比如參與公共生活。

早在伯恩和法蘭克福時期，黑格爾就既受到自由主義的影響，又受到社群主義的思想潮流的影響。社群主義的影響主要表現在 3 個方面。首先，從他對於希臘和羅馬共和國的激賞來看，他表彰它們，是因為它們的公民生和死都是為了共同善。④其次，從他關於有機社會的思想來看，依照這種思想，它的歷史、宗教和政治組成了一個不可消融的統一體（TE，第 1 卷，第 42、56 頁）。第三，從他試圖發展出一種公民宗教來看，這種宗教作為社會的、政治的和文化的團結源泉服務於國家的每一個公民。自由主義的影響尤其明顯地表現在黑格爾早期對於宗教自由的辯護中。青年黑格爾全神貫注於「實證性」問題──透過國家增強宗教信仰，因為他把它看作是對於基督教精神的背叛，而基督教精神則在於道德自律之中。為了對抗這種危險，黑格爾在《實證性論文》中為一種本質上是自由主義的國家觀念進行辯護。依照這種觀念，國家的本質目的是保護諸種權利，而在其中，最基本的是言論自由和良心，以及人身和財產的安全（N，第 173、183 頁）。國家要求於我的全部東西就是合法性，使我的行為合乎法律；但是它不能對道德提出要求，我的意志只應該遵守法律（第 175 頁）。基於這些理由，黑格爾強調教會和國家的分離。

這些傳統之間的緊張關係在黑格爾自己的早期手稿中的某些矛盾之中顯露無遺。例如：對他來說，在《實證性論文》中把他公

④ 參見「現在需要大量的人……」，W，第 1 卷，第 99-100 頁，以及「每一個民族……」，W，第 1 卷，第 204-208 頁；N，第 221-223 頁。

民宗教的理想和他為宗教自由的辯護弄得協調一致，變得非常困難了。正是解決諸如此類的困難的嘗試最終導致黑格爾要把自由主義和社群主義綜合起來的整體規劃。他的《法權哲學》就是他要在一個一以貫之的國家哲學中融合這些傳統的最後嘗試。

這一章的任務將會是解釋黑格爾在《法權哲學》中把自由主義和社群主義綜合在一起的嘗試。為了理解他的規劃，我們首先必須檢查一下他在每一種傳統中解救了什麼和拒絕了什麼。

二、對於自由主義和社群主義的批判

我們最好是透過考察黑格爾對於希臘和羅馬的古代共和國的觀點來估算他對於社群主義的態度，因為對他而言，它們就是完全的共同生活的模型。黑格爾欣賞古代共和國出於好幾個原因。首先，它們賦予公共善以私人利益之上的優先性。和馬基維利、孟德斯鳩、盧梭和弗格森（Ferguson）一樣，黑格爾表彰古代共和國的美德，公民獻身於公共福利，他願意置共和國的利益於私人利益之前。古代共和國正確地認識到，在發生公共危險之時，公民必定會為了國家而犧牲他的生命與財產。其次，古代共和國看到了至善——生命的目的——是只能透過在國家中的生活才能達到的。因襲盧梭和馬基維利的看法，黑格爾批判了基督教把至善放置到超越了世俗領域的天堂的永恆救贖之中。他論證說，古希臘人和羅馬人並不需要個人的拯救，因為他們在獻身於國家之中發現了生活的意義。第三，古代共和國是民主制的，賦予每一個公民以參與國家事務的權利。重要的是看到，黑格爾和 18 世紀晚期的大多數德國思想家一樣，把民主制和社群主義而不是自由主義連繫在一起。自由主義的民主制要到 19 世紀晚期才發展出來；黑格爾時代的某些自由主義者，最著名的有雅可比和洪堡，都是君主立憲制而非共和主義的辯護者。儘管黑格爾又一次和他的大多數同時代人一樣，懷

疑古代共和國的直接民主制在現代世界是否具有可行性，但是他仍然堅持認為，如果人民不能在某種程度上參與到政府中，分享某些權利，哪怕是間接地管理他們自己的事務，現代國家就不可能倖存（第 301 節附釋）。事實上，只有透過公共參與國家事務，個體才會認同國家，把自己當作是共同體的一分子（第 261 節附釋）。

　　儘管黑格爾對於古代共和國激賞有加，但是他仍然教導說，它們因為兩個基本的缺陷而蒙受損害。他在《法權哲學》中明確地說明了這兩個缺陷。首先，它們沒有為個體權利留下空間，尤其是個體對政府持有異議的權利（第 124 節評論、138 節附釋、186 節評論、260 節評論、261 節評論、299 節附釋）。其次，古代共和國並不期望公民尋求他們自己在市場上的私人利益，以發現他們自己通往幸福的道路（第 46 節評論、185 節評論、262 節附釋）。它們期望公民們擁有足夠的手段和獨立性，以便他們能夠審慎考慮國家事務；但是由於在現代世界中奴隸制已經廢除，這就不再是一個合理的期待。

　　黑格爾對自由主義的偏袒和他對於社群主義的同情半斤八兩。儘管把黑格爾認作一個自由主義者似乎不合情理，[5]但是毫無疑問，他支持自由主義的某些基本的價值觀。在這些價值觀之中，黑格爾尤其支持自由的市場經濟。在自由市場經濟中，每個人都有權利追求他們自己的利益，以他們自己的方式尋找幸福（第 185、206 節）。儘管黑格爾認為，完全的自由放任（Laissez-faire）是不能維持的，它仍然警告對於市場的過度管理。實際上，《法權哲學》背後的一個指導目標是，把市民社會的自由融入到現代國家之中。黑格爾所支持的另一個至關重要的自由主義的價值是人權。這

229

---

⑤ 請原諒我和羅爾斯（Rawls，2000 年）有分歧，第 330 頁。

個學說認為，所有人都有作為人而具有的基本權利。他在《法權哲學》中明確肯定了這條原則：「人之所以為人，正是因為他是一個人，而並不是因為他是一個猶太人、天主教徒、德國人、義大利人等等。最為思想之目標的意識，具有無限重要性。」（第 209 節附釋）和洛克、盧梭或康德不相上下，黑格爾強調，某些權利是不可剝奪的或不可侵犯的，比如我的人身安全、我的財產權和堅持宗教信仰的權利等等（第 66 節評論）。由於忠實於對這些權利的尊重，黑格爾強烈贊成古典自由主義的某些自由：思想、結社和出版的自由。儘管他仍然肯定普魯士唯一的國家教會的價值，但是他堅持說，國家應該寬容不同的教派，無論他們是教友派信徒、猶太教信徒，還是天主教徒（H，第 225 頁）。儘管國家應該鼓勵所有人屬於某個教會，但是它應該把選擇哪一個教會的問題完全留給個體（第 270 節評論）。儘管黑格爾否認，出版自由應該給予每個人出版任何他想出版的東西的許可——因為誹謗總是一個問題（第 319 節附釋）——他仍然強調出版自由在形成公共輿論和贏得關於公共善的認識方面的作用（第 315 節）。

　　就所有他的自由主義價值觀而言，黑格爾在幾個基本的方面對於自由主義持有異議。首先，出於我們很快將要看到的原因（第 247-251 頁），黑格爾質疑古典自由主義的經濟學說，即市場力量的自由機制自然地就會起作用，同等地惠及每一個人。他爭辯說，對於政府而言，確保市民社會的自由的唯一方式是控制市場的力量（第 185 節附釋、201 節附釋、243 節）。其次，他不能接受常見的自由主義學說，即國家的目標僅僅是保護自然權利和市場的自由（第 258 節評論）。這樣一種學說似乎同意把社會瓦解為大量的互不相干的和尋求自我的原子，而沒有任何為了共同善的歸屬感或者責任感。第三，黑格爾辯駁了社會契約的理論。依照社會契約論，國家起源於各個獨立的尋求自我利益的派別的協議。黑格爾基

於幾個理由質疑了這種學說。(1) 在自然狀態中，不存在那種獨立的行動者，因為個人的身分是以社會和國家為基礎的。(2) 如果進入國家的義務依賴於個體的意志，那麼國家中的成員就會變成任意的和可選擇的；個體將會有權利離開國家，如果國家反對他的自我利益的話，這就使得所有國家都不可能存在（第 258 節評論、281節）。第四，黑格爾不接受自由主義的嚴格意義上的消極自由的概念。依照這個概念，自由只在於限制的自由和選擇的複數性。正如我們已經看到的，儘管黑格爾並不質疑這種消極自由的重要性和價值，但是他並不認為，它提供了關於自由的詳盡無遺的或者完美無缺的解釋。他自己的更加積極的自由概念把自由等同於自我規定或者自主，即依照我作為一個理性存有者加諸我自己之上的理性法則行動的能力。

　　黑格爾對於自由主義的這種模稜兩可的態度——對他來說，所有的力量和缺點的來源——圍繞著唯一一個基本的原則，它稱之為「主觀性的權利」或者「主觀自由的權利」（第 124 節評論）。總而言之，這個原則說的是，每一個個體都有權利僅僅接受他們的信念和命令，都僅僅執行符合它的判斷的行動（第 132 節評論）。這也就意味著，每一個個體自身都是目的，它永遠都不能僅僅被當作達到他人的目的的手段（VG，第 82、70 頁）。黑格爾給出了這個原則的幾條更為精確的闡述，每一條都不相同，甚至都沒有共同的邊界。(1) 它是「認識到沒有什麼我觀察不到的事物是理性的的權利」（第 132 節評論）。(2)「無論它（主觀意志）把什麼看作是有效的，都應該被它看作為善的」（第 132 節）。(3) 它是「……主體在（它的）行動中發現它的滿足的權利」（第 121 節；VG，第82、70 頁）。(4)「意志能夠承認什麼東西或者是什麼東西，僅僅因為那個東西是意志自己的……」（第 107 節）。(5)「對於一個被接受的或者被持以為真的內容而言，人們自己必須積極地與之發生

關聯，更確切地說，人必須發現這樣的內容和他自己的確定性處於一致並處於統一體之中。」（EPW，第 7 節評論）

　　無論對它做如何更精確的闡述，黑格爾認為他的原則是不可迴避的，對於現代世界而言，是基礎性的，也是其基本特徵。他追溯它的根源到基督教（第 124 節評論），發現它典型地體現在新教之中（PR，第 7 卷，第 27、22 頁）。這條原則對他而言是現代國家的核心，它必定會以某種方式合併並且滿足它的公正的要求。古代城邦滅亡的主要原因是，它不能提供這種權利（第 138 節附釋、124 節評論、185 節評論、260 節評論、261 節評論、299 節評論）。

　　沒有什麼比黑格爾在整個《法權哲學》中持續不斷地使用主觀性的原則更能揭示他的政治哲學的自由主義的一面了。黑格爾訴諸主觀性原則來證成幾個古典的政治價值。(1) 個體只是受到他同意的法則或者政策的約束（第 4 節、258 節評論）。(2) 個體應該有權利參與政府，或者至少在政府中有人代表他的利益（第 301 節評論）。(3) 個人應該有道德、智力和宗教自由，以及表達意見和行使良心的權利（第 270 節評論、316 節、317 節附釋、319 節）。(4) 個體應該有權利在市場經濟中追逐個人利益，或者他應該有作為市民社會基本特徵的選擇自由（第 185 節評論、187 節）。(5) 一個國家的法律和憲法必須是清楚的和連貫的，對於每個人的知性來說都是同樣可理解的（第 211 節評論）。

　　儘管黑格爾強烈支持主觀性的原則，儘管他用它來證成所有自由主義的價值，但是他仍然認為它是極度成問題的。在他眼中，這個原則的主要問題是，它太抽象了，亦即，關於支持什麼信仰或者行動，它沒有給出任何有效的標準或者具體的指導線索。原則是「純粹形式的」，因為它是和任何內容相相容的；任何法則和信仰都可以滿足它（第 136-138、140 節）。因此，它沒有告訴我們，可以接受什麼法則和信仰，而只是無論我們接受的是什麼法則和信

232

仰，它都應該和我們的理性或良心保持一致。換句話說，主觀性的問題是，它可以是錯誤的或虛假的。黑格爾論證說，我們知道一個決定或者信念是對的或者錯的，只是從它的內容而來的，從它所決定或者它所相信的東西而來的（第137節）。黑格爾論證說，因此也有必要承認與之互補的權利，黑格爾稱之為「客觀性的權利」（第132節）。客觀性的權利主張，主觀性的決斷和意見必須是正確的，亦即，它們必須有正確的內容。如何確定客觀性的權利的內容，我們將在下一節確定。

這就是以提要鉤玄的方式描繪的黑格爾對於自由主義和社群主義的基本的同意和不同意。但是最重要的問題仍舊沒有回答：是否有可能把黑格爾想要保存的自由主義和社群主義的那些方面統一為唯一的始終如一的思想？這裡存在著一個明顯的分歧點：如果國家的共同善的概念不被某些個體，甚至是大多數個體接受，怎麼辦？如果綜合僅僅建立在力量的基礎上、國家迫使個體服從的權利的基礎上，那麼，它將會是人為的和不自然的。

有兩個策略可以解決這個問題。其中之一是說，在國家的自由概念和它的公民的自由概念之間根本不存在任何衝突的可能，如果國家足夠民主的話；那麼國家的共同善的觀念所代表的的不多不少正是它的公民的意志。另一個是說把共同善的觀念徑直化約為不多不少組成它的個體的自我利益。因為國家的目標是保證市場的自由，因為它所做的不多不少是確保每一個人都有機會共用市民社會的善，所以，在國家和自由之間壓根就沒有任何衝突。

兩種策略都得忍受嚴重的缺點。第一種策略的主要問題是，我們將會看到，黑格爾的國家不是完全民主的。第二種策略的困難是，黑格爾的共同善的觀念比起組成它的個體的利益的整體性來說，要更加實質得多。因此，黑格爾強調，為了它的安全，國家必須有時要求個體行事完全與他的個人私利背道而馳（第324節）；

他堅持說，不加任何約束的追求個人私利在某些情況下會削弱共同善的基礎，定義共同善是政府的目標（第 232 節）。此外，他的客觀善的觀念意味著，有些東西具有有效性，而不必顧及人民是否同意它（第 126 節評論、258 節評論）。

　　黑格爾的綜合是否成功最終依賴於他試圖滿足和平衡客觀性的權利和主觀性的權利的方式。為了理解他的嘗試，我們必須更細緻地觀察他的現代國家的制度和權力的理論。然而，在我們進行考察之前，我們必須來考察黑格爾的核心和獨具特色的概念之一：倫理實體（Sittlichkeit）。

三、倫理實體

　　倫理實體的概念在《法權哲學》中扮演了一個至關重要的角色。對於這個概念的闡明占據了這部著作超過一半以上的篇幅，使得與之平行的討論抽象權利和道德的部分黯然失色。這個概念是如此重要，因為它闡述了黑格爾的基本的社會和政治觀念：共同體和個體的綜合。

234

　　但是如果說這個概念是重要的，那麼它也是晦暗不明的，這些疑難始於翻譯。「Sittlichkeit」這個德語字沒有現成的英語對譯字，它有時候具有道德的內涵，但是意義可能更加寬泛，包括人類生活的方方面面。這個術語具體的含義是指風俗、禮貌和體面的標準，以及合乎禮儀和傳統的（就像在格言中「入境隨俗」〔Andere Länder, Andere Sitten〕中一樣）。這個字是指一個人或者一個民族的全部生活和行動方式。黑格爾正是在這種寬泛的意義上使用它。他首次是想到把 Sittlichkeit 這個字作為希臘語 ethos 的翻譯，它意味著一個國家或者民族的風俗、道德和全部生活方式（第 2 卷，第 504、159 頁）。

　　儘管黑格爾想要他的倫理實體的概念包括道德行動，但是他在倫理實體和道德（Moralität）之間做了一個學術上的區分。道德和個體的內部領域、他的道德意圖和宗教良心相關；它有別於抽象權利或者合法性的領域，後者處理的是外部的行為，它們只遵守法律，而毫不顧及行動者的意圖（第 104 節附釋、105 節）。道德和抽象權利二者都處理作為個體的個人的權利和義務。它們不同於倫理實體，因為它們只是對待每一個獨立的個體，而不管它們在社會和國家中的地位。與之相反，倫理實體認為個體是社會和政治整體中一個不可缺少的組成部分。

　　在倫理實體和道德之間的這種區分，最終涉及在看待個體和社會整體之間關係的不同方式之間所作的一個更加基本的區分。道德是一個抽象的共相：它使得部分先於整體，就好像每一個個體是自足的或獨立的。倫理實體是一個具體的共相：它使得整體先於部分，以至於每個個體的身分依賴於它在整體中的位置。因此，黑格爾認為，道德的立場是片面的和抽象的，因為它把個體從他在社會整體中的位置中分離了出來，而社會整體賦予個體以他的身分。

235

　　儘管倫理實體的概念本質上是整體主義的，黑格爾強調說，它也包含著個體的利益與權利。雖然整體是先於它的各個部分的，但是離開部分，它也不能發揮功能；事實上，它只有透過以個體的形式存在的他們中的每一個才會實現它自身，只有他們中的每一個仍然保持著作為社會整體的一個必要部分的它自己的單獨的身分。在《法權哲學》一開始關於倫理實體的解說中（第 142-157 節），黑格爾強調整體和部分，共同體和個體是如何達成和解與相互依賴的。如果個體在共同體中發現了他們的自我意識和自我同一性，那麼，共同體的觀念也只有透過具體的個體的行動和內部性情才能現實化（第 142 節）。當黑格爾說，社會整體只有透過個體才能現實化之時，他的意思不是，他們只是實現集體的目的的必要手段；毋

寧說，每一個個體自身就是目的，而它奮發成為一個個體就是社會有機體自身的目的（VG，第 82、70 頁）。一個功能發揮良好的社會整體必須把它的每一個個體成員的權利考慮在內，以便他們的自主和獨立得到尊重。

在倫理實體中，黑格爾試圖綜合主觀性權利和客觀性權利這二者。因此，他解釋說，在倫理實體中，一個民族的法律和習俗既是主觀的又是客觀的。它們是客觀的，因為它們看起來憑它們自己的權利而存在，獨立於個體的意志；在這方面，它們是個體所服從和遵守的權威的來源（第 144、146 節）。然而，它們也是主觀的，因為它們已經內化於個體之中，個體依照他的民族的風俗與法律而行動，就好像它們是他自己的「第二天性」（第 147、151 節）。黑格爾強調說，它們是他的第二天性，不僅僅是因為他透過受教育和耳濡目染而去做這些事情，而是因為它們滿足了他自己的內部確信和反思。如果說倫理實體否定了道德，是就道德試圖把個體從整體中分離出來而言，那麼，倫理實體也試圖保存道德的基本原則，主觀性的權利（第 154 節）。如果個體想要與共同體合而為一，他就必須根據他自己的批判性反思，從他自身內部這樣做。因此，黑格爾堅持認為，共同體和個體在倫理實體中的綜合不僅僅是建立在信任或者信仰的基礎之上（第 147 節）。

依據迄今為止的解釋，倫理實體的概念似乎是一個簡單易懂的矛盾。一方面，黑格爾說，倫理實體建立起客觀性的權利，以至於個體承認了它的法律和風俗的更高權威，而不再質疑它們。然而，另一方面，他也強調，在倫理實體中，個體並不是在樸素的信任和信仰的水準上，而是在更高的批判性反思的水準上與共同體合而為一。因此，倫理實體似乎既滿足了又懸置了主觀性的權利。黑格爾是如何解決這個顯而易見的矛盾的呢？

　　黑格爾是透過援引他在《法權哲學》中經常使用的一個區分來解決這個矛盾的：在個體的客觀意志和主觀意志之間的區分。主觀的意志涉及個體選擇的權利，他的利益和需要；客觀的意志表達了理性的規範，這規範是在社會生活的法律、風俗和道德中實現的。如果我們主張主觀的意志在客觀的意志復位時就被懸置起來了，那麼，這個矛盾就消失了。

　　但是這樣一種區分似乎排除了主觀性的權利，而後者是黑格爾試圖授予其以榮譽的。因為問題仍舊懸而未決：如果個體，透過他的批判性反思，並不贊成國家的法律、風俗和道德，怎麼辦？黑格爾似乎假定，個體的自我反思最終會教導他把他自己個人的利益和觀點棄置一邊，結果，他會在共同體中發現他的更高的自由和自我覺察。但是什麼可以保證這一點呢？和柏拉圖與亞里斯多德一樣，黑格爾賦予教化以在把個體和共同體黏合在一起時極大的重要性。他論證說，只有透過教化，我們才能獲得我們的第二天性和變成理性的存有者（第 151 節附釋、187 節評論）。教化將會完美地把個體國家綁定在一起，只要像《理想國》中的柏拉圖的體系一樣，它便詳盡無遺、一絲不苟和無所不包，個體就會被訓練成從不質疑國家的人。但是黑格爾本人對柏拉圖的體系抱有懷疑，恰恰是因為它過於集權主義了（第 185 節評論）。

　　對於黑格爾倫理實體的概念主要的懷疑是，它僅僅透過它隱含的權威主義，僅僅透過偏愛客觀性的權利勝於主觀性的權利，就達到了個體和共同體的綜合。黑格爾代表倫理實體一面而反對道德的片面性的獨創性論證似乎僅僅是為了確定，它由於偏愛客觀性的權利而有多麼大的偏私。他論證說，為了克服主觀性的原則，我們必須用共產主義（公有制）的理想來補充它。我們可以賦予我們的理性以內容，賦予我們的良心以客觀的規範，只要我們把它們放置在

共同體的倫理之中（第 146、148 節）。然後，黑格爾寫道，似乎
我們只應該接受和遵從共同體告訴我們去做的東西：

> 一個人應該做什麼，應該盡些什麼義務，才能成爲有德性的
> 人，這在倫理共同體中是很容易說出的。他只需做在他的處境
> 中已經規定了的、明確陳述出來的和他所熟知的事情就可以
> 了。（第 150 節）

　　這裡的危險不僅僅是，倫理實體的法律和習俗可能會被強加給
個體；問題要更深刻得多，因爲在倫理實體給予他的那些標準或者
原則之外，個體也沒有任何標準或者原則。他沒有更高的道德標準
或者原則來批判共同體的實踐和制度。畢竟，除去了倫理實體的內
容，主觀性的權利是純粹形式的，是純粹的反思行動。但是它自己
究竟有什麼價值呢，尤其是如果它是不正確的和錯誤的？
　　對於權威主義的懷疑只有在我們認識到以下這一點時才會出
現，只要在主觀性的權利和客觀性的權利之間存在衝突的時候，
黑格爾總是毫不猶豫而不容置疑地賦予客觀性的權利以優先權。
因此，他宣稱，無論主觀性的權利多麼重要，「理性作爲客觀的
東西對於主體而具有的法（權利），依舊巋然不動」（第 132 節評
論）。他還強調說：「主觀意志之具有價值和尊嚴，只是就它的
洞見和意圖符合於善而言」（第 131 節）。他還進一步堅持認爲，
「因爲善是……（亦即，特殊意志的）實體，它有一個完全不同
於抽象的財產權利和特殊的福利目的的絕對法（權利）」（第 130
節）。黑格爾論證說，我們從未宣稱過反對國家的主觀性權利。我
的特殊性根本上是一種權利，只是因爲我是自由的；因此，我不能
斷定它和「建立於其上的實質性基礎（即：倫理實體）」處於矛盾
之中（第 126 節）。他解釋說：「堅持認爲私人權利和私人福利是

與國家的普遍性相對立的、自在自為的有效的東西，（這是）抽象思維最常見的錯誤之一」（第 126 節評論）。

權威主義的問題也可以從這個角度看待：黑格爾和康德一樣，⑥並不把現實的同意，而只把可能的同意看作是一個人接受法律的標準。起決定作用的不是任何種類的同意，而是理性的同意（第 4 節附釋、29 節評論、258 節評論）。因此，如果一個人能夠同意法律，即使他事實上碰巧不同意它們，法律也仍然是具有合法性的。只要一個人是理性的，就能夠被看作是已經對於法律表示同意。但是問題又來了：依據誰是理性的？我們現在又被帶到洛克的關鍵問題面前：誰應該是法官？黑格爾的回答似乎特別清晰：它應該不是人民，而是政府。在確定法律是否是理性的，甚至認識他自己的利益等方面，從來沒有特別信任過普通人的判斷（第 310 節評論、308 節評論、317 節評論）。他堅持說，只有一個普遍的階層，政府的官僚機構，它知道所有階層的最大利益，即使它們從來沒有把它們清晰地表達出來（第 289 節、301 節評論）。

239

然而，所有這些懷疑都是不成熟的和沒有說服力的。因為我們不能解決權威主義的問題——黑格爾是否成功地把社群主義和自由主義綜合在一起這個完整的問題，如果我們首先不考察他關於國家的一般理論的話。儘管黑格爾的確賦予官僚制度以很大的權力，但是他對於權力的解釋是植根於一個更廣博的關於政府部分之間的權力劃分、制約平衡的理論之中的。那麼問題就將是：黑格爾是否給予管理體制的權力以足夠的限制，以防止它變成暴政或者權威？重要的是認識到，倫理實體的一般概念自身就是抽象的；它假設了個體和社會的同一性；但是它仍然不會向我們指出如何實現它。但

⑥ 參見康德，TP，第 8 卷，第 297、79 頁。

是，關於倫理實體如何在現代國家的結構中實現，黑格爾的確有一個更複雜的解釋。現在是我們必須轉向這個解釋的時候了。

四、有機國家

黑格爾關於國家結構的解釋用本質上是有機的方式解釋了國家。通觀整個《法權哲學》，黑格爾不斷地把國家看作是一個有機體，用這個概念來定義與其他觀點相對立的他自己的國家觀。[⑦]黑格爾用國家的「概念」或「理念」所指的東西，實際上就是國家的有機結構。依照國家的概念或理念來解釋它，是與解釋國家的歷史起源相對立的，它也就是論證國家的有機結構，顯示它的所有部分是如何在整體中發生必然的作用的。有機的國家概念在 1790 年代得到廣泛傳播，然而它實質上是共和派的傳統和浪漫派的傳統的主要支柱。由於對於這個概念自身還沒有一個確定的意義，又由於它的具體的含義依賴於思想家，所以我們不得不更為細緻地掌握黑格爾賦予它的意義。

240　　黑格爾把三個基本的和一般的特徵歸之於有機國家。整體之於它的每一個部分，就像它的每一個部分之於整體。換句話說，對於國家而言，個體既是手段，又是目的（第 269-270 節）。其次，在國家的每一個部分都必定存在著生命，因此，每一個部分都有一定程度上的自主和獨立（第 272 節、303 節評論）。第三，每一個部分在維持自身和尋求自我利益之時，也促進了整體的利益（第184、286 節）。

黑格爾把某種更具體的整體意義讀進了所有這些一般特徵之中。第一個特徵意味著，在關於「國家的目標」問題上，在自由主

---

⑦ 例如：參見第 258 節評論、263 節附釋、267 節、269 節、271 節、276 節附釋、286 節。

義和社群主義之間應該沒有爭論。既然整體是為它的部分而存在
的，那麼，自由主義在下面一點是對的，即國家應該促進作為個體
的每一個個人的權利和利益；但是既然部分也是為了整體而存在
的，那麼社群主義在以下這點上就是正確的，即個體應該獻身於國
家的事務，因為這樣做最終也符合他的自我利益。第二個特徵意味
著，國家必須尊重個體作為個體的權利，在國家之中應該有一些獨
立的群體，獨立於中央的管理和控制之外，它們代表著經濟利益並
且參與到當地政府之中。第三個特徵意味著，在自我利益和公共善
之間應當存在著衝突。黑格爾論證說，現代國家超過古代國家的偉
大力量在於，個體被綁縛在國家之上，不是透過美德，而是透過自
我利益。個體能夠認識到，他自己的私人利益依賴於他參與到公共
生活中去，他不必為了公共善而犧牲他自己（第 260-261 節）。

　　如上所述，有機的概念還是太抽象而不能確定，黑格爾試圖如
何把自由主義的自由和共同體的價值融合在一起。有機概念看起來
提供的所有東西是某種對於綜合的亟需，而非解決它的實際手段。
我們仍然不知道把私人利益和共同體的善綁定在一起的確切的憲政
的或者制度的機制。在後面的章節中，我們會更加詳實地考察這些
機制中的幾個。然而現在，我們應該強調一個對於黑格爾的綜合而
言至關重要的一般特徵：它的多元主義。

　　對黑格爾而言，就像所有浪漫派一樣，機概念首先意味著一
個國家有一個統一的而又有著內在區分的結構（第 269-271 節）。
用黑格爾的行話來說，國家必須擁有「差異中的統一性」。統一的
環節必須是一個集中的權威，它由君主、國會和行政部門或者管理
部門組成。差異的環節代表著市民社會的所有領域，在這個領域之
中，個體在市場中相互競爭，他們有權利相互反對以保護他們的財
產和自由。把統一性的諸環節和差異保持在一切的東西——統一性
和差異的統一性——就是獨立的身體的多元性，比如地方議事會、

貿易團體、社區協會、同業公會等等。黑格爾把關鍵性的角色賦予了他的國家中的職業團體（corporations）和立法會，它們在調解共同體和自由的各種主張之間的衝突時發揮關鍵作用（第289節、290節附釋）。一方面，他們回應共同體的需要，因為他們提供財物的來源，變成了「第二家庭」（第252節）；但是另一方面，他們也回應自由的要求，因為他們獨立於中央的控制，代表地方的和民眾的利益。

　　和許多浪漫派一樣，黑格爾認為，現代國家中獨立的社團的缺席是舊制度下的絕對主義國家和現代法國的革命國家二者的共同不足（第290節；VD，第1卷，第481-485、161-164頁）。絕對主義和雅各賓主義（Jacobinism）都誤入歧途，沒有在國家內部提供足夠多的自我管理形式。他們徑直把國家化約為一個核心化的權力和大眾，廢除了所有在他們之間的中間團體。這是持續的不穩定的來源，因為大眾很容易為統治者所操縱，而統治者又很容易為大眾所廢黜。預防這種不穩定性——暴君制和暴民制這兩種極端——的唯一道路，國家之中要有許多中間團體，因為他們組織和控制人們，但是只是作為對抗中央壓迫的壁壘。

　　由於有了這種多元主義的結構，黑格爾的有機國家令人不禁回憶起中世紀的同業工會，它具有所有協會、莊園和自我統治的城市。[8]就像許多浪漫派和漢諾威的輝格黨（Hanoverian Whigs）一樣，黑格爾認為，有些德國中世紀的古老制度，如果組織得當的話，能夠在後革命的時代中為政治變遷提供穩定的基礎。儘管浪漫派對於中世紀的嚮往是反動的，這是馬克思主義歷史編纂學中的老生常談，但是黑格爾和浪漫派把中世紀憲法的某些方面尊重為自由的衛

---

[8] VD，第1卷，第479、159、524、195、535、204頁；VVL，第4卷，第483-485、263-265頁。

士和反對暴政的壁壘。弗里德里希・施萊格爾有一次寫道：「從來沒有什麼時代有比中世紀更多的自由、平等和博愛。」⑨黑格爾也相信，中世紀的世界是動搖現代世界的所有自由觀念的源泉。法國大革命是和中世紀過去的徹底斷裂，這對他來說是「一個最愚蠢的觀念」。⑩

然而，在現代國家到底要在什麼程度上以它的中世紀過去為模型問題上，在黑格爾與浪漫派之間存在著分歧。黑格爾語氣強硬地認為，現代國家不可能只是建立在中世紀政府的原則上。他批判中世紀的政治秩序缺乏一個強有力的中央權力，它的可以繼承的各種特權，它對認識市民社會的基本自由的無能。⑪如果我們想要回到古老的中世紀公會，他強調說，它們必須加以改革，廢除各種限制性的貿易管理和等級特權。⑫

如果黑格爾的國家結構是多元主義的──它既包括中間集團也包括整個的市民社會，那麼，在這裡這一點就很清楚了：我們司空見慣的對於黑格爾的自由主義式的批判，把它說成是絕對主義的捍衛者，或者現代集權主義的先驅，是多麼無的放矢。這些批評中極其不公平的是說，黑格爾分享了自由主義對於集權主義的仇恨，並且發展了有機國家的模型來預防它。它的有機國家的主要目標之一，就是避免普魯士絕對主義國家或者法國雅各賓主義的「機器國家」。在這種國家中，一切事情都被自上而下地控制住，沒有給地方的自治或者獨立的職業團體留下任何空間。與自由主義相比毫不

---

⑨ KA，第 18 卷，第 1255 則。

⑩ VD，第 1 卷，第 536、206 頁。

⑪ 參見 VD，第 1 卷，第 516、189、524、195、523-524、201-202 頁；PR，第 290 節附釋。

⑫ 參見 PR，第 206、252 節；VVL，第 4 卷，第 483-485、263-265 頁。

遜色的是，黑格爾堅決反對把社會主義當作治療現代市民社會各種疑難雜症的良藥。如果我們決心尋找黑格爾國家觀在 20 世紀的對應物，我們最好是看看現代多元主義的辯護者，比如德·托克維爾（de Tocqueville）和涂爾幹（Durkheim）。

五、市民社會

黑格爾政治理論中最重要的一個方面是他在《法權哲學》中廣泛討論了市民社會（bürgerliche Gesellschaft）（第 182-256 節）。黑格爾關於市民社會的分析聲譽卓著，是近來大量研究的焦點。[13]有學者已經指出了蘇格蘭學派政治經濟學——亞當·弗格森（Adam Ferguson）、詹姆士·斯圖亞特（James Steuart）和亞當·史密斯（Adam Smith）——在黑格爾歷史和政治觀點發展過程中的重要性。他們表彰黑格爾對於德國剛剛萌蘗的工業社會那鞭辟入裡的理解以及入木三分的批評。在這個方面，他們把黑格爾看作遠遠超前於他的時代，而且事實上是馬克思最重要的先驅之一。黑格爾大概是現代德國傳統中第一位認識到經濟對於社會、政治和文化生活的重要性的思想家。[14]

不幸的是，這樣一種豐盛的讚譽由於一種更寬泛的歷史視野而消失不見了。黑格爾不是他那個時代第一個觀察甚至分析現代社會的各種困難的人。在 1790 年代晚期，早期浪漫派已經做過這一工

---

⑬ 參見盧卡奇（Lukcás，1973 年），第 1 卷，第 273-291 頁：第 2 卷，第 495-618 頁；普蘭特（Plant，1973 年），第 56-76 頁；阿維納瑞（Avineri，1973 年），第 81-114、132-154 頁；迪基（Dickey，1987 年），第 186-204 頁；查穆雷（Chamley，1963 年）。亦可參見佩爾辛斯基（Pelczynski，1984 年）。

⑭ 例如：參見阿維納瑞（Avineri，1972 年），第 5 頁，和迪基（Dickey，1999 年），第 291 頁，注釋 58。

作了。因此，在這一方面，黑格爾也只是他那個時代有代表性的一位。⑮此外，黑格爾沒有提供關於現代政治經濟學的翔實解釋。而在這方面，他甚至於落後他的某些同時代人。例如：亞當·繆勒在《國家藝術的要素》（*Elemente der Staatskunst*，1809 年）中關於貨幣、勞動和交換的分析就超過了黑格爾公開發表的著作和僥倖保存下來的手稿中所有東西。⑯

然而，這些觀點並不足以貶低黑格爾關於市民社會的討論的重要性。儘管認識到市民社會的重要性並不具有原創性，儘管它並沒有給出關於它的經濟規律的詳盡無遺的分析，但是，它的確包含著某種想要在市民社會的價值和共同體的需求之間達成和解的有趣嘗試。在評估黑格爾把自由主義原則和社群主義理想結合起來的計畫的全部意義時，「市民社會」這一章是最為重要的章節之一。黑格爾討論市民社會時最引人注目的是，他對於市民社會的客觀公正的評價——他試圖既保存它，又否定它。黑格爾是激進烏托邦主義者的批判者。烏托邦主義者想要把市民社會當作極端自由主義的東西驅逐出去，因為極端自由主義者要消除所有對於市民社會的限制。在這一方面，《法權哲學》仍舊有重大意義且是條分縷析的。

在早期現代階段，「市民社會」這個術語有一種非常一般的含義。它是指這樣一種社會，有法律進行統治；因此，市民社會是和自然狀態兩相對峙的。在 18 世紀晚期，這個術語開始獲得了它的更狹隘的當代意義。現在，指的是現代社會的一個方面，也就是資

244

---

⑮ 參見拜塞爾（Beiser，1992 年），第 232-236 頁。

⑯ 依據羅森克蘭茲（Rosenkranz，1844 年），第 86 頁。黑格爾在 1799 年寫過一篇詳細的關於史都華的《國家科學》（*Staatswissenschaft*）的評論。因為手稿已經佚失，不可能明確確定黑格爾討論政治經濟學的全部範圍。

本主義經濟，它建立在私人企業基礎之上而言的社會，自由市場和現代形式的生產與交換。黑格爾正是在這種狹隘而現代的意義上使用這個詞的。

依照黑格爾的體系，市民社會被歸攝到倫理實體的範疇之下。倫理實體包含三個基本的環節：家庭（直接的統一性）；市民社會（差異）；國家（差異中的統一），在國家中，市民社會的所有差異都被保持在一個更加綜合的和組織良好的整體之中（第157節）。這種明顯敷衍了事的和矯揉造作的分類中有著重大意義的是，它顯示了黑格爾多麼想要在現代國家中保存和限制市民社會。一方面，黑格爾對於古代政治哲學——尤其是柏拉圖的政治哲學吹毛求疵，說它們沒有在國家中賦予經濟活動以重要的角色（第185節評論）。然而，另一方面，他也批評現代自由主義，它使得保護市民社會成了現代國家的唯一目標（第258節評論）。在把市民社會放入倫理實體的範疇之下時，黑格爾想要說的是，它自己就是一個已經預設了更為實質性的倫理實體的統一性的人為抽象（第182節附釋）。

黑格爾在開始討論市民社會時，就大膽地提出了它的兩條主導原則（第182節）。第一條是追逐自我利益。在市民社會中，每一個人都尋求他們自己的善，認為所有其他人都只是他們達到自己目的的手段。第二條原則是，每一個人只有在他也工作以滿足他人的自我利益之時才能滿足他的自我利益（第199節）。因此，嚴格地說，人們是在相互的自我利益的基礎之上彼此建立起關聯。因為他們把公共生活僅僅看作是滿足他們自己的需要的手段，黑格爾把市民社會描述為「倫理實體的異化」（Entfremdung der Sittlichkeit）的階段（H，第149頁）。

黑格爾賦予市民社會以巨大的價值，主要是因為它是自由發展歷程中一個必要的階段。他把市民社會看作是現代世界的基本原

則──主觀性的權利或者個體自由──的另一個顯靈（第185節評論）。因此，他表彰了它的許多自由：機會均等，追逐個人私利的權利，市場上的買賣自由。他論證說，古代城邦（polis）的主要缺點是，它不允許這些自由，而且最終屈服於它們（第185節評論、260節評論、261節評論、299節評論）。然而，市民社會的自由並不是完全意義上的和積極意義上的自由；它只是某種形式的消極自由，亦即，獨立於他者的干涉的追求利益的權利（H，第150頁）。黑格爾有時候把市民社會的自由描述成純粹形式的和抽象的，因為我們的目的的內容仍然是由我們的欲望和稟好給予我們的（第195節）。因此，它不像國家的積極自由，在積極自由中，我們的目的的內容──國家的法律和生活方式──是有理性規定的。

黑格爾在《法權哲學》中為市民社會所作的辯護使得他有必要處理他的年長的導師──讓·雅各·盧梭。在「市民社會」的整個開頭章節（第182-208節）中，黑格爾以多多少少晦暗不彰的方式（第187、194節）對盧梭的看法提出異議。眾所周知，在《第二論文》中，盧梭論證說，市民社會破壞了自由，因為我們失去了我們自己滿足我們的需要的力量；相反，我們獲得了新的人為的需求，甚至依賴於他者來滿足我們的自然需要。和盧梭完全不同的是，黑格爾強調說，透過市民社會，我們沒有失去，而是贏得了自由。黑格爾看到盧梭論證背後一個虛假的前提：自由在於自然的獨立之中，在於有力量透過我們自己滿足我們的自然需要。黑格爾與之針鋒相對地認為，與自由相關的是把我們從自然的需要中解放出來並且依照理性的原則而行動的力量（第187節評論）。儘管這種更高的自由只有在國家的倫理實體中才能呈現出來，但是市民社會是我們朝向它的教化的一個重要部分。在市民社會中，我們開始透過工作把我們從自然中解放出來，工作給予我們力量以根據我們的概念形成對象（第194節）。因為為了滿足我們的需要，我們必須

246

把自己變得對別人有用，所以我們被迫發展自己的才能和技能（第195、197節）。盧梭譴責人為的需要，因為它們削弱了我們的自然獨立性；但是黑格爾大肆頌揚這一點，因為它們是我們自由的行動而非自然的產物（第194節）。在盧梭哀嘆作為自尊（amour-propre）活動的模仿和競爭情況下，黑格爾卻把它們看作把自我教化成為一個更加理性的存有者的重要階段（第193節；VNS，第95-96節）。

在為市民社會進行辯護時，黑格爾不得不因為另外一個棘手的問題而反抗盧梭：不平等。盧梭由於市民社會的不平等而攻擊它，因為它標誌著從天堂般的自然狀態中跌落下來，在自然狀態中，每一個人都平等地運用自己的能力滿足他們的自然需要。黑格爾對於這樣一種原始的平等狀態的存在提出異議。他反對盧梭說，自然是不平等的來源，因為人與人之間在才能上有著自然的區別（第200節評論）。使得人們平等的，不是自然，而是自由——他們透過他們自己的活動獲得習慣和美德的力量。然而，與盧梭一樣，黑格爾意識到，在市民社會是不可能達到完美的平等的，即使我們給予每個人最大的機會來發展他的才能。問題在於，在人們之間存在著天然的體力上和智力上的不平等，這就會導致他們將要帶入市民社會的技能和資源上的不平等（第200節）。那麼，人們從市民社會中得到的是和他們帶入到市場中的東西成正比的。

黑格爾接受市民社會中的不平等最明顯地體現在他的等級或階層（Stände）理論之中。在《法權哲學》中，他強調，社會必須被分化為三個不同的階層：農業的等級或者農民、商業的等級或者資產階級（bourgeoisie），以及普遍的等級或者官僚階層（第201-205節）。黑格爾試圖把這種分類建立在概念的結構上（第202節）。農民是自然的等級，因為它生活在和自然的直接統一中，並且依賴於自然；資產階級是反思的等級，因為它在市場上和在把自然變成

商品時使用它的反思的力量；而普遍的等級是最全面綜合的，在這個等級中，我們的理性力量被用來追求共同的善。儘管這種劃分看起來非常傳統，但是黑格爾的劃分徹底遠離了那種把社會劃分為神職人員、貴族和權貴（clergy, nobility and aristocracy）的古老做法。這種劃分中最引人注目的是，它完全是功能性的或者經濟的。黑格爾完全排除了神職人員，因為他們在市民社會中不是生產性的（H，第 265 頁）；他承認貴族是一個普遍的階級，只是因為他們在政府中扮演了生產性的角色（H，第 270 頁）。階層社會的不平等和分層對黑格爾來說是可容忍的，本質上是因為他強烈肯定機會均等的觀念（第 206 節；VN，第 106 節）。由於他忠實地相信自由具有平等化的力量，黑格爾認為，個人的社會角色和地位最終是由他的選擇、努力和能力規定的。黑格爾公開表示厭惡世襲制度或者等級特權，他認為它們是最糟糕的壓迫形式（VNS，第 106 節評論）。

儘管黑格爾極其願意支持不平等，但是他也有他的限制。與盧梭相比毫不遜色的是，他哀嘆財富和貧困的極端現象，他把它看作是倫理實體的公共價值的威脅。他對於貧困現象抱有某種悲觀的情緒，認為它是市場規律不可避免的後果（H，第 193 頁）。供求規律有時候會導致這種狀況，對於某些商品的需求消失不見，整個的工業部門被破壞，大量的民眾走向貧困。貧困的最大危險是，它產生了一批賤民，他們入不敷出，不足以維持生存（第 244 節）。造成一個賤民的，不僅僅是貧困，還有一種叛亂的態度（第 244 節附釋）。賤民們失去了「透過自食其力而獲得的正義、正直和榮譽的情感」（第 244 節）。這裡的問題是，它剝奪了一個人的自由，他們享受市民社會的自由的權利（第 243 節）。

　　黑格爾對於市民社會最大的保留意見與它的生產方式相關。他
在耶拿時期《精神哲學》的第一手稿中，[⑰]討論了現代勞動分工的幾
個令人不安的影響。廣大的人民群眾被「詛咒」到現代工廠和礦山
中各種不健康的、不安全的和有生命危險的狀況中工作（第 8 卷，
第 244 頁）。儘管勞動分工使得工作大大提高生產效率，但是它也
使工作變得更加機械、更加無聊和毫無生氣（第 8 卷，第 243 頁；
第 6 卷，第 321 頁）。技術的全部目標就是透過把人從自然的束縛
中解放出來而解放人類；但是自然卻透過使人變成機器的奴隸而對
他進行報復（第 6 卷，第 321 頁）。人們非但沒有工作得更少，而
是必須在索然無味的日常任務中工作，以和競爭保持同步。黑格爾
也注意到，現代工人已經在何等程度上和他自己的需要相疏遠了：
他工作，不是為了滿足他自己的需要，而只是為了獲得滿足它們的
手段；工作因此只是創造一種滿足他自己的需要的手段（賺錢）的
手段。工人不得不創造某些特定種類的剩餘產品，結果，他生產
了他不需要的東西，而需要他不生產的東西（第 6 卷，第 321-322
249　頁）。工作也已經變成非常不安全的了：一個人學習某項特殊的技
能，這項技能隨著市場上發生的變化而變得多餘（第 8 卷，第 244
頁；第 6 卷，第 2 頁）。儘管黑格爾沒有直接把異化（Entfremdung）

⑰ 參見 1803/4 年的《精神哲學》，GW，第 6 卷，第 319-326 頁。
　1805/6 年的《精神的哲學》，GW，第 8 卷，第 243-5 頁。這些殘篇
　的重要性首次是阿維納瑞（Avineri，1972 年），第 87-98 頁強調的。
　儘管 1820 年的《法哲學》沒有包含對於現代生產形式的詳細批判，
　但是，值得注意的是，在 1817/18 年海德堡講座（VNS，第 104 節）
　和 1819/20 年的《法哲學》講座（H，第 158-61 頁）當中發現了
　一個類似的雖然篇幅略短且不夠生動的分析。在何托 1922/3 年的
　《講座筆記》中對於勞動分工的有害的影響有一個更為詳細的論述
　（VRP，第 3 卷，第 609-613 頁）。

這個詞用於現代勞動，但是他自己的分析已經在好幾個關鍵的方面預言了馬克思本人在《1844 年手稿》中的論述。

儘管在黑格爾的著作中，市民社會似乎僅僅存在於獨立的尋求自我的原子的集合之中，這些原子只是透過自我利益的紐帶才連接在一起，重要的是看到，他也認為，市民社會預設了國家的更為具體的同一性（第 184 節附釋）。這就是黑格爾批評自由放任的自由主義的基礎：市民社會的秩序不是自足的或者說自製的，而是根本上需要國家的積極干預為前提，以便能夠發揮功能。黑格爾駁斥了標準的自由主義觀點，即共同善會自然而然地和勢不可擋地從市民社會的經濟力量的遊戲中產生。儘管他同意亞當・史密斯的觀點。追求個人的利益會自然而然地創造某些社會秩序和相互依賴（第 184 節評論、187 節、189 節）。但是他否認這種秩序是為了所有人的共同善。為了贏得那種善，黑格爾論證說，市民社會的市場力量必須得到國家的控制和調整（第 185 節附釋、210 節附釋、236 節、243 節、246 節）。市民社會是「一隻需要不斷地嚴格加以馴化和控制的野獸」（GW，第 6 卷，第 324 頁）。

黑格爾為干預給出了幾個論證。(1) 和抽象法一致的行動仍然可能整體上對公眾造成傷害（第 232 節）。(2) 生產者和消費者的利益可能彼此之間形成衝突，因此，必須有一個凌駕於兩邊之上的外在動力來調整它們的事務（第 236 節）。他給出的一個例子是，公眾有權利檢查商品，而不受欺騙。(3) 工業的大部分部門是依賴於它們不能控制的環境的，它們的活動經常會對公眾健康造成他們不能預見的影響（第 236 節）。(4) 供需的波動可能會破壞整個貿易和工業的部門，把很多民眾推向貧窮的境地（第 244 節）。

引人矚目的是，黑格爾關於干預的論證是完全內在的，這些論證依據市民社會自身的標準評估了市場的作用機制。在指出一個不受規範的市場的諸種問題之後，它不是論證它們會腐蝕共同體，而

250

是論證它們會削弱個體自由和追逐個人利益的基礎。因此，他抱怨說，儘管市民社會增加了我們的需要，但是它也把它們的滿足讓給運氣（第 185 節）；他抨擊貧困，因為貧困剝奪了一個人享受市民社會的諸種自由的權利（第 243 節）。

為了對付現代性的市民社會的疾病，黑格爾為國家提出了所有類型的措施：它應該向利潤收稅，甚至限制利潤；[18]它應該透過公共工程項目幫助窮人（第 241 節）；它應該為窮人提供教育，以便他們在工作中有競爭力（第 239 節）；它預測供需循環以幫助形成工業計畫；[19]它透過殖民而為工業創造新的市場（第 246-248 節）。除了調整市場力量，黑格爾認為，國家應該在不能讓市場受益的領域促進公共善，也就是說，公共健康、街道照明、橋梁和道路建設等等領域（第 236 節附釋）。

把自由主義的傳統和社群主義的傳統融合在一起，對於黑格爾的整體努力來說是極其關鍵的，他想要在市場中使管理和自由保持某種平衡。如果說太少的管理會削弱共同體的基礎，那麼，太多的管理會扼殺自由。意識到這個問題之後，黑格爾強調必須在什麼都管和什麼都不管之間尋求中間道路（第 236 節附釋）。然而，黑格爾否認關於在哪裡為干預和自由之間畫一條界線這個問題可以形成一條一般性的規則（第 234 節）。他論證說，這條界線是根據必然性依賴環境而不斷移動的。黑格爾認為，無論國家進行什麼樣的調整，它都應該力求市場的公正和穩定。如果一切任其自身，市場就可能是不公平和不穩定的，會導致民眾陷入貧困，結果是他們就不能競爭稀缺的工作和資源。那麼，國家的任務是保證每一個人都至

[18]《倫理實體的體系》，載 GW，第 5 卷，第 277-362、354-356、170-173 頁；GW，第 8 卷，第 244 頁。
[19]《倫理實體的體系》，載 GW，第 5 卷，第 351-352、168 頁。

少有工作機會，自食其力。因此，黑格爾以毫不含糊的語氣說，如 251
果市民社會有一定的權利，那麼，它就也有一定的義務（第 238 節
附釋、240 節附釋）。它有義務確保所有人都有權利工作，他們能
夠自給自足（第 240 節附釋）。首先，它有義務確保每個人享受它
的優點與自由（第 243 節）。

迄今為止，似乎黑格爾在論證國家有權利控制工業時是一個
原始社會主義者。然而，至關重要的是看到，他對於市民社會的
問題的解決方案並不限於依賴國家。就像他認為國家必須控制市
場，他也同樣擔心授予國家太多權力。由於保持多元主義的眼光，
對於市場經濟的諸問題，黑格爾提出了非社會主義的解決方案：職
業團體（Korporation, Genossenschaft）。職業團體就是一個民眾群
體，它共享同樣的貿易和職業，為國家正式承認，但又獨立於它。
就像很明顯它以之為模型的中世紀的行會（商人團體），職業團體
將組織、支援和承認所有在它們的貿易或者職業中有競爭力的個體
（第 252 節）。它能夠解決社會異化的問題，因為它將變成個體的
「第二家庭」，在他有不時之需時幫助他，為他提供歸屬感。而
它也將解決政治異化的問題，因為它將組織和代表工商業（Estate
Assembly）中的個體的利益。

六、國家的結構和權力

在《法權哲學》（第 283-329 節）中，黑格爾提供了一個關於
他的理想國家的詳盡的理論。黑格爾理論的核心主題是，理性的國
家形式是君主立憲制（Constitutional Monarchy）（第 273 節評論；
H，第 238 頁）。看起來，這樣一個主張是反動的，而且它一直被
沿著這個思路進行闡釋。[20]然而，在 19 世紀初，這樣一個主張是一

⑳ 因此，海姆（Haym，1857 年），第 365-368 頁；波普（Popper，

個標準的改良主義的學說。它是漢諾威的輝格黨和普魯士的改革派——實際上是所有想要自上而下地改革舊制度下的國家的人的觀點，以便他能夠適應那個時代的革命思潮。改革派對於君主立憲制的信念必須和反動派對於絕對君主制的捍衛放在一起對比以形成反差，後者試圖把君主從憲政的衛士那裡解脫出來，使他的意志成為法律的源泉。普魯士絕對君主制的主要代言人是 K. L. 馮·哈勒（K.L. von Haller），他的《國家科學的復辟》（*Restaurations der Staats-Wissenschaft*）成了復辟事業的主要宣言。黑格爾和保守派的事業保持距離尤其明顯體現在他在《法權哲學》中對於哈勒所展開的冗長而富於雄辯的猛烈抨擊（第 219 節評論、258 節評論）。

然而，黑格爾強烈支持立憲君主制在某種程度上還是令人驚訝的，因為他頗為鄙視地對待關於理想的政治的爭論，而且因為他贊同孟德斯鳩的學說，一個國家的最佳政制依賴於它具體的文化、歷史、氣候和地理條件（第 3 節評論、273 節評論）。黑格爾不僅僅強調立憲君主制是適合於普魯士的最佳政制，或者唯有它適合普魯士歷史發展的這個階段。毋寧說，他堅持認為，立憲君主制是國家的理性形式，因為和所有其他的政府形式不同，它實現了自由的理想（H，第 238 頁）。如果我們考察一下黑格爾最清晰地在海德堡的講稿中表達出來的觀點，唯有立憲君主制才能保證作為現代世界基本特徵的個體權利，那麼，他的主張就變得更加可以理解了（VNS，第 135 節評論、137 節評論）。和康德、洪堡、雅可比、席勒以及許多其他人一樣，黑格爾擔心，激進的民主制賦予人民的意志以無限的權力，並不必然同樣尊重每個人的基本權利。在這一點上最重要的例子就是雅典對於蘇格拉底的迫害。

1945 年），第 2 卷，第 27、53-54 頁。

對於黑格爾而言，立憲君主制的最大長處在於，它是一個混合政制，融合了所有 3 種政府形式的優點。他強調說，立憲君主制是君主制、貴族制和民主制的綜合（第 273 節評論）。立憲君主制由三種基本的權力構成：君主，他在形式上批准法律生效；執行者，他執行和實施法律；立法者，他製造法律（第 273 節）。因為君主是一個個體，因為執行者由好些個體組成，而立法者是許多個體，所以每一種權力都代表了政府的一種形式：君主制、貴族制和民主制（第 273 節評論）。

在黑格爾看來，混合制政府的主要優點在於它的權力劃分。既然這種政府可以防止任何單一的權力控制其他權力，它就可以為自由提供最好的制度保障。在這方面，值得注意的是，黑格爾再次肯定孟德斯鳩著名的關於三權分立的學說，因為，「從它的真實意義上來理解的話，（它）就能被正確地看作是公共自由的保障」（第 272 節評論）。儘管黑格爾警告說，諸權力的極端分離將會削弱國家的統一性（第 272 節評論、300 節附釋），但是他仍然認為，只有在現代國家包含著功能的區分和不同政府領域的分離之時，它才把自由現實化了（VNS，第 132 節；H，第 231 頁）。

黑格爾提出了一個更加系統而且更加形上學的主張為立憲君主制進行辯護：唯有它才實現了國家的理念（第 272-273 節）。立憲君主制的每一項權力都代表了這個概念的一個環節：因為立法制定批准了普遍的法律，所以它是普遍性；因為執行者把法律應用到具體事務當中，所以它是特殊性；因為君主在一個單個的人身上融合了立法者和執行者，所以，它是個體性。儘管黑格爾花了更多力氣在關於最佳的政府形式的系統論證上，而非任何謹慎周到的考察上（第 272 節），那麼事實就是，他的系統論證最好藉助於他以下這個主張來理解，即君主立憲制為自由提供了最佳的制度保障。因為國家的理念是建立在自由的基礎之上的，因為立憲君主制而不是任

253

何其他形式的政府實現了自由，這就可以推斷出，立憲君主制是國家理念的最高實現。

254　　為了理解黑格爾的政治價值，為了評估把他指責為權威主義的做法，為了準確地理解他如何嘗試讓自由主義和社群主義聯姻，有必要更加詳細地認識他理想的國家的結構。我們應該進一步考察君主立憲制的每一種權力。

（一）王權

王權就是君主。黑格爾為作為理性憲政的一部分的君主制進行辯護，因為它為國家提供了主權的唯一來源。因為君主是一個人，他是不可分割的權力，因此他要比議會（一群人）更好地代表和執行主權，因為後者可能會在內部產生分化（第 279 節）。他堅持認為，主權的唯一來源是現代國家的必然性。中世紀憲政的問題是，它的許多獨立的職業團體和自治團體缺乏一個單一的主權的來源，因此就甚至不能首尾連貫地行動以捍衛它自己（第 278 節）。

黑格爾之支持世襲君主制是基於以下理由，它能夠保證穩定的連續性以及超然於所有的集團衝突之上（第 281 節；VNS，第 138 節）。雖然君主是最高的權威，但是黑格爾否認了他僅僅是國家的最高官員，就好像他以某種方式對人民負責，透過和人民的契約來約束自己（VNS，第 139 節）。他否認君主要為他的行動負責，他把所有的行動的責任安排給他的諮議機關（第 284 節；W，第 140 節）。他歸之於君主的是這樣一個崇高的地位，以至於它甚至闡明他自己的思辨形式的神聖權利學說，依照這個學說，君主代表了大地上的神（第 279 節評論）。

儘管黑格爾為神聖權利學說所作的辯護似乎賦予了君主以絕對的權力，但是他還遠不是要捍衛古老的絕對主義。相反，他主要關心的是把君主和憲法綁縛在一起。他強調說，在一個理性的國家

中，君主的人格是不相干的，憲政的理性正是存在於君主個人的無 255
關緊要中（VNS，第 138 節）。他允許君主擁有的唯一真實的權力
是特赦罪犯和任免最高諮議機關的權力（第 282-283 節）。他堅持
認為，君主擁有主權，僅僅是就他受到憲法約束而言（第 278 節評
論）。君主必須遵從他的諮議人員提出的建議，以至於他除了說
「是」和簽署提呈給他的具體措施之外別無其他作為（第 279 節評
論、280 節附釋）。僅僅出於這個原因，黑格爾才說，君主不能被
作為一個個人對事務負責（第 284 節）；因為歸根結底，所有真實
的責任都應該壓在他的諮議人員身上。最後，一個黑格爾式的國家
中，君主所起的本質上是一種形式的作用，充當「正式決定的最
高程序」。但是，這種象徵性的角色對於黑格爾來說，具有最為重
大的意義，因為他代表了人們的統一性、主權和文化（第 279-280
節）。

（二）行政權

行政權的目標是執行和實施國王的決定（第 287 節）。執行權
存在於警察、法官和公務員之中（第 287 節）。行政權的基石是公
務員或國家官吏，他們的主要任務是調節職業團體的特殊利益和國
家的普遍利益（第 289 節）。在黑格爾的國家中，國家官吏擁有巨
大的權力：它的建議不僅制約君主（第 279 節附釋），而且它還認
識到職業團體的真實利益，即使它們沒有把它們的利益直接表達出
來（第 289 節、301 節評論）。儘管如此，我們不能把黑格爾算作
是士紳國家或者官僚國家的無批判的支持者。他也覺察到官僚機構
腐蝕的危險（第 295 節）、官僚機構變成國家的統治權力的危險。
因為，他強調，它的權力應該受到限制，它的活動應該受到監督，
這種限制和監督既可以自上而下來自君主，也可以自下而上來自職
業團體（第 295、297 節；VNS，第 145 節）。他建議說，立法機

256　構中的反對黨有權利質疑各位部長，因為這將會使他們對公眾負責
（VNS，第 149 節）。

（三）立法權

　　立法權存在於以英國為模型的兩院制的國會／立法團體（第
312 節）。有一個上議院，它由貴族組成，他們的職位可以繼承；
還有一個下議院，它由平民組成，他們的官職是選任的。黑格爾認
為，這樣一個雙重的議會因為創造出多重的審議，為成熟的決定提
供了保證，並減少了和執行權之間的衝突機會（第 313 節）。國會
代表了市民社會中的兩個等級：農業等級或者地產貴族、貿易和工
業的等級或者資產階級（第 303-304 節）。儘管下議院的成員是透
過職業團體和自治團體選舉而來的，但是他們並不接受他們的發號
施令（第 309 節附釋）。國會的主要作用是培養公眾對於政治問題
的意識，形成民眾和君主之間的關聯（第 301-302 節）。他們也提
供政府和民眾之間的重要的緩衝。他們一邊透過組織和代表民眾的
利益，保護人民免受暴政的侵害；一邊透過控制、指導和引導民眾
的利益和活力，防護政府不受「暴民」的侵害。

　　黑格爾的立憲君主制怎麼會是民主的？也許不用存在疑問，
黑格爾是支持立憲君主制中的民主要素的。他經常論證說，共同的
倫理實體（Sittlichkeit）或者共同體的可能性依賴於大眾的參與；
因為只有在人民參與到國家中時，他們才能認同國家並且關心國家
（第 261 節、308 節評論）。[21]相應地，黑格爾式的國家提供了某種
真實的民主程序。黑格爾指望的不僅是下議院的民選代表，而且還
有國會中相互競爭的黨派（VNS，第 156 節評論）。這些政黨還不

---

[21] 參見 VD，第 1 卷，第 576-577、237-238 頁；ER，第 11 卷，第 111-
112、318 頁。

是現代意義上的政黨，因為他們並不相互競爭以贏得民眾的選票；
但是他們的確代表了增強責任的相互對立的觀點。黑格爾設想有 3 257
個政黨：一是為民眾的政黨，一是為政府的政黨，一是在前二者之
間起調節作用的中立的政黨。他進一步強調，政府應該支持國會中
的多數黨（VNS，第 156 節）。

　　儘管如此，重要的是認識到，黑格爾並不支持現代普選權意
義上的民主制。終其一生，他都對直接選舉持懷疑態度，因為他懷
疑民眾的智慧，他們沒有足夠的知識以確定他們最大的利益。㉒和
他的許多同時代人大體一致的是，黑格爾堅持一種有限的選舉權，
它把工人、僕人和婦女排除在外。此外，他反對以下這種激進的
觀點，任何到了一定年紀、具有一定收入的男人都應該被賦予選舉
權。㉓他提出兩個論據以反對這種觀點：首先，個體不會僅僅由於
他的年紀和財富就知道他的最大利益；其次，它會導致選民無動於
衷，因為如果選民只能是身價百萬的人，如果他只能為偌大的國會
中某一個人投票，那麼個體就會感覺他的投票是毫無意義的。黑格
爾支持依據社團關聯（group affliiation）或者職業禮儀進行投票，
而不是依據普選權或者地理區域進行投票；換言之，他認為，一個
人應該不是直接作為一個抽象的個體，而是作為某個群體的成員投
票的。因此，是職業團體，而不是一群個體的湊集，把一個代表選
進國會。黑格爾爭辯說，這樣一個體系具有幾個優點：他組織、指
導並且控制民眾的利益，否則，民眾就會轉變成一群暴徒；它也可
以放置冷漠，因為個體感覺到他的投票是作為一個團體的成員做
出的，與一個單個的個體相比，這個團體具有更大的代表力量（第
302 節附釋、303 節評論、311 節評論）。

㉒ PR，第 310 節評論。參見 ER，第 11 卷，第 110-111、317 頁。

㉓ PR，第 303 節評論、308 節評論。參見 ER，第 11 卷，第 110-113、
　 317-319 頁；VVL，第 4 卷，第 482-484、263-264 頁。

儘管黑格爾的憲法民主制（懷疑原文當作「君主立憲制」）的確有些真正的民主制的元素，但是有人也許會問，這些元素對於黑格爾的倫理實體的觀念來說是否足夠。那個觀念的前提是，每一個人都應該認同國家，每一個人都應該在其中發現他們的目標感和對於生活的歸屬感。黑格爾本人強調，發展出那樣一種認同，那樣一種目標感和歸屬感，前提是要參與到國家事務當中去。但是黑格爾的有限選舉權的觀念，黑格爾對於完全民主制的保留，產生的效果是把大量的人群排除出公眾生活的參與之外。農業等級的農民實質上在國會當中就沒有被人代表；如果說根本上有人代表他們，那麼，它也是透過根本不需要被選舉的貴族代表的（第 307 節）。黑格爾還對以下這點有所疑慮，那就是，商業等級的實業家是足夠自由的，知識足夠豐富，能夠獻身於國家事務（第 308 節、310 節附釋）。儘管他強調職業團體對於發展出歸屬感的重要性，但是他也把勞工排除出職業團體，由此而剝奪了他們的公民權。[24]就這樣，他否認了那個最需要社會的群體應融入社會之中，使得倫理實體的前景堪憂。[25]

因此，即使黑格爾的政治哲學並不犯有向他控訴的最惡毒的集權主義的罪過，即使它的確支持自由主義的基本價值，它是否滿足了他自己的共同體的觀念這個問題仍舊未得到解決。因此，說來奇怪，實際上常常是社群主義者而非自由主義者向黑格爾提出各種抱怨。最終，黑格爾宏大的綜合以失敗告終，並非因為他為共同體做得太少，為自由做得不夠，而是因為他為自由做得太多，為共同體做得不夠。

---

[24] PR，第 253 節評論。參見《倫理實體的體系》，載 GW，第 5 卷，第 354、171 頁。

[25] 以強有力的方式提出這個觀點的是阿維納瑞（Avineri，1972 年），第 98-99、109、148、151-153 頁。

第五部分

文化哲學

Chapter **11**

歷史哲學

一、黑格爾與歷史主義

261　　　在他 1830 年的《哲學百科全書》（他的體系那圓熟慎重的闡述）中，黑格爾對於世界歷史的處理卻有些敷衍了事，僅僅給它分配了五個段落（第 548-552 節），其中最長的段落實際上是討論國家與教會的關係的（第 552 節）。讀者可能會從這一點中推斷說，歷史對於黑格爾來說並沒有那麼重要。但是在這裡，這些人一如既往地把論題的重要性和處理問題的篇幅等同起來，實在是天真無知。儘管黑格爾在《哲學百科全書》中只給了歷史五小節的篇幅，但是歷史在他的哲學中的地位舉足輕重。因為他的哲學最具特色的主題是精神（第 110-112 頁），而精神最重要的領域是歷史。黑格爾強調說，凌駕於生活之上的精神，其與眾不同的特徵就是自由；但是自由只有在歷史中才實現自身。

　　歷史哲學對於黑格爾來說是如此之重要，以至於他在柏林期間曾經五次講授這個主題。我們現在幾乎完全是從他的一些殘篇和學生的聽課筆記中認識他的歷史哲學的。這些講座因為清通可讀，現在成了他的哲學中最流行的導論。這些講座的廣泛流傳，以及黑格爾在 1820 年代如日中天的聲望，他作為一個歷史主義的哲學家的名聲傳播上與有力焉。某些學者甚至把歷史主義看作是黑格爾對於哲學的主要貢獻。極有可能是由黑格爾第一次把理性歷史化了，他把發展的觀念引入到歷史自身之中。[1]

262　　　黑格爾作為一個歷史主義哲學家的名聲需要審慎地評估。在這裡，在很大程度上依賴於其賦予了「歷史主義」這個含糊不清和模稜兩可的詞以一種精確意義。我們已經定義了這個術語的原初的和普泛的意義（第 29-31 頁）：它是這樣一種學說，在人類世界中的

---

[1] 例如：參見伯林（Berlin，2002 年），第 99-100 頁。

所有事物都有歷史，社會有一個有機結構，所有的人類信念和實踐
都必然地源自它們具體的歷史脈絡。在它原本的形式中，歷史主義
並沒有後來經常與之連繫在一起的意義：「歷史的發展是不可避免
的並不斷進步的」這個論題。由於擔心把社會與歷史普遍化為一個
整體，孟德斯鳩、哈曼和莫澤，歷史主義之父，總是堅持歷史脈絡
的個體性與獨一無二性，以至於不可能為所有文化規定一個單一的
進步尺度。然而，早在 18 世紀晚期，已經存在這種後來的歷史主
義學說的清晰蹤跡。萊辛、康德、謝林、施萊格爾等人強調，存在
著歷史的規律，而在歷史發展中也存在著進步。謝林、赫爾德把有
機的類比推擴到歷史，因此每一種文化都有其誕生、童年、成熟與
衰亡的歷程。

　　如果歷史主義是在上述兩種意義上得到理解的，那麼，黑格爾
的確是一個歷史主義者。他不僅同意這種學說，還提出了「歷史是
不斷發展的」這個論題。我們不能在這個意義上說黑格爾是歷史主
義的創立者，因為這種學說在他之前就有一段漫長的歷程；但是我
們可以說，由於它的影響力，他成了歷史主義的一位舉足輕重的傳
播者或者宣傳者。因此，如果僅僅從這個意義上來說，黑格爾作為
一位歷史主義者的名聲是名至實歸的。

　　然而，「歷史主義」這個詞在這個階段還有另外一種意義，這
種意義中，它意味著一種具體的道德的和法律的學說。依據這種學
說，並不存在普遍的道德法則或者法典，因為道德與法律唯一的基
本原理必定存在於具體的歷史與文化脈絡之中。這樣一種相對主義
的學說，似乎是在普遍意義上的歷史主義不可避免的後果：如果所
有的法律都是具體教會和歷史脈絡的產物，那麼它們就與那種脈絡
不可分離，並且適名於它；因此，它們就沒有在它之外的有效性。
如果我們把這些法律普遍化，就好像它們可以適合所有的人類，那
麼我們就犯有種族中心的罪過，依據我們自己的標準來判定所有文

化的過錯。這種道德與法律學說是由莫澤、哈曼和赫爾德發展出來的，他們用它來削弱啟蒙運動的理性主義的基礎。它最終在 19 世紀早期的歷史主義法律學派中達到頂峰，這個學派的主要支持者是 F. K. 薩維尼（F. K. Savigny）和艾希何恩（K. F. Eichhorn）。

重要的是看到，在這種意義上，黑格爾不是一個歷史主義者，事實上他是反對這個學派的中堅人物。黑格爾哲學的一個核心目標是支持理性的權威，以反對歷史主義的相對主義。因此，他的知識論想方設法要恢復理性的批判，而他的法哲學則是面臨歷史主義時再次嘗試自然法的重新建構。使黑格爾有歷史主義者名聲的誤導性，在於其歷史哲學的中心論點——歷史中存在理性——在一定程度上是一種對新興歷史主義的反應。

總而言之，黑格爾在歷史主義發展進程中的作用是模稜兩可的，他既是它的捍衛者，又是它的批評者：他捍衛的學說是，所有的人類活動都是歷史的產物，而歷史遵從著某些法則；但是他又是歷史主義的相對主義的批評者，因為歷史主義試圖削弱理性的普遍權威。在這種模稜兩可中，我們能夠再次察覺到黑格爾保存並改造啟蒙運動遺產的努力。

二、歷史中的理性

在世界歷史哲學講座的導言中，黑格爾聲明，哲學帶入歷史之中的基本理念是理性的理念，更加具體地說，即「理性統治世界，因此世界歷史是一個理性的過程」（VG，第 28、27 頁）理念。這個論題可以直截了當地從他的絕對觀念論中推導而出，依據絕對觀念論，所有事物都是絕對理念的顯現。歷史哲學本質上是把絕對觀念論應用到歷史自身之中。對於所有想要把黑格爾的社會與政治哲學和他的形上學分離開來的人來說，這個基本的觀點都是一個絆腳石。

264

　　到底什麼是黑格爾的歷史中的理性的確切含義？在最基本的水準上，他的意思是，歷史遵從各種規律，或者歷史中的一切事物都依據必然性而行動。因此，黑格爾把理性的形式等同於必然性（EPW，第1、9節）；他把他「理性統治歷史」的論題和伊壁鳩魯的傳統理論對立起來，依照這個傳統理論，所有事物都是由於機運而偶然發生的（VG，第37、34頁）。

　　當然，黑格爾的論題所意味著的東西遠遠多於「歷史被諸種規律所統治」。因為黑格爾牢記在心的是一種特定類型的規律。這些規律不僅僅是機械的，透過它們的直接脈絡來解釋事件，而且也是目的論的，透過它們的目標或目的來解說它們。因此，說歷史中存在著理性，對於黑格爾意味著，事件遵從著某種目標或者設計，或者它們出於必然性而實現一個目標（VG，第50、44頁）。因此，黑格爾強調說，歷史哲學家絕對不能滿足於外部的必然性，「這種必然性起源於它們自身，而不是外部的環境的原因當中」（VG，第29、28頁），而他應當力爭解釋事物的內部必然性，它們為什麼從它們的奠基性的目標或者固有形式中產生。

　　在他的《邏輯學》中，黑格爾關於機械的和目的論的解釋有一個非常具體的論述。此論述對於他的歷史哲學非常重要。機械的解釋使得事件的理性成為時間中在先的原因；這是假設的或者有條件的：如果一個更早的事件發生了，另一個較晚的事件必定也會發生。然而，目的論的解釋假定說，一個事件的理性是某個目標，它不是時間中在先的。和亞里斯多德一樣，黑格爾把目標等同於事物的固有形式或者本質——它的「形式—目的因」。他也強調，這種形式—目的因只是在解釋的次序上，而不是在存在的次序上是第一位的；只有透過特定行動者的活動，它才會實現，或者進入存在：

265

　　我們必須觀察的第一件事情是這一件：我們稱之為原則、最終

目的，或者天職的東西，或者在自身中是精神的東西、它的本性，或者概念——只是某種普遍性的或者抽象性的東西。一個原則，因此，一個基本的命題或者規律，是某種普遍的東西或者內部的東西。那個東西自身，無論在自身之中多麼真實，仍然不是完全實現了的。……對於它的規定性而言，另一個環節必須添加進來，而這就是頒布，現實化，它的原則就是它的意志，世界中的人的活動。只有透過這種活動，這些概念，隱含的規定性，才會實現。（VG，第81、69-70頁）

在強調歷史中目的論解釋的重要性之時，黑格爾並不是說要排除機械的解釋。他認為，機械的解釋對一個整體中的所有部分而言是十分有效的；但是，從整體自身的立場來看，它是不充分的。如果我們考察整體的立場，我們必須把它的目標或者設計考慮在內。黑格爾認為，我們需要目的論的解釋，以解釋為什麼最初所有的部分都是在場的。機械因果性的機制只是歷史的目標藉助被實現的手段或者工具。

當黑格爾宣稱，歷史遵從目的論的規律時，他的意思是說，在最基本的水準上，它遵從與自然自身同樣的有機發展的規律。他把歷史的對象——民族、文化和國家——當作有機體來對待，它們都與自然中的所有東西一樣，服從於同樣的有機生長的過程。國家的精神是一個自然的個體；因此，它開花、健壯、逐漸凋謝，然後死亡（VG，第67、58頁）。像任何有機體一樣，歷史的發展是辯證的，包含著3個運動：最初的統一性、分化（差異化）、再次統一或者差異中的統一。

然而，黑格爾小心翼翼地附加說，歷史不僅遵從有機的規律，而且符合更加具體的精神的規律。黑格爾認為，正是因為歷史涉及精神發展的規律，所以才有可能談論歷史中的進步，談論某

種對於作為生活基本特徵的圓圈式發展來說更高的東西（VG，第70、149-155、161、124-131頁）。因為精神不僅僅是生活，而且是對生活的自我覺察，所以歷史的規律必定與它的自我覺察的發展相關。這些規律涉及外在化和重新內在化的辯證法，喪失和自我發現的辯證法，自我正是藉助這種辯證法而覺察到它自身是一個理性的存有者（第114-115頁）。

因為歷史的規律與精神的自我覺察相關，因為精神與眾不同的特徵就是自由，所以歷史的規律與對於自由的自我覺察相關。事實上，這種自我覺察就是歷史自身的目標或者目的（VG，第63、54頁）。黑格爾正是依據這個目標測量歷史的進步。他把世界歷史劃分為三個主要的階段，它們是在對於自由的自我覺察的發展過程中的具體階段。其中，有東方的時期，它理解到只有一個人是自由的，他就是統治者或者專制君主；有希臘的時期，它認為，有些人（公民）是自由的；有日爾曼時期，它認識到，所有的人，或者說人性本身，是自由的。雖然這個圖式有些簡單化，對黑格爾而言，它帶有某種強制性。黑格爾認為，獨一、有些和一切是3個量的範疇。因為歷史是由理性統治著，所以它必須展示所有這3個範疇。

重要的是看到，在黑格爾的「歷史中的理性」這個詞中包含著雙重意義。這個詞不僅指「歷史的形式」——它遵從某些規律或目的，它還指歷史的內容——歷史的具體目標。因為對於自由的自我覺察是歷史的目標，也因為自由是理性的獨特的特徵，所以，歷史的目標也就是理性自身的自我覺察。因此，歷史之被理性統治著，既因為它有一個目標，也就在它的目標之所是之中。說在歷史中存在著理性，既意味著，歷史遵從某種目標或者設計，也意味著，目標或者設計是理性的自我實現。

三、理性的詭計

　　如上所述，「歷史中的理性」這個黑格爾的宏大主題似乎容易受到兩個異議的攻擊。首先它似乎天真幼稚又不合情理地假定，人是依照觀念或者原則而行動的，就好像他們那明確而自我意識的目標可以實現自由。其次，它沒有給予自由任何空間，因為如果所有的事情都出自必然發生，那麼我們可以做什麼選擇？儘管黑格爾認為，歷史的目的是自由的自我覺察，他也強調，歷史遵從諸種規律，因此這種目的的實現就是必然性。但是自由似乎根本就不是自由。

　　當然，黑格爾覺察到了這些疑難，而他對這些疑難的回應是他的歷史哲學中最具有啟發也最眾說紛紜的觀念之一：理性的詭計（List der Vernunft）。簡而言之，「理性的詭計」的意思是，理性用個體的自我利益來實現它的目的（VG，第 84-88、105、71-4、89 頁）。即使每個個體之間不存在相互協調的集體性行動，即使他們並沒有有意圖地或有意識地對他們自身形成這些目的，他們在追逐他們的私人利益之時仍然下意識地在實現它們。因此，從私人利益的混沌之中，仍然會形成理性的秩序和共同體目的。

　　這樣一個主題似乎解決了這兩種困難。首先，它沒有假定，人們是出於道德原則而行動；因為，甚至他們在遵從他們的自我利益之時，他們仍然在實現理性的目的。其次，儘管一個人為了理性起見而出於必然性行動，他或她在這樣做時也是遵從自我利益。因此，強迫一個人做他（她）不想要做的事情，或者阻止他（她）做其想要做的事情的，就不是在個體之外的某種更高層次的命運。

　　黑格爾歷史哲學中一個最大的反諷是，儘管它使得觀念變成了統治歷史的力量，但是實際上它根本上不是觀念論的。因為理性的詭計意味著，人的行動的動機──和實現理性的主要工具──

是自我利益，而非道德原則。事實上，黑格爾非常明確，在理性在 268
歷史中實現的過程中，道德觀念論不應該扮演任何角色。他斷然宣
稱：「……在現實生活中，沒有空間容納為了善而追求善這樣空洞
的概念。」（VG，第 94、80 頁）。他還警告不要用我們關於對與
錯的觀念來衡量歷史，因為這只會導致不滿（VG，第 107-108、91
頁）。更為基本的是，他說世界歷史是在比道德更高的層面上起作
用的：

> 因為世界歷史在一個比道德恰當地歸屬於它的層面更高的層面
> 運動，道德層面是關乎私人確信、個體的良心和他們自己的
> 特殊意識與行動模式的層面。……必須作為前提並且透過精神
> 的最終目標達到的東西，天意所要完成的東西，遠遠超過與
> 倫理實體相關而最終落實到個體性的義務、責任和個體性。
> （VG，第 171、141 頁）

黑格爾歷史哲學中另一個反諷是，就所有它的理性主義而
言，它使得歷史背後的推動力變成了激情，而不是理性。理性的詭
計把實現歷史的目的中的基本角色指派給了激情。因為理性只有
透過自我利益才能實現，因為激情在追逐自我利益過程中是最積極
的，所以，激情證明是實現歷史的目的過程中最重要的。因此，黑
格爾鼓吹，激情是人類行為中最強大的力量：「……激情的自然力
量對於人的控制，比如秩序、節制、正義和道德這些人為的和費盡
九牛二虎之力才能獲得的紀律而言，更加直接。」（VG，第 79、
68 頁）當黑格爾說：「……世界上沒有什麼偉大的事是沒有激情
可完成的。」（VG，第 85-86、73 頁）我們似乎讀到一個浪漫派
在說話。然而，在這些段落中看不見任何浪漫派的東西的影子，因
為黑格爾的激情概念來自於自我利益而不是道德觀念論。就這樣，

黑格爾解釋說,他是在寬泛的意義上使用「激情」這個詞的:「就我絞盡腦汁要表達的東西而言,『激情』這個詞並不十分恰當。我在這裡使用它是為了表示所有受特殊利益、特殊目標支配的人類活動。如果你願意,也可以說,出於私心……」(VG,第85、72頁)。

黑格爾刻意貶低道德觀念論,有意抬高自我利益,從而提出了一個不可迴避的問題:「個體在什麼時候,又是如何開始意識到歷史的目標?」可以確定,他們一定是在某個點意識到歷史的目標,因為黑格爾堅持說,理性的目的只有透過個體才能實現,如果他們沒有根本上覺察到目的,那麼,實現它們也就無從談起。正是在回答這個問題時,黑格爾陳述了歷史哲學另外一個著名的主題:世界歷史人物(VG,第97-103、82-89頁)。他們是諸如蘇格拉底、路德、凱撒和拿破崙這樣的人。唯有他們才有舉世無雙的力量可以超越他們自己時代的有限眼界,看到歷史朝著哪個方向前進,處在實現了自由的自我覺察中的更高階段。他們是其他人的引路人,其他人沒有力量抵制他們,而是團結在他們的旗幟周圍(VG,第99、84頁)。儘管因為他們都是行動的人,他們沒有哲學家的精確知識,但是他們仍然有力量把握住時代新的需要,以及看到必須做什麼才能滿足它們(VG,第98、83頁)。

只有在世界歷史人物的情形中,黑格爾似乎在歷史的現實化中允許某種程度的道德觀念論。因為他說,這些人物把他們自己等同於他們的原因:「……他們想要的是普遍;這就是他們的激情……」(VG,第101、86頁)。他反對那些把他們的動機化約為一種純粹自私自利的或者純粹個人的東西,例如:尊重和榮譽。因此,對於歌德著名的箴言「僕人眼中無英雄」,他添加了一種解釋,即這是因為僕人就是僕人,而不是因為英雄實際上並不是英雄(VG,第103、87-88頁)。但是甚至在這裡,他也警告我們不要

把這些英雄看作道德理想主義者；因為他們的行動仍然更多地出自於激情而非原則，他們沒有讓道德上的顧慮擋住他們的使命：「偉人想要滿足他們自己，而非他人的善意」（VG，第104、89頁）。

如果這些學說看起來排除了黑格爾歷史哲學中的諸多困難，那麼，它們自身似乎也產生了許多它們自己的困難。理性的詭計似乎促進宿命論。因為如果理性只有透過自我利益才能實現自我，那麼，為什麼我根本上應該試圖成為道德的人？如果理性只有透過我的所有行為才能實現自身，那麼，為什麼我應該成為一個負責任的公民？這兩種學說似乎都支持一種幾乎殘酷無情的現實政治（Realpolitik），削弱了政治領域中的道德主張。就這樣，黑格爾告訴我們，世界歷史是在一個比道德更高的層面上運行，我們不應該根據道德觀念來衡量歷史的必然性，理性把人們僅僅當成達到它的目的的手段。在他的講座中的好幾個段落裡，黑格爾認識到主觀性的「無限的權利」，每一個和所有主體的價值；但是，在面對他那冷酷無情的陳述──世界歷史人物「必須把很多天真無辜的花朵踐踏在腳下，在通行理性的道路上橫掃千軍」（VG，第105、89頁）──時，這些段落聽起來非常虛偽。

然而，儘管它具有命定主義和非道德主義的蘊含，理性的詭計還在某種意義上是極端道德主義的。這個概念的全部目的是在指出，理性最終會在根本上戰勝道德上的犬儒主義，因為它說的是，理性比從事實用政治的最聰明的政治家們更加狡猾（第220頁）。甚至在追求國家理由（raison d'état）時，政治家也將會是理性實現最高目的的工具：人自我覺察到自身是自由的。

四、惡的問題

在他論述世界歷史的講座中，黑格爾把他的核心主題「理性統治世界」等同於傳統基督教的天意理念（VG，第77、67頁）。

270

他把統治歷史的理性和在它背後的神聖計畫連繫起來，就好像理性來自於上帝的意志。他解釋說，世界歷史哲學的基本任務就是理解「上帝統治世界」。因為世界歷史無非包含著「它的統治和（神聖的）計畫的執行過程的內容」（VG，第77、67頁）。

271　　　　儘管黑格爾試圖恢復傳統的天意理念，但是他也賦予它以完全內在的或者此世的意義。依照基督教傳統，塵世的生活僅僅是通往更高的目的——永恆的得救——的手段。歷史僅僅是通往上帝之城的道路上的一段朝聖之旅，一段審判之路（a trial of passage）。黑格爾忠實於他的內在目的論，否認有一個在歷史之上的，並且賦予歷史以目標、意義和價值的超自然領域。因為歷史的目的本就不在歷史之外，所以，必須在歷史之中獲得救贖。

　　　對於天意的任何信仰——無論是內在的，還是外在的——來說，基本的疑難是惡的存在。如果存在著惡，那麼，怎麼可能存在著天意？因為為什麼無限而善良的上帝居然會創造出或者甚至允許惡的存在？黑格爾歷史哲學中一個巨大的野心是想要解決棘手的問題。因此，他把他的歷史哲學描述成一種神正論，描述為證成上帝通往人類之路的嘗試（VG，第48、42頁）。在沉思了歷史的悲劇之後，黑格透過追問「……這些慘絕人寰的犧牲到底是為了誰，為了什麼樣的終極目的……而製造出來的」（VG，第80、69頁）而明確地提出了這個問題。黑格爾必須面對惡的問題，因為他明確斷言支持這個問題的兩個前提。首先，他強調說，上帝本質上是善良的，不僅僅在他為世界所作的設計之中是善良的，而且在他執行這個設計的所憑藉的力量中也是善良的（VG，第77、67頁）。其次，他完全承認惡的實在性。在某些過目可誦的段落中，他宣稱，歷史是「屠宰凳」（Schlachtbank），在屠宰凳上供奉著大量的祭品（VG，第80、69頁）。在歷史書中，幸福的時期都是空白的頁碼（VG，第92、79頁）。

　　儘管惡的問題起源於任何對於上帝的信仰——對無神論和自然神論以及絕對觀念論來說亦為是——是一個尖銳的問題，出於兩個理由，它對於絕對觀念論而言是一個尤其尖銳的問題。首先，絕對觀念論將神性與世界連繫起來，使自然與歷史中的所有事物都是神性的顯現；因此，歷史中的惡性事件不僅是神性所允許的，而且它們會是其本性的一部分。其次，絕對觀念論似乎使得惡，就像自然與歷史中的所有事件一樣，是不可避免的，理性規律的必然顯現。無論一個男人還是女人做什麼，都是上帝透過他或她的行動所做出來的事，而且也是神聖的自然所必然做出來的事。這就提出了命定主義的危險，因為似乎一切都別無可能。

　　黑格爾試圖怎樣處理這些困難呢？他又是怎樣解釋惡的存在的呢？黑格爾忠實於他的此世的天意的思想，他的神正論試圖在歷史的領域之內解釋惡或者為受苦受難贖罪。他關於惡的解釋是，它是歷史進步中必不可少的東西，是通往自由的自我覺察之路上雖有所遺憾但卻本質的階段。就像康德、席勒和赫爾德一樣，黑格爾也是用一種基督教的「天真—墮落—救贖」的劇本的世俗化版本來解釋歷史②。他依據幾個具體的歷史時期來解釋每一個階段：天真是古希臘世界，在那裡，人們生活在與他自己、他人和自然的統一性之中；墮落隨著基督教的開端一同來臨，在這個時期，個體賦予其自身的除共同體和自然之外最高的意義。救贖——仍然有待於在日爾曼世界之中達到的——到來之時，人類在更高的層面上恢復了它的統一性，又保留了個體的權利。惡隨著墮落——從天堂的統一

② 黑格爾對於《創世紀》神話的解釋主要出現在他的《宗教哲學演講錄》之中，VPR，第 5 卷，第 134-139、220-229 頁；VPR，第 3 卷，第 202-206、296-305 頁。亦可參見 EPW，第 24 節附釋 3；PG，第 775-778 節。

性中偏離正道——而來。這種墮落是必不可少的，因為，為了實現自由，人類必須發展供自身反思的力量，它為自己而思考自我的能力。但是在發展這樣能力之時，它已經把它自身和它原本的統一性分離開來了，已在世界上不再有在家之感。

　　黑格爾神正論的核心最終還得靠他的精神概念。在精神通往自我實現的路途中，惡是在差異的環節內部分化的環節的過程中顯現的，這時精神從它自身中外化出去。我們已經看到精神如何在只有把他者融入自身之時才能實現它自身，以及為了做到這一點，它必須首先把自身與他者對立起來（第 114-115 頁）。更具體地說，劃分的階段有兩個方面：首先，自我將它自身與他者對立起來；其次，自我仍然依賴他者，自我和他者相爭以肯定它的獨立，而沒有意識到只有在他者之中並且透過他者，它才能實現它真實的獨立。因為自我在和他者相爭之時，自我的更高的同一性只能來自於把他者融入自身之中，它就在它自身之中發生分化。這就是惡的環節，因為，在試圖破壞對它自身而言的本質之物時，自我經受著折磨與苦難的痛苦；它是它自己最壞的敵人，儘管它仍然不能充分地理解為什麼會這樣。如果我們把惡理解為精神的內部分化，而它又是精神的自我實現的過程中一個必要的階段，那麼，我們就能把握惡自身的必然性了。然而，我們還能夠理解，惡怎樣證明其正當性，並且被救贖的，因為分化的階段是可以被克服的，就在自我最終將他者融入自身之中，並使其自身重新變成整體之時。

　　在試圖將惡融入他的歷史哲學之時，黑格爾發展出了一個獨具特色的進步概念。他的進步概念與啟蒙運動的進步概念對立起來：依據後者，歷史就存在於循序漸進的改善之中，文化的日益精緻美化之中（VG，第 150、125-126 頁）。他認為，這種純粹是量的進步概念，並沒有能夠把握住為了精神性自身的發展而必然產生的衝突和戰鬥。然而，如果我們擁有一種質的進步的觀念，並據此

認定戰鬥與衝突對於精神的發展而言是必不可少的，那麼，我們就可以看到惡自身存在的必然性。在黑格爾對樂觀主義本質的解釋中，在歷史的領域裡沒有什麼會喪失殆盡，或者沒有什麼會徒勞無功。過去的所有戰鬥都作為通往自由的自我覺察的必然環節而被保存起來。黑格爾希望，一旦我們認識到惡的必然性，以及它被克服的必然性，那麼我們最終就能讓我們自己和歷史達成和解（VG第67、78頁）。只有在我們站在歷史之外，並且依據外在的道德標準來評判它，那麼，我們就不能讓我們自己和歷史達成和解。然而，一旦我們認識到它的內在目的的必然性，以及這種目的透過惡及對它的救贖這兩者可以實現，我們對於歷史上的惡的全部憤慨（indignation）都將會煙消雲散。

從它最粗糙的綱要上說，這就是黑格爾的自然神學神正論。儘管它是一個自我意識的基督教式規劃。但是，它是具有高度原創性的，它至少在三個方面徹底地離開了基督教的傳統。首先，試圖只在此世之中為惡尋求救贖，避免所有訴諸一個超越領域的做法。其次，它不是二元論的，因為它把善與惡看作同一個精神運動的兩個方面。第三，它不僅強調惡的實在性，而且強調惡的必然性。黑格爾的理論與人們常常歸之於他的那種理論——惡的實在是一種幻相，在我們把握到宇宙整體時它就消失不見了——大相徑庭。 274

但是，就它的所有原創性而言，黑格爾的神正論也經受許多來自於它自身的困難。值得注意的是，理論在不同的水準上，個體的和宇宙的發生作用，就惡的存在而言，這些水準涉及互不相容的解釋。在個體的水準上，關於惡的解釋只是來自於人的選擇。黑格爾解釋說，在意志選擇依據它的自然欲望而非依據理性的道德法則行動時，惡就產生了。自我有力量選擇善而非惡；但是它仍然選擇惡，即使在它有力量另作選擇之時。在黑格爾試圖避免把惡歸咎於上帝，並只把惡的責任移交到人類意志之時，他強調了這一點

（VPR，第 3 卷，第 298、222 頁；PR，第 139 節評論和附釋）。在宇宙的水準上，對惡的解釋來自於神的本性。它認為，惡存在於神的本性的內在分化中。黑格爾強調說，這個否定的環節並非某種只是碰巧發生的偶然的東西；毋寧說，它對於神的本性自身來說是本質的東西，是它的自我實現中必不可少的（PG，第 775-776 節；VPR，第 3 卷，第 306、229 頁）。問題是，這兩種解釋彼此互不相容：第一種解釋把人的意志看作是惡的唯一來源，而第二種解釋把它變成神的本性的一個本質環節。第一種解釋把惡看作是偶然的東西，依賴於一個既可以這樣又可以那樣的選擇行為；第二種解釋把它看作是某種必然的東西，精神的自我實現的不可或缺的條件。

除了這些疑難，還有另外一些理由可以質疑黑格爾的神正論。首先，我們可以問，是否任何目標，朝向它的任何數量的進步，都可以救贖無辜者的受苦受難？如果目標與進步的實現要以這種惡為前提，那麼，宣布放棄這些目標或者進步，難道不是更好嗎？黑格爾的作為自我否定的惡的概念似乎僅僅可以解釋某一種惡，那種從內部戰鬥中升起來的惡；但是還有其他類型的惡並非內部戰鬥的形式；例如：所有形式的犯罪，比如謀殺、虐待、種族大屠殺等。正是這種習以為常卻又蠻不講理的形式的犯罪，使得惡的問題似乎不可解決。第三，黑格爾的理論似乎鼓勵面臨惡時保持緘默。絕對觀念論使它的信眾鎮定自若地接受它，而不是請求民眾與惡相戰鬥，因為他們心悅誠服地接受它的必然性。威廉·詹姆斯（William James）爭辯說，信仰這樣一種學說的結果是，我們接受有限的惡，「就好像它是潛在的永恆」，所以，我們就取消了我們與之作戰鬥的所有責任。[3]

---

[3] 詹姆斯（James，1907 年），第 73-74 頁。

鑑於 20 世紀的所有恐怖事件，黑格爾神正論的樂觀主義看起來既是明日黃花，又是天真可笑。埃米爾・法肯海姆（Emile Fackenheim）以最強烈的方式提出了這個問題：

> 黑格爾的理性的實現，僅僅爲具有世界歷史意義的惡留下空間，把它處理爲再度墮落到宗派意識或者野蠻主義。在他們的後啓蒙時期的樂觀主義中，除了少數幾個以外的全部現代哲學家都忽略了或者否定了惡魔般的存在。黑格爾的哲學……是這種現代傾向最徹底的且因此是最嚴肅的表達。……任何對於（黑格爾哲學的）眞理的探究，必須使它的主張與奧斯維辛的毒氣室當面對證。④

如果黑格爾的進步概念是質的意義上的，那麼，我們就必須質疑法肯海姆的主張，即歷史上的諸種惡僅僅是故態復萌。但是，法肯海姆的主要觀點仍然是無可指責的：因為什麼才能為這種恐怖提供救贖？也許我們可以這樣來表述法肯海姆的觀點：奧斯維辛否定了這種雙重否定，否定了試圖超越它自身精神的力量。

五、生命的意義

276

黑格爾有意復興傳統的天意概念，不僅僅是因為他把它看作關於生命的意義如此宏大的生存論問題唯一可行的解決方案。這個概念一直在為那個令人焦慮的問題提供現成的且令人欣慰的答案。依照基督教傳統，生活的意義就是完成上帝在創造我們之時的目標。上帝在創造我們每一個人和所有人之時有一種理性（理由），使我們身處此時此地的理性（理由），即使我們幾乎不可能對之追根究

---

④ 參見法肯海姆（Fackenheim，1996 年），第 171 頁。

柢。然而，我們依舊知道，上帝期望我們完成我們在國家和社會中的角色，因為社會和國家，以及它們之中所有具體的角色，都是天意的一部分。因此，依照我們的崗位以及它的職責而行動就有了神聖的支持。

　　儘管黑格爾淨化了基督教天意概念中傳統的超越意義，但是他仍然保存了它的基礎性論題，即生命的意義或者目標來自於履行我在神聖的秩序中某個位置的職責。他並不接受現代生存主義者的學說，即使存在是荒誕的，或者即使生活沒有目標，生活都可能有一個價值或意義。⑤在他看來，沒有任何個體單憑自己就有力量賦予他的生命以意義，創造出他所藉以活下去的諸價值。他的生命的目標必須是由社會、國家和歷史這個更大的整體為它設定的，這個更大的整體賦予每個個體一個特定的角色去扮演。黑格爾堅持說，他的內在目的論能夠賦予我們塵世的生命比他們在基督教傳統中曾經有過的生命更大的意義和重要性。既然上帝不在歷史之外存在，既然它僅僅透過歷史而意識到自身，那麼，我們的功績和戰鬥對於神性的實現而言就是必不可少的。我們塵世的生命不僅為我們準備好了上帝的王國，就像在傳統的基督教思想中一樣：他們還創造了那個王國。關於這點，黑格爾毫無疑義：

　　　　精神的範圍是由人自身創造的；關於上帝的王國，無論我們形
277　　　成的是什麼樣的理念，它必定總是保持為精神的王國，這個王
　　　　國是在人當中實現的，人被期望著把它轉變成現實。（VG，
　　　　第50、44頁）

----

⑤ 加繆（Camus，1955年），第15頁。

　　啟發黑格爾的內在目的論的，既有基督教傳統，同樣程度上也有異教傳統。如果說基督教傳統給予黑格爾他的天意概念的話，那麼，異教傳統使他把這個概念轉向此世的政治目的。由於忠實於異教傳統，黑格爾堅持認為，生命的目標應該在塵世的某種特定的生命形式中發現：它的政治的形式——國家。與柏拉圖和亞里斯多德一樣，黑格爾認為，最高的善（至善）——生命的最高價值——只能在國家製造獲得，國家不僅塑造了每一個個體的同一性，而且塑造了他的生命的目標與目的。因此，他宣稱：「人應該把他的存在歸功於國家，他只有在國家中才擁有他的生命。無論他擁有什麼樣的價值和精神實在，都是他單單憑藉國家取得的。」（VG，第111、94頁）每個人都應該透過參與國家事務、透過成為履行自己的職責和義務的好公民，來找到自己生命的意義。他身為個人的重要性和價值，完全取決於他對整個社會和國家的貢獻。「個人的價值衡量，端視他們反映和代表國家精神的程度，以及他們在整個國家事務中已接納的特定階段之程度。」（VG，第94、80頁）。黑格爾相信，我們的生命在國家之外有任何意義和目標，這個想法建基於某種虛假的抽象之上。建基於這種假定之上，個體在他本是其中一部分的社會和政治整體之外具有某種身分。除了我們在社會和在國家中的具體位置之外，我們不是透過我們個體的選擇行為而賦予我們的生命以意義的生存論的英雄。

　　只有在我們把它們放進黑格爾的發展的脈絡中進行解讀之時，這些陳述的恰當意義才會顯露無遺。它們反映了他對傳統的基督教倫理學的批判，這種批判源自於馬基維利和盧梭的共和國傳統。在他的《伯恩殘篇》和《實證性論文》中，他論證說，在古羅馬共和國和希臘城邦中，個體在為國家服務時發現了他的生命的全部意義。公民只有在幫助創造和執行法律時，以及在樂於為共和國獻出生命時，才會發現這種意義。黑格爾寫道，這種思想從未掠過

278

那種公民的腦際，他的生命在國家之外還可能有某種意義，更別說存在了。他論證說，基督教的拯救倫理僅僅是在古代共和國衰亡之後才興起的。當國家不再服務於公共的善，而被私人利益所接管時，個體就在塵世的領域之外的他個人的永恆得救中尋求至善了。成熟的黑格爾從來不曾偏離他對於傳統的拯救學說的批判，並對他早期的信念——生命的目標必須在國家之中才能發現——保持著忠誠。然而，他的確透過把國家之中的生命看作天命論的本質部分而賦予這種學說以一種新的宗教意義。

六、黑格爾反對存在主義者

因為黑格爾的影響與聲望，他的歷史哲學最終變成了他的兩個最著名的批評者——索倫·齊克果（Søren Kierkegaard）和弗里德里希·尼采（Friedrich Nietzsche）——的核心目標。齊克果在《非科學性的結論附言》（*Concluding Unscientific Pastscript*）一書中，以及尼采在他的《不合時宜的沉思》（*Untimely Meditations*）一書中，激烈抨擊黑格爾，因為他在理解自我和在回答生命的目標問題時賦予歷史以核心的作用。他們對於黑格爾把自我構想為本質上是社會的和政治的動物持有異議，他們反對他主張生命的目標在於履行他在國家和社會中的角色。正是在他們對於黑格爾的歷史主義的批判中，我們可以窺測到後來存在主義的微光。⑥

⑥ 在 1950 年代，有些學者試圖透過把黑格爾的哲學闡釋為存在主義的先驅而使黑格爾合法化。參見例如：繆勒（Müller，1959 年），第 52-53 頁；伊波利特（Hyppolite，1969 年 b）；華爾（Wahl，1951 年），第 7 頁。然而，從這一節可以清楚地看到，有很好的理由可以支持傳統上把黑格爾闡釋為一個反存在主義者。

　　儘管身為思想家，齊克果和尼采不無差別，但是在批判黑格爾這一點上卻是驚人的相似。他們倆都在黑格爾對於歷史的強調中看到同一種基本的危險：人們有可能迷失在歷史之中，而喪失了他作為個體的存在。在他們眼中，黑格爾的歷史主義削弱了我們個體的自主，削弱了我們每一個人為我們自己思考生命的基本問題的需要。因為規定我們在社會和歷史中的位置，這僅僅教導我們從前他人思考過什麼；它不應該規定我們每一個人現在應該為我們自己思考什麼。黑格爾假定，我們透過規定我們在社會和歷史中的位置而發現我們自己；但是實情正好與之相反：我們只會喪失我們自己，因為我們是誰，最終是由我們的純粹個體性所規定的，這種個體性抵制被化約為社會和歷史的角色。齊克果和尼采論證說，只有透過從社會和歷史中抽離出來，我們才能最終面對永恆的生命存在的問題，每一個個體必須最終為自己解決這個問題。為了解決這些問題，尼采建議我們尋求一種「超歷史的」立場。在這個立場上，價值是永恆的，不會受到歷史的興趣和不公正的汙損。⑦

　　在抱怨黑格爾的歷史主義忽視甚至削弱了個體價值時，齊克果和尼采的理由充分嗎？黑格爾的《世界史哲學講演錄》中有很多片段看起來坐實了他們的抱怨。我們已經看到，他是如何思考個體價值就在於他履行他在社會和國家義務之中的。但是，這絕非事情的最終狀況。黑格爾有時寫作起來，就好像個體只是社會和歷史目的的手段：「理性不能停下來考察單一的個體所承受的傷害，因為目的的特殊性被淹沒在目的的普遍性之中」（VG，第 48-49、43頁）。他似乎犯了齊克果和尼采歸罪於他的那種過錯。在他說個體性應該從屬於普遍性，而且他應該被看作是「屬於手段而非目的

---

⑦ 尼采（Nietzsche，1980 年），第 1 卷，第 254-255 頁。

的範疇之下」之時（VG，第 106、90 頁）。他堅持說，除了寥若晨星般的幾個精英，「個體逐漸變成普遍的實體旁邊的微不足道之物」（VG，第 60、52 頁）。黑格爾真正關心的個體只是為數極少的世界歷史性的個人；他們可以完美地為他們把其他個體僅僅當作通往他們的目的的手段進行證明（VG，第 105、89 頁）。

280　　　然而，這個問題要錯綜複雜得多，因為在很多片段中，黑格爾的確賦予個體性以極大的重要意義，他甚至在那些段落中強調，個體性具有要在歷史中得到滿足的「無限的權利」。就好像它可以招架住齊克果和尼采猛力投擲給他的異議一樣，他堅持認為，個體性具有內在的價值，我們必須把每一個個體看作是他自身之中的目的（VG，第 106、90 頁）。在這一點上，黑格爾再次肯定了「主觀性的權利」，它主張，個體性具有無限的價值（第 230-231 頁）。無論每一個個體什麼時候為了社會的、政治的或歷史的目的而行動，他也有「需要滿足的無限權利」，而且是在以下意義上，他自己的個人的利益與需求必須也得到滿足。因為他們自己的個體性必須在為了普遍的目的的行動中得到滿足，所以，他們從來就不僅僅是通往這些目的的手段，而本身就是目的的一部分。那麼，看起來尼采和齊克果對於黑格爾的批判最終是建立在對於黑格爾的誤讀的基礎之上的：它沒有能夠看到黑格爾如何設法把主觀性的權利或者個體性整合到歷史之中。

　　然而，重要的是看到，黑格爾在這個至關重要的問題上是含糊其詞的。如果說，在某些方面，他試圖把個體性整合進歷史之中；那麼，在另外一些方面，他卻承認個體退出了歷史之外。他越是強調主觀性的權利，他越是把個體性置於整個的歷史領域之外。就這樣，他承認，甚至「一個受限的生命領域」的宗教與道德，比如，牧羊人或農民的宗教與道德，除了他們在歷史中的角色之外，也具有「無限的價值」（VG，第 109、92 頁）。他承認，「道德和宗

教的內在核心，個人源泉」，「對於世界歷史的喧囂吵嚷而言保持
為未被觸及的和受到保護的」（VG，第 109、92 頁）。他強調世
界歷史是在一個如此遠遠地高於個人道德的平面上運作，以至於它
應該完全忽略個體性的領域（VG，第 171、141 頁）。從黑格爾的
方面來看，這些似乎都是決定性的妥協，因為它們基本上把生命的
目標和價值問題放置在社會和歷史的領域之外，就像齊克果和尼采
所堅持認為的那樣。

　　除了這些讓步，黑格爾對於齊克果和尼采的批判還有一個強
有力的答覆。他可能會主張，他的批評者擁有的是一種不合情理的
反社會和反歷史的個體性思想。他們假定，一個人的個體性在某種
程度上可以和社會與歷史中的特殊位置分離開來；但是他可以論證
說，這樣一種觀念是依照虛假的抽象，因為個人的身分最終依賴於
他在社會和歷史中的位置。如果我們試圖把個體從這種位置中抽離
出來，那麼我們得到的就不是一個人，而只是純粹的密碼。此外，
就一個個體是一個個體而言，根本就不存在僅對他有效的一套永恆
的問題和關切；因為這些問題和關切完全依賴於個體的社會和政治
脈絡。令人觸目驚心的是，當齊克果列舉了應該關係到每一個具體
生存著的個體的問題時，這些問題證明是受到歷史和文化調節的。
「成為不朽是什麼意思？」「感恩上帝是什麼意思？」這樣的問題
只是令那些相信基督教的拯救學說的人感興趣——黑格爾質疑這種
學說，並把它放進衰落時期的羅馬文化之中。那麼，黑格爾可能向
齊克果和尼采提出一種困境：似乎是，我們把個體變得愈加具體，
它越會轉變成一個社會的和歷史的動物；我們越是討論個體本身，
個體也就越會變成一個純粹的抽象。

　　可以論證的是，存在主義的傳統從來沒有把自己從拯救的倫
理學中解放出來，而黑格爾已經對這種倫理學提出了如此嚴厲的批
評。例如：齊克果和尼采他們倆把至善看作是個人得救的形式，

281

看作是只要透過在共同體之外的個體就可以獲得的理想。在黑格爾的眼中，這樣一種至善的觀念不過是社會和政治崩潰的結果，而且它生自於一個人從他在社會和歷史的具體脈絡中虛假的抽離。毫無疑問，黑格爾似乎已經援引亞里斯多德的著名評論來反對他後來的批判者：「離了城邦，人非神即獸。」陪伴查拉圖斯特拉（Zarathustra）的只有一鷹一蛇，這絕非偶然。

Chapter *12*

美學

一、黑格爾美學的悖論

282　　在黑格爾的所有著作中，《美學講演錄》是最為流行的。無論是它的主題還是它的闡述都使它比他的其他著作更容易理解。由於它是一個課堂講義和學生筆記的混合體，其闡述比黑格爾正式出版的著作更加不拘形式和通暢可讀。文本捕捉到了黑格爾口頭講演的一些生氣和率真之處，以及他與廣大聽眾交流的嘗試。毫不奇怪，《美學》也是黑格爾最有影響的著作。①黑格爾是一個在藝術史上具有開創性的人物，而事實上，他亦被視為現代藝術史之父。②有一點極為引人注目，他在文學批評家和藝術史家當中影響巨大，然而直到最近，研究黑格爾的學者仍未予《美學》以足夠的關注。③

　　黑格爾的第一個傳記作者，卡爾·羅森克蘭茲（Karl Rosenkranz）證實了黑格爾滿懷激情地投入到諸種藝術之中。他聲稱說黑格爾深奧的思想削弱了他的審美敏感性，④是一個神話（myth）。他認為，在所有偉大的體系哲學家當中，黑格爾是唯一一位深入全部藝術領域的。我們知道，他是多麼熱愛音樂、戲劇、詩歌、繪畫和雕塑。每當他在旅行中抵達一個新城市，他都不會放過任何一個機會去參觀博物館、欣賞歌劇、聽音樂會和觀看戲劇。他愛慕一些歌手和女演員，並煞費苦心地去與他們結識。黑格

---

① 關於其接受和影響，參見布普納（Bubner，1980 年），卡布賽爾（Koepsel，1975 年），貢布里希（Gombrich，1965 年）。

② 參見貢布里希（Gombrich，1977 年）。

③ 對這種忽視的反應，參見莫蘭（Moran，1981 年）和戴斯蒙德（Desmond，2000 年）。有明顯好轉的跡象：參見奧托·珀格勒（Otto Pöggeler）和阿納馬瑞·戈斯曼—西弗特（Annemarie Gethmann-Siefert）編輯的重要作品集（1983、1986 年）。

④ 羅森克蘭茲（Rosenranz，1844 年），第 347-352 頁。

爾的很多同時代人，都被他的審美敏感性、闡釋的力量和批判性的鑑別力所深深打動。

　　《美學》不僅僅為黑格爾對藝術的熱愛提供了充足的證據，單是這部著作的部頭似乎就足以使它成為黑格爾體系中最重要的部分。在黑格爾著作的絕大部分版本中，它占據了三卷，比體系的任何其他部分——甚至包括《邏輯學》在內——都要多。《美學》甚至比作為體系之整體闡述的《哲學百科全書》部頭還要大。在編輯著作集（Werkausgabe）之時，它擴展到超過 1500 頁，比《哲學百科全書》還多 200 頁。我們可以把這部著作的長度歸咎於黑格爾著作編者的變幻無常；但是，除了它的部頭，著作的內容也毫無疑問地表明了黑格爾對藝術的非凡熱愛和關於它的淵博知識。這部著作有著驚人的廣度和深度。前半部分是對藝術史的一個考察，它涵蓋了有史以來的每一種文化；後半部分是對各門具體藝術的深入討論，詳細解釋了詩歌、繪畫、戲劇、雕塑和音樂。毫無疑問，《美學》是該領域中一本最偉大的著作，至少可以與康德的《判斷力批判》和席勒的《美育書簡》平起平坐。

　　但是，如果黑格爾對藝術的熱衷是毋庸置辯的，它同樣也是令人困惑不解的。《美學》的任何讀者最終都不得不忍受這樣一個不同尋常的事實：黑格爾一有機會就極力貶低藝術的重要性，這種嘗試自始至終、堅持不懈。無論如何，這是黑格爾兩個核心論題明確無誤的要旨。首先，黑格爾認為，作為知識的一種媒介，藝術低於哲學；藝術透過模糊的感官媒介瞥見之物，哲學則透過透明的思想媒介把握之。第二，黑格爾認為藝術沒有未來，它已經失去了傳統上的重要性，在現代文化中不再有用武之地。一旦他沉思這些論題，讀者就面臨一個悖論：既然黑格爾如此熱衷於貶低藝術，他為何還要為之投入如此多的篇幅和努力？既然藝術低於哲學並且註定是要過時的，為何他還要寫一部三卷本的著作來討論藝術？

當然，這種悖論在哲學史上並非獨一無二。柏拉圖在《理想國》
（*Republic*）裡把藝術家從他的城邦中驅逐出去，卻在《斐德羅》
（*Phaedrus*）中唱響美的讚歌；盧梭在他的《第一論文》（*First Discourse*）和《給達朗貝爾的信》（*Letter to D' Alembert*）中對藝術極盡攻擊之能事，縱然他是一位著名的作曲家，並且寫了18世紀最優美的一部小說《新愛洛依絲》（*The New Heloise*）。然而，將黑格爾置於這樣的行列中並未取消這個悖論：它只是表明這個悖論對他和別人同樣適用。

解決這個悖論的一個策略是，關注《美學》背後的論戰性的意圖和脈絡。在他晚年的柏林歲月，黑格爾反對浪漫派的敵意（animus）越演越烈。他在《法權哲學》的好幾個地方抨擊弗里德里希·薩維尼（Friedrich Savigny）。[5]他與施萊爾馬赫（Schleiermacher）有一場著名的爭吵，並經常跟他發生激烈的論戰。[6]黑格爾從來都不喜歡弗里德里希·施萊格爾（Friedrich Schlegel），他對後者的嫌惡（aversion）多年來發展成一種深深的憎恨（loathing），以至於會不厭其煩地批評他。[7]所有這些敵意在《美學》——這一針對浪漫派的難以捉摸和堅持不懈的論戰中臻於極致。《美學》中反浪漫派的方面是廣大深遠和無處不在的。黑格爾的兩個論題都直接針對浪漫派藝術至上的信念。第一個論題是

---

⑤ 參見，例如：PR，第3節、211節評論、212節評論。黑格爾沒有提到薩維尼的名字。

⑥ 關於與施萊爾馬赫的爭吵，參見克魯特（Crouter，1980年）；以及平卡德（Pinkard，2000年），第445-447、501頁。

⑦ 參見，例如：黑格爾在序言中針對海因里希的惡劣的旁白，《宗教哲學》，W，第11卷，第61頁。亦參見《美學》中對施萊格爾一些個人性的抨擊，W，第13卷，第383、296頁；第14卷，第116、508、180、423頁。

抨擊浪漫派的以下主張，藝術作為真理之一種媒介高於哲學；第二個論題抨擊浪漫派的這種學說，即藝術家在形成現代文化的意識形態方面應該取代牧師和哲學家。除了這些論題，整部作品前半部分的整體結構似乎也有意反對浪漫派。這個結構以黑格爾對藝術史時代之劃分為中心，而這種劃分似乎是為證明兩個反浪漫派的觀點而專門設計的。這兩個觀點是：第一，藝術的最高成就在古希臘；第二，現代浪漫藝術意味著藝術的解體。那麼，根據這個解釋，黑格爾在《美學》中對藝術的熱情投入實際上只是表面的；只是由於他反浪漫派的敵意才使他在藝術上耗費如此多的時間和精力。

儘管這個解釋有些道理，但並不完全正確。黑格爾長期關注藝術並不只有消極的原因，也有積極的原因。歸根結柢，他對藝術的態度是矛盾的：他既衷心鄙視那些以藝術的名義提出的過甚其詞的主張，又深深地欽佩藝術背後的活動。藝術確實在其體系中占有一個關鍵地位。藝術、宗教和哲學是絕對知識的三種媒介，憑藉每一種媒介，精神都可以獲得自我意識。儘管藝術處在這個等級體系（hierarchy）的最底部，但毫無疑問，重要的是它處在這個等級體系中。儘管它位於金字塔的最底層，但是在那裡，它可以支撐宗教和哲學。藝術是精神達到其自我意識的第一個媒介，是精神超越自然和歷史的領域並回到自身的第一個層面。儘管與浪漫派有諸多論戰，黑格爾還是接受了浪漫派共同的觀點，即藝術家是人類的第一任教師，而詩歌是人類的母語。總的來說，黑格爾賦予了作為文化自我意識之媒介，作為一個時代之精神的展示和表達的藝術作品以極大的重要性。這裡我們只需要提及他在《精神現象學》中分派給文學作品的關鍵角色就夠了：用索福克勒斯（Sophocles）的《安提戈涅》（Antigone）揭示希臘的民族精神（Volksgeist），以及藉狄德羅《拉摩的姪兒》（Rameau's Nephew）披露法國革命前的精神狀態。

　　如果我們要用幾句話解釋《美學》的歷史意義，我們就必須強調在一個後康德和後浪漫主義時代，黑格爾在復興溫克爾曼（Winckelmann）遺產的過程中所起的作用。⑧縱觀《美學》全書，溫克爾曼的影響是顯而易見的：在黑格爾毫不妥協的古典主義中，在他對藝術之形上學意義的信念中，以及在他把藝術置於其文化脈絡的嘗試中，這一點顯而易見。在我們閱讀黑格爾對古典美的描述時，我們能清楚地聽到溫克爾曼的回聲。⑨儘管黑格爾對溫克爾曼並非毫無批判，⑩他還是對他讚賞有加。他說，正是溫克爾曼發明了一種全新地看待藝術的工具（organ）、一種理解藝術的全新的觀點（W，第 13 卷，第 92、63 頁）。黑格爾的使命就是重申溫克爾曼的遺產以反對康德和浪漫派，後者在 1790 年代對前者加以攻擊。與浪漫派背道而馳，黑格爾重新肯定了那被浪漫派認為不適用於現代從而拒絕了的溫克爾曼的古典主義。儘管黑格爾與浪漫派一起反對溫克爾曼認為古典價值在現時代已經無法恢復的觀點，但他卻與溫克爾曼一起，反對浪漫派而相信古典主義是藝術最高成就的化身（epitome）；黑格爾關於藝術終結的命題不過就是溫克爾曼的古典主義，只是不包括後者的模仿說。不同於康德，黑格爾恢復了溫克爾曼將藝術置於其文化脈絡中的方法，而康德透過將審美經驗置於一種超越社會和歷史的超驗領域而削弱了這種方法。

---

⑧　對於溫克爾曼之於黑格爾重要性的其他評述，參見貢布里希（Gombrich，1977 年）；鮑爾（Baur，1997 年）。

⑨　例如：第 13 卷，第 232、176-177 頁；第 14 卷，第 82、481-482、83-84、483、87、486 頁。

⑩　參見例如：黑格爾對溫克爾曼熱心於《貝爾維德雷的阿波羅》的懷疑性論述，第 14 卷，第 431、766 頁。

二、從屬論

　　黑格爾美學中最有爭議的一個方面是他的從屬論，即他認為藝術作為真理的媒介低於宗教和哲學。這個學說主要因其過於具有化約主義色彩而受到攻擊，顯示出對藝術獨具一格的地位缺乏欣賞。對於很多人來說，似乎黑格爾想把詩歌化約為散文，似乎任何以藝術為媒介而說出的東西都可以用哲學更好地說出。[11]這種學說因而被譴責為在美學方面巨大的退步，從康德的藝術自主論的一種倒退，而後者似乎為理解現代藝術提供了一個更好的基礎。[12]對一些人來說，黑格爾似乎想把美學帶回糟糕過時的前鮑姆伽通（pre-Baumgartian）時代，在那裡，審美體驗僅僅等同於「一種混亂不堪的知性表象」。[13]也有人可能想透過指出黑格爾也明確肯定康德的自主原則來為之進行辯護；但是這並不能幫他反對他的批評者，後者聲稱這個理論與從屬論勢同水火。他們爭辯道，畢竟，如果藝術只有依據宗教和哲學才是可解釋的，那麼它如何自主呢？黑格爾對從屬論和自主原則的同時肯定被視為他的美學理論中的一種根本的張力。[14]

　　這些異議是否根基穩固，只能透過對黑格爾從屬論做一個詳盡的考察才能確定。我們已經在討論宗教時考察過這一論題（第146-152頁）。現在有必要在藝術的情況中考慮它，後者提出了它自己特殊的難題。

287

---

[11] 例如：格洛克納（Glockner，1965年），第438-439頁；克羅齊（Croce，1978年），第301-303頁；諾克斯（Knox，1980年），第5-6頁；邦吉（Bungay，1984年），第83頁；以及鮑伊（Bowie，1990年），第131頁。

[12] 布普納（Bubner，1980年），第31頁。

[13] 鮑伊（Bowie，1990年），第135頁。

[14] 霍爾蓋特（Houlgate，1991年），第140頁。

　　黑格爾對藝術在其體系中地位的正式論述出現在 1830 年《哲學全書》的幾個晦暗不明、難以索解的段落中（第 556-563 節）。藝術、宗教和哲學是絕對精神的三個階段，是其自我意識的三種形式。這些階段應該主要被理解為概念的，理解為一種自我認識層面的知識論分類。然而，黑格爾也透過用歷史的術語構想這些階段而使事情複雜化了，因此每個階段都能代表一個特定的歷史時代。藝術的時代是古希臘，宗教的時代是中世紀，哲學的時代是現代性。這種概念物和歷史物的混合被看作一種混淆（confusion）。⑮但是鑑於黑格爾絕不會接受知識論與歷史之間的嚴格區分，所以這種反駁只是迴避了問題。

　　如果我們遵循《哲學百科全書》的論述，那麼，黑格爾認為，藝術因為處在一個自我意識的更低的層面而從屬於宗教和哲學。因此，我們現在必須問：為什麼與宗教和哲學相比，藝術是自我意識的一種更低的形式？黑格爾在《美學》中的解釋遵循了他的一般的精神理論。⑯根據這個理論，精神達到它的自我意識，首先是透過外化，即越出自身並進入他者之中；然後透過再次內化，即從它的他者返回到自身（第 114-115 頁）。黑格爾解釋說，藝術屬於自我外化的第一步，主要是因為它的媒介向諸感官顯現，其次是因為它的對象存在於藝術家之外。儘管對象外在於藝術家，但是它也體現了他的創造性活動，而且因此藝術家在其對象中看到了自己，對象由此而標誌著自我意識的一個階段。宗教和哲學由於它們的媒介是普遍的，並且將其實存只歸功於思想活動，因而屬於後一階段的再—內在化（re-internalization）。當精神與這樣的媒介打交道的時候，它是在一個完全由自己所創造的領域內，因而享受更大的獨立

288

---

⑮ 邦吉（Bungay，1984 年），第 31 頁。

⑯ 第 13 卷，第 143、104 頁；第 14 卷，第 127-128、517-518 頁。

性和更高層次的自我意識。黑格爾在此所做的部分論證是，審美經驗並不涉及精神的有差異的同一（identity-in-difference）特徵。那種結構的前提是，自我和他者、主體和對象具有相同的地位；但是在藝術的情況中，對象是某種僵死的和外在的東西，因而並不能與主體等量齊觀（on the same footing）。因此，黑格爾解釋了藝術家何以能夠異化他的對象，嘲弄甚至毀滅對象（VPR，第 16 卷，第 137 頁）。透過使浪漫派的反諷概念反對它自身，他提出，如果藝術家能夠疏遠他的作品，他就不能透過作品獲得完美的自我意識。

　　黑格爾對藝術在其體系中的體系性地位的最好論述，似乎並不在《哲學全書》那濃縮而晦澀的闡述中，而是在他 1827 年和 1831 年關於宗教哲學的講座中。[17]在這裡，藝術、宗教和哲學的區別並不是就自我意識而言，而是就知識的種類或理解的程度而言。現在黑格爾認為藝術、宗教和哲學全都具有相同的對象，即絕對或真理自身；但是它們呈現為不同的知識形式。藝術以直接直觀（Anschauung）的形式呈現絕對；宗教以表象（Vorstellung）的形式呈現它；哲學以概念（Begriffe）的形式呈現它。

　　意識的每種形式都要求闡釋（第147-148頁）。在選擇「直觀」這個術語描述藝術階段之時，黑格爾只是遵循了浪漫派的用法，後者認為審美經驗是一種直觀。與康德和浪漫派相同，黑格爾將直觀理解為一種在感覺經驗中關於特殊的直接（direct）或直接的（immediate）表象；這種表象與作為關於特殊的間接表象的概念形成對照，因為概念是一個關於許多個體表象的普遍表象。由於直觀是一種感官知覺（sense perception）的形式，因此涉及到所有視、聽、觸的行為，其表達的媒介將會是圖像、可感世界的某種具體的

---

[17] 參見 VPR，第 3 卷，第 143-145；第 1 卷，234-236 頁。參看 W，第 16 卷，第 135-140 頁。

289 形狀或形式。因而藝術的媒介將會是各種圖像；在音樂中將會是聲音、在雕塑中將會是形狀、在繪畫中則是顏色和形狀，如此等等。藝術直觀的對象是特殊的，與此不同，宗教的表象已經是普遍的，它們涉及到一種原始的抽象形式。在宗教中，我們已經開始以排除了它們的對立物的有規定的術語來表達神聖，例如：我們把神聖稱為與有限對立的無限。最後，哲學的概念不僅是普遍的，而且也是具體的；它們不像宗教的表象一樣是抽象的，因為它們不僅僅將一物與他物區別開，而且涉及到認識每一物在一個完整的體系中如何依賴於他物。

重要的是看到，藝術、宗教和哲學全都是具體普遍性的形式。換句話說，它們認識到，它們的對象作為一個整體或統一體先於它的部分；因而它們不同於知性／悟性（Verstand）的純粹理智的活動，後者將整體析解為彼此獨立的部分。然而，在對這個整體或統一體領會的程度上，它們彼此不同。直觀將它的對象看作一個整體或統一體；但是它並沒有對整體的一種清晰而連貫的（articulate）把握，因為它沒有確定無疑地看到它的每一部分。表象清楚地看到了整體的各部分；但當它形成一個普遍物時，它將整體的一些方面或特徵抽象掉了；然而，對於所有這些部分如何形成一個整體，它只有一種模糊的把握。哲學由於在整體的每一部分中把握整體而高於藝術和宗教；它不僅看到了整體，而且看到了每一個個別部分如何依賴於它。因此，黑格爾的等級制度（hierarchy）完美地反映了概念的三個階段：普遍性、特殊性和個別性。[18]

一旦我們以這些術語理解等級制度，我們就會清楚地發現對黑格爾化約主義的指控是在迴避問題。由於黑格爾認為哲學的概念

---

[18] 邦吉（Bungay，1984 年），第 31-32 頁。

領會並非分析而是重構審美直觀的整體。因此，它不是那種將整體化約為分離的各個部分的抽象理解形式；毋寧說，它是一種嘗試，嘗試著更確定無疑地解釋整體的各個部分、各個部分如何依賴於整體以及如何形成一個不可分割的統一體。這裡的關鍵是看到，黑格爾的概念領會形式應該尊重——而非化約——審美整體的完整性和個體性。黑格爾自己的闡釋實踐是否與這個理念相符合是另一個問題；但是原則上，我們不能指責黑格爾想要破壞或化約審美經驗的統一性。那些抱怨黑格爾以過於理智主義和理性主義的觀點看待藝術的人，都沒有能夠觀察到他在抽象的和具體的普遍之間的區分。

不管我們是就自我意識還是就領會的程度來理解黑格爾的等級制，以下一點應該是清楚的，即至少就他所理解的層級制來說，後者與他對自主原則的肯定一致。正如黑格爾在《美學》中對這個原則的解釋，它意味著兩件事情。首先，藝術不應服務於它自身之外的目的。因此，黑格爾拒絕戈特舍德（Gottsched）認為藝術意在道德說教的陳舊理論（第 13 卷，第 75-77、50-51 頁）。第二，各種各樣的藝術媒介有它們自身內在的特質，而這些特質應該由於其本身而被欣賞。因此，黑格爾警告我們不要把一首詩或一齣戲劇的寓意弄得過於露骨或者過於直白，以防媒介變得膚淺（第 13 卷，第 77、51 頁）。黑格爾的從屬論實際上是關於藝術作品的內容（content）的，後者要求能用概念的術語進行重構。它並不主張藝術作品應該服務於外在目的，更沒有說它的形式或媒介不具有其自身內在的特質。每種藝術媒介都具有自身獨特的特點，這是黑格爾在處理具體的藝術之時一再強調的。

儘管到目前為止，對黑格爾從屬論的諸種異議都不堪一擊，但它們可能會以強化版的形式重新出現（reformulated）。其主要的目標是黑格爾關於藝術、宗教和哲學都具有相同的對象的假設；只是出於這些理由，黑格爾才能夠將它們依次置於一個等級制中。

但是人們可以透過主張每種意識形式都有其特殊的對象來質疑這個假設。確實，如果藝術包含形式和內容的統一，那麼，我們如何能夠將內容與其形式分離開來呢？黑格爾自己承認這種十足的可能性（EPW，第 3 節），並且不太清楚他如何設法避免這種可能性。他甚至主張，藝術的不同階段涉及完全不同的關於其對象的概念，罔顧它們如何成為同一事物的概念的問題（第 13 卷，第 105、74頁）。因此，看起來我們僅僅透過強調每種藝術都具有自己的對象，並且須以自身特殊的方式認識它，就可以拒絕從屬論——但仍然堅持藝術是一種認知形式。

但是，這仍然並非問題的終結。因為黑格爾可以以其理性主義學說為他的從屬論辯護，即直觀和表象只是潛意識的和不成熟的思想形式。我們已經看到黑格爾是如何透過康德的知識論，賦予這種陳舊的萊布尼茲學說以一種新的強有力的理論說明（第 150-151頁）。[19]然而，這種學說是否正確，是一個我們在此處無法繼續追尋的棘手問題。

三、藝術作為認知

儘管黑格爾使藝術從屬於宗教和哲學，儘管他甚至宣稱藝術過時了，事實上他仍然賦予藝術以基本的重要性。藝術是絕對知識的第一個媒介。因此，黑格爾將其認知能力置於經驗科學和歷史之上（第 13 卷，第 20-22、7-9 頁）。如果說上述兩者仍然侷限於有限的世界，藝術則可以把握無限，在自然和歷史的過眼雲煙中瞥見永恆。事實上，黑格爾給予藝術一種高於知性的認知地位。知性只停

---

[19] 邦吉（Bungay，1984 年），第 83 頁，沒有看到黑格爾給予這種學說的理論說明，因而將之看作其理論中的「一種微妙的不合邏輯的推論（non sequitur）」而打發掉了。

留於抽象之中而與感性相對立，而藝術則可以把握具體的普遍並調和知性與感性（第 13 卷，第 21-28、82、55 頁）。此外，藝術可以徹底把握（fathom）知性無力把握的真無限，儘管是透過感性圖像這副墨鏡。

透過將這樣的認知地位授予藝術，黑格爾重新肯定了浪漫派的遺產，儘管他與之存在著諸多分歧。他同意謝林、弗里德里希·施萊格爾、施萊爾馬赫和賀德林的觀點，即藝術是比知性更高的一種知識形式。他也認為藝術的洞見不能被化約為我們能夠根據抽象的概念、判斷和三段論，純粹透過推論而知道或解釋的東西。但是，在黑格爾看來，浪漫派誤入歧途之處在於把藝術置於哲學之上。他認為，他們之所以這樣做，只是因為他們將哲學侷限於知性的抽象概念之上。因而，他們沒有對理性的辯證形式做出恰如其分的評價。出於兩個理由，黑格爾認為辯證法是一種比藝術更為恰當的、具體普遍性的形式。首先，它可以明確和有意識地把握藝術只能含蓄和下意識地把握到的東西。其次，縱然藝術的直觀可以看到整體的統一性，但是辯證法還能把握有差異的同一，即它能看到整體的各個部分以及各部分是如何依賴於整體的。

不管黑格爾出於什麼原因與浪漫派分道揚鑣，基本的問題仍然是為什麼他仍然完全忠實於他們。換句話說，黑格爾為什麼繼續支持藝術的認知地位，它把握絕對的力量？在 19 世紀早期，這個立場仍然是充滿爭議的。畢竟，18 世紀美學的整體趨勢是走向主觀主義。根據主觀主義，藝術只是表達藝術家的情感（feelings）或取悅觀看者的感官（senses）。這個趨勢最重要的代表是康德，他在《判斷力批判》裡提出，對於何種對象能夠取悅感受者，審美判斷只具有一種主觀的有效性；儘管這些判斷具有一種普遍的有效性，它們仍然只關涉與對象本身的質無關的愉悅的情感。當然，對藝術之認知地位的挑戰是更為令人肅然起敬的，至少可以追溯到柏

292

拉圖，他將藝術家從他的理想國（republic）中驅逐出去，因為他們的作品只能經營幻相。如果我們考慮到對黑格爾的立場所構成的如此有力的挑戰，我們必須問他是如何回應他們的。

293   在《美學》的導論部分，黑格爾的確對這些問題做一個頗為有趣的回應，在他的批評者面前捍衛藝術的認知地位。然而，他的解釋並沒有足夠詳細地展開，部分是因為其知識論和形上學的前提是在他的其他著作中奠定的。由於黑格爾的處理方式沒有一以貫之或不成系統，它已經被視為衍生的，實際上是基於謝林在他的《超驗觀念論體系》（*System of transcendental Idealism*）和《藝術哲學》（*Philosophy of Art*）中所給出的基礎。[20]但這是一個錯誤。儘管黑格爾確實從謝林那裡受益良多，但其立場背後的前提是基於他自己的知識論與形上學，後者與謝林有著實質性的差別。我們目前的任務是，透過將藝術置於黑格爾的知識論和形上學這個更廣闊的脈絡之中，來重建他關於藝術之認知地位的立場。

    黑格爾關於藝術之認知地位的命題，在他對美的定義中，有著最為普遍和明確的表述：「理念的感性顯現（Scheinen）」（第13卷，第151、111頁）。這個表述背後最重要的主張是它重新評價了現象的概念，現象可能是幻相的領域。在這個領域中，真理被偽裝或隱藏；但它也可能是揭示的領域，在其中，真理被展現或揭露。眾所周知，柏拉圖在前一種意義上理解現象。出於這個原因，他把藝術逐出他的理想國。他明確區分了理念的可知王國和感官的領域；由於藝術家只能模仿感官的對象，他的作品充其量是現象的現象，所以距真理有兩步之遙。在《美學》的導言中，黑格爾透過明確宣布他的相反的現象概念──「現象對於本質來說是本質

---

[20] 例如：庫恩（Kuhn，1931 年），第 34、38-39 頁。

性的；真理不會存在，如果它不表露或顯現⋯⋯」（第 13 卷，第
21、8 頁）──反駁了柏拉圖的論證。黑格爾同意柏拉圖的觀點：
我們不能將感官的對象本身當成實在；他承認，如果藝術所能做的
只是模仿這些對象，那麼，它確實會遠離現實。然而，藝術是有重
大意義的，黑格爾論證說，正是由於它的感性形式表明了一種位於
其背後的更實質性的現實。

　　黑格爾對現象領域的價值重估有什麼正當的理由？它的基礎 294
在於他的機體主義的形上學（organicist metaphysics），更確切地
說，是他的亞里斯多德式的關於普遍的構思（conception），後者
我們已經在上文考察過了（第 56-57 頁）。根據這個構想，普遍不
是一個純粹的抽象術語，一系列既有差別又相類似的特殊構成的一
個集合名詞，一如它在唯名論傳統中所是；它更不可能是一個原型
（archetype）或永恆形式（eternal form），完全超越於感官特殊的
變動不居的世界之外，猶如在柏拉圖傳統中那樣。[21] 毋寧說，普遍
是具體的，是對象的內在形式，它的形式因和目的因。這就意味
著，感官特殊把普遍具體化或顯示了普遍；它們正是普遍得以產
生的那個過程的一部分，是普遍在世界中實現自身的具體形式。因
此，可感世界的現象並非幻相，而是揭示，因為它們具化和實現了
對象的實質性的形式。所以，就藝術處理可感的現象而言，它具有
揭示對象的內在形式的力量。

　　黑格爾對藝術的認知地位進行解釋的最協調一致的努力，出現
於他對審美沉思觀點的敘述中（第 13 卷，第 58-59、152-154、36-
37、113 頁）。在這裡，他的亞里斯多德式的形上學再一次發揮了
關鍵作用。像康德一樣，黑格爾將審美沉思與實踐的和理論的觀點

[21] 出於這個原因，把黑格爾的傳記在新柏拉圖主義的傳統之上是一種
　　誤導，正如布洛克納（Brocker，1965 年）的那樣（第 44、49 頁）。

區分開來。在實踐的觀點中，我們使一個對象符合我們的目的；而在理論的觀點中，我們將對象看作一些普遍或一般法則的例證。這兩種觀點都把普遍看作外在於對象的：實踐觀點的普遍是我們強加在對象上的某種目的；理論觀點的普遍僅存在於觀察者的知性或反思中。然而，審美沉思中，我們將普遍看作內在於對象的，看作從其內在本質中獲得的（第13卷，第154、113頁）。黑格爾認為，審美沉思的基本特徵是，將對象看作自主的，它實現自身的內在目的，只按照自身本性的必然性而行動。

295 　　我們在這裡看到了黑格爾與康德分道揚鑣的基礎。由於審美沉思使我們對對象的固有形式有了深刻認識，所以它給了我們關於那個對象的知識，關於那個對象自在（in itself）地是什麼的知識。在《判斷力批判》中，康德將審美判斷與目的論判斷區分開，並且堅持認為，兩種判斷形式都嚴格地是調節性的，即我們必須只把它們當作對象本身的真實性來對待。在賦予審美經驗以把握對象內在形式的力量時，黑格爾與康德的上述兩個觀點背道而馳。審美經驗是目的論的一個種，它給予我們關於對象的知識，因為它把握了對象的內在目的，它的形式—目的因。因此，黑格爾背離康德——因為他超越了康德哲學的界限並賦予藝術以認知地位——的最終基礎存在於他對目的論的建構地位的辯護之中（參見第100-107頁）。

　　黑格爾關於藝術認知地位的理論，必須置於他對模仿說的複雜態度這一脈絡之中。幾百年來，模仿說已經成為關於藝術客觀地位的主要理論。鑑於他嘗試著捍衛藝術之客觀性，人們會期望黑格爾對模仿理論持同情態度，但事與願違。他有時候提到模仿說時，好像它已經完全過時了，已經被強調主體的創造性活動的現代學說超越了。他斷然拒絕這種學說的一個版本，根據這個版本，模仿存在於「複寫自然的形式——一如它們呈現給我們的那樣——的才能」中，好像藝術家應該只把被給予感官的東西加以

複製（duplicate）。黑格爾對這個版本的模仿說提出了一系列反對意見（第 13 卷，第 65-69、41-44 頁）。他首先指出這種學說使藝術變得多餘：為什麼要簡單地複製已經被給予我們的東西？然後，他補充說，它也使藝術的雄心變得荒謬絕倫。假定藝術憑藉一種感性的媒介再創造那在自然中已經被給予我們所有不同感官的事物，那麼，我們再也不能透過藝術的手段重現自然的豐富性和特殊性。在指出這些難題後，黑格爾抱怨模仿將藝術化約為某種純形式的東西；因為問題的關鍵是事物如何被模仿，而非什麼被模仿，甚至醜陋和瑣碎的事物都可以成為藝術的題材。最後，黑格爾指出模仿並不適用於所有的藝術門類，例如：建築和詩歌就很難說是模仿性的。

296

　　然而，黑格爾對模仿的態度，比他的一些辯論中所提及的要複雜得多。當他討論在他的時代非常熱門的問題，即藝術應該理想化自然還是模仿自然的時候，複雜性就出現了（第 13 卷，第 212、160 頁）。在這裡，黑格爾似乎站在那些持藝術家應該理想化自然的現代理論的人一邊，而且他確實被解讀成一個這種路線的單邊支持者。[22]但是對文本的進一步閱讀表明，他希望對爭論的雙方都保持完全的公正。別忘了，他還為一種版本的模仿說背書。

　　當黑格爾強調藝術家的創造性活動的時候，以及當他堅持審美對象取悅我們，是由於其形式是被創造而非被給予的時候，他似乎與那些堅持藝術應該理想化自然的人站在了一邊（第 13 卷，第 216、164 頁）。他認為，在普遍性中把握主題是藝術家的任務，而這僅僅透過複寫所有那些被給予感官的外在的和偶然的特徵是達不到的。因而，立刻變得明顯的是，黑格爾並不將這種理想化看成一種虛構（fiction），而是看成現實本身的一種更深刻更充分的表

---

[22] 例如：邦吉（Bungay，1984 年），第 15 頁，認為黑格爾「在《美學》中禁止模仿（mimesis）概念」。

象。藝術家所表象的不是對象的特殊性、外在性和偶然性，而是其固有的實質形式。由於這種形式不被給予感官，所以必須由理智自身將之再造出來（第 13 卷，第 221、227、167、172 頁）。黑格爾在宗教哲學講演中對藝術進行說明之時，解釋了藝術能夠符合其對象的兩種不同意義。真理能夠存在於正確性（Richtigkeit）之中，在這裡，作品是對被給予感官的對象特徵的準確無誤的摹寫；它也能存在於作品與對象之內在概念的一致性中（VPR，第 3 卷，第 144 頁；第 1 卷，第 235 頁）。黑格爾認為，只有在後一種意義上，藝術才能夠宣稱擁有真理；但也是在這個意義上，他可以說接受了某一種版本的模仿說。

但是黑格爾對傳統模仿說的批判，以及他對藝術家的創造性力量的堅持，留下一個令人困擾的問題。藝術如何給我們關於現實的知識，如果 (1) 藝術家必須創造他的對象，並且如果 (2) 他不應該就對象被給予他的樣子模仿對象？正是出於這些原因，很多美學家完全拒絕藝術的認知地位，相反，他們認為藝術的目的無非是取悅我們的感官或表達情感。黑格爾故技重施，似乎想讓雙方都能買他的帳。他准許藝術家表達他們的創造力和想像力，又賦予他們如此這般做以一種形上學的意義。

為了理解黑格爾對這個難題的解決方案，我們必須再次將之置於其形上學的脈絡之下。黑格爾認為藝術家是自然和歷史的有機整體的一部分，而這個整體與其各個部分都密不可分並且在每一部分中都完全揭示了自身。此外，藝術家，作為人類自我意識的工具，是這個有機整體中全部力量的一種最高形式的組織和發展。這意味著藝術家的活動純然是自然和歷史中起作用的全部有機力量的最高表現和發展之一，因此，藝術家所創造之物是自然或歷史透過他而創造的。正是出於這個原因，藝術家的作品意味著精神之自我意識的一個階段；不僅藝術家透過其作品意識到自己，而且全部歷史

和自然的精神也透過他意識到自己。如果我們假設相反的情形,是一種笛卡兒式的形上學。根據這種形上學,藝術家的心靈是思維物(res cogitans),自然是廣延物(res extensa),那麼就無法理解藝術家如何了解自然的一切。因為兩種如此不同的實體如何在一種認識行動中彼此對應呢?所以,根據一種笛卡兒式的形上學,藝術必須具有完全主觀的地位,除去揭示一個脫離肉體的心靈之情感和幻想,別無它用。然而,如果我們採納與之對立的有機的自然觀,根據這種自然觀,心靈的活動只是自然之生命力組織和發展的最高程度,那麼,藝術家的表象就會顯示、體現和揭示這些力量。他們不只是從外在的觀點複寫或反映(mirror)這些力量;毋寧說,他們是這些力量的顯示或表達,它們最高的組織和發展。藝術家創造之物是自然透過他創造的,所以,藝術家的自然表象,是自然透過藝術家對自然本身之表象。

298

正是這同一種形上學,允許黑格爾消解藝術的認知地位與審美自主原則之間明顯的張力。表面看來(Prima facie),這些學說似乎是不相容的,因為如果藝術表象外在於它自身的實在,它就具有了一種外在於自己的標準,因而喪失了它的自主。事實上,正是基於這些理由,黑格爾的表象說一直被視為康德自主說的對立面(antipode)。㉓然而,黑格爾的形上學允許他把這些學說結合起來,因為它暗示了,作品的表象性的或認知的地位僅僅存在於作品自身之中。作品並未表象或反映自身之外的某種原型。毋寧說,作品就是絕對的創造性活動是如何向自身顯現的那個過程,因而其意義就在其自身之中。

㉓ 參見布普納(Bubner,1980 年),第 30 頁。

四、藝術之死

黑格爾美學中最有爭議的方面是他那臭名昭著的關於「藝術的終結」（the end of art）理論。在他關於美學講座的導言中，黑格爾斷然宣稱藝術已經過時，震驚了他的第一批聽眾以及後來的所有讀者。他似乎是在說，藝術已經耗盡了自身。它沒有未來，在現代文化中不再起重要的作用。藝術曾經在古典時期和中世紀之所是——它的最高抱負和基本價值的表象——現在可以經由哲學更好地達到。

自 1828 年以來，黑格爾的這個宣言從未失去它擾亂人心的力量。直到今天，它仍然不斷地發現它的擁護者和詆毀者（detractors）。㉔黑格爾的理論甚至成為有關現代藝術爭論的某種避雷針。㉕那這些認為現代藝術已經耗盡自身的人經常宣稱黑格爾是他們的先知（seer）；但是那些認為現代藝術仍有光明的未來的人把黑格爾看作是他們的死對頭（bête noire）。

由於這一學說一直飽受爭議，並且經常遭到誤解，因此，重要的是去確切地考察黑格爾說了什麼，以及其言外之意（what follows from it）。

值得注意的是，黑格爾本人沒有使用過那個經常被歸於他名下的「藝術之死」的說法。㉖而且，他甚至沒有談到過「藝術的終

㉔ 參見拉普（Rapp，2000 年）、霍夫施塔特（Hofstadter，1974 年）、丹托（Danto，1984 年）和哈里斯（Harries，1974 年）為黑格爾的理論做的辯護。浪漫派針對黑格爾批判的辯護，參見鮑伊（Bowie，1990 年）以及諾曼（Norman，2000 年）。

㉕ 參見朗（Lang，1984 年）主編的有趣的散文集。

㉖ 這個說法的起源似乎是克羅齊，他在其影響力巨大的《美學》中寫到黑格爾「宣布了藝術的可朽性（mortality），不僅如此，其死亡」，參見克羅齊（Croce，1978 年），第 302 頁。卡特（Carter，

結」。但是，他確實明確地指出藝術現在是某種對我們來說過去了的東西（第 13 卷，第 25、10 頁），並且它已經被哲學取而代之了（第 13 卷，第 24、10 頁）。他解釋道，藝術不再表達「我們最高的需求」（第 13 卷，第 24、142、10、103 頁）。不管確切的措辭是什麼，黑格爾的主要觀點很簡單：藝術在現時代不再具有它曾在古典時期和中世紀具有的核心意義。藝術在這些文化中起著關鍵作用，因為它是它們的宗教、倫理和世界觀之表象的主要媒介。由於現時代更加理性化，藝術的傳統功能現在被哲學更好地執行了。

同樣值得注意的是，黑格爾的觀點仍與藝術的未來相兼容。說藝術在現代文化中不再起到核心作用，並不就是說它應該或將要終結。黑格爾從未做出如此輕率的聲明；事實上，他希望藝術家繼續創造並努力使作品臻於更加完善（第 13 卷，第 142、103 頁）。他還說，在每個民族的發展歷程中，都會有一個藝術超越自身的時期（第 13 卷，第 142、103 頁），這意味著，藝術在現代文化中的衰落可能是一個暫時的現象，也許會繼以另一時代的藝術之復興。

但是如果說我們不應誇大黑格爾理論的諸多含義，那麼，也不應低估它們。很多學者試圖緩和它的蘊含，好像黑格爾的意思實際上不是他所說的意思。㉗他們堅持認為，儘管黑格爾給予了哲學比藝術更高的地位，他仍然認為藝術是絕對認識的一種媒介，所

300

1980 年），第 94 頁，提示藝術之死的解釋如此流行的一個原因是，《美學》早期的 Osmaston 譯本中把「藝術自我揚棄」（Kunst sich selbst aufhebt）翻譯成「藝術自取滅亡」（art commits an act of suicide）。

㉗ 鮑桑葵（Bosanquet，1919-1920 年），第 280-288 頁；董特（d'Hondt，1972 年）；卡特（Carter，1980 年），第 83-98 頁；戴斯蒙德（Desmond，1986 年），第 13 頁；埃特（Etter，2000 年），第 39-40 頁；以及繆勒（Müller，1946 年），第 51 頁。

以它應該在現代文化中扮演重要角色。透過將他們的論證建立在辯證法的一般結構之上，他們指出黑格爾用了他的專門術語「揚棄」（aufheben），這意味著在一個更高的綜合中，某物被保存也被取消了。由於藝術被保存在辯證法中，他們推斷它應該在現時代繼續存在，甚至繼續保有其古老的功能，即作為表象絕對的形式之一。

然而，進一步的考察表明，黑格爾的理論所具有的含義，比這些學者所承認的要更加刺耳。辯證法的一般原則關於藝術在現代社會的持存沒有確立任何東西，更不用說它的意義了。雖然辯證法確實保留了它的前階段，但這些階段的保留並不意味著它們的繼續存在，只是說它們塑造了現在。因此，藝術的完全消失與辯證法的結構完美兼容。然而，更為重要的是，黑格爾並不認為藝術將要在現代世界中發揮核心的作用。因為，正如我們即將看到的，他認為現代藝術家與社會、文化和國家如此地異化，已經無可挽救地喪失了他作為它的基本信念和價值的代言人的角色。儘管藝術事實上將會繼續存在，但它將扮演一種大大弱化了的角色：它將只不過是個體自我表達的一種形式。

假使黑格爾的理論有如此嚴格的含義，那麼他為何要一開始就陳述它呢？他有什麼理由認為藝術在現代世界過時了呢？黑格爾理論背後的前提錯綜複雜，有些是歷史的，有些是知識論上的，還有些是文化上的。有些比他的詆毀者所設想的更有力，有些則比他的擁護者所承認的更微弱。

301　　黑格爾關於藝術過時的信念早已成為他對藝術史時代的一般劃分，這一部分內容構成了《美學》的整個上半部分。他看到了藝術史的 3 個基本時期，每一個時期都與理念發展過程中的一個環節（moment）相對應。(1) 第一時期是出現於古代波斯、印度和埃及文化中的象徵的（symbolic）時期。這個時代的對象是自在的

理念（the idea in itself），理念尚處於不發達和未完成的階段，無限尚未在有限世界中具體化自身。理念的這一階段在東方的（the Orient）泛神論宗教中得到表象。因為這一階段的理念仍然是抽象和無規定的，它不能充分或完全地透過藝術的感性媒介被表象，因為後者是具體和有規定的。因此，在象徵型藝術的理念和感性表象之間不相匹配，甚至存在著一道鴻溝。象徵型藝術的媒介是象徵（symbol），一種具有對象的某些特點的圖像；但由於圖像還具有與其象徵的對象無關的其他特點，因此它絕不會是對象的一個完美的表象。由於象徵與其對象之間匹配比較蹩腳，黑格爾將象徵型藝術視為一種「前－藝術」（pre-art）的形式，這種形式尚未實現所有藝術的理念，即形式和內容的完美統一。(2) 第二個時期是出現於古希臘的古典的時期。這個時代的對象是外化階段的理念，它將自身展現於有限世界中。理念的這一階段在古代世界的神人同形的宗教中得到表象。由於理念現在處於外化階段，在具體的形式中顯示自身，因此它透過藝術的感性媒介被完美表象。藝術的對象不再只是一個神聖的象徵；而是神聖的顯示和顯現。因而黑格爾認為，古典型藝術完全實現了美的理念：形式與內容之間完美的統一。(3) 第三時期以基督教時代為標誌，是浪漫的時期。理念現在已經創造了一個精神內在性（spiritual inwardness）的領域。在感性世界中顯示自己之後，理念又回到了自身之中。由於基督教的上帝是純粹精神性的，並且由於藝術的媒介是感性的，因此它不能在藝術形式中被表象。在象徵型藝術那裡存在著的審美媒介和其對象之間的鴻溝現在又回來了。全部浪漫型藝術所能表達的無非是基督教愛的倫理，因為愛確實有一個感性的顯現和具體化。

302

黑格爾上述劃分背後的辯證法是獨特的，沒有表現出它的結構所特有的生長性和發展性。這種辯證法的結構是拋物線式的，以藝術的表象性力量的逐漸上升、達到頂峰以及最終衰落為標誌。黑格

爾以這種拋物線式的術語描述了 3 個階段的特徵。正如他所說的，象徵型階段標誌著對美的理念的一種奮進（striving）；古典型階段標誌著這種理念的完成（achievement）；而浪漫型階段則標誌著對於這種理念的超越（surpassnig）（第 13 卷，第 114、81 頁）。

　　無論多麼不同尋常，此處黑格爾辯證法的直接含義是顯而易見的：藝術沒有未來。藝術在現代世界的基本問題是，它不再能表象其特有宗教——基督教——背後的基本真理。由於基督教仍然是現代世界的主導性宗教，並且其精神性的真理抵制感性的表象，因此，藝術不再是一個表達我們的基本信念和抱負的合適媒介。如果我們要領會基督教的精神性真理，我們需要純粹理智性的思維媒介，所以在現代世界，哲學應取藝術而代之。

　　顯然，黑格爾關於藝術史時代的劃分，暴露了他的古典趣味。對黑格爾來說，藝術本質上圍繞著美的理念而展開，它包括形式和內容的完美統一，即理念在感性形式中的顯現。像溫克爾曼一樣，黑格爾認為這個理念在古典希臘藝術中曾經完美地實現過。黑格爾解釋道，古希臘人之所以能夠實現這個理念，主要是由於他們的宗教。在古希臘藝術中，理念和它的感性形式之間並無鴻溝，因為古希臘宗教根本上是人神同形的（第 13 卷，第 102、111、72、79 頁）。由於古希臘人以人的形式設想神性（divinity），因此他們可以透過人體完美地表達神聖（divine）。因而，對於黑格爾，正如對於溫克爾曼，古希臘雕塑代表了其美學成就的巔峰（第 14 卷，第 87、92、486、490 頁）。在此之後，藝術斷無可能取得更高的成就；藝術事實上達到了它的終結（end）。因此黑格爾宣布：「古典的藝術形式已經達到了透過藝術的感性化能夠達到的最高峰；如果它仍有什麼不足的話，那僅僅是由於藝術本身以及藝術領域的侷限。」（第 13 卷，第 111、72 頁；第 14 卷，第 127-128、517 頁）

　　有了這樣的聲明，黑格爾關於藝術過時了的理論就顯得不足為奇了。這個理論是他對傳統觀念之失落的輓歌。藝術沒有未來僅僅因為它的光榮留存於過去，而它的過去再也不可恢復了。不同於溫克爾曼和新古典主義者，黑格爾不相信模仿古希臘藝術是可能的。任何試圖復興古希臘藝術的努力都註定走向矯揉（artificiality）和做作（affectation），因為古希臘藝術是那已經一去不復返了的時代和地方的獨特產物。由於古希臘藝術的成就取決於它的人神同形論的宗教，因此，在一個民智覺醒、更加開明的時代去復興它是不可能的。黑格爾問道，現在誰還相信諸神（第 14 卷，第 233、603頁）？現時代如此具有批判性（critical），以至於它絕不會接受那曾經是古希臘宗教之核心的美麗神話。因此黑格爾拒絕了一個新神話的浪漫夢想。

　　正如迄今所解釋的，黑格爾的理論似乎依賴於一些可疑的前提。它假設古典藝術是藝術成就的縮影，藝術必須有一個宗教的使命，並且基督教仍將是現代世界的主導性的意識形態力量。引人注意的是，所有這些前提都受到席勒（Schiller）和早期浪漫派的質疑，他們認為，正是由於基督教的衰落，藝術才在現代世界具有持久的重要性。由於基督教已經成為啟蒙運動的批判之犧牲品，藝術應該取代宗教，因為只有藝術才能以一種大眾化的方式訴諸心靈和想像力，以支持道德。哲學，由於其抽象的概念和深奧的推理，永遠不能扮演這個角色。

　　但是，無論這些前提可能多麼成問題，它們對黑格爾的理論來說並非本質性的，他的理論是獨立於他的古典主義和他關於藝術時代的劃分的。他的理論更深的理據存在於他對現代文化和社會之趨勢和價值的診斷中（第 231-233 頁）。在他對藝術過時的公開敘述中，黑格爾解釋說，因為文化根本上是如此理性化的，所以藝術在現代文化中已經失去了地位。黑格爾將現代文化稱為反思文化

304

（Reflexionskultur），在這種文化中，「反思」（reflection）意味著我們的批評和抽象思維的力量。他解釋道，這樣一種文化是不利於藝術的，因為藝術表達了我們的感性，但是我們想要用抽象的形式，即用法則、規則和準則來表達真理（第 13 卷，第 24-25、10 頁）。整個現代文化更適合於美學（aesthetics），即對藝術的思考而非藝術產品本身。如果哲學只有在一個時代已經衰老的時候才會出現，那麼美學，即藝術的哲學，也應該只有在藝術已經輝煌不再了的時代才會出現。

　　然而，當我們更加仔細地考察黑格爾的論證，我們可以清楚地看到，現代文化的問題並不是它的理性主義本身，而是這樣的理性主義對藝術家的影響。由於理性主義要求個人總是批判地和獨立地思考，這使他或她與共同體異化。現代人與其說認同其習俗、法律和宗教，不如說是在不斷地質疑它們，嚴格按照它們是否滿足了他或她自身良心和理性的要求，來選擇接受或拒絕它們。作為古典時代藝術之前提的個人與社會之間的水乳交融（happy harmony），在現代社會蕩然無存。由於古希臘藝術家並未與他的民族的宗教和文化異化，因此他成為他們的代言人，甚至他們的祭司（priest）（第 14 卷，第 25-26、232、437、603 頁）。古典藝術的內容是透過民族的文化和宗教而給予藝術家的，現代藝術家則必須創造他或她的內容，後者因此只具有一種個體的意義。對他們的藝術內容，他們只是加以把玩，以完全不相干的態度對待它，就像一個劇作家對待劇中的人物一樣（第 14 卷，第 235、605-606 頁）。

　　在黑格爾看來，藝術家與其共同體異化的一個縮影就是當代的浪漫型藝術。藝術之異化的審美觀即是浪漫派的反諷。由於浪漫派藝術家充分發揮了他的批判性力量，因此他遺世而獨立。他的反諷表達了他的超然（detachment），他急切地從一切內容中站出來並且批評一切。沒有什麼能夠超越他自身的創造力，後者可以將任

何東西做成一件藝術品。結果是藝術失去了它的主題——一種文化的基本價值和信念——並且因此不再表達它的基本需求和抱負。現在藝術已經退化成幾乎是一種純粹的自我表達，並且有多少要表達自我的個體，它就呈現為多少種不同的形式。然而，如果藝術只是自我表達，那麼它就不再在文化或歷史中登臺亮相了。可以肯定的是，藝術並沒有死亡，並且只要藝術家繼續表達他們自己，它就會繼續下去。但關鍵問題是藝術是否仍然重要，它是否還有任何超出個體之自我表達的重要性。在這裡，黑格爾的回答是一個堅定的「不」字。

因此黑格爾關於藝術過時的理論最終基於他對現代政治和文化特有的異化之診斷。而他的理論獨立於他的古典主義，甚至獨立於他對基督教持久生命力的信念。藝術在現代世界面臨的基本挑戰與國家面臨的挑戰一樣：主體性權利所具有的強大的異化力量。正如那個權利將個體與國家相分離，它同樣將藝術家與他時代的文化相分離。由於主體性的權利是現代世界的基礎和特徵，因此病灶無法移除。

人們可能會問：為什麼黑格爾不認為在現代藝術家和他的時代之間會達成和解，就像現代個人和國家之間可能會有的那樣？為什麼不是一個新的更高的綜合，在那裡，藝術家在一個更高的層次上，表達其文化的基本信念和價值？但正是在提出這個問題的過程中，我們看到了黑格爾對藝術的悲觀主義的深層原因。因為他總是強調現代個人與社會和國家的和解只能發生在反思的層次上。現代社會和國家的的結構必須滿足批判的合理性（crticial rationality）的要求，而藝術恰恰滿足不了這些要求。藝術訴諸感官和感覺，而非一個超然的批判理性（critical reason）。現代人最終需要的是一種解釋、一個理由，而不是一個寓言、一本小說或一齣戲劇。

後記

黑格爾學派的興衰

307　　　　黑格爾《法權哲學‧序言》中那句著名的格言——每一種哲學都是對它的時代的自我意識，當然也是有意地自反性的，適用於他自己的哲學。黑格爾藉助這條格言坦承他自己的哲學實際上也不過是他自己時代的自我意識、它的最高理想與抱負的系統表達。他的時代就是普魯士改革運動的時代，在從 1797 年到 1840 年腓特烈‧威廉三世統治的時期，那運動主宰著普魯士的政治生活。儘管它的觀念中有許多遠離現實，儘管改革的希望在 1820 年代與 1830 年代一次又一次以失望告終，但是，這些希望與觀念至少還活躍在年輕人的腦海與心中。這幾十年裡，他們熱忱地期望他們的君主最終會將他改革的承諾付諸實施。只要這種期望還保存著，黑格爾派哲學就可以聲稱代表它的時代，雖然也許不在現實之中，但起碼是在抱負之中。

　　　　就這樣，黑格爾的哲學在普魯士大部分改革的時代，主要是從 1818 年到 1840 年，占據至高無上的地位。它的勃然而興、嶄露頭角始於 1818 年黑格爾任職於柏林大學。黑格爾和他的門徒受到了來自於普魯士文化部——尤其是來自兩位位高權重的部長，巴隆‧馮‧阿爾滕斯坦（Baron von Altenstein）和約翰納斯‧舒爾茲（Johannes Schulze）——的強有力的官方支持。他們之所以支持黑格爾的哲學，很大程度上是因為他們把它看作是支持他們自己的改革主義主張而反對反動宮廷圈子的手段。在 1827 年，黑格爾的學生開始組織起來，形成他們自己的社團柏林批判協會

308　（Berliner kritische Association），編輯同仁刊物《科學批判年鑑》（*Jahrbücher für wissenschaftliche Kritik*）。在黑格爾於 1831 年去世之時，與他過從最密的一批學生開始準備完整地編輯他的著作集。

　　　　這些學生在黑格爾的哲學中看到了什麼？他們為什麼自認為屬於黑格爾學派？幾乎所有黑格爾早期的學生都把他的哲學看作是普魯士改革運動的理性化，他們共用這場運動的觀念。在極大

程度上，①他們把自己看作是忠誠的普魯士人，儘管並非是在任何無條件的服從的意義上，而是因為他們相信，普魯士政府會透過漸進式的變革最終實現法國大革命的某些主要觀念。他們因為普魯士國家的政治傳統而自豪，這些傳統似乎體現了宗教改革和啟蒙運動（Aufklärung）所有進步的傾向。②和黑格爾一樣，大部分青年黑格爾派相信君主立憲制的諸種優點和自上而下的改革的必然性。③黑格爾派運動的激進化要到腓特烈・威廉四世（Friedrich Wilhelm IV）繼位後和 1840 年之後才開始。然而，就幾乎所有 1840 年以前的黑格爾派而言，黑格爾哲學代表了反動與革命之間名副其實的中間道路（via media）。對於那些不可能接受反動派乞靈於傳統或者浪漫的革命派號召感傷的愛國主義等做法的人來說，這似乎是唯一的選擇。令他的門徒們高興的是，黑格爾看到倫理實體的觀念體現在現代國家的憲政中，而非舊制度（ancien régime）的傳統中或者民族（Volk）情感紐帶上。④

　　儘管他們惺惺相惜，但是從一開始，在黑格爾的追隨者們之間就存在深度的緊張。然而，只有到了 1830 年代，這些緊張才變成完全公開的和自我意識的。1835 年，大衛・弗里德里希・施特勞斯（David Friedrich Strauss）出版了《耶穌傳》（*Das Leben Jesu*）。它論證說，聖經中耶穌的經歷本質上是神話式的。到了這

① 參見托斯（Toews，1980 年），第 232-234 頁和麥克萊倫（McLellan，1969 年），第 15-16、22-24、25 頁。
② 在卡爾・柯本（Karl Köppen）的小冊子《弗里德里希大帝》（萊比錫，1840 年）中，這再明顯不過了。參見麥克萊倫（McLellan，1969 年），第 16 頁。
③ 參見托斯（Toews，1980 年），第 233 頁；和麥克萊倫（McLellan，1969 年），第 15 頁。
④ 托斯（Toews，1980 年），第 95-140 頁，尤其是第 84 頁。

時，不同戰線開始形成了。有些人認為施特勞斯的論證是對於黑格爾遺產的背叛，而另外一些人則把它看作是它的完成。他們所爭論的基本問題關涉黑格爾的哲學與宗教的真正關係。⑤在何種程度上，黑格爾的哲學將傳統的基督教信仰，對於不朽的信念，基督的神性和位格的上帝等理性化了？如果這些信念被整合進了黑格爾的體系，那麼，它們的傳統意義是繼續保存著，還是被否定了？對這些問題的相互對立的回答所產生的後果盡人皆知，那就是黑格爾學派分化為左、中、右三翼。這種區分並非犯了年代錯誤，因為這是黑格爾學派自己做出的。依據施特勞斯的看法，存在著 3 種與此問題相關的立場，傳統的基督教的信條，要麼是全部，要麼是一部分，要麼是一點也不，可以被整合進黑格爾的體系之中。⑥然後，他運用一種政治的隱喻來描述這些立場。右翼認為所有，中間派認為有些，而左翼認為沒有任何基督教的信條可以為黑格爾的體系所容納。主要的黑格爾派右翼是亨利希·荷托（Henrich Hotho，1802-1873 年）、萊奧帕德·馮·海寧（Leopold von Henning，1791-1866 年）、弗里德利希·福斯特（Friedrich Forster，1791-1868 年）、赫爾曼·寧里希斯（Hermann Ninrichs，1794-1861 年）、卡爾·道布（Karl Daub，1765-1836 年）、卡司米爾·康拉迪（Kasimir Conradi，1784-1849 年）、菲力普·馬爾海涅克（Phillip Marheineke，1780-1836 年）和尤里烏斯·沙勒（Julius Schaller，1810-1868 年）。在穩健的或者中間黑格爾派中

⑤ 關於某些宗教問題的進一步探索，參見托斯（Toews，1980 年），第 141-202 頁；巴利爾（Brazill，1970 年），《青年黑格爾派》，第 48-70 頁。

⑥ 施特勞斯（Strauss），《論戰文集》（圖賓根，1841 年），第 3 卷，第 95 頁。

有卡爾‧米什勒特（Karl Michelet，1801-1893 年）、卡爾‧羅森克蘭茲（Karl Rosenkranz，1805-1879 年）。黑格爾派左翼主要是路德維希‧費爾巴哈（Ludwig Feuerbach，1804-1872 年）、沙諾爾德‧盧格（Arnold Ruge，1802-1880 年）、大衛‧弗里德里希‧施特勞斯（David Friedrich Strauss，1808-1874 年）、馬克斯‧斯蒂納（Max Stirner，1806-1856年），以及晚年的布魯諾‧鮑威爾（Bruno Bauer，1808-1882 年）。左翼黑格爾派第二代包括卡爾‧馬克思（Karl Marx）、弗里德里希‧恩格斯（Friedrich Engels）和米哈伊爾‧巴枯寧（Mikhail Bakunin）。

儘管黑格爾派之間的戰線首先是在神學問題上開始明確化和有自我意識，但是，他們的宗教分歧最終成了對於他們更加深刻的政治分歧的反思。這些政治緊張在 1820 年代早期就已經突顯出來了，但是它們在 1830 年代愈加表面化。[7]這裡的關鍵問題關涉到普魯士的現存狀況在何種程度上實現了黑格爾的觀念。在這裡又一次，施特勞斯的隱喻證明有利於描述這場論爭中的不同立場。右翼認為，如果不是普魯士的所有狀況也是大部分狀況符合黑格爾的觀念；中間派聲稱，只有一些狀況與之相符；而左翼則認為如果不是完全不符合的話，只有極少一部分符合。儘管在左翼和右翼之間有 310 著明顯的分裂，但是他們之間的爭論仍然發生在黑格爾改良主義的廣闊範圍之內。所有黨派都仍然忠實於黑格爾的基本原則和觀念；他們僅僅是為這些觀念與原則在普魯士的實現程度而爭吵不休。儘管幻想已經破滅，但是黑格爾左派在整個 1830 年代都繼續贊同他們關於理論與實踐相統一的信念。他們仍然相信，即使現有的狀況和黑格爾的觀念相衝突，由於歷史的辯證法，它們也將不會繼續保持那個樣子。

---

[7] 參見托斯（Toews，1992 年），第 387-391 頁。

　　在黑格爾學派之內的這些宗教與政治的爭論不會輕而易舉地得到解決，因為它們牽涉到關於黑格爾形上學的闡釋中一個明顯難以駕馭的問題。⑧也就是說，黑格爾的具體的共相的本性，他的觀念與實在、普遍與特殊的綜合的本性是什麼？左派和右派都能從黑格爾學說中尋章摘句以支持他們的立場。右派從自己的角度論證說，黑格爾堅持認為，普遍僅僅存在於特殊當中，理論必須符合現實，實在是理性的或觀念的。黑格爾哲學的這個面相似乎顯示出，基督教的歷史事實，和普魯士的當前狀況，實際上都是黑格爾的某些觀念的實在化。他們指責左派由於僵硬地區分觀念與事實，而創造了一個抽象的普遍，理論與實踐之間的鴻溝。另一方面，左派爭辯說，黑格爾認為普遍、觀念或者理性是歷史的目標，任何事物最終必須符合這個目標。他們回敬右派說，假定觀念在只有透過整個的歷史過程而被實現之時必須僅僅存在於特殊之中，這是一個錯誤。事實上，從他的早期耶拿歲月以來，這些問題一直困擾著黑格爾本人。哲學體系能夠在何種程度上解釋或者整合所有的經驗偶然性或者特殊性，這證明是一個難以駕馭的問題。看起來似乎一個體系必須包括所有特殊性，因為只有在那時，它才是具體的和無所不包的；但是，它看起來似乎也必須至少排除某些特殊性，因為理性從來不可能導出所有具體的經驗事實。因此，眾所周知，黑格爾區分了真實性（Wirklichkeit）和實存（Existenz），真實性符合理性的必然性，而實存卻不然。⑨但是我們如何區分真實性與實存呢？黑

311

---

⑧ 巴利爾（Brazill，1970 年），第 17-18 頁的看法，在我看來似乎是不正確的，他論證說，在黑格爾學派之間的劃分不會導致黑格爾哲學的任何含糊性。這就低估了和黑格爾關於實在的合理性的警句相關的闡釋性困難。

⑨ 這個區分在《哲學百科全書》，第 6 節中。

格爾沒有給他的門徒留下一丁點具體的指引；因此在他們之間展開
了爭論。

　　對於黑格爾派內部爭論的這種解釋似乎應該追隨──或者至少
要遵從──恩格斯在他的《路德維希・費爾巴哈和德國古典哲學的
終結》（*Ludwig Feuerbach und der Ausgang der klassischen deutschen
Philosophie*）一書中著名的陳述。⑩依照那種陳述，在黑格爾左派與
右派之間的劃分本質上是激進派與反動派之間的分裂。激進派採納
了黑格爾的方法和他的格言合理的就是存在的，反動派則奉他的體
系和格言凡是存在的都是合理的為圭臬。恩格斯的解釋的確包含某
些重要的真理之胚芽：這場運動的基本分裂源自於黑格爾哲學的
模稜兩可，以及它關係到普魯士當前狀況的合理性問題。(1) 整個
1820 年代和 1830 年代，左翼與右翼的分化並非激進派與保守派之
間的分化，而是一個寬廣的改良主義政治中相互對立的兩翼之間的
分化。黑格爾左翼的激進思潮只有在 1840 年代威廉四世退位之後
才發展出來；而且即使在那時，也並不存在著那麼大程度的分裂，
因為黑格爾主義的左、右翼實際上消失不見了。⑪(2) 在方法與體系
之間的區分不僅是人為的，而且亦不足以區分黑格爾左派與右派。
在 1840 年代之後，左派以與拒絕體系的同等程度拒絕了方法，因
為他們失去了對於歷史辯證法的信仰。⑫(3) 恩格斯是從狹隘的政治
方面來闡釋這種分化的，儘管宗教的差異在導致分裂方面並不占據
首位。⑬

---

⑩ MEGA，第 21 卷，第 266-268 頁。

⑪ 托斯（Toews，1980 年），第 223-224、234-235 頁。

⑫ 同上，第 235 頁。

⑬ 麥克萊倫（McLellan，1969 年），第 3、6 頁；巴利爾（Brazill，
　1970 年），第 7、53 頁。

312　　　最終粉碎並且消解了黑格爾主義的不單單是它的內部爭論，它的離心的傾向。因為，正如我們已經看到的，1830 年代的爭論繼續停留在黑格爾的框架之內，從來沒有放棄理論與實踐的統一這個黑格爾式的宏大觀念。真正擊敗黑格爾主義的是它的導師最愛玩的牌：歷史。在 1840 年，普魯士改革運動走向了終結，在那個生死攸關的一年，阿爾滕斯坦與威廉三世相繼去世。改革的希望隨著腓特烈·威廉四世的登基又重新點燃起來了。事實上，他剛登大位之時實施了一些頗受歡迎的自由主義措施：大赦政治犯、公開出版省議會討論紀錄、放鬆出版審查等。然而，它並沒有很好地預示，這位新國王的政治非常反動。他支持由老的貴族議會把持的政府，反對制定新憲法的計畫，堅持保護國家宗教，甚至捍衛國王的神聖權利。可以肯定的是，有許多非常不祥的發展。在 1841 年，弗里德里希·威廉透過邀請謝林到柏林「以和黑格爾主義的龍種作戰鬥」來宣告他的真正的政治色彩。然後，在 1842 年，政府開始加大審查制度的力度，迫使黑格爾學派在普魯士境外出版他們的主要刊物，《哈雷年鑑》（*Hallische Jahrbücher*）。那麼，對於 1840 年代的黑格爾派來說，這些事件的發生可能讓人極端灰心喪氣。並未像黑格爾假定的那樣，歷史在大步流星向前邁進，相反，歷史似乎在往後退縮。

　　一旦反動的力量開始維護自身，那麼，黑格爾哲學的衰落就是不可避免的了。畢竟，黑格爾的學說的真正本質使它很容易受到歷史的拒斥的影響。黑格爾體系的巨大力量在於它的大膽的綜合——理論與實踐的綜合、性主義與歷史主義的綜合、激進主義與保守主義的綜合。因為，這些綜合似乎超越了黨派精神，允許每一種立場都在整體中據有一個必不可少的——雖然是有限的——位置。但是，黑格爾哲學的巨大力量也是它的巨大的缺點，它的悲劇性的瑕疵，正如我們已經看到的那樣（第 219-223 頁），所有這些綜合

都建基於單一的樂觀主義前提之上：理性在歷史之中是一以貫之　313
的，歷史的規律與潮流將不可避免地實現法國大革命的各種觀念。
但是，為 1840 年代早期的各種令人理想幻滅的事件所拒絕的，似
乎正是這種樂觀主義。黑格爾把整個體系的賭注都押在歷史這個寶
上；但是，他最終失敗了。

　　那麼，發現 1840 年代新黑格爾學派的爭論呈現出一個新的層
面，就不必大驚小怪了。問題不再是如何表彰或闡釋黑格爾，而是
如何改變並且埋葬他。1841 年，費爾巴哈發表了《基督教的本質》
（Das Wesen des Christenthums），使許多人相信必須超越黑格爾。
在 1842 年，阿諾爾德・盧格，黑格爾左翼的領軍人物，出版了他
第一部對於黑格爾的批評性論著。[14]接下來，在 1843 年，馬克思和
恩格斯將開始在《德意志意識形態》中「清算」他們的黑格爾的
遺產。內部的爭鬥失去了它先前的能量與意義。許多黑格爾派右翼
已經由於事件之進程而理想破滅，他們也加入到左翼兄弟的陣營，
同心戮力，組成反對他們的反動派敵人的同一陣線。[15]1830 年代的
論爭的共同框架也在瞬間消失了。許多黑格爾派成員不再重新肯定
理論與實踐相統一的觀念，他們轉而維護理論高於實踐的權利。例
如：對布魯諾・鮑威爾而言，在腓特烈・威廉三世的普魯士中在
觀念與現實之間日益增大的間隙似乎只有透過「純粹理論的恐怖主
義」才能被克服。

　　到 1840 年代即將結束之時，黑格爾主義已經迅速變成一個逐
漸淡出的記憶。由於它已經變成了一次慘遭失敗的改革運動的意識

---

[14] 麥克萊倫（McLellan，1969 年），第 24 頁。斯特普列維奇
　　（Stepelvich，1983 年），第 12-15 頁對 1840 年代這種新的批判性
　　發展做了很好的總結。
[15] 托斯（Toews，1980 年），第 223-224 頁。

形態，它不可能成為 1840 年革命的意識形態。就這樣，19 世紀最宏大的哲學體系、影響最為深遠的一場哲學運動，消失在歷史之中了。密涅瓦的貓頭鷹已從牠築在黑格爾墳墓上的窩巢飛起。

術語解説

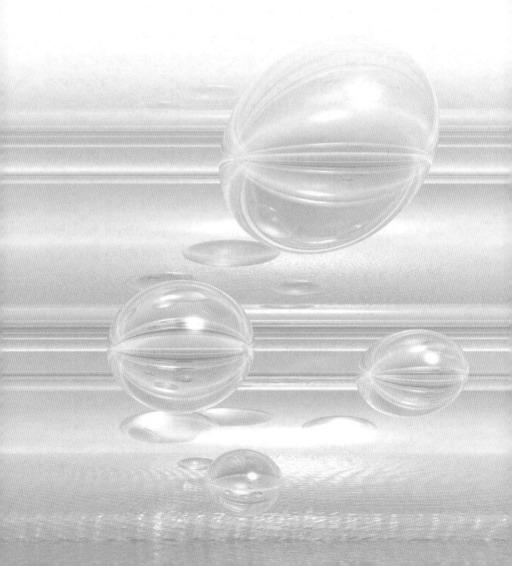

與從沃爾夫到康德的德國學院哲學的傳統不同，黑格爾給他的術語下一個技術性定義的時候極其罕見。黑格爾在極為寬泛的意義上使用它們，它們的確切含義端賴於具體的脈絡。黑格爾的術語根本就不存在適合每一個脈絡的完美定義。

這不是一個完全的術語解說。它提供的只是對於某些最為重要的術語的某些含義的一個簡要說明。我只定義這樣一些術語，黑格爾頻頻使用這些術語，並且賦予它們以特殊的意義。至於更加詳細的術語表，讀者最好是參考米凱爾·英伍德的《黑格爾辭典》（牛津：布萊克維爾，1992 年）。要指出黑格爾使用一個詞是在哪些脈絡和段落中，使用赫爾姆特·萊尼克編輯的二十卷《黑格爾著作集》的附卷《索引》是極有幫助的。

絕對（Absolute / das Absolute）：「絕對」是黑格爾為哲學的主題挑選的技術性術語。他有時候極為隨意地使用這個詞，把它當作「上帝」或者「真理」的同義語。更確切地說，絕對是這樣一個東西，它具有自足的或者獨立的存在或者本質；它不依賴於任何其他存在或者擁有本質或者本性的事物。在這個意義上，絕對是黑格爾用來表達傳統的實體概念的術語，而實體是自亞里斯多德以來形上學的主題。

異化、外化（Alienation / Entfremdung / Entäusserung）：這個術語指的是精神發展的一個階段，在這個階段上，無意識地異化、外化或者對象化它自身的某些方面，而它有意識地把它看作是外在於它自身或者它自身的敵對物。異化是自我奴役的悖論性現象，這個問題是盧梭在他的著名格言「人生而自由，卻又無往而不處在束縛之中」提出來的。異化的根源在於根本原理或者物化之中，比如，把我們自己創造出來的東西看作好像是獨立於我們而且我們必須服從的事物。

顯現（Appearance / Erscheinung）：黑格爾使用這個術語不是在幻相的意義上，也不是在實在性自身如何向任何意識顯現的意義上。相反，一個事物的顯現在黑格爾那裡意味著它的實現，它如何從可能性變為存在。一個事物之顯現並不遮蔽或掩飾它的本質或本性，而是揭示或者顯示它的本質或本性。顯現並不必只對某些意識才存在，就像在主觀觀念論那裡那樣。

概念（Concept / Begriff）：一個對象與生俱來的形式或者內在目的，它的形式因或者目的因。形式因是一個事物的本質或者本性，就它是它的行動原因或者理由而言；目的因，是它的目的、它的發展的目標。黑格爾認為，在概念中存在著相互關聯的各種形式的因果性，因為一個事物的目的因就是要實現它的本性或者本質。黑格爾強調，概念是一個具體的普遍物，因為它內在於這個事物，而不是一個抽象的普遍物，抽象的普遍物外在於事物，只是對於試圖解釋它的意識才是真實的。

在比較老的英文翻譯中，這個術語常常被譯成「Notion」，因為「Concept」看起來具有某些抽象性的內涵。但是克里斯蒂安·沃爾夫把 18 世紀德國哲學術語規範系統化了，他使用 Begriff 來翻譯拉丁詞彙「conceptus」。康德遵從了沃爾夫的用法。使得陳舊的英譯尤為誤導人的是，黑格爾用概念意指它所蘊含的推論的某些內涵。他把概念思維（das begreifende Denken）和直接知識的要求對立起來。

具體（Concrete / Konkret）：黑格爾在兩種意義上把具體與抽象對立起來。首先，具體是在整體的脈絡中得到理解的某種東西；而抽象是某種東西在它的脈絡之外顯示自身。其次，具體是先於它的部分的或者使它的部分得以可能的普遍或者整體；而抽象是

隨它的部分而來的普遍或者整體，是部分使得普遍或整體得以可能。在具體的普遍和抽象的普遍之間所作的區分也就是傳統的經院學者在組成部分（compositum）和整體性（totum）之間所作的區分。康德在《判斷力批判》第 77 節引入這一區分，把它看作在分析性普遍和綜合性普遍之間的區分。

理性的詭計（Cunning of Reason / List der Vernunft）：黑格爾歷史哲學中最著名的一個詞，這個詞指的是，統治歷史的理性如何利用個體的理性以達到自己的目的，而那些個體對此毫無意識。在這個概念背後有一種反馬基維利的論點：政治的詭計，比如：為政治權力而進行的戰鬥，仍然效力於理性的更高目的。因此，理性比所有現實政治的力量都更加狡猾。

辯證法（Dialetic / Dialektik）：這個術語表明黑格爾獨具特色的方法論，他嘗試著指出，各種人為的抽象和它們自己相矛盾，它們的矛盾只有在把它們放置在一個體系或者整體之中才能得到解決。黑格爾在兩種極有特色的意義上使用這個術語，一種是邏輯的意義，而另一種是形上學的意義。在邏輯的意義上，它指的是一種悖論，比如，在其中正題和反題都必不可少的那樣一種矛盾；在形上學的意義上，它指的是與相互衝突的傾向與力量相關的發展過程。

經驗（Experience / Erfahrung）：黑格爾是在寬泛的意義上使用這個術語的，用它不僅指我們透過感官知覺所學習到的任何東西，也指我們透過探查和生活所學習到的任何東西。它指一個人透過試誤法，透過探查和考察，所學習到的任何東西，無論它是透過理論還是實踐得到的。這個術語應該從它的字面意義來理解：它是

一次旅行（fahren）或者冒險，最終獲得的親身經歷（erfahren）。
黑格爾把他的現象學稱為經驗的科學，因為它描述意識所經歷的東
西和意識透過它的自我考察所學習到的東西。

自為（For itself / Für sich）：某物只有在它是自我指導的和
自我意識的時候，完全意識到它的行動和目的，並且奮力實現它自
身的時候，才是自為的。它與僅僅自在（in itself）事物相互對立，
後者只是潛在的，沒有達到自我意識。

觀念論（Idealism）：絕對觀念論對於黑格爾來說是這樣一種
學說：任何事物都是普遍的、神聖的理念的顯現。理念不僅僅是柏
拉圖式的形式或者原型，而且也是亞里斯多德意義上的目標或者目
的因。那麼，絕對觀念論是這樣一種學說：自然和歷史中的所有事
物都符合目的。在黑格爾看來，主觀觀念論是這樣一種論題：所有
的合理性，所有對於法律的遵從，都在主體的創造活動之中有它的
根源。客觀觀念論是這樣一種論題：合理性並不是主體強加在世界
之上的，而是作為它們內在的目的或者形式存在於它們自身之中。

直接性（Immediacy / Unmittelbarkeit）：黑格爾在存有學的
和知識論的脈絡中使用這個詞語（原文誤做 work）。在存有學的
脈絡中，它意味著存在於自身之中的東西，而撇開了和其他事物
之間的關聯；在知識論的脈絡之中，它指的是對於特殊物的直接直
觀，而無需概念的媒介。在這裡，黑格爾遵從的是康德的用法：康
德把直觀定義為對於特殊物的直接表象，而把概念定義為對於特殊
物的間接表象或者有媒介的表象，因為它是從許多特殊物的表象中
抽象出來的表象。因此，認識一個特殊物只能透過它和其他事物之
間的關聯。黑格爾否認存在著無論哪一種意義上的純粹的直接性：

所有的對象都是由它們與其他事物之間的關聯構成的，而所有對於事物的意識都涉及概念的運用。

自在（In itself / an sich）：這個詞有兩個意思：一個是存在於它自身中、撇開它與其他事物之間的關聯的東西；另一個是某種潛在的、處於萌芽狀態的和未發展的東西，它還沒有自我意識，且不是完全自我指導的。在後一種意義中，它和自為的東西相對立，後者還不是現實的、有組織的和發展的，但是也有自我意識。

無限（Infniite / Unendliche）：無限就是沒有限制的東西，或者根本不包含否定的東西，比如，我們不能透過它不是什麼而只能透過它是什麼來設想它。黑格爾認為，只有一種東西能夠滿足這個要求：作為整體的宇宙；任何達不到整體的東西都只能僅僅被設想為不存在的東西，僅僅被設想為不能被包含在自身之中的東西。有兩種意義上的壞的無限：一種是超出有限或者否定有限的無限，另一種是永遠沒有終點的無限系列。第一種意義是壞的，因為無限仍然受到否定（也就是在它自身之外的有限）的影響；第二種意義是壞的，因為它不是一個完整的或者自足的整體。

生命（Life / Leben）：黑格爾是在標準的意義上使用這個詞來指代有機的自然。但是對他來說，這個詞有一種特殊的形上學的重大意義，因為它指的是貫穿全部自然的單一的活生生的力量。在黑格爾早期有機形上學之中，生命是一個核心概念；後來，它失去了它的重要性，並被精神這個概念取而代之，精神包括生命而且作為生命的自我意識站在比生命更高的層面上。在黑格爾看來，生命的概念意味著發展中某一特定的階段：內在的事物外在化的階段，和外在的事物內在化的階段。

媒介／可傳遞性（Mediation／Mittelbarkeit）（原文疑有誤，作 Unmittelbarkeit）：和「直接性」一樣，這個術語也有存有學和形上學的兩種意義。在存有學的意義上，它意味著某種在它與其他事物之間的關聯中並且透過這種關聯而存在的東西；在知識論的意義上，它指的是某種表象，這種表象和其他表象相關聯，並且被置於脈絡之中。

現象學（Phenomenology／Phänomenologie）：黑格爾把現象學定義為意識經驗的科學。現象學把事物看作這樣一種東西，它逐漸顯現，它顯示它的內在本性。哲學家克制自己不要盲從預先設想的觀念和標準，而僅僅觀察和描述對象的各種顯現。

表象（Representation／Vorstellung）：黑格爾並不是在大部分 19 世紀哲學共同接受的寬泛意義上使用這個術語的，在他們那裡，表象等於任何一種類型的意識，感覺的、概念的和思想的意識。他是在一種狹窄得多的意義上使用這個詞的，它指的是某種特殊類型的意識，既不同於感覺又不同於概念的意識。表象比感覺要更加抽象，後者是對於特殊物的意識；但是它又不如概念抽象，因為它包含了限制它的適用範圍的意象或者圖像內容。表象就是在事物的整體脈絡之外以分離的方式對於事物的意識，而概念是在事物的整體脈絡之內把事物把握為一個整體。

理性（Reason／Vernunft）：黑格爾既在形上學又在知識論的意義上使用這個術語。在形上學的意義上，它指的是統治者宇宙的目的論的法則，所有自然和歷史的目標與目的。在知識論的意義上，它指的是那種能力，把事物領會為一個整體或者在脈絡中把握事物；他把它和知性／悟性（Verstand）對立起來，後者把一個事

物析分為或者劃分為它的諸部分。這種區別常常被認為是黑格爾匠心獨具的,但是在 19 世紀它是老生常談,沃爾夫形上學的遺產。

精神(Spirit / Geist):這是黑格爾哲學的核心概念,儘管他是在變化無定的意義上使用它的。這個詞最常見的使用的最簡單的同義詞是自我。因為黑格爾認為,自性(Selfhood)是由人際關係組成的,有一種互為主體性的結構,所以,他稱之為「我就是我們,我們就是我」。有時候黑格爾也會使用精神指代主體性的領域,以和客觀性或有機自然相對立。在這種情況下,精神指的是合理性或者主體性的確定特徵,也就是說,自我意識和自由。他還使用這個詞指一整個民族、文化或國家的獨一無二的、與眾不同的特徵,這種意義在孟德斯鳩的《論法的精神》中有其起源。

實體(Substance / Substanz):這個術語的基本含義遵從斯賓諾莎在《倫理學》中的定義:「在它自身之中存在並且透過它自身而被設想的事物」(第一部分,定義 3)。但是黑格爾把這個概念放置到他的有機形上學的脈絡之中,它指代絕對的發展歷程中的一個階段:處於潛能之中、實現自身之前的普遍整體。更為鬆散和更為一般地說,它指的是和它的部分沒有關係的整體,和它的特殊沒有關係的普遍。

主體(Subject / Subjekt):黑格爾認為主體性或者理性的動力有兩種確定的特徵:自我意識和自由。這兩種特徵匯集在一起:只有當主體自我意識到了他們的自由之時,他們才能實現他們自身。因此,歷史的目的也就是自由的自我意識。

苦惱意識（Unhappy Consciousness / Ungluekliches Bewusst-sein）：這個著名的詞是《精神現象學》一個章節的標題。黑格爾使用它指代基督教的異化，一種信仰：大地上的生活沒有意義，所有的救贖存在於來生。更為具體地說，黑格爾使用這個詞指代基督對於十字架的信念，他已經被上帝拋棄。

延伸閱讀

（配合「參考文獻」）

333　　　這裡建議的延伸閱讀書目是經過精心選擇的，初學者最好牢記心間。由於毋庸贅言的理由，它們以英文文獻為主。唯有在知道它們極其重要時，我才提到德文和法文文獻。對於全面的參考書目感興趣的學者應該參考 Steinhauer（1980 年）和 Weiss（1973 年），儘管現在它們已經過時了。

一、一般性的介紹

英語文獻中有幾本優秀的黑格爾一般性的導論著作。最好且最全面的討論，儘管篇幅極大，當屬泰勒的《黑格爾》（Taylor，1975 年）。卓爾不群而又篇幅稍短的導論是霍爾蓋特的《自由，真理和歷史：黑格爾哲學導論》（Houlgate，1991 年）；普蘭特的《黑格爾》（Plant，1973 年）也是一本從黑格爾的社會和政治關懷的視野出發的令人欽佩的總論性導論。索爾的《黑格爾形上學導論》（Soll，1969 年）對於黑格爾形上學的某些方面提供了一個簡明扼要的導引。

二、文化和脈絡

就整體歷史背景而言，不可或缺的著作是希恩（Sheehan，1989 年），而對於整體的文化脈絡來說，不可或缺的著作是布魯福特（Bruford，1935 年）。亞里斯（Aris，1936 年）、愛普斯坦（Epstein，1966 年）、拜塞爾（Beiser，1992 年）討論過這段時期的政治發展。拜塞爾（Beiser，1987 年）討論過泛神論的爭論和虛無主義。黑格爾之前的德國觀念論的發展問題，可以參見魯一士（Royce，1919 年）、克羅納（Kroner，1921 年）、阿梅里克斯（Ameriks，2000 年 a）、拜塞爾（Beiser，2002 年）和平卡德（Pinkard，2002 年）。

三、思想發展

關於黑格爾思想發展的最好研究是用德語寫成的，還沒有譯成英文。考夫曼（Kaufmann，1965 年）有些參差不齊，而且已經過時了；諾恩（Nauen，1971 年）的著作予人啟迪，可惜過於簡略。較老的德語的討論——羅森克蘭茲（Rosenkranz，1844 年）、海姆（Haym，1857 年）、狄爾泰（Dilthey，1921 年）、海林（Haering，1929 年）和盧卡奇（Lukács，1973 年）——仍然非常值得一讀。羅森克蘭茲和海姆尤其有價值，因為他們利用了現在已經佚失不見 334 的手稿文獻；然而，使用它們時要格外小心，因為他們誤判了許多早期著述的時間。黑格爾早期著述的現代年表，對於所有黑格爾思想發展研究來說不可或缺的，是季思拉·許勒爾（Gisela Schüler）的〈黑格爾青年時期著述年表〉，載《黑格爾研究》第 2 卷（1963年），第 111-159 頁。

英語世界關於黑格爾早期思想發展的經典研究是哈里斯的《黑格爾的發展歷程：走向陽光（1770-1801）》（Harris，1972 年）和《黑格爾的發展歷程：夜思（1801-1806）》（Harris，1983 年）。由於它們的詳實而緊湊的學術風格，哈里斯的研究最好直接結合黑格爾的文本閱讀。它們並不很適合充當黑格爾發展歷程的導論。不幸的是，哈里斯往往迷失在細節之中，而不能清晰地確立或者捍衛他自己的整體觀點。

最好的黑格爾的傳記——無論哪種語言——是平卡德的《黑格爾傳》（Pinkard，2000 年）。它把黑格爾牢牢地置於他的歷史脈絡之中，而且也為他的哲學的所有方面提供了整體性的導論。

四、現象學

在英語世界有很多關於《精神現象學》的優秀評論。初學者最好是從諾曼（Norman，1976 年）或者哈里斯（Harris，1995 年）

開始。韋斯特法爾（Westphal，1979 年）、所羅門（Solomon，1983 年）、勞爾（Lauer，1993 [1976] 年）、平卡德（Pinkard，1994 年 b）和斯特恩（Stern，2002 年）等人更為詳細的研究都含有頗有啟發的要點和啟人深思的解讀。施克萊（Shklar，1976 年）對本書的政治主題有出色地論述。伊波利特（Hyppolite，1974 年）的評論儘管有時含糊不清，仍然值得花費時間。史都華（Stewart，2000 年）和佛斯特（Froster，1998 年）寫出了關於這本書的統一性和一般結構的卓越解釋。韋斯特法爾（Westphal，1998 年、2003 年）細緻地考察了《精神現象學》中知識論的理念。由於某一種解讀總是會闡明另一種解讀所忽視的東西，所以，我建議學生盡可能多地多參考不同著作，而且使用時精挑細選。

柯耶夫（Kojève，1969 年）的著名研究具有重要的歷史意義，它在戰後的歲月裡對於法國哲學產生了巨大的影響。它對於稍後1970 年代黑格爾的復興亦起了關鍵作用。儘管有時候富於啟發，但是柯耶夫對於文本的解讀成見甚深，也很有限；他對於《精神現象學》的形上學層面一點也不欣賞。

論述《精神現象學》的里程碑式的著作是哈里斯兩卷本的《黑格爾的梯子》（Harris，1997 年）。儘管所有的學者都想要參考這本著作，但是它並不是決定性的或者權威性的（這點常常為人所提及）。知道他的解讀很容易受到挑戰，不會讓哈里斯大吃一驚。

五、邏輯學

在說英語的學者當中，《精神現象學》在已經超過《邏輯學》成為首選的文本。好幾代人過去了，一直沒有一本完整的關於《邏輯學》的評注，儘管我懷疑，很快這種狀況就會發生變化，只要對於黑格爾著作的偏見最終暴露於光天化日之下。麥克塔加特老舊的研究（McTaggart，1910 年、1912 年）仍然有益，儘管使用它們時

要小心翼翼，因為它們在很大程度上是透過英國新黑格爾主義的透鏡來看待黑格爾的。斯塔斯（W.T. Stace）的《黑格爾的哲學》（紐約：多佛，1955 年）聚焦於《邏輯學》，仍然是處處有用的。認真的學者必須參考伯比奇（Burbidge，1981 年、1992 年）、斯特恩（Stern，1990 年）和巴特勒（Butler，1996 年）的研究。迪·喬瓦尼（Di Giovanni，1990 年）《選集》包含許多有趣的論文。關於黑格爾的邏輯思想的兩篇短小精悍的介紹性論文是由霍爾蓋特（Houlgate，1991 年），第 5-40 頁和伯比奇（Burbidge，1993 年）提供的。霍爾蓋特寫過一本詳盡的關於《大邏輯》的評論，《邏輯學的開端：大邏輯，從存在到無限》（拉法耶特：Purdue 大學出版社，2005 年）。

六、社會和政治哲學

關於黑格爾的政治哲學的最佳著作當屬羅森茲威格的兩卷本《黑格爾與國家》（Rosenzweig，1920 年）。不幸的是，它仍然沒有被譯介到英語世界，而因此為人忽略，令人唏噓不已。一本非常有用的導論性著作是庫倫（Cullen，1979 年）；阿維納瑞（Avineri，1972 年）和佛朗克（Franco，1999 年）寫過一些非常好的一般性考察。諾伊豪塞爾（Neuhouser，2000 年）寫過一本極為出色的關於黑格爾倫理實體的解說。伍德（Wood，1990 年）對於黑格爾的倫理學是必不可少的。圖尼克（Tunike，1992 年）和帕頓（Patten，1999 年）討論黑格爾自由概念的著作令人激賞。關於黑格爾對於自由主義的態度，可以參見史密斯（Smith，1989 年）。諾爾（Knowles，2002 年）提供過關於《法權哲學》的非常有用的導論。至於詳盡無遺的評論，讀者們還是要參考皮配扎克（Peperzek，2001 年）。

七、宗教哲學

　　關於黑格爾宗教哲學的最佳研究當屬法肯海姆（Fackenheim，1967 年）。關於黑格爾宗教觀點的發展歷程，可以參考耶舍克（Jaeschke，1990 年）和克里特斯（Crites，1998 年）。關於黑格爾的上帝概念，參見勞爾（Lauer，1962 年）和奧爾森（Olson，1992 年）。歐立根（O'Regan，1994 年）、馬基（Magee，2001 年）和迪基（Dickey，1987 年）提供了關於黑格爾挪用傳統宗教的詳盡無遺的研究。這裡推薦兩本文集：克利史丁森（Christensen，1970年）和庫伯（Kolb，1992 年）。

八、歷史哲學

　　考慮到它的歷史重要性以及它常常被用作黑格爾哲學的導論，關於黑格爾的《世界史哲學講演錄》的可靠的二手文獻的匱乏是值得注意的。這本書的形成、脈絡和內容仍舊有待探索。奧布萊恩（O'Brian，1975 年）和威爾金斯（Wilkins，1974 年）的兩篇論文，儘管仍然有所幫助，但是幾乎完全聚焦於黑格爾的方法論和對於歷史必然性的信念。就初學者而言，讀者還是應該讀讀福布斯（Forbes，1975 年）和沃爾許（Walsch，1971 年）的論文、伊波利特（Hyppolite，1996 年）的導論，以及麥卡尼（McCarnet，2000年）的整體性研究。

336

九、美學

　　想要某些指導的第一次的讀者最好是閱讀霍爾蓋特（Houlgate，1991 年），第 126-175 頁關於美學的那一章、威克斯（Wicks，1993 年）論文，以及莫蘭（Moran，1981 年）的論文。

　　不幸的是，英語寫就的關於黑格爾美學的書寥寥無幾。卡明

斯基（Kaminsky，1962 年）的早期研究早就已經過時了，而且內容極其有限。邦吉（Bungay，1984 年）的研究更加全面，但是由於不能理解黑格爾的形上學而多有瑕疵。戴斯蒙德（Desmond，1986 年）研究是一次恢復黑格爾美學的形上學層面的著名而高貴的嘗試，這個層面是昔日卡明斯基、邦吉和貢布里希（Gombrich，1965 年）曾經讀出過的。斯坦克勞斯（Steinkraus，1980 年）選集包含一些有用的文獻，梅克（Maker，2000 年）的選集裡有些有用的文章。對黑格爾的「藝術終結論」感興趣的學生應該讀一讀邦吉（Bungay，1984 年），第 71-89 頁，和哈里斯（Harries，1974 年）與拉普（Rapp，2000 年）的論文。朗（Lang，1984 年）論文集包含幾篇令人興奮的論文。

參考文獻

一、主要資料

Anonymous (1971) *Die Nachtwachen des Bonaventura*, trans. Gerald Gillespie. Austin: University of Texas Press; Edinburgh: Bilingual Library, no. 6.

── (1972) *Nachtwachen-Von Bonaventura*, ed. Wolfgang Paulsen. Stuttgart: Reclam.

Arnauld, Antoine (1964) *The Art of Thinking,* trans. James Dickoff and Patricia James. Indianapolis: Bobbs-Merrill.

Fichte, J.G. (1845-6) *Sämtliche Werke*, ed. I. H. Fichte. Berlin: Veit, 8 vols.

Heidegger, Martin (1972) *Sein und Zeit.* Tübingen: Niemeyer.

Heine, Heinrich (1981) *Sämtliche Schriften*, ed. Klaus Briegleb. Frankfurt: Ullstein, 12 vols.

Herder, J.G. (1881-1913) *Sämtliche Werke*, ed. B. Suphan. Berlin: Weidmann, 33 vols.

Hobbes, Thomas (1968) *Leviathan*, ed. C.B. Macpherson. Harmondsworth: Penguin.

Hölderlin, Friedrich (1943-85) *Sämtliche Werke. Grosse Stutgarter Ausgabe*, ed. Friedrich Beißner et al. Stuttgart: Cotta Nachfolger.

Hume, David (1958) *A Treatise of Human Nature*, ed. L. A. Selby-Bigge. Oxford: Oxford University Press.

Jacobi, F. H. (1812) *Werke*. Leipzig: Fleischer, 6 vols.

── (1994) *The Main Philosophical Writings and the Novel Allwill*, trans. George di Giovanni. Montreal: McGill-Queen's University Press.

Kant, Immanuel(1902 *et seq.*) *Gesammelte Schriften*, ed. Preußischen Akademie der Wissenschaften. Berlin: de Gruyter.

Kielmeyer, C.F. (1930) *'Über die Verhältnisse der organischen Kräfte untereinander in der Reihe der verschiedenen Organization, die Gesetze und Folgen dieser Verhältnisse', Sudhoffs Archiv für Geschichte der Medizin* 23: 247-67.

Kierkegaard, Søren (1992) *Concluding Unscientific Postscript to Philosophical Fragments*, ed. and trans. H.V. and E.H. Hong. Princeton, NJ: Princeton University Press.

Locke, John (1959) *An Essay concerning Human Understanding*, ed. A. C. Fraser. New York: Dover.

Maimon, Solomon (1965) *Gesammelte Werke*, ed. Valerio Verra. Hildesheim: Olms.

Marx, Karl (1982) *Marx-Engels Gesamtausgabe*, ed. Institut für Marxismus-Leninismus. Berlin: Dietz.

Nietzsche, Friedrich (1980) *Sämtliche Werke*, ed. G. Colli and M. Montinari. Berlin: de Gruyter.

Obereit, J. H. (1787a) *Die verzweifelte Metaphysik zwischen Kant und Wizenmann*. [No place of publication given]

—— (1787b) *Die wiederkommenete Lebensgeist der verzweifelten Metaphysik, Ein kritisches Drama zur neuen Grundkritik vom Geist des Cebes*. Berlin: Decker & Sohn.

—— (1791) *Beobachtungen über die Quelle der Metaphysik vom alten Zuschauern, veranlasst durch Kants Kritik der reinen Vernunft*. Meiningen: Hanisch.

Reinhold, Karl Leonhard (1923) *Briefe über die kantische Philosophie*, ed. Raymond Schmidt. Leipzig: Meiner.

Rink, F. T. (1800) *Mancherley zur Geschichte der metacriticischen Invasion*. Königsberg: Nicolovius.

Schelling, F. W. J. (1856-61) *Sämtliche Werke*, ed. K. F. A. Schelling. Stuttgart: Cotta, 14 vols.

Schiller, Friedrich (1943) *Werke. Nationalausgabe*, ed. Benno von Wiese *et al.* Weimar: Böhlaus Nachfolger, 42 vols.

Schlegel, Friedrich (1958 *et seq.*) *Kritische Friedrich Schlegel Augabe*, ed. Ernst Behler *et al.* Paderborn: Schöningh.

Schleiermacher, Friedrich (1980 *et seq.*) *Kritische Gesamtausgabe*, ed. H. Birkner *et al.* Berlin: de Gruyter.

Schopenhauer, Arthur (1968) *Sämtliche Werke*. Darmstadt: Wissenschaftliche Buchgesellschaft.

Spinoza, Benedict (1924) *Opera*, ed. C. Gebhardt. Heidelberg: Winter, 4 vols.

—— (1966) *The Correspondence of Spinoza*, ed. A. Wolf. London: Frank Cass.

二、次要資料

Adorno, Theodor (1969) *Drei Studien zu Hegel*. Frankfurt: Suhrkamp.

Ameriks, Karl, ed. (2000a) *The Cambridge Companion to German Idealism*. Cambridge: Cambridge University Press.

—— (2000b) 'The Practical Foundation of Philosophy in Kant, Fichte, and After', in *The Reception of Kant's Critical Philosophy*, ed. Sally Sedgwick. Cambridge: Cambridge University Press, pp. 109-29.

Aris, Reinhold (1936) *History of Political Thought in Germany, From 1789 to 1815*. London: Frank Cass.

Avineri, Shlomo (1972) *Hegel's Theory of the Modern State*. Cambridge: Cambridge University Press.

Baum, Manfred (2000) 'The Beginnings of Schelling's Philosophy of Nature', in *The Reception of Kant's Critical Philosophy*, ed. Sally Sedgwick. Cambridge: Cambridge University Press, pp. 199-215.

Baur, Michael (1997) 'Winckelmann and Hegel on the Imitation of the Greeks', in *Hegel and the Tradition*, ed. Michael Baur and John Russon. Toronto: University of Toronto Press, pp. 93-110.

Behler, Ernst (1992) *Fruetomantik*. Berlin: de Gruyetr.

Beiser, Frederick (1987) *The Fate of Reason: German Philosophy from Kant to Fichte*. Cambridge, MA: Harvard University Press.

—— (1992) *Enlightenment, Revolution & Romanticism: The Genesis of Modern German Political Thought*, 1790-1800. Cambridge, MA: Harvard University Press.

—— (1993) 'Hegel's Historicism', in *The Cambridge Companion to Hegel*. Cambridge: Cambridge University Press, pp. 270-300.

—— (1995) 'Hegel, a Non-Metaphysician! A Polemic', *Bulletin of the Hegel Society of Great Britain* 32: 1-13.

—— (1996a) *The Sovereignty of Reason: The Defense of Rationality in the Early English Enlightenment*. Princeton, NJ: Princeton University Press.

—— (1996b) *The Early Political Writings of the German Romantics*. Cambridge: Cambridge University Press.

—— (2002) *German Idealism: The Struggle Against Subjectivism, 1781-1801*. Cambridge, MA: Harvard University Press.

—— (2003) *The Romantic Imperative: The Concept of Early German Romanticism*. Cambridge, MA: Harvard University Press.

Berlin, Isaiah (1969) *Four Essays on Liberty*. Oxford: Oxford University Press.

—— (2002) *Freedom and its Betrayal*. Princeton, NJ: Princeton University Press.

Blackall, Eric (1983) *The Novels of the German Romantics*. Ithaca, NY: Cornell University Press.

Bosanquet, Bernard (1919-20) 'Appendix on Croce's Conception of the 'Death of Art' in Hegel', *Proceedings of the British Academy IX*: 280-8.

Bowie, Andrew (1990) *Aesthetics and Subjectivity*. Manchester: University of Manchester Press.

Brandom, Robert (2002) *Tales of the Mighty Dead*. Cambridge, MA: Harvard University Press.

Brazill, William (1970) *The Young Hegelians*. New Haven, CT: Yale University Press.

Brocker, Walter (1965) *Auseinandersetzungen mit Hegel*. Frankfurt: Klostermann.

Bruford, W. H. (1935) *Germany in the Eighteenth Century*. Cambridge, MA: Cambridge University Press.

Bubner, Rüdiger (1980) 'Hegel's Aesthetics-Yesterday and Today', in *Art and Logic in Hegel's Philosophy*, ed W. Steinkraus and K. Schmitz. Atlantic Highlands, NJ: Humanities Press, pp. 15-30.

Büchner, Hartmut (1965) 'Hegel und das Kritische Journal der Philosophie', *Hegel-Studien* 3: 98-115.

—— (1994) *Friedrich Wilhelm Joseph Schelling. Timaeus* (1794). Stuttgart: Frommann-Holzboog.

Bungay, Stephen (1984) *Beauty and Truth: A Study of Hegel's Aesthetics.* Oxford: Oxford University Press.

Burbidge, John (1981) *On Hegel's Logic: Fragments of a Commentary.* Atlantic Highlands, NJ: Humanities Press.

—— (1992) *Hegel on Logic and Religion.* Albany, NY: SUNY Press.

—— (1993) 'The Necessity of Contingency: An Analysis of Hegel's Chapter on "Actuality" in the *Science of Logic*', in Lawrence Stepelvich (ed.) *Selected Essays on G. W. F. Hegel.* Atlantic Highlands, NJ: Humanities Press, pp. 60-75.

Butler, Clark (1996) *Hegel's Logic: Between Dialectic and History.* Evanston, IL: Northwestern University Press.

Camus, Albert (1955) *The Myth of Sisyphus*, trans. Justin O'Brian. London: Hamish Hamilton.

Carter, Curtius (1980) 'A Re-examination of the "Death of Art" Interpretation of Hegel's Aesthetics', in *Art and Logic in Hegel's Philosophy*, ed. Warren Steinkraus and Kenneth Schmitz. Atlantic Highlands, NJ: Humanities Press.

Cassirer, Ernst (1946) *The Myth of the State.* New Haven, CT: Yale University Press.

Chamley, Paul (1963) *Economie politique chez Stuart et Hegel.* Paris: Dalloz.

Christensen, Darrel, ed. (1970) *Hegel and the Philosophy of Religion.* The Hague: Martinus Nijhoff.

Cohen, Robert and Wartofsky, Marx, eds (1984) *Hegel and the Sciences*, Dordrecht: Reidel. Volume 64 in Boston Studies in the Philosophy of Science.

Collingwood, R.G. (1993) *The Idea of History*, rev. edn. Oxford: Clarendon Press.

Crites, Stephen (1998) *Dialectic and Gospel in the Development of Hegel's Thinking.* University Park: Penn State Press.

Croce, Benedetto (1915) *What is Living and What is Dead in the Philosophy of Hegel,* trans. Douglas Ainslee. New York: Russell & Russell.

—— (1978) *Aesthetic.* Boston, MA: Nonpareil.

Crouter, Richard (1980) 'Hegel and Schleiermacher at Berlin: A Many-Sided Debate', *Journal of the American Academy of Religion* 48: 19-43.

Cullen, Bernard (1979) *Hegel's Social and Political Thought.* New York: St Martin's Press.

Danto, Arthur (1984) 'The Death of Art', in *The Death of Art,* ed. Berel Lang. New York: Haven, pp. 5-38.

Desmond, William (1986) *Art and the Absolute: A Study of Hegel's Aesthetics.* Albany: SUNY Press.

—— (2000) 'Art and the Absolute Revisited: The Neglect of Hegel's Aesthetics', in *Hegel and Aesthetics,* ed. William Maker. Albany: SUNY Press, pp. 1-13.

D'Hondt, Jacques (1968a) *Hegel secret.* Paris: Presses Universitaires de France.

—— (1968b) *Hegel en son temps (Berlin 1818-1831).* Paris: Éditions Sociales.

—— (1972) 'La Mort de l'Art', *Bulletin International d'Esthetique,* 17.

—— (1988) *Hegel in his Time,* trans. John Burbidge. Lewiston: Broadview.

參考文獻

Dickey, Laurence (1987) *Hegel: Religion, Economics, and Politics of Spirit, 1770-1807.* Cambridge: Cambridge University Press.

—— (1999) Hegel, *Political Writings.* Cambridge, MA: Cambridge University Press.

Di Giovanni, George (1983) 'On the Impotence of Spirit', in Robert Perkins (ed.) *History and System: Hegel's Philosophy of History.* Albany: SUNY Press, pp. 195-212.

—— ed. (1990) *Essays on Hegel's Logic.* Albany: SUNY Press.

—— (1993) 'The Category of Contingency in the Hegelian Logic', in Lawrence Stepelvich (ed.) *Selected Essays on G. W. F. Hegel.* Atlantic Highlands, NJ: Humanities Press, pp. 60-75.

Dilthey, Wilhelm (1921) *Die Jugendgeschichte Hegels.* Leipzig: Tuebner. Volume 4 of Wilhelm Diltheys Gesammelte Schriften.

Dove, Kenley Royce (1974) 'Hegel's Phenomenological Method', in *New Studies in Hegel's Philosophy*, ed. Warren Steinkraus. New York: Holt, Rinehart & Winston, pp. 34-56.

Durner, Manfred (1991) 'Die Naturphilosophie im 18. Jahrhundert und der naturwissenschaftlichen Unterricht in Tübingen', *Archiv für Geschichte der Philosophie* LXXVIII: 72-103.

Düsing, Klaus (1969) 'Spekulation und Reflexion: Zur Zusammenarbeit Schellings und Hegels in Jena', *Hegel-Studien* 5: 95-128.

—— (1973) 'Die Rezeption der kantischen Postulaten lehre in den frühen philosophischen Entwürfe Schellings und Hegels', *Hegel-Studien* 9: 53-90.

—— (1999) 'The Reception of Kant's Doctrine of Postulates in Schelling's and Hegel's Early Philosophical Projects', trans. Daniel Dahlstrom, in *The Emergence of German Idealism*, ed. Michael

Baur and Daniel Dahlstrom. Washington: Catholic University of American Press. Volume 34 in Studies in Philosophy and the History of Philosophy, pp. 201-41.

Epstein, Klaus (1966) *The Genesis of German Conservatism*. Princeton, NJ: Princeton University Press.

Etter, Brian (2000) 'Hegel's Aesthetic and the Possibility of Art Criticism', in *Hegel and Aesthetics*, ed. William Maker. Albany: SUNY Press, pp. 13-30.

Fackenheim, Emil (1967) *The Religious Dimension in Hegel's Thought*. Chicago: University of Chicago Press.

—— (1989) *To Mend the World*. New York: Schocken.

—— (1996) *The God Within: Kant, Schelling and Historicity*. Toronto: University of Toronto Press.

Ferrarin, Alfredo (2001) *Hegel and Aristotle*. Cambridge: Cambridge University Press.

Findlay, John (1958) *Hegel: A Re-Examination*. London: Allen & Unwin.

Forbes, Duncan (1975) 'Introduction', in *Lectures on the Philosophy of World History*. Cambridge: Cambridge University Press, pp. vii-xxxv.

Forster, Michael (1989) *Hegel and Skepticism*. Cambridge, MA: Harvard University Press.

—— (1993) 'Hegel's Dialectical Method', in *The Cambridge Companion to Hegel*. Cambridge: Cambridge University Press, pp. 130-70.

—— (1998) *Hegel's Idea of a Phenomenology of Spirit*. Chicago: University of Chicago Press.

Foster, Michael (1935) *The Political Philosophies of Plato and Hegel*. Oxford: Clarendon Press.

Franco, Paul (1999) *Hegel's Philosophy of Freedom*. New Haven, CT: Yale University Press.

Frank, Manfred (1997) *Unendliche Annäherung: Die Anfänge der philosophischen Frühromantik*. Frankfurt: Suhrkamp.

Franz, Michael (1992) '"Platons frommer Garten". Hölderlins Platonlektüre von Tübingen bis Jena', *Hölderlin Jahrbuch* 28: 111-27.

—— (1996) *Schellings Tübinger Platon-Studien*. Göttingen: Vandenhoeck & Ruprecht.

Fuhrmanns, Horst (1962-75) 'Schelling in Tuebinger Stift Herbst 1790-95', in *Briefe und Dokumente*. Bonn: Bouvier, 2 vols.

Gadamer, Hans-Georg (1976) *Hegel's Dialectic: Five Hermeneutical Studies*, trans. Christopher Smith. New Haven, CT: Yale University Press.

—— (1990) *Wahrheit und Methode*. Tübingen: J.C.B. Mohr. Volume 1 of *Gesammelte Werke*.

Garaudy, Roger (1966) *Pour connaître la pensée de Hegel*. Paris: Bordas.

Glockner, Hermann (1965) 'Die Ästhetik in Hegels System', *Hegel-Studien, Beiheft* 2: 443-53.

Gombrich, Ernst (1965) *In Search of Cultural History*. Oxford: Clarendon Press.

—— (1977) 'Hegel und die Kunstgeschichte', *Die Neue Rundschau* 88: 202-19.

Guyer, Paul (2000) 'Absolute Idealism and the Rejection of Kantian Dualism', in *The Cambridge Companion to German Idealism*, ed. Karl Ameriks. Cambridge: Cambridge University Press, pp. 37-56.

Haakonssen, Knud (1996) *Natural Law and Moral Philosophy: From Grotius to the Scottish Enlightenment*. Cambridge: Cambridge University Press.

Haering, Theodor (1929) *Hegel, sein Wollen und sein Werk.* Leipzig: Teubner, 1929, 2 vols.

Hallowell, John (1950) *Main Currents in Political Thought.* New York: Henry Holt.

Hankins, Thomas (1985) *Science and the Enlightenment.* Cambridge: Cambridge University Press.

Hardimon, Michael (1994) *Hegel's Social Philosophy.* Cambridge: Cambridge University Press.

Harries, Kartsen (1974) 'Hegel on the Future of Art', *Review of Metaphysics* 27: 677-96.

Harris, H.S. (1972) *Hegel's Development: Toward the Sunlight, 1770-1801.* Oxford: Clarendon Press.

—— (1983) *Hegel's Development: Night Thoughts (Jena 1801-1806).* Oxford: Clarendon Press.

—— (1995) *Hegel: Phenomenology and System.* Indianapolis: Hackett.

—— (1997) *Hegel's Ladder* I: *The Pilgrimage of Reason.* Indianapolis: Hackett.

—— (1997) *Hegel's Ladder* II: *The Odyssey of Spirit.* Indianapolis: Hackett.

Hartmann, Klaus (1972) 'Hegel: A Non-Metaphysical View', in *Hegel,* ed. A. MacIntyre. New York: Doubleday, pp. 101-24.

Haym, Rudolf (1857) *Hegel und seine Zeit.* Berlin: Gaertner.

Heidegger, Martin (1972) 'Hegels Begriff der Erfahrung' in *Holzwege.* Frankfurt: Klostermann, pp. 105-92.

Heller, Hermann (1921) *Hegel und der nationale Machtstaatsgedanke in Deutschland.* Leipzig: Tuebner.

Henrich, Dieter (1968) *Kant, Gentz, Rehberg: Über Theorie und Praxis*. Frankfurt: Suhrkamp.

—— (1969) 'Kunst und Natur in der Idealistischen Ästhetik', in *Nachahmung und Illusion*, ed. H.R. Jauß. Munich: Fink.

—— (1971) *Hegel im Kontext*. Frankfurt: Suhrkamp.

—— (1979) 'Art and Philosophy Today: Reflections with Reference to Hegel', in *New Perspectives in German Literary Criticism*, ed. Richard Amcher and Victor Lange. Princeton, NJ: Princeton University Press, pp. 107-33.

—— (1985) 'The Contemporary Relevance of Hegel's Aesthetics', in *Hegel*, ed. Michael Inwood. Oxford: Oxford University Press.

Hettner, Hermann (1979) *Geschichte der deutschen Literatur im Achtzehnten Jahrhundert*. Berlin: Aufbau, 2 vols.

Hirsch, Emmanuel (1973) 'Die Beisetzung der Romantiker in Hegels Phänomenologie', in *Materialien zu Hegels Phänomenologie des Geistes*, ed. Hans Friedrich Fulda and Dieter Henrich. Frankfurt: Suhrkamp, pp. 245-75.

Hochstrasser, Timothy (2000) *Natural Law Theories in the Early Enlightenment*. Cambridge: Cambridge University Press.

Hoffmeister, Johannes (1955) *Wörterbuch der philosophischen Begriffe*. Hamburg: Meiner.

Hofstadter, Albert (1974) 'Die Kunst: Tod und Verklärung. Überlegungen zu Hegels Lehre von dem Romantik', *Hegel-Studien, Beiheft* 11: 271-85.

Horstmann, Rolf-Peter and Petry, Michael John, eds (1986) *Hegels Philosophie der Natur: Beziehungen zwischen empirischer und spekulativer Naturerkenntnis*. Stuttgart: Klett-Cotta. Volume 15 in Veröffentlichungen der Internationalen Hegel-Vereinigung.

Houlgate, Stephen (1991) *Freedom, Truth and History: An Introduction to Hegel's Philosophy*. London: Routledge 2nd edn, Oxford: Blackwell, 1994.

—— (1998) *Hegel and the Philosophy of Nature*. Albany: SUNY Press.

Hyppolite, Jean (1969a) 'The Concept of Life and Consciousness of Life in Hegel's Jena Philosophy', in *Studies on Marx and Hegel*, trans. John O'Neill. London: Heinemann, pp. 3-21.

—— (1969b) 'The Concept of Existence in the Hegelian Phenomenology', in *Studies on Marx and Hegel*, trans. John O'Neill. London: Heinemann, pp. 22-32.

—— (1974) *Genesis and Structure of Hegel's Phenomenology of Spirit*, trans. Samuel Cherniak and John Heckman. Evanston, IL: Northwestern University Press.

—— (1996) *Introduction to Hegel's Philosophy of History*, trans. Bond Harris and Jacqueline Spurlock. Gainesville: University of Florida Press.

Jaeschke, Walter (1990) *Reason in Religion: The Foundations of Hegel's Philosophy of Religion*, trans. J. M. Stewart and Peter Hodgson. Berkeley: University of California Press.

James, William (1907) *Pragmatism*. New York: Longmans.

—— (1909) *A Pluralistic Universe*. New York: Longmans, Green.

Jamme, Christoph (1983) '"*Ein Ungelehrtes Buch*", Die philosophische Gemeinschaft zwischen Hölderlin und Hegel in Frankfurt 1797-1800', in *Hegel-Studien, Beiheft* 23. Bonn: Bouvier.

Kaminsky, Jack (1962) *Hegel on Art*. New York: SUNY Press.

Kaufmann, Walter (1965) *Hegel: Texts and Commentary*. Garden City: Doubleday.

—— (1966) *Hegel: A Re-interpretation*. Garden City: Doubleday.

—— ed. (1970) *Hegel's Political Philosophy*. New York: Atherton Press.

—— (1972) 'The Young Hegel and Religion', in *Hegel*, ed. Alasdair MacIntyre. Garden City: Doubleday, pp. 61-100.

Kelly, George (1972) 'Notes on "Hegel's Lordship and Bondage"', in *Hegel: A Collection of Critical Essays*, ed. Alasdair MacIntyre. New York: Anchor, pp. 189-218.

Kimmerle, Heinz (1967) 'Dokumente zu Hegels Jenaet DozenentatigKeit 1801-1807', *Hegel-Studien* 4: 21-100.

Kluckhohn, Paul (1953) *Das Ideengut der deutschen Romantik*, 3rd edn. Tübingen: Niemeyet.

Knowles, Dudley (2002) *Hegel and the Philosophy of Right*. London: Routledge.

Knox, T.M. (1980) 'The Puzzle of Hegel's Aesthetics', in *Art and Logic in Hegel's Philosophy*, ed. W. Steinkraus and K. Schmitz. Atlantic Highlands, NJ: Humanities Press, pp. 1-10.

Koepsel, Werner (1975) *Die Rezeption der Hegelschen Ästhetik im 20. Jahrhundert*. Bonn: Bouvier.

Kojève, Alexandre (1969) *Introduction to the Reading of Hegel*, trans. James Nichols. New York: Basic Books.

Kolb, David (1986) *The Critique of Pure Modernity: Hegel, Heidegger and After*. Chicago: University of Chicago Press.

—— ed. (1992) *New Perspectives on Hegel's Philosophy of Religion*. Albany: SUNY Press.

Koselleck, Reinhart (1992) *Kritik und Krise*. Frankfurt: Suhrkamp.

Kroner, Richard (1921) *Von Kant bis Hegel*. Tübingen: Mohr, 2 vols.

—— (1971) 'Introduction: Hegel's Philosophical Development', in *Hegel's Early Theological Writings*, trans. T. M. Knox. Philadelphia: University of Pennsylvania Press.

Kuhn, Helmut (1931) *Die Vollendung der klassischen deutschen Ästhetik durch Hegel*. Berlin: Junker & Dünnhaupt.

—— (1974) 'Die Gegenwärtigkeit der Kunst nach Hegels Vorlesungen über Ästhetik', *Hegel-Studien, Beiheft* 11: 251-69.

Lang, Berol, ed. (1984) *The Death of Art*. New York: Haven.

Larson, James (1979) 'Vital Forces: Regulative Principles of Constitutive Agents? A Strategy in German Physiology, 1786-1802', *Isis* 70: 235-49.

Lauer, Quentin (1962) *Hegel's Concept of God*. Albany: SUNY Press.

—— (1993[1976]) *A Reading of Hegel's Phenomenology of Spirit*. New York: Fordham University Press.

Löwith, Karl (1949) *Von Hegel zu Nietzsche: Der revolutionäre Bruch im Denken des 19. Jahrhunderts*. Zurich: Europa Verlag.

Lukács, Georg (1973) *Der junge Hegel*. Frankfurt: Suhrkamp, 2 vols.

Magee, Glenn (2001) *Hegel and the Hermetic Tradition*. Ithaca, NY: Cornell University Press.

Maker, William, ed. (2000) *Hegel and Aesthetics*. Albany: SUNY Press.

Marcuse, Herbert (1967) *Reason and Revolution: Hegel and the Rise of Social Theory,* 2nd edn. London: Routledge & Kegan Paul.

McCarney, Joseph (2000) *Hegel on History.* London: Routledge.

McDowell, John (1996[1994]) *Mind and World*, Cambridge, MA: Harvard University Press.

McLellan, David (1969) *The Young Hegelians and Karl Marx.* London: Macmillan.

McTaggart, John (1901) *Studies in Hegelian Cosmology.* Cambridge: Cambridge University Press.

—— (1910) *A Commentary on Hegel's Logic.* New York: Russell & Russell.

—— (1912) *Studies in the Hegelian Dialectic*, 2nd edn. New York: Russell & Russell. Meinecke, Friedrich (1924) *Die Idee der Staatsräson in der neueren Geschichte.* Munich: Oldenbourg.

—— (1965) *Die Entstehung des Historismus.* Munich: Oldenbourg.

Moran, Michael (1981) 'On the Continuing Significance of Hegel's Aesthetics', *British Journal of Aesthetics* 21: 214-39.

Müller, Gustav (1958) 'The Hegel Legend of "Thesis-Antithesis-Synthesis"', *Journal of the History of Ideas* XIX: 411-14.

—— (1959) *Hegel: Denkgeschichte eines Lebendigen.* Berne: Francke.

—— (1946) 'The Function of Aesthetics in Hegel's Philosophy', *Journal of Aesthetics and Art Criticism V*: 49-53.

Nauen, Franz (1971) *Revolution, Idealism and Human Freedom: Schelling, Hölderlin and Hegel and the Crisis of Early German Idealism.* The Hague: Nijhoff. Internationales Archives of the History of Ideas, no. 45.

Neuhouset, Frederick (2000) *Foundations of Hegel's Social Theory.* Cambridge, MA: Harvard University Press.

Nicolin, Friedrich (1967) 'Zum Titelproblem der Phänomenologie des Geistes', *Hegel-Studien* 4: 113-23.

Norman, Judith (2000), 'Squaring the Romantic Circle: Hegel's Critique of Romantic Theories of Art', in *Hegel and Aesthetics*, ed. William Maker. Albany: SUNY Press, pp. 131-44.

Norman, Richard (1976) *Hegel's Phenomenology.* London: Chatto & Windus.

O'Brian, George (1975) *Hegel on Reason and History.* Chicago: University of Chicago Press.

Olson, Alan (1992) *Hegel and the Spirit.* Princeton, NJ: Princeton University Press.

O'Regan, Cyril (1994) *The Heterodox Hegel.* Albany: SUNY Press.

Patten, Alan (1999) *Hegel's Idea of Freedom.* Oxford: Oxford University Press.

Pelczynski, Z. A. (1964) 'An Introductory Essay', in *Hegel's Political Writings*, trans. T.M. Knox. Oxford: Clarendon Press.

—— (1971) 'The Hegelian Conception of the State', in his *Hegel's Political Philosophy: Problems & Perspectives.* Cambridge: Cambridge University Press.

—— (1984) *Hegel and Civil Society.* Cambridge: Cambridge University Press.

Peperzak, Adrian (1969) *La jeune Hegel et la vision morale du monde.* The Hague: Nijhoff.

—— (2001) *Modern Freedom: Hegel's Legal, Moral, and Political Philosophy.* Dordrecht: Kluwer.

Petry, Michael, ed. (1987) *Hegel und die Naturwissenschaften.* Stuttgart Bad-Cannstatt: Frommann. Volume 2 in Texte und Untersuchungen zum Deutschen Idealismus, Abteilung II: Untersuchungen.

—— (1993) *Hegel and Newtonianism.* Dordrecht: Kluwer. Volume 136 in International Archives of the History of Ideas.

Pinkard, Terry (1988) *Hegel's Dialectic. Philadelphia*, PA: Temple University Press.

—— (1994a) *Hegel Reconsidered.* Dordrecht: Kluwer.

—— (1994b) *Hegel's Phenomenology: The Sociality of Reason.* Cambridge: Cambridge University Press.

—— (2000) *Hegel: A Biography.* Cambridge: Cambridge University Press.

—— (2002) *German Philosophy 1760-1860: The Legacy of Idealism.* Cambridge: Cambridge University Press.

Pippin, Robert (1989) *Hegel's Idealism.* Cambridge: Cambridge University Press.

—— (1997), 'Hegel's Ethical Rationalism', in *Idealism as Modernism.* Cambridge: Cambridge University Press, pp. 417-50.

Plamenatz, John (1963) *Man and Society.* London: Longman, 2 vols.

Plant, Raymond (1973) *Hegel.* London: Allen & Unwin.

Pöggeler, Otto (1990) 'Hegels philosophische Anfänge', in *Der Weg zum System*, ed. Christoph Jamme and Helmut Schneider. Frankfurt: Suhrkamp.

—— (1999) *Hegels Kritik der Romantik.* Munich: Fink.

Pöggeler, Otto and Gethmann-Siefert, Annemarie, eds (1983) *Kunsterfahrung und Kulturpolitik im Berlin Hegels, Hegel-Studien, Beiheft* 22. Bonn: Bouvier.

—— (1986) *Welt und Wirkung von Hegels Ästhetik. Hegel-Studien Beiheft* 27. Bonn: Bouvier.

Popper, Karl (1940) 'What is Dialectic', *Mind* 49: 403-10.

—— (1945) *The Open Society and its Enemies.* London: Routledge, 2 vols.

Rapp, Carl (2000) 'Hegel's Concept of the Dissolution of Art', in *Hegel and Aesthetics*, ed. William Maker. Albany: SUNY Press, pp. 13-30.

Rawls, John (2000) *Lectures on the History of Moral Philosophy*. Cambridge, MA: Harvard University Press.

Redding, Paul (1996) *Hegel's Hermeneutics*. Ithaca, NY: Cornell University Press.

Richards, Robert (1992) *The Meaning of Evolution*. Chicago: University of Chicago Press.

—— (2002) *The Romantic Conception of Life: Science and Philosophy in the Age of Goethe*. Chicago: University of Chicago Press.

Riedel, Manfred (1973) *System und Geschichte: Studien zum historischen Standort von Hegels Philosophie*. Frankfurt: Suhrkamp.

Riley, Patrick (1982) *Will and Political Legitimacy*. Cambridge, MA: Harvard University Press.

Ritter, Joachim (1965) *Hegel und die franzöische Revolution*. Frankfurt: Suhrkamp.

Roe, Shirley (1981) *Matter, Life and Generation: 18th Century Embryology and the Haller-Wolff Debate*. Cambridge: Cambridge University Press.

Rosen, Michael (1982) *Hegel's Dialectic and its Criticism*. Cambridge: Cambridge University Press.

Rosenkranz, Karl (1844) *G. W. F. Hegels Leben*. Berlin: Duncker & Humboldt. New edn, Darmstadt: Wissenschaftlicher Buchgesellschaft, 1972.

—— (1870) *Hegel als deutscher Nationalphilosoph*. Leipzig: Duncker & Humblot.

Rosenzweig, Franz (1920) *Hegel und der Staat*. Munich: Oldenbourg Verlag, 2 vols. New edn, Aalen: Scientia Verlag, 1982.

Royce, Josiah (1919) *Lectures on Modern Idealism*. New Haven, CT: Yale University Press.

Sabine, George (1963) *A History of Political Theory*, 3rd edn. London: Harrap.

Schmidt, James, ed. (1996) *What is Enlightenment? Eighteenth-Century Answers and Twentieth-Century Questions*. Berkeley: University of California Press.

Sheehan, James (1989) *German History, 1770-1866*. Oxford: Oxford University Press.

Shklar, Judith (1976) *Freedom & Independence. A Study of the Political Ideas of Hegel's Phenomenology of Mind*. Cambridge: Cambridge University Press.

Simpson, Peter (1998) *Hegel's Transcendental Induction*. Albany: SUNY Press.

Smith, Steven (1989) *Hegel's Critique of Liberalism*. Chicago: University of Chicago Press.

Soll, Ivan (1969) *An Introduction to Hegel's Metaphysics*. Chicago: University of Chicago Press.

Solomon, Robert (1983) *In the Spirit of Hegel*. Oxford: Oxford University Press.

Steinhauer, Kurt (1980) *Hegel Bibliographie*. Munich: Sauer.

Steinkraus, Warren, ed. (1980) *Art and Logic in Hegel's Philosophy*. Atlantic Highlands, NJ: Humanities Press.

Stepelevich, Lawrence (1983) *The Young Hegelians*. Cambridge: Cambridge University Press.

Stern, Robert (1990) *Hegel, Kant and the Structure of the Object*. London: Routledge.

—— (2002) *Hegel and the Phenomenology of Spirit*. London: Routledge.

Stewart, Jon (1996) 'Hegel and the Myth of Reason', in Jon Stewart (ed.) The *Hegel Myths and Legends*. Evanston, IL: Northwestern University Press, pp. 306-18.

—— (2000) *The Unity of Hegel's Phenomenology of Spirit*. Evanston, IL: Northwestern University Press.

Stirling, James (1898) *The Secret of Hegel*. Edinburgh: Oliver & Boyd.

Taylor, Charles (1975), *Hegel*. Cambridge: Cambridge University Press.

—— (1979) *Hegel and Modern Society*. Cambridge: Cambridge University Press.

Timm, Hermann (1974) *Gott und die Freiheit. Studien zur Religionsphilosophie der Goethezeit*. Frankfurt: Klostermann. Volume 22 in Studien zur Philosophie und Literatur des neunzehnten Jahrhunderts.

Toews, John (1980) *Hegelianism: The Path toward Dialectical Humanism*, 1805-1841. Cambridge: Cambridge University Press.

—— (1992) 'Transformations of Hegelianism', in *The Cambridge Companion to Hegel*, ed. Frederick C. Beiset. Cambridge: Cambridge University Press, pp. 378-413.

Tuck, Richard (1979) *Natural Rights Theories: Their Origin and Development*. Cambridge: Cambridge University Press.

Tunick, Mark (1992) *Hegel's Political Philosophy*. Princeton, NJ: Princeton University Press.

Wahl, Jean (1951) *La Malheur de la conscience dans la philosophie de Hegel*. Paris: Presses Universitaires de France.

Walsh, W.H. (1971) 'Principle and Prejudice in Hegel's Philosophy of History', in Z. A. Pelczynski, *Hegel's Political Philosophy: Problems & Perspectives*. Cambridge: Cambridge University Press, pp. 181-98.

Weil, Eric (1950) *Hegel et l'État*. Paris: Vrin.

Weiss, Frederick (1973) 'A Bibliography of Books on Hegel in English', in J. O'Malley, (ed.) *The Legacy of Hegel*. The Hague: Nijhoff, pp. 298-308.

Westphal, Kenneth (1989) *Hegel's Epistemological Realism*. Dordrecht: Kluwer.

—— (2003) *Hegel's Epistemology*. Indianapolis: Hackett.

Westphal, Merold (1979) *History and Truth in Hegel's Phenomenology*. Atlantic Highlands, NJ: Humanities Press.

—— (1992) *Hegel, Freedom, and Modernity*. Albany: SUNY Press.

White, Alan (1983) *Absolute Knowledge: Hegel and the Problem of Metaphysics*. Athens: Ohio University Press.

Wicks, Robert (1993) 'Hegel's Aesthetics: An Overview', in *The Cambridge Companion to Hegel*, ed. Frederick C. Beiser. Cambridge: Cambridge University Press, pp. 348-78.

Williams, Robert (1997) *Hegel's Ethic of Recognition*. Berkeley: University of California Press.

——(1987) 'Hegel's Concept of Geist', in Peter Stillman (ed.) *Hegel's Philosophy of Spirit*. Albany: SUNY Press, pp. 1-20.

Wilkins, Burleigh (1974) *Hegel's Philosophy of History*. Ithaca, NY: Cornell University Press.

Winfield, Richard (1988) *Reason and Justice*. Albany: SUNY Press.

—— (1991) *Freedom and Modernity*. Albany: SUNY Press.

Wood, Allen (1990) *Hegel's Ethical Thought*. Cambridge: Cambridge University Press.

Wolff, Hans (1949) *Die Weltanschauung der deutschen Aufklärung*. Berne: Francke.

Yerkes, James (1983) *The Christology of Hegel*. Albany: SUNY Press.

Yovel, Yirmiahu (1996) 'Hegel's Dictum that the Rational is the Actual and the Actual is the Rational: Its Ontological Content and its Function in Discourse', in *The Hegel Myths and Legends*, ed. Jon Stewart. Evanston, IL: Northwestern University Press, pp. 26-41.

索　引

（頁碼均為原書頁碼，即本書邊碼）

大家觀點

1B2R
黑格爾哲學導論——自由精神的辯證思維
Hegel

作　　　者 —— 弗雷德里克·拜塞爾（Frederick Beiser）
譯　　　者 —— 王志宏、姜佑福
審　　　校 —— 周明泉
發　行　人 —— 楊榮川
總　經　理 —— 楊士清
總　編　輯 —— 楊秀麗
主　　　編 —— 蔡宗沂
封 面 設 計 —— 王麗娟
出　版　者 —— 五南圖書出版股份有限公司
地　　　址 —— 106 臺北市大安區和平東路二段 339 號 4 樓
電　　　話 —— 02-27055066（代表號）
傳　　　眞 —— 02-27066100
劃 撥 帳 號 —— 01068953
戶　　　名 —— 五南圖書出版股份有限公司
網　　　址 —— https://www.wunan.com.tw
電 子 郵 件 —— wunan@wunan.com.tw
法 律 顧 問 —— 林勝安律師
出 版 日 期 —— 2023 年 3 月初版一刷
定　　　價 —— 600 元

國家圖書館出版品預行編目資料

黑格爾哲學導論：自由精神的辯證思維 / 弗雷德里克·拜塞爾
(Frederick Beiser) 著；王志宏，姜佑福譯. -- 初版. -- 臺北
市：五南圖書出版股份有限公司，2023.03
面；　公分
譯自：Hegel
ISBN 978-626-343-655-8(平裝)
1.CST: 黑格爾 (Hegel, Georg Wilhelm Friedrich, 1770-1831)
2.CST: 學術思想 3.CST: 哲學
147.51　　　　　　　　　　　　　　　　111021198